国际商务硕士（MIB）考试辅导用书

国际商务专业基础复习指南

（第7版）

科兴教育 编

中国石化出版社
·北京·

内 容 提 要

本丛书是配合教育部命制的434国际商务专业基础考试大纲而编写的考试辅导用书，整个系列有《国际商务专业基础复习指南》《国际商务专业基础真题汇编及详解》两本，分别适用于第一轮和第二轮复习。

本书包括国际贸易理论与政策、国际直接投资与跨国公司、国际金融、国际商务环境与运营四部分，共16章。每一章分为三个模块：（1）考查重点和知识脉络图，对本章考查内容和知识脉络做精要总结；（2）大纲解析，属于本书主体内容，详细解析大纲所涉及的考点，并增加了适量超纲考点，这些考点虽在大纲之外，但均是重要的知识点，也是各名校的常考考点；（3）习题精编，针对本章考点编制适量练习题，并提供了参考答案与解析。

本书适用于参加国际商务硕士（MIB）入学考试的考生，也可供高等院校国际商务、国际贸易等专业的师生参考。

图书在版编目(CIP)数据

国际商务专业基础复习指南 / 科兴教育编. -- 7版.
北京 : 中国石化出版社, 2025. 10. -- (国际商务硕士(MIB)考试辅导用书). -- ISBN 978-7-5114-8171-9

Ⅰ. F740

中国国家版本馆 CIP 数据核字第 2025NG6261 号

中国石化出版社出版发行

地址:北京市东城区安定门外大街58号
邮编:100011 电话:(010)57512500
发行部电话:(010)57512575
http://www.sinopec-press.com
E-mail:press@sinopec.com
宝蕾元仁浩(天津)印刷有限公司印刷
全国各地新华书店经销

*

787毫米×1092毫米 16开本 21.5印张 538千字
2025年10月第7版 2025年10月第1次印刷
定价:60.00元

前　言

本丛书是配合教育部命制的434国际商务专业基础考试大纲而编写的考试辅导用书，整个系列有《国际商务专业基础复习指南》《国际商务专业基础真题汇编及详解》两本，分别适用于第一轮和第二轮复习。

本书秉承科兴教育图书一贯的风格，讲练结合，贴近考研，注重应试。书中“讲”包括知识点解析、例题与习题的解析，以及穿插全书的“科兴点评”“归纳总结”等插件；“练”则体现在穿插于知识点解析中的例题，以及每章后的习题精编。本书注重将“讲”与“练”融为一体，可以最大限度地提高复习效率。

为了更好地与考研接轨，本书所选用的例题与习题，大多取材于2011—2025年名校国际商务专业基础考研试题。其中，部分题为原题选用，让读者能体验到原汁原味的考研试题；也有部分题由于在市面上各种辅导书中露面过于频繁，故而加以改编，使之成为一道“新”题，达到更好的训练效果。

考虑到大纲覆盖的内容比较少，对于掌握国际商务知识体系而言，部分知识点是不可或缺的，并且，还有一些知识点虽不在大纲范围内，但它们是学习大纲范围内知识所必备的基础，编者在大纲范围外酌情增加了少许超纲内容。

2025年，本书迎来了第7版。相较于第6版，本次改版主要体现在以下几方面：

一、简化。不少知识点都进行了简化重写，比如国际贸易理论、国际收支理论、国际物流，尽可能让考生在短时间内抓住考试重点，提高备考效率。

二、拓展。国际商务是一门与时俱进的科目，但是教材内容的知识点一般多年不会变化。我们在编写的过程中增加了“知识拓展”插件，或横向引入时事热点，或纵向拓展深度，如SUKUK、蓝色贸易壁垒等。

三、增删。本次改版新增了数字贸易这一重要知识点，不少高校在命题时已经涉及。同时，我们对例题和习题精编进行了一定幅度的更新。总体来说，单选题和计算题等客观题型占比明显上升。

由于时间和水平所限，本书肯定还会存在诸多不当之处。如果您在学习过程中发现错误或者对本书有任何建议，可加入 QQ 群 186721930 反馈沟通。同时，我们也会在本群定期更新提供一些免费的学习资料。

科兴教育

2025 年 9 月 12 日

目　录
CONTENTS

第一篇　国际贸易理论与政策

第二篇　国际直接投资与跨国公司

第三篇　国际金融

第四篇 国际商务环境与运营

第一篇　国际贸易理论与政策

第1章　国际贸易理论

本章包含自由贸易理论和保护贸易理论两大知识点。其中，自由贸易理论是绝对的命题重点，考生在学习过程中应熟练掌握各理论的内容及其之间的相互关系。

知识脉络

- 国际贸易理论
  - 自由贸易理论
    - 古典理论
      - 绝对优势论
      - 相对优势论
    - 新古典理论
      - H–O理论
      - H–O理论实证：里昂惕夫之谜
      - H–O理论拓展
        - S–S定理
        - H–S–O定理
        - 雷布津斯基定理
    - 新贸易理论（拓展：钻石理论）
      - 内部规模经济理论
      - 产品生命周期理论
      - 产业内贸易理论
      - 外部规模经济理论
      - 需求偏好相似理论
    - 新新贸易理论
      - 异质企业模型
      - 企业内生边界模型
  - 保护贸易理论
    - 重商主义
    - 幼稚产业保护论
    - 超贸易保护理论
    - 战略性贸易理论

大纲解析

知识点一 古典贸易理论

一、绝对优势理论

1. 理论背景

18 世纪末，英国工业革命初期，重商主义政策（如高关税、贸易垄断）导致欧洲贸易壁垒森严，各国竞相积累金银却忽视生产效率。亚当·斯密在《国富论》中批判重商主义“零和博弈”思维，主张通过自由贸易释放分工潜力。当时英国纺织业已具备技术优势，但重商主义限制了市场扩张。斯密以“劳动分工提高效率”为核心，提出绝对优势理论，为英国推行自由贸易政策（如废除《谷物法》）提供理论支撑，适应了新兴资产阶级扩大海外市场的需求。

2. 核心假设

(1) 完全竞争市场：产品同质、信息对称，无垄断势力。

(2) 两国两产品模型：仅分析两个国家生产两种产品的贸易情景。

(3) 生产要素流动性：劳动在国内自由流动，在国际间完全不流动。

(4) 技术固定：生产技术水平不变，劳动生产率差异恒定。

(5) 无交易成本：不考虑运输费用、关税及其他贸易壁垒。

这些假设剥离了现实复杂性，聚焦分工与贸易的纯粹效应，但也限制了理论的普适性。

3. 理论内容

各国应专业化生产并出口具有“绝对优势”的产品——即劳动生产率绝对更高（单位产出耗时更少）或成本绝对更低的产品，进口绝对劣势产品。通过国际分工，两国均能扩大生产可能性边界，提高整体福利。例如：若英国生产 1 单位布需 20 小时，葡萄牙需 30 小时；葡萄牙生产 1 单位酒需 20 小时，英国需 30 小时，则英国应出口布、进口酒，葡萄牙反之。贸易的基础是绝对成本差异，核心逻辑是“两利相权取其重，两害相权取其轻”的简化版。

4. 理论评价

(1) 贡献

① 首次系统论证自由贸易的互利性，打破重商主义“贸易损人利己”的谬误。

② 奠定古典贸易理论基础，推动 19 世纪英国自由贸易政策实践（如 1846 年废除《谷物法》）。

(2) 局限

① 无法解释“绝对劣势国家如何参与贸易”（如发展中国家与发达国家的贸易）。

② 假设过于严苛（如技术固定、完全竞争），与现实脱节。

③ 仅考虑劳动一种生产要素，忽视资本、土地等要素差异。后续大卫·李嘉图的“比较优势理论”对此进行了关键拓展。

二、比较优势理论

1. 产生背景

19 世纪初英国《谷物法》争议中，李嘉图 1817 年在《政治经济学及赋税原理》提出比较优势理论。针对绝对优势理论无法解释先进国与落后国贸易的局限，以英葡贸易为例，论证相对成本差异决定贸易模式，为英国推行自由贸易、废除《谷物法》提供理论支撑。

2. 核心假设

（1）两国两产品模型：仅分析两个国家生产两种商品的简化情景。

（2）单一生产要素：劳动是唯一生产要素，成本由劳动时间衡量(劳动价值论)。

（3）技术水平固定：生产函数不变，机会成本恒定(线性生产可能性边界)。

（4）完全竞争市场：无垄断、无运输成本、要素国内自由流动但国际不流动。

（5）自由贸易政策：政府不干预贸易。

3. 理论内容

核心逻辑是“两优取其重，两劣取其轻”：即使一国在所有产品上均处于绝对劣势，仍可通过专业化生产“相对劣势较小”的产品(具有比较优势)，进口“相对劣势较大”的产品，实现福利提升。李嘉图以英葡贸易为例：英国生产 1 单位毛呢需 100 小时，果酒需 120 小时；葡萄牙分别需 90 小时和 80 小时。葡萄牙在两种产品上均有绝对优势，但生产果酒的相对优势更大；英国则生产毛呢的相对劣势更小。故葡萄牙应专业化生产果酒，英国专业化生产毛呢，通过贸易双方均可节约劳动时间。

【例 1】李嘉图模型表明(　　)。(中央财大 2019 年)

A. 国家间要素禀赋差异产生国际贸易

B. 国家间偏好差异产生国际贸易

C. 贸易来源于国家间劳动生产率的相对差异

D. 只有具备绝对优势的国家才能从贸易中获利更多

【解析】C。李嘉图模型核心是比较优势，即国家间劳动生产率相对差异产生贸易，而非绝对优势或要素禀赋差异，各国凭相对优势均可获利。

【例 2】假设世界上有 4 个国家，中国、美国、法国、泰国，4 国都生产大米与小麦两种产品，各国大米与小麦的单位产品劳动投入情况见下表：

国家	单位产品劳动投入	
	大米	小麦
中国	9	6
美国	2	0.5
法国	5	2
泰国	8	8

请根据李嘉图的比较优势理论，回答下列问题：(暨南大学 2019 年)

(1) 计算各国大米的相对成本，并判断出哪个国家在大米生产上最具有比较优势，哪个国家在小麦生产上最具有比较优势？

(2) 如果国际市场上大米的相对价格是 3，那么中国是否具有出口大米的比较优势？

【解析】(1) 大米的相对成本＝生产大米的单位劳动投入/生产小麦的单位劳动投入(表示生产 1 单位大米需放弃的小麦数量)，计算可得：中国 9/6＝1.5，美国 2/0.5＝4，法国 5/2＝2.5，泰国 8/8＝1。大米生产：相对成本越低，比较优势越强。泰国具有最强比较优势，其次为中国、法国、美国。同理可得，小麦生产美国具有最强比较优势。

(2) 中国大米的国内机会成本为 1.5(即 1 单位大米可换 1.5 单位小麦)。国际市场大米相对价格为3(1单位大米可换3单位小麦)，高于国内机会成本。因此，中国出口大米可获得更多小麦，符合比较优势原则。

4. 理论评价

(1) 贡献

① 突破绝对优势理论局限，首次论证所有国家均可通过贸易获利，为全球化分工提供核心理论支撑。

② 推动19世纪英国自由贸易实践，成为古典贸易理论的基石。

(2) 局限

① 单一要素假设与现实不符(忽视资本、技术等要素)。

② 机会成本恒定假设过于严苛(现实中多为递增)。

③ 静态分析忽视技术进步和要素流动。

④ 未考虑收入分配效应(贸易可能加剧国内不平等)。

知识点二　新古典贸易理论

一、要素禀赋论(H-O 理论)

1. H-O 理论的产生

20世纪初，第二次工业革命推动资本密集型产业(如钢铁、机械)崛起，国际分工从“农产品-工业品”转向“资本密集品-劳动密集品”，古典贸易理论(单一劳动要素假设)难以解释这一变化。同时，边际革命(19世纪70年代)后，新古典经济学以“边际分析”和“一般均衡”为核心，为贸易理论提供了新的方法论基础。赫克歇尔和俄林正是在这样的背景下，提出了要素禀赋论(H-O 理论)，以要素禀赋差异作为贸易的基础，替代了古典理论的劳动生产率差异。

2. H-O 的假设

(1) 两国家、两产品、两要素(2×2×2 模型)：简化分析框架，如A国劳动丰裕、B国资本丰裕，生产劳动密集型产品X和资本密集型产品Y。

(2) 要素禀赋差异：各国要素供给不同(如劳动力/资本比率)，且要素在国内自由流动、国际间不流动。

(3) 技术相同与规模报酬不变：两国生产技术相同，生产函数为线性齐次函数，排除技术差异和规模经济干扰。

(4) 完全竞争市场：商品和要素市场均为完全竞争，无贸易壁垒，商品价格等于边际成本。

(5) 需求偏好相同：两国消费者偏好一致，排除需求因素对贸易的影响。

(6) 要素密集度固定：产品要素密集度(如X始终为劳动密集型)不随要素价格变化而逆转。

3. H-O 理论内容

要素禀赋理论(H-O 理论)认为，各国应出口密集使用其丰裕要素的产品，进口密集使用稀缺要素的产品。其逻辑为：要素禀赋差异导致生产成本不同，如劳动丰裕国(中国)生产劳动密集型产品(纺织品)成本更低，资本丰裕国(美国)生产资本密集型产品(机械设备)成本更低，通过贸易实现资源优化配置。

【例3】特定要素模型假定(　　)。(中央财大2019年)

A. 特定要素在短期内不能在行业间流动

B. 发生贸易后，特定要素可以在行业间流动

C. 流动要素可以在国家间流动

D. 特定要素可以在国家间流动

【解析】A。新古典贸易理论以要素禀赋差异为核心，涵盖长期分析(H-O理论)和短期分析(特定要素模型)。特定要素模型假定短期内特定要素(如资本)无法在行业间流动，而劳动力等流动要素可自由流动，以此分析贸易对国内收入分配的影响。这个模型只有南京大学和中央财经大学等少数学校考查，大致了解即可。

4. H-O理论与古典贸易理论的区别

(1) 贸易动因不同：古典理论强调劳动生产率差异(技术差异)，如英国因纺织技术优势出口布匹；H-O理论则聚焦要素禀赋差异，如中国因劳动丰裕出口纺织品，美国因资本丰裕出口机械设备。

(2) 分析框架不同：古典理论为单要素模型(劳动)，H-O理论拓展为多要素模型(劳动、资本等)，能解释更复杂的贸易结构(如资本密集型与劳动密集型产品的交换)。

(3) 政策意义不同：古典理论主张完全自由贸易，H-O理论则为保护幼稚产业提供依据(如发展中国家可通过保护提升资本密集型产业竞争力)。

二、H-O理论的实证检验

1. 里昂惕夫之谜

(1) 提出背景

根据传统的H-O贸易理论，一个国家会倾向于出口那些密集使用其相对充裕要素生产的产品，同时进口那些密集使用其相对稀缺要素生产的产品。对于像美国这样的资本富裕国家，理论上应该更多地出口资本密集型产品，而进口劳动密集型产品。

(2) 检验过程

里昂惕夫通过对美国1947年、1951年的投入产出表进行分析后发现，实际情况与H-O理论的预期并不一致。他发现，尽管美国在整体上是一个资本富裕的国家，但其出口中的劳动密集型产品所占比重却大于进口。这一发现被称为“里昂惕夫之谜”。

2. 里昂惕夫之谜的解释

(1) 人力资本差异说(舒尔茨，1961)

该解释为学界公认的核心逻辑。舒尔茨指出，里昂惕夫仅统计了“物质资本”，忽视了美国劳动力中蕴含的“人力资本”(教育、培训、健康投资)。美国工人人均受教育年限是其他国家的2—3倍，单位劳动投入的人力资本价值远超他国。因此，美国出口的“劳动密集型产品”实为“人力资本密集型产品”。后续实证显示，若将人力资本计入资本统计，美国出口品的资本密集度显著高于进口品，谜随之消失。

(2) 自然资源说(凡涅克，1959)

凡涅克发现，里昂惕夫未区分“资本密集”与“资源密集”。美国进口大量矿产、木材等自然资源密集型产品(如石油、铁矿)，这类产品需大量资本投入开采运输，导致进口品资本-劳动比被高估。若剔除自然资源产品，美国出口资本密集型产品，进口劳动密集型产品，完全符合H-O理论。这一解释被实证为最具说服力的因素之一(解释力超50%)。

(3) 要素密集度逆转(明哈斯，1962)

明哈斯通过实证发现，同一产品因各国生产技术差异可能呈现不同要素密集型。例如，小麦在资本丰裕的美国是资本密集型(机械化生产)，在劳动丰裕的印度是劳动密集型(手工种植)。里昂惕夫将美国进口的“劳动密集型农产品”误判为“资本密集型”，导致统计偏差。这种“要素密集度逆转”现象说明 H-O 理论“要素属性固定”假设不成立。

(4) 技术差距论(波斯纳，1961)

波斯纳指出，美国出口的“劳动密集型产品”多为技术密集型(如精密仪器、化工产品)，技术创新弥补了资本密集度不足。美国在研发投入和技术转化上的优势，使出口品隐含更高技术附加值，这一逻辑后发展为“产品生命周期理论”(弗农，1966)，揭示了技术动态差异对贸易的影响，成为新贸易理论的重要源头。

(5) 统计方法与贸易政策因素

统计缺陷：里昂惕夫的资本度量未涵盖无形资产(如专利、管理经验)，且投入产出表仅包含制造业，忽视了服务业贸易。

贸易壁垒：鲍德温(1971)实证显示，美国对劳动密集型产品(如纺织品)的关税保护扭曲了贸易结构，约解释谜的 15%—20%，但影响程度有限。

(6) 需求偏好与其他次要因素

需求偏好差异：林德的“需求相似理论”认为美国消费者偏好资本密集品，导致进口增加，但实证显示各国需求结构差异微小，解释力薄弱。

要素流动：20 世纪 50 年代美国对外直接投资(FDI)转移了资本密集型产业，间接影响出口结构，但缺乏系统性数据支持。

里昂惕夫之谜的解释本质是对 H-O 理论假设的放松与修正：从单一要素到多要素(人力资本、自然资源)，从技术固定到技术动态差异，从完全竞争到政策干预。这些解释未否定 H-O 理论内核，而是使其从“理想模型”走向“现实分析”，为 20 世纪中后期新贸易理论(规模经济、不完全竞争)的崛起奠定了方法论基础。

三、H-O 理论的拓展

1. 斯托尔珀-萨缪尔森定理(S-S 定理，1941)

斯托尔珀-萨缪尔森定理(Stolper-Samuelson Theorem，S-S 定理)是赫克歇尔-俄林(H-O)贸易理论的重要拓展，由美国经济学家沃尔夫冈 · 斯托尔珀与保罗 · 萨缪尔森于 1941 年提出，核心揭示国际贸易对国内要素收入分配的影响机制。

该定理指出：在 2×2×2 模型(两国、两要素、两商品)的完全竞争框架下，某一商品相对价格的上升将导致该商品密集使用的生产要素实际报酬提高，而另一生产要素实际报酬下降。例如，若资本丰裕国出口资本密集型产品，该产品价格上升会刺激资本需求增加，导致资本报酬(利率)上升；同时，劳动密集型进口竞争产品产量萎缩，劳动需求减少，劳动报酬(工资)下降。

其逻辑传导为：商品价格变化→要素需求变化→要素边际产品价值(VMP)变化→要素报酬变化。该定理首次从理论上证明了贸易会加剧国内要素收入不平等，为解释发达国家工人反对自由贸易(如美国制造业蓝领支持关税保护)、发展中国家要素报酬分化等现象提供了重要框架，成为国际政治经济学的核心理论之一。

2. 要素价格均等化定理(H-O-S 定理，1948—1949)

要素价格均等化定理(Factor Price Equalization Theorem)又称 H-O-S 定理，是赫克歇尔-俄林(H-O)贸易理论的重要推论，由美国经济学家保罗·萨缪尔森在 1948—1949 年通过数学严格证明。该定理揭示了国际贸易对各国生产要素价格的长期影响机制。

其核心内容为：在自由贸易条件下，若满足“技术水平同质、商品自由流动、要素国内完全流动、无运输成本与贸易壁垒”等假设，各国同质生产要素的实际价格将通过商品价格均等化而趋于完全相等。例如，资本丰裕国的利率会因资本密集型产品出口而上升，劳动丰裕国的工资会因劳动密集型产品出口而上升，最终两国利率与工资水平趋同。

该定理拓展了 H-O 理论的一般均衡分析框架，但现实中因技术差异、贸易壁垒等假设不满足，要素价格未完全均等化(如中美工资差距)，却存在显著趋同趋势(如东南亚制造业工资上涨)。它为全球化背景下要素流动和收入分配研究提供了理论基础。

【例 4】为什么要素价格均等化只是一个趋势？(中国人大 2014 年)

【解析】要素价格均等化(H-O-S 定理)仅为理论趋势，现实中受多重因素制约，难以完全实现：

(1) 严格假设与现实脱节

H-O-S 定理假设商品自由贸易、技术同质、要素完全流动、无运输成本等，但现实中：

① 贸易壁垒普遍存在：关税、配额、技术壁垒等阻碍商品自由流动，如美国对中国加征关税导致两国商品价差扩大，间接维持要素价格差异。

② 技术差异长期存在：发达国家在高端制造业的技术优势(如德国汽车工艺)使劳动生产率远超发展中国家，即使资本丰裕，高生产率仍推高工资水平。

(2) 要素流动性限制

① 国内流动摩擦：劳动力迁移受地理、文化、政策限制(如户籍制度)，资本跨行业流动存在调整成本(如厂房设备专用性)，导致国内要素价格尚未均等，更难实现国际均等。

② 国际流动管制：多数国家对资本、高技术劳动力流动设限(如中国外汇管制、美国技术人才签证限制)，直接阻碍要素价格趋同。

(3) 市场结构与需求差异

① 规模经济与垄断：产业集聚(如硅谷半导体产业)通过规模经济降低成本，推高当地要素需求和价格，形成“中心-外围”格局。

② 需求偏好分化：各国消费者偏好差异(如欧美对环保产品需求更高)导致商品价格偏离要素禀赋决定论，间接影响要素回报。

3. 雷布津斯基定理(1955)

雷布津斯基定理(Rybczynski Theorem)是新古典贸易理论的重要拓展，由波兰经济学家塔德乌什·雷布津斯基于 1955 年提出，核心揭示要素禀赋变化对生产结构的影响机制。

该定理指出：在商品相对价格不变(如小国开放经济面临给定世界价格)和要素充分就业的假设下，某一生产要素供给的增加会导致密集使用该要素的商品产量显著扩张，而密集使用另一要素的商品产量则绝对收缩。例如，资本丰裕国若资本持续积累，资本密集型产品(如机械)产量将增加，劳动密集型产品(如纺织品)产量则减少。

其逻辑源于要素边际产出的变化：新增要素会吸引另一要素流入密集使用行业，导致该行业扩张，而另一行业因要素流失而收缩。该定理为“荷兰病”(资源出口国制造业萎缩)、发展中国家工业化(劳动积累推动劳动密集型产业扩张)等现象提供了理论解释，是分析要素积累与产业升级关系的核心工具。

【例 5】在一个贸易快速增长的国家中，新资本的迅速积累会使该国进口更多的自然资源。隐含于这一论断的定理是(　　)。

A. Heckscher—Ohlin theorem　　B. Stolper—Samuelson theorem

C. Rybczynski theorem　　D. Factor-price Equalization theorem

【解析】C。Rybczynski theorem 指出，在商品相对价格不变时，某要素(如资本)积累会导致该要素密集型产品产量增加，另一要素(如自然资源)密集型产品产量减少，从而需进口更多自然资源密集型产品，与题干论断一致。

【知识拓展】悲惨增长

悲惨增长是指一国因出口商品供给大幅增加导致贸易条件严重恶化，最终国民福利水平下降的现象，由巴格瓦蒂于 1958 年提出。

(1) 核心前提

① 出口大国假设：该国出口量占国际市场份额足以影响价格(如石油输出国组织对油价的影响)。

② 需求弹性低：出口商品为必需品或初级产品(如农产品、矿产)，价格下跌无法显著刺激需求增长。

③ 增长偏向出口产业：经济增长集中于出口产业，导致出口供给激增(如某国扩大粮食种植面积)。

(2) 形成机制

出口产业扩张→国际市场供给过剩→出口价格暴跌→贸易条件(出口价格/进口价格)恶化→尽管出口量增加，但出口收入下降→国民福利因贸易条件恶化超过产出增长而受损。

(3) 现实启示

发展中国家需警惕单一初级产品出口依赖，避免陷入“出口越多越穷”的陷阱，应通过产业升级(如发展加工制造业)、出口多元化及提升产品附加值改善贸易条件，降低悲惨增长风险。

知识点三　新贸易理论

一、新贸易理论产生

二战后国际贸易格局变化使传统新古典贸易理论(H-O 模型)面临挑战。其完全竞争和规模报酬不变假设无法解释：发达国家间同类产品双向贸易兴起、工业化国家间贸易占比超70%、贸易扩张未伴随资源大规模重新配置等现象。20 世纪 70—80 年代克鲁格曼等提出新贸易理论，引入规模经济与产品差异化：规模经济降低单位成本促进专业化生产，垄断竞争市场中产品差异化满足消费者多样性需求，本地市场效应使需求规模大的国家成为净出口国。该理论成功解释了相似国家间贸易及产业内分工，成为当代国际贸易核心解释框架。

【例 6】名词解释：产业内贸易指数(暨南 2014 年)

【解析】产业内贸易指数(Index of Intra-industry Trade，简称 IIT)是用来测度一个产业的产业内贸易程度的指数，是指同产业中双方国家互有不同质的贸易往来，在统计数据上显示同一类同时存在进口和出口的商品数额，表明在该产业有着互补性的贸易需求，并且越是高位的分类显示出的产业内贸易指数越有说服力。主要的产业内贸易指数有巴拉萨指数(Balassa 指数)和格鲁贝尔–劳埃德指数(G–L 指数)两种。

二、新贸易理论

1. 内部规模经济理论

内部规模经济理论由克鲁格曼于1979年提出，核心是解释要素禀赋相似国家间的产业内贸易(如美日汽车双向贸易)。其假设市场为垄断竞争结构：企业通过扩大生产降低成本(内部规模经济)，并生产差异化产品；消费者偏好多样化选择。开放贸易后，企业专注生产特定品种以实现规模经济，同时进口其他差异化产品，既降低成本又提升消费多样性。该模型突破传统贸易理论假设，为新贸易理论奠定基础，解释了发达国家间贸易主导现象，并为战略性产业政策提供依据。

2. 产品生命周期理论

产品生命周期理论由弗农1966年提出，解释技术动态转移如何影响贸易模式。产品生命周期分三阶段：创新阶段(技术密集型，创新国研发并出口，如美国最初垄断半导体)、成熟阶段(技术扩散，发达国家模仿生产并出口，如日本承接半导体制造)、标准化阶段(技术普及，发展中国家凭借低成本成为净出口国，如中国生产标准化电子元件)。该理论揭示：比较优势随技术生命周期动态变化，为产业转移和发展中国家工业化提供理论依据，如纺织业从欧美转向亚洲的历程。

【例7】以下产品中，哪一种最容易经历一个产品生命周期？(　　)

A. 大米　　B. 电视机　　C. 原油　　D. 矿物

【解析】B。产品生命周期理论适用于技术密集型、创新驱动的产品，电视机经历了黑白→彩色→液晶→智能的技术迭代，符合“创新(发达国家研发)→成熟(技术扩散)→标准化(发展中国家生产)”的生命周期阶段；而大米、原油、矿物属于资源型或农产品，技术变化缓慢，需求稳定，生命周期特征不明显。

3. 产业内贸易理论

产业内贸易理论解释要素禀赋相似国家间的双向贸易(如欧盟成员国互进出口汽车、机械)，核心是规模经济与产品差异化。贸易分为两类：同质产品贸易(如电力、农产品，因运输成本或季节性需求产生)和异质产品贸易(占主导)，后者包括水平差异(如汽车型号)、垂直差异(如产品质量)、技术差异(如产品生命周期阶段)。企业通过专业化生产特定品种实现规模经济，消费者通过进口获得多样化选择。该理论突破传统贸易理论，解释了发达国家间贸易占比超60%的现实，为产业集群和产品创新提供政策启示。

4. 外部规模经济理论

外部规模经济理论由马歇尔提出，指行业内企业地理集中产生的成本下降效应，核心机制包括：专业化供应商共享(企业集中降低中间投入品成本)、劳动力池效应(技术工人集聚减少招聘与培训成本)、知识外溢(企业间技术交流加速创新)。该理论分为地方化经济(同一产业集聚)和城市化经济(多产业集聚)两类。贸易影响表现为：产业集中地区因成本优势成为净出口国。克鲁格曼等学者将其纳入新贸易理论，解释了产业集群形成与区域竞争力差异，为区域产业政策提供理论依据。

【例8】分析下列四题，解释每题中是外部规模经济情形，还是内部规模经济情形。(暨南大学2017年)

(1) 美国印第安纳州艾克哈特的十几家工厂生产了美国大多数的管乐器。

(2) 在美国销售的所有本田汽车，要么是从日本进口的，要么是在俄亥俄州的玛丽斯维尔生产的。

(3) 欧洲唯一的大型客机生产商——空中客车公司的所有飞机都在法国图卢兹组装。

(4) 康涅狄克州的哈特福特成为美国东北部的保险业中心。

【解析】(1)外部规模经济。该案例中“十几家工厂”集中在同一地区生产同类产品，形成产业集群。多个独立企业共享当地专业化劳动力市场、供应链配套设施和技术溢出效应，属于行业层面的地理集中带来的外部规模经济，而非单个企业扩大生产规模的结果。

(2) 内部规模经济。本田作为单一企业，通过在玛丽斯维尔建立大型生产基地实现规模化生产。其成本优势来源于企业自身生产规模扩大(如标准化流水线、集中采购原材料)，符合内部规模经济中“单个企业通过扩大产量降低单位成本”的特征。

(3) 内部规模经济。空中客车作为欧洲唯一的大型客机生产商，所有飞机集中在单一地点组装，通过企业内部生产流程整合和规模扩张(如集中研发、大型部件统一制造)实现成本优化，属于典型的内部规模经济案例。

(4) 外部规模经济。该地区聚集了大量保险公司和相关服务机构，形成专业化金融产业集群。单个保险企业可受益于行业集中带来的信息共享、专业人才池和配套服务体系，属于外部规模经济中的“产业集聚效应”。

5. 需求偏好相似理论

需求偏好相似理论由林德1961年提出，核心观点是两国贸易强度与人均收入水平正相关：收入水平决定消费偏好，收入相近国家的需求结构重叠度高，对同类产品(尤其是差异化制成品)的需求更大，从而推动产业内贸易。

该理论突破传统贸易理论“供给侧要素禀赋差异”框架，从需求侧解释了发达国家间贸易主导现象(如欧盟成员国互贸)。其逻辑链为：收入相似→需求重叠→产品差异化贸易→贸易量增加，为解释产业内贸易提供了需求层面的微观基础。

三、与新古典贸易理论的区别

(1) 理论假设

新古典理论：完全竞争市场、规模报酬不变，市场参与者为价格接受者。

新贸易理论：垄断竞争市场、规模报酬递增，企业扩大生产降低成本，产品有差异。

(2) 贸易动因与模式

新古典理论：要素禀赋差异驱动产业间贸易，资本丰裕国出口资本密集型产品。

新贸易理论：规模经济与产品差异化推动产业内贸易，需求大国易成为净出口国。

(3) 政策主张

新古典理论：主张完全自由贸易，反对政府干预。

新贸易理论：认可战略性贸易政策，提升规模经济行业竞争力。

四、新贸易理论的拓展：国家竞争优势理论

1. 国家竞争优势理论与新贸易理论的关系

新贸易理论，聚焦静态贸易效率，核心是解释“为何发生贸易”——通过规模经济、产品差异化和垄断竞争市场结构，揭示要素禀赋相似国家间产业内贸易的成因(如美日汽车贸

易)。其分析停留在“市场结构→贸易模式”的单向逻辑，未回答“为何特定国家能持续主导特定产业”。

国家竞争优势理论(钻石理论)在借鉴新贸易理论部分分析框架(如规模经济、产业集群)的基础上，通过引入动态要素互动(生产要素/需求条件等六要素协同演进)和制度分析(政府政策、机会变量)，实现了从“解释贸易现象”到“指导竞争力培育”的范式跃升，为国家产业政策提供了更具操作性的分析工具(如集群发展战略、创新生态构建)。

2. 国家竞争优势理论的主要内容

国家竞争优势理论(波特，1990)的核心是“钻石模型”，通过六要素动态互动解释国家产业竞争力的来源：

(1) 四大基本要素：生产要素(初级要素如自然资源，高级要素如人力资本/技术)、需求条件(国内市场规模/需求质量)、相关与支持性产业(上下游产业集群，如硅谷半导体产业链)、企业战略/结构/竞争(行业竞争强度推动创新)。

(2) 两大辅助要素：政府(政策引导要素升级，如税收优惠)、机会(技术变革/危机等外部冲击)。

理论强调要素间“系统互动”：高级要素与挑剔需求驱动企业创新，相关产业协同形成集群优势(如德国汽车产业联动机械/化工产业)。其突破静态比较优势，主张国家通过要素培育(如教育投入)、需求升级(如环保标准)主动塑造竞争优势，为产业政策提供“钻石框架”分析工具。

【例 9】用国家竞争优势理论分析好莱坞是如何成为世界影视中心的？(复旦大学 2020 年)

【解析】好莱坞成为世界影视中心的原因有：

(1) 生产要素：高级资源的系统性集聚。好莱坞拥有人才、技术与资本等高级生产要素的系统性优势。全球顶尖创意人才汇聚于此，形成专业化人才市场；持续的技术创新投入使其在制作技术领域保持领先地位；多元化资本体系为高风险创意项目提供稳定资金支持，高级生产要素的持续投入构建了产业核心竞争力。

(2) 需求条件：市场需求的多层次驱动。国内市场规模庞大且需求结构多元化，促进内容创新与类型多样化。通过全球化布局，好莱坞影视作品适应不同区域文化特征与消费习惯，形成从本土市场到全球市场的需求拓展路径，市场需求的多层次性推动产业不断进化。

(3) 相关与支持性产业：完整生态系统的协同效应。构建了涵盖 IP 开发、内容制作、发行网络及衍生业务的完整产业链。相关产业间形成紧密协作，上游创意开发与下游市场推广高效联动，产业集群效应显著，各环节协同创造价值，形成从创意到商业变现的完整价值链条。

(4) 企业战略与同业竞争：动态竞争激发创新活力。市场呈现垄断竞争格局，主导企业与新兴力量的持续竞争推动内容创新与商业模式进化。企业战略聚焦差异化竞争与全球化布局，竞争压力转化为创新动力，促使产业保持动态活力与适应能力。

(5) 政府与机会：外部环境的协同支撑。政府通过知识产权保护、产业政策支持与文化外交等措施为产业发展创造有利环境。历史机遇与技术变革推动产业结构升级，地缘文化优势加速全球化扩张，多重外部因素共同支撑好莱坞在全球影视产业中的主导地位。

钻石模型各要素的动态协同，使好莱坞形成难以复制的系统性竞争优势，通过生产要素、市场需求、产业生态、企业战略与外部环境的相互强化，持续主导全球影视产业的发展方向。

知识点四　新新贸易理论

一、理论背景

21 世纪初，传统贸易理论(解释产业间贸易)和新贸易理论(解释产业内贸易)均无法解释企业层面的贸易异质性：实证发现仅少数高生产率企业参与出口(如美国仅 4%企业出口，前 10%出口企业贡献 96%出口额)，且出口企业生产率显著高于非出口企业。直至 2003 年梅里兹(Melitz)提出“异质企业贸易模型”，形成了从企业层面研究国际贸易的新新贸易理论。新新贸易理论的另一支以 Antras 为代表，将不完全契约纳入新贸易理论，提出企业内生边界模型。

二、相关理论

1. 异质企业模型

梅里兹认为，一个行业内不同的企业是“异质”的。当各国之间国际贸易的壁垒撤除的时候，同一行业不同生产率的企业可能面临不同的机遇和挑战。生产率最高的企业由于贸易壁垒的撤除，获得了进入国外市场的机会，因此可以进一步扩大市场占有份额。生产率较低的企业由于生产利润较低，不足以弥补到国外开拓市场的固定成本，只能在国内销售。生产率最低的企业面临高生产率企业扩张的压力以及外国企业进入本国市场的压力，只能退出市场。企业在面临开放后不同的变化导致市场份额和生产资源实际上会从低生产率企业向高生产率企业转移。这导致行业平均生产率上升，使整个社会福利水平提高。贸易导致行业平均生产率上升，这被认为是继传统比较优势和规模经济之后的又一贸易利益来源。

【例 10】以梅里兹(Melitz)为代表的贸易学者提出了异质性企业贸易理论，下列哪一项表述与此无关？(　　)(中央财大 2018 年)

A. 企业的生产率是有差异的，生产率高的企业可以选择出口

B. 行业的生产率是外生的，贸易开放前后不会发生变化

C. 一国贸易开放后会导致低生产率企业退出市场

D. 贸易自由化会带来行业内资源重新配置

【解析】B。Melitz 模型核心是企业生产率差异驱动贸易参与：高生产率企业出口，低生产率企业退出，导致行业资源向高效企业集中，行业生产率内生提升(非外生不变)。B 项“行业生产率外生且不变”与理论相悖，其他选项均符合模型结论。

2. 企业内生边界模型

在开放的压力下，一个企业内部也会产生优胜劣汰的效果，企业可能会采用更好的生产组织形式、更好的区位来生产更有竞争力的产品。新新贸易理论的另一代表人物 Antras 所关注的问题，即对于某个生产环节，企业到底应该自己生产还是外包生产，企业到底应该是在本国生产还是通过对外投资到东道国生产。Antras 认为，产权是促进生产的一种激励手段，谁拥有更多的产权，谁就有更多的动力投入生产。而最优的产权配置应该使得在生产中比较重要的一方获得更多的产权。当产品中所含高端要素特别是研发要素较多的时候，产权的分配应该偏向于发达国家的技术创新者；而当产品标准化之后，产权分配应该偏向于发展中国家的装配制造者，这样就可以给各个市场参与者提供最优的激励。这些都影响了企业的区位选择和组织结构选择。

三、国际贸易新理论和新新贸易理论的区别

(1) 研究的贸易现象不同。国际贸易新理论研究的贸易现象是同一产业内同类产品之间的双向贸易，即产业内贸易。新新贸易理论研究的贸易现象是中间产品贸易，包括企业间外包贸易和以中间产品为载体的产业内贸易。

(2) 理论假设不同。与国际贸易新理论的宏观国家层面和中观产业层面的分析相比，新新贸易理论关注的是微观企业层面。国际贸易新理论将企业视为彼此无差异的一个个投入转化为产出的“黑匣子”，至少在一个国家内部，每一个产业都被视为由同质的彼此无差异的企业组成，即企业同质化假设。新新贸易理论指出出口企业和非出口企业在生产效率上存在差异，即产业内存在大量的异质性，同一产业内部企业在生产规模、生产率、工资和要素密集度上存在差异，即企业异质性假设。

(3) 理论核心不同。国际贸易新理论的核心是准确强调国际经济的两个特征，即规模经济和不完全竞争，基本模型是垄断竞争模型，其主要内容是相当一部分国际贸易，特别是经济特征相似国家之间的贸易产生的原因主要是规模经济，而不是国与国之间在资源禀赋上存在的差异。新新贸易理论的核心主要是异质企业理论和不完全契约理论。

(4) 贸易利益的来源不同。在国际贸易新理论中，贸易利益不仅来源于比较优势，还来源于规模经济、产品多样化以及贸易增加的不完全竞争产业的竞争程度等。同时，新贸易理论还指出，虽然存在潜在贸易利益，但不完全竞争市场也存在风险。而在新新贸易理论中，贸易利益则来源于低生产率企业收缩甚至退出市场，高生产率企业进入出口市场，从而使资源重新配置的过程。如果贸易自由化实施以后，产品市场竞争加剧，贸易利益还有可能进一步扩大。

(5) 贸易政策倾向不同。国际贸易新理论的政策倾向是战略性贸易政策，主张政府干预，在一定程度上倾向于保护贸易政策，而新新贸易理论的贸易政策倾向是自由贸易政策。

知识点五　保护贸易理论

一、重商主义

1. 理论背景

重商主义是16—18世纪欧洲资本原始积累时期的核心经济思潮，其形成与地理大发现、民族国家崛起及王权强化密切相关，核心目标是通过国家干预实现金银货币积累，为早期资本主义扩张奠定物质基础。

2. 重商主义的理论内容

(1) 财富本质论：视金银货币为财富的唯一形态，认为国家富强程度取决于金银储备量。

(2) 贸易差额论：主张通过“贸易顺差”(出口额大于进口额)实现货币流入，反对逆差，认为“货币产生贸易，贸易增加货币”。

(3) 国家干预论：强调政府对经济的全面控制，通过立法限制金银外流、管制进出口商品结构(鼓励原材料进口、制成品出口)。

(4) 零和博弈论：认为全球财富总量固定，一国经济增长必然以他国损失为代价，国际贸易是“损人利己”的竞争。

3. 重商主义的评价

（1）积极作用：推动地理大发现后的殖民扩张，促进商业资本集中，为工业革命积累原始资本；强化民族国家意识，如英国通过重商政策崛起为“日不落帝国”。

（2）内在矛盾：将货币等同于财富，忽视生产创造价值的本质，导致各国竞相提高关税，17 世纪欧洲贸易战频发（如英荷三次战争）；过度压榨殖民地引发反抗（如 1776 年美国独立战争部分源于英国贸易垄断）。

（3）理论遗产：虽被亚当·斯密在《国富论》中批判为“重商主义体系的谬误”，但其国家干预思想为 19 世纪李斯特幼稚产业保护论、20 世纪凯恩斯主义提供了历史借鉴，成为保护贸易理论的思想源头之一。

【例 11】早期重商主义绝对禁止（　　）。

A. 纸币外流　　B. 资本外流　　C. 货物外流　　D. 金银外流

【解析】D。早期重商主义（重金主义）视金银为唯一财富形态，主张通过“少买多卖”实现贸易顺差，绝对禁止金银外流（如禁止金币、银币出口），而鼓励货物出口换取金银。A 项纸币在当时未普及，B 项“资本外流”非重商主义术语，C 项货物外流（出口）是其鼓励的行为，均不符合。

二、幼稚产业保护论

1. 理论背景

幼稚产业保护论是 18 世纪末由美国政治家亚历山大·汉密尔顿提出，经德国经济学家弗里德里希·李斯特完善的贸易保护理论，主张通过关税等阶段性保护措施培育本国新兴产业，待其具备国际竞争力后取消保护。

2. 幼稚产业的标准

（1）穆勒标准（潜在竞争力基准）：产业经过短期保护后，能独立面对国际竞争，形成长期比较优势（如 19 世纪美国纺织业）。

（2）巴斯塔布尔标准（成本–收益基准）：保护期内的产业收益需大于保护成本，确保资源配置效率（如日本战后汽车产业补贴的成本收益核算）。

（3）肯普标准（外部经济基准）：产业具有显著技术外溢效应，即使自身盈利不足，也能带动相关产业升级（如半导体产业对电子制造业的拉动）。

（4）小岛清标准（动态比较优势基准）：产业需符合国家要素禀赋升级方向，保护后能实现“雁阵式”产业转移（如韩国 60 年代重化工业扶持）。

3. 理论内容

（1）理论基础：反对亚当·斯密自由贸易理论，提出“国家经济学”，主张发展生产力优先于静态比较优势，认为工业化为国家富强核心。

（2）保护对象：处于“成长阶段”且具有潜在竞争力的产业（如技术密集型产业），需符合要素禀赋升级方向（如劳动力→资本→技术）。

（3）政策工具：以高关税为临时保护手段（非全面禁止），配合产业政策（如研发补贴），待产业具备国际竞争力后逐步开放市场。

（4）实施条件：保护期内产业需实现规模经济，保护成本低于长期收益，避免沦为低效产业的永久保护伞。

4. 理论评价

（1）理论贡献

① 突破古典自由贸易理论的静态框架，首次提出“动态比较优势”概念，为后发国家工业化提供理论支撑（如19世纪德国、战后日本汽车产业崛起）。

② 政策工具具有操作性，通过“阶段性关税+产业政策”组合，平衡保护与市场竞争。

③ 强调“生产力培育”优先于短期效率，契合发展中国家技术追赶需求。

（2）实践局限

① 保护标准模糊，易沦为低效产业的“保护伞”。

② 可能引发贸易报复，扭曲全球资源配置。

③ 实施效果依赖政府治理能力，需避免寻租与政治俘获。

三、超贸易保护理论

1. 理论背景

1929—1933年，全球经济大萧条导致生产过剩、失业率飙升（美国失业率达25%），传统自由贸易政策加剧危机扩散。凯恩斯在《就业、利息和货币通论》中提出，贸易顺差可扩大国内有效需求，缓解失业，突破“比较优势”静态框架。各国放弃金本位制，通过关税壁垒转嫁危机，如1930年美国《斯穆特-霍利关税法》将关税税率提至历史最高。

2. 理论内容

（1）保护对象：从幼稚产业转向成熟产业和衰退产业（如纺织、钢铁），以维持就业和市场份额，具有明显进攻性。

（2）政策工具：高关税与非关税壁垒（进口配额、外汇管制）、出口补贴与倾销、资本输出（带动商品出口），形成“奖出限入”组合。

（3）理论逻辑：通过贸易顺差（出口>进口）扩大国内有效需求，借助“贸易乘数效应”（国民收入增量=投资增量×贸易乘数）拉动经济增长，将贸易政策与宏观经济目标（就业、产出）直接挂钩。

3. 理论评价

（1）理论贡献

① 突破传统保护主义的微观视角，首次将贸易政策与宏观经济目标（就业、增长）绑定，拓展凯恩斯主义需求管理框架。

② 短期缓解危机，如1930年代部分国家通过关税壁垒和出口补贴暂时降低失业率，为二战后宏观经济政策提供借鉴。

（2）核心局限

① 以邻为壑效应：引发全球贸易战，1929—1934年全球贸易额暴跌66%，加剧国际矛盾（如英美法互相提高关税）。

② 效率扭曲：保护成熟产业导致创新惰性，如英国纺织业长期依赖保护而技术停滞。

③ 不可持续性：长期贸易顺差依赖他国逆差，易遭报复且违背比较优势原则。

四、战略性贸易理论

1. 理论背景

战略性贸易理论诞生于20世纪80年代。布兰德、斯潘塞等学者融合产业组织理论与博弈论，提出在不完全竞争市场中，政府可通过策略性干预(如出口补贴)帮助本国企业夺取国际超额利润，直接回应了当时美欧产业政策需求，成为新贸易理论的重要分支。

2. 理论内容

(1) 利润转移：对出口企业提供补贴(如研发资助)以降低成本，抢占国际市场份额(如波音-空客竞争模型)；通过进口关税保护国内市场，实现“以保护促出口”。

(2) 外部经济：对高技术产业(如半导体)提供研发补贴，培育技术外溢效应和产业集群，提升国家长期竞争力。

3. 理论评价

(1) 理论贡献

① 首次将产业组织理论与博弈论融入贸易分析，突破完全竞争假设，解释寡头产业贸易模式。

② 为政府干预提供新依据，尤其适用于高技术产业(如半导体、航空)的政策制定。

(2) 实践局限

① 易引发贸易报复，如美欧航空补贴争端持续 20 余年。

② 依赖政府信息优势，现实中易导致寻租与资源错配(如对低效企业的保护)。

③ 可能加剧全球贸易体系不稳定，违背多边贸易规则。

习题精编

一、名词解释

1. 要素密集度
2. H-O 理论
3. 里昂惕夫之谜
4. H-O-S(南京大学 2025 年)
5. 斯托尔珀-萨缪尔森定理(华东理工 2025 年)
6. 雷布津斯基定理(中国邮电 2024 年)
7. 荷兰病(华东师大 2020 年)
8. 战略性贸易政策(中央财大 2017 年)
9. 产业内贸易理论
10. 贸易条件(江西财大 2021 年)

二、简答题

1. 为什么有些国家劳动生产率处于绝对劣势，仍能够从贸易中获益？(中山大学 2022 年)
2. 简述比较优势理论和绝对优势理论的联系与区别。(复旦大学 2018 年)
3. 请简述要素禀赋学说的四个定理。(中央财大 2013 年)
4. 什么是里昂惕夫之谜？给出 4 种解释。如何理解其理论意义？
5. 重商主义者的贸易观点和政策主张是什么？他们是如何看待财富的？
6. 战略性贸易政策是什么？什么产业适合战略性贸易政策？(上海财大 2016 年)
7. 简述哪些国际贸易理论可以有效解释产业内贸易现象。(南京审计 2024 年)
8. 简述产业内贸易的产生的原因。(南开大学 2018 年)

9. 分析内部规模经济与产业内贸易的关系。

10. 国家竞争优势理论基本内容，在国家竞争优势理论中的生产要素方面与要素禀赋理论的区别。(复旦大学 2012 年)

11. 简述传统贸易理论与新贸易理论的联系与区别。(西南财大 2016 年)

12. 传统国际贸易理论和新国际贸易理论分别适合解释哪种类型的贸易？

13. 给定某国某些行业的进出口数据如下，计算该国各行业的行业内贸易指数 IIT。

(单位：万美元)

	向其他国家的出口额	从其他国家的进口额
新鲜水果	65	54
玩具	56	680
微型面包机	700	200
电影电视	300	97

14. 假设 A、B 两国生产技术相同且在短期内不变，生产 1 单位衣服需要的资本为 1 单位，需要的劳动为 3 单位；生产 1 单位食品需要的资本为 2 单位，所需要的劳动为 2 单位。A 国拥有 240 单位劳动和 150 单位资本；B 国拥有 180 单位劳动和 120 单位资本。则：

(1) 哪个国家为资本充裕的国家？哪种产品为劳动密集型产品？

(2) 假设所有要素都被充分利用，且 A 国的劳动与资本的价格分别为 5 和 10，B 国劳动与资本的价格分别为 10 和 4，则 A、B 两国最多生产多少衣服和多少食品？两国的衣服和食品的价格各是多少？

(3) 假设两国偏好相同，两国间进行贸易，且衣服与食品的国际交换价格为 1($P_c/P_f=1$)，哪个国家会出口衣服？哪个国家出口食品？两国从贸易中获取的利益哪国会相对稍多一些？

(4) 随着 A、B 两国贸易的开展，两国劳动力和资本价格是否发生趋同趋势，为什么？并结合中美贸易的现实，说明要素价格均等化理论与现实出现偏离的原因。

三、论述题

1. 试解释和说明比较优势原理，你认为发展中国家如中国存在比较优势陷阱吗？试分析我国对外贸易发展存在的主要问题及应该采取的对策。

2. 为什么将引入规模报酬递增的理论称之为“新贸易理论”。这个理论特别适用于说明什么样的贸易类型。为什么？(复旦大学 2013 年)

3. 论述新贸易理论下，规模经济和产品差异化的矛盾以及解决措施。

4. 我国有近 9 亿劳动力，每年新增劳动力都超过 1500 万，人力资源丰富，仍然是中国的突出优势。更重要的是，我国接受高等教育的人口已超过 2.4 亿，新增加劳动力平均受教育年限达到 14 年。可以说，我们的“人口红利”没有消失，“人口红利”正在形成，发展动力依旧强劲。请结合上述材料揭示的事实以及雷布津斯基定理，谈谈你对中国比较优势产业未来趋势以及可能的政策措施的理解。(南京大学 2024 年)

5. 博茨瓦纳自 1966 年独立后，依托钻石资源实现经济腾飞，钻石出口占 GDP 比重超过 35%，外汇收入占比达 70%，人均 GDP 从 80 美元跃升至 8500 美元。然而 2024 年以来，钻石储量枯竭及合成钻石替代导致出口收入锐减，GDP 萎缩 12%，失业率攀升至 25%，外汇储备告急，陷入“资源诅咒”困境。请分别解释荷兰病（Dutch Disease）与悲惨增长（Immiserizing Growth）的核心内涵、触发机制及前提条件，并从“产业结构”与“贸易条件”两个维度对比两者的本质差异。

习题参考答案

一、名词解释

1. 要素密集度是衡量产品生产中不同要素投入比例的指标，核心是通过比较“资本-劳动比”（K/L）等相对值，判断产品对某种要素的依赖程度。若产品 X 的资本-劳动比高于产品 Y，则 X 为资本密集型产品，Y 为劳动密集型产品。该概念是要素禀赋理论的核心，决定了各国比较优势和贸易模式——资本丰裕国家应专业化生产资本密集型产品，反之亦然。

2. H-O 理论（要素禀赋理论）由赫克歇尔和俄林提出，是新古典贸易理论的核心。其核心观点是：各国应专业化生产并出口密集使用本国丰裕要素的产品，进口密集使用稀缺要素的产品。例如，资本丰裕的美国出口机械设备（资本密集型），劳动丰裕的中国出口纺织品（劳动密集型）。H-O 理论拓展了李嘉图比较优势理论，首次将多要素互动纳入分析，为解释产业间贸易提供了理论框架。

3. 里昂惕夫之谜是 1953 年里昂惕夫对 H-O 理论的实证挑战：美国作为资本丰裕国，却出口劳动密集型产品、进口资本密集型产品，与理论预测相悖。主要解释包括：人力资本差异（美国劳动力含高技能投入）、自然资源说（未考虑资源密集型产品）、要素密集度逆转等。该谜题推动了贸易理论发展，促使引入人力资本、技术差异等因素，完善了新古典贸易理论框架。

4. H-O-S，又称要素价格均等定理。这里的 S 是指萨缪尔森（Samuelson），是他在赫克歇尔与俄林的工作基础上证明了这个定理，因此被称为 H-O-S 定理。要素价格均等定理讲的是：国际贸易会使各国同质要素获得相同的相对与绝对收入，这样一来国际贸易就成了国际间要素流动的替代品。

5. 斯托尔珀-萨缪尔森定理，揭示国际贸易通过商品价格变动影响要素收入的传导机制。其数理推导证明：当劳动密集型产品因贸易开放涨价 10%，工资涨幅将超过 10%，实际工资水平必然上升。这解释了发达国家蓝领工人反对全球化的经济动因。该定理证明贸易自由化会加剧稀缺要素所有者的收入损失，需政府干预调节分配。

6. 雷布津斯基定理指出：在商品相对价格不变条件下，若一国某种生产要素（如资本或劳动力）单独增加，将导致密集使用该要素的产业产出扩张，而其他产业产出必然萎缩。该定理揭示了要素禀赋变动对产业结构的非对称影响，为解释国际产业转移和要素流动提供了关键理论支撑。

7. “荷兰病”是指一国特别是中小国家经济的某一初级产品产业异常繁荣而导致其他产业衰落的现象。20 世纪 60 年代，已是制成品出口主要国家的荷兰发现大量天然气，荷兰政府大力发展天然气业，出口剧增，国际收支出现顺差，经济显现繁荣景象。可是，蓬勃发展的天然气业却严重打击了荷兰的农业和其他工业产业，削弱了出口行业的国际竞争力，到 20 世纪 70 年代，荷兰遭受到通货膨胀上升、制成品出口下降、收入增长率降低、失业率增加的困扰，这种资源产业在“繁荣”时期价格膨胀是以牺牲其他行业为代价的现象，国际上称之为“荷兰病”。

8. 战略性贸易政策是指在“不完全竞争”市场中，政府积极运用补贴或出口鼓励等措施对那些被认为存在着规模经济、外部经济或大量“租金”（某种要素所得到的高于该要素用于其他用途所获得的收益）的产业予以扶持，扩大本国厂商在国际市场上所占的市场份额，把超额利润从外国厂商转移给本国厂商，以增加本国经济福利和加强在有外国竞争对手的国际市场上的战略地位的贸易政策。

9. 产业内贸易，即一个国家在一定时期内既出口又进口同一种产品，同时同一种产品的中间产品大量参加贸易。产业内贸易理论是国际经济学界产生的一种新理论。传统的国际贸易理论，研究的主要是国与国、劳动生产率差别较大的和不同产业之间的贸易。产业内贸易理论，主要针对国际贸易大多发生在发达国家之间，既进口又出口同类产品的现象提出来的。该理论从不完全竞争、产品差异化和规模经济入手，为同质产品和异质产品的产业内贸易提供了理论基础。

10. 贸易条件，即出口价格与进口价格之间的比率，就是说一个单位的出口商品可以换回多少进口商品。它是用出口价格指数与进口价格指数来计算的。计算公式为：

$$贸易条件(TOT)=P_X/P_M$$

如果P_X/P_M的比率上升，意味着每单位出口商品可以换回更多的进口商品，我们称之为贸易条件改善；反之，则为贸易条件恶化。

二、简答题

1. (1)劳动生产率绝对劣势国家仍能从贸易中获益，核心逻辑在于比较优势理论：即使一国在所有产品生产上效率均低于他国，只要存在相对生产率差异(即机会成本不同)，就能通过专业化分工和贸易提升福利。贸易获益的来源主要有：

① 资源优化配置：专业化分工使各国集中生产效率相对较高的产品，提升全球总产出。

② 规模经济效应：专注生产单一产品可降低单位成本，尤其适用于中小国家。

③ 消费可能性边界扩展：进口本国生产效率低的产品，使消费者获得更多样化、更低成本的商品。

(2) 理论延伸与现实意义

李嘉图的比较优势理论突破了绝对优势的局限，揭示了贸易的普遍价值。现实中，发展中国家通过出口劳动密集型产品(如纺织、农产品)参与全球分工，即使在技术和资本密集型产品上处于绝对劣势，仍能通过比较优势实现经济增长，这也为"南北贸易"提供了理论解释。

2. (1)理论联系

① 核心目标一致：均主张自由贸易，认为国际分工可提升全球资源配置效率，通过专业化生产和贸易实现互利共赢。

② 理论基础同源：均以劳动价值论为基础，假设劳动是唯一生产要素，生产率差异源于技术水平不同。

③ 政策导向相同：反对重商主义和贸易保护，强调市场机制对贸易的调节作用。

(2) 理论区别

① 核心逻辑不同：绝对优势理论(斯密)认为各国应生产并出口绝对劳动生产率高的产品(即生产成本绝对低的产品)；比较优势理论(李嘉图)则主张各国应生产并出口机会成本低的产品(即相对效率更高的产品)。

② 适用前提不同：绝对优势理论要求一国至少在一种产品上具有绝对优势，无法解释"绝对劣势国家"的贸易行为；比较优势理论则不要求绝对优势，只要存在相对生产率差异(机会成本不同)，所有国家均可参与贸易获益。

③ 适用范围不同：绝对优势理论局限于发达国家间贸易(假设存在绝对效率差异)；比较优势理论适用于所有国家，包括发展中国家(即使所有产品处于绝对劣势)。

④ 贸易动因不同：绝对优势理论的贸易动因是绝对成本差异；比较优势理论的贸易动因是相对成本差异(即机会成本差异)。

(3) 总结

绝对优势理论是比较优势理论的特殊情形(当机会成本差异表现为绝对差异时)，而比较优势理论是对前者的拓展与一般化，更符合现实中各国生产率普遍存在相对差异的情况。两者共同构成古典贸易理论的核心，为自由贸易政策提供理论支撑。

3. 要素禀赋说的四个定理：

(1) 赫克歇尔-俄林定理(H-O 定理)认为：各国应出口密集使用其丰裕要素的产品(如劳动力丰裕国出口纺织品)，进口密集使用稀缺要素的产品。该理论奠定了现代国际贸易理论的核心框架，为国家制定产业政策提供依据(如发展中国家侧重劳动密集型产业)，但过度依赖要素禀赋可能导致"比较优势陷阱"，抑制技术创新。

(2) 斯托尔珀-萨缪尔森定理(S-S 定理)认为：某产品相对价格上升(如出口扩大)，将使该产品密集使用的要素价格上升(如资本报酬增加)，另一要素价格下降(如工资水平下降)。该理论揭示了贸易对国内收入分配的冲击，可能加剧贫富差距(如资本所有者受益、劳动者受损)，成为贸易保护主义兴起的重要诱因。

(3) 要素价格均等化定理(H-O-S 定理)认为：国际贸易将推动各国同质要素价格趋于均等(如中美工资率和利率差距缩小)。该理论削弱了传统要素优势的持久性，促使各国通过技术进步而非资源禀赋获取竞争力；同时促进全球要素流动，加速生产全球化进程。

(4) 雷布津斯基定理认为：在商品价格不变时，某要素供给增加(如人口增长)将导致密集使用该要素的产品产量扩张(如劳动密集型产品增产)，另一产品产量收缩。该理论解释了“资源诅咒”现象(如石油出口国制造业萎缩)；指导国家制定要素积累策略(如中国通过资本积累发展高端制造业)，推动产业结构转型升级。

4. (1)里昂惕夫之谜是 1953 年里昂惕夫对 H-O 理论的实证挑战：美国作为资本丰裕国，却出口劳动密集型产品、进口资本密集型产品，与理论预测相悖。

(2) 主要解释

① 人力资本说：美国劳动力包含更高人力资本(教育、技能投入)，若将人力资本计入资本要素，出口产品实际为“人力资本密集型”，符合 H-O 定理。

② 要素密集度逆转：同一产品在不同国家要素密集度不同(如农产品在美是资本密集型，在发展中国家是劳动密集型)，导致统计偏差。

③ 需求偏好差异：美国消费者偏好资本密集型产品(如高端制造业品)，国内供给不足，需通过进口满足。

④ 贸易壁垒干扰：美国对劳动密集型产品(如纺织品)实施高关税，限制进口，人为扭曲贸易结构。

⑤ 自然资源忽视：H-O 理论未考虑自然资源要素，美国进口的资源密集型产品(如石油、矿产)被误判为资本密集型。

(3) 理论意义

谜团推动了贸易理论发展，催生了人力资本理论、新贸易理论等，强调技术差异、规模经济等因素对贸易的影响，弥补了 H-O 定理的局限性。

5. (1) 重商主义者的贸易观点

对外贸易必须保持顺差，即出口必须超过进口。由于不可能所有贸易参加国同时出超，而且任一时点上的金银总量是固定的，所以一国的获利总是基于其他国家的损失，即国际贸易是一种“零和游戏”。早期重商主义主张采取行政手段，禁止货币输出和积累货币财富。晚期重商主义与早期不同的是，认为国家应该将货币输出国外，以便扩大对外国商品的购买。不过他们要求，在对外贸易中谨守的原则是购买外国商品的货币总额，必须少于出售本国商品所获得的总额，其目的仍是要保持有更多的货币流回本国。因此，晚期重商主义者主张，对外贸易必须做到输出大于输入，以保持出超。

(2) 重商主义者的政策主张

重商主义经济政策强调奖出限入，奖励出口，限制进口。其主要做法还是限制进口，因为重商主义者把货币看成是唯一的财富，即强调积累原始的资本。

(3) 重商主义者的财富观

重商主义者认为贵金属(货币)是衡量财富的唯一标准。一切经济活动的目的就是为了获取金银。除了开采金银矿以外，对外贸易是货币财富的真正的来源。因此，要使国家变得富强，就应尽量使出口大于进口，因为贸易出超才会导致贵金属的净流入。一国拥有的贵金属越多，就会越富有、越强大。因此，政府应该竭力鼓励出口，不主张甚至限制商品(尤其是奢侈品)进口。

6. (1) 战略性贸易政策，是指在“不完全竞争”的市场中，政府积极运用补贴或出口鼓励等措施对那些被认为存在着规模经济、外部经济或大量“租”(某种要素所得到的高于该要素用于其他用途所获得的收益)的产业予以扶持，扩大本国厂商在国际市场上所占的市场份额，把超额利润从外国厂商转移给本国厂商，以增加本国经济福利和加强在有外国竞争对手的国际市场上的战略地位。战略性贸易政策理论可以分为利润转移理论和外部经济理论两大分支。

（2）战略性贸易政策扶持的产业应具有以下特点：一是产业或潜在产业所获得的收益必须超过补贴支出；二是必须是面临外国厂商激烈竞争或潜在竞争的产业；三是与出口相关的国内产业应比外国竞争产业更集中或同样集中；四是国内的扶持政策不会引起要素价格上升过高；五是本国产业相对于外国竞争者有较大的成本优势，增加生产会带来较大的规模经济或学习经济；六是具有 RD 补贴和扶持效果的产业；七是 RD 投入和资本投入比重高的产业。例如中国技术密集度高的新兴主导产业，即电子及通信设备、电气机械及器材、交通运输设备、普通机械和专业设备等产业，尤其是其中的装备制造业，可以成为加入 WTO 后新时期战略性贸易政策扶持的主要战略性产业。

7. 产业内贸易是指同一产业内同类产品的双向贸易(如汽车、电子产品的进出口)，传统比较优势理论难以解释，以下理论提供了核心解释框架：

（1）规模经济与产品差异化理论。新贸易理论的核心。企业通过扩大生产实现规模经济，降低单位成本；同时，垄断竞争市场中产品差异化(如品牌、功能差异)满足消费者多样化需求。例如，美国出口高端汽车、进口经济型汽车，双方通过专业化生产特定品种实现双赢。该理论突破“完全竞争+规模报酬不变”假设，首次系统解释发达国家间产业内贸易主导现象。

（2）产品生命周期理论。技术动态差异驱动贸易模式演变：创新阶段(发达国家研发生产)→成熟阶段(技术扩散至新兴经济体)→标准化阶段(发展中国家成为净出口国)。不同国家在产品生命周期的不同阶段占据优势，导致同类产品的双向流动(如半导体设备的代际贸易)。

（3）需求偏好相似理论。从需求侧解释：收入水平相近的国家需求结构重叠度高，对同类产品(尤其是差异化制成品)的需求更大。例如，欧美国家人均收入接近，对高端化妆品、奢侈品的相互进口需求显著，推动产业内贸易。

（4）垄断竞争模型。将规模经济与消费者多样化需求纳入一般均衡分析，证明即使两国要素禀赋相同，产业内贸易仍可通过产品差异化和规模经济产生。该模型为新贸易理论提供了微观基础，解释了“要素禀赋相似国家间贸易密集”的现实。

8. 产业内贸易是指产业内部同类产品之间的贸易，即一个国家同时出口和进口同类产品。产业内贸易发生的原因：

① 同类产品的异质性是产业内贸易的重要基础。同类的异质性产品可以满足不同消费心理、消费欲望和消费层次的消费需求，从而导致不同国家之间产业内部的分工和产业内部贸易的发生与发展。

② 规模经济收益递增是产业内贸易的重要成因。生产要素比例相近或相似国家之间能够进行有效的国际分工并获得贸易利益，其主要原因是企业规模经济的差别。一国的企业可通过大规模专业化生产，取得规模节约的经济效果，其成本随着产量的增长而递减，使生产成本具有比较优势，打破各生产企业之间原有的比较优势均衡状态，使自己的产品处于相对的竞争优势，在国际市场上具有更强的竞争力，扩大了该产品的出口。这样，产业内部的分工和贸易也就形成了。

③ 经济发展水平是产业内贸易的重要制约因素。经济发展水平越高，产业内部异质性产品的生产规模也就越大，产业内部分工就越发达，从而形成异质性产品的供给市场。同时，经济发展水平越高，人均收入水平也越高，较高人均收入层上的消费者的需求会变得更加复杂、更加多样化，呈现出对异质性产品的强烈需求，从而形成异质性产品的需求市场。当两国之间人均收入水平趋于相等时，其需求结构也趋于接近，产业内分工和贸易发展的趋向就越强。

9.（1）内部规模经济与产业内贸易的内涵

① 内部规模经济主要来源于企业本身生产规模的扩大。由于生产规模扩大和产量增加，分摊到每个产品上的固定成本(管理成本，信息成本，设计成本，科研与发展成本等)会越来越少，从而使产品的平均成本下降。

② 产业内贸易是产业内国际贸易的简称，是指一个国家或地区，在一段时间内，同一产业的产品既进口又出口的现象。比如日本向美国出口轿车，同时又从美国进口轿车的现象；中国向韩国出口某种品牌的

衬衣，同时又从韩国进口某种T恤衫的这种贸易活动。产业内贸易还包括中间产品的贸易，即是某项产品的半制成品、零部件在两国间的贸易。

(2) 内部规模经济与产业内贸易的关系

① 一般情况下，内部规模经济的实现依赖于一个产业或行业内厂商自身规模的扩大和产出的增加，具有内部规模经济的行业往往会形成不完全竞争的市场结构，各厂商生产不同于其他厂商的差异产品，行业内厂商的数量及其所生产的差异化产品种类与市场规模有关，市场规模大的国家能容纳的厂商数量多，生产的差异化产品种类也多。

② 在封闭的条件下，每个国家的市场规模都很小，在行业内部规模经济的作用下，每个国家能够生存下来的厂商的数量有限，生产有限的几种差异化产品。

③ 在开放条件下，每个国家都可以向其他国家出口或进口差异化产品，市场规模扩大，一方面，两个国家原有的厂商扩大生产规模，产品的单位成本降低，取得更大的规模经济效果；另一方面会导致更多的厂商进入这个行业，生产并出口更多的差异化产品。

④ 建立在内部规模经济和差异化产品基础上的国际贸易发生在同一个行业内，是产业内贸易。

10. (1) 国家竞争优势理论的基本内容

国家竞争优势又称“国家竞争优势钻石理论”，“钻石理论”由哈佛大学商学院教授迈克尔·波特提出，属于国际贸易理论之一。国家竞争优势理论既是基于国家的理论，也是基于公司的理论。国家竞争优势理论试图解释如何才能造就并保持可持续的相对优势。国家竞争优势理论认为，一国兴衰的根本在于能否在国际竞争中赢得优势，而取得国家竞争优势的关键在于国家是否有合适的创新机制和充分的创新能力。而这又主要决定于四组基本因素，即要素条件，国内需求条件，相关产业与支撑产业，公司的战略、结构和竞争。这四组因素中的每一个都可单独发生作用，并同时作用于其他因素。四者组成一个系统，共同决定国家竞争优势。另外，国家竞争优势还受到机遇和政府作用的影响，但由于两者要通过四组基本因素影响国家竞争优势，所以属于辅助因素。

(2) 国家竞争优势理论中的生产要素方面与要素禀赋理论的区别

① 要素禀赋理论中的生产要素，是指生产活动必须具备的主要因素或在生产中必须投入或使用的主要手段。通常指土地、劳动和资本三要素，加上企业家的管理才能为四要素。生产要素禀赋论忽视了技术要素的重要作用。要素禀赋理论关于技术水平相同的假定，忽视了技术要素在国际贸易中的作用，与经济现实也不相符合。事实上，技术进步因素对一国贸易结构和比较利益格局的影响是巨大的，技术进步能够改变一国在自然资源禀赋方面的劣势地位。

② 国家竞争优势理论中的生产要素，可分为基本要素和高级要素。基本要素指一个国家先天拥有的自然资源、地理位置、气候条件、普通工人等要素，是一种给定的先天条件；高级要素指通过投资和发展而创造的要素，如高科技、熟练劳动力等，这种要素的特点，难以通过公开市场取得，后天开发的。一般说来，高级要素的生成时间长，可供性极为有限，国外竞争者很难模仿和超越。

11. (1) 传统贸易理论与新贸易理论

① 传统贸易理论包括亚当·斯密的绝对优势学说、大卫·李嘉图的相对优势学说以及赫克歇尔-俄林的要素禀赋论。它以完全竞争市场为假设前提，主要分析产业间贸易，属于静态或比较静态的国际贸易模型。

② 新贸易理论是指一系列关于国际贸易的原因、国际分工的决定因素、贸易保护主义的效果以及最优贸易政策的思想和观点。它以不完全竞争市场为假设前提，开始分析产业内贸易，模型力求动态化。

(2) 传统贸易理论与新贸易理论的联系

① 传统贸易理论与新贸易理论都是用于解释为何一国从事国际贸易是有利的这一观点。

② 二者都不涉及企业的边界问题，仅限于部分均衡分析而没有考虑公司内贸易的国际维度。

(3) 传统贸易理论与新贸易理论的区别

① 贸易政策不同

传统的贸易理论是建立在完全竞争的市场结构框架下，完全竞争市场是最具效率的市场，任何干预只会带来效率损失。因此传统贸易理论强调自由贸易的重要性。

新贸易理论则认为现实中市场的有效性值得怀疑。因此提出了两个干预贸易的论点：利润转移论和外部经济论，在此基础上提出战略性贸易政策理论，即政府为支持发展某出口导向型产业，应采取一些有限的、有选择性的干预措施。

② 研究对象不同

传统国际贸易理论主要研究的是产业间贸易。大多数研究都假定规模报酬不变，市场是完全竞争的，并且传统的国际贸易理论将贸易与投资问题孤立地进行研究。

新贸易理论主要研究的是规模报酬递增和不完全竞争条件下的产业内贸易，并且开始注重国际贸易理论与国际直接投资理论的融合。

③ 贸易的福利效应不同

传统贸易理论并未对国际贸易的福利效应作专门分析，因为其理论的结论是按比较优势进行分工对各国都有利益，贸易利益来源于专业化生产效率的提高。

新贸易理论认为贸易利益不仅来自比较优势，还来自规模经济性、增加了不完全竞争产业的竞争程度、增加了产品的差异性等。同时，新贸易理论指出，尽管存在着潜在贸易得益，但不完全竞争市场同时也产生了风险，使一国经济有可能不仅无法利用潜在的贸易得益而且实际上遭受损失。当贸易使得本国以递增规模生产的行业和高度垄断的行业收缩，而带来的其他利益不足以弥补这种收缩带来的损失时，贸易使本国受损，这说明，参加贸易并不是总能得到利益。

12. 传统国际贸易理论着力解释产业间贸易，而新贸易理论主要用于解释产业内贸易。

(1) 传统国际贸易理论

传统国际贸易理论主要研究的是基于技术差异和资源禀赋差异的国际贸易。古典理论中，绝对优势理论和比较优势理论从技术差异角度，分别强调劳动生产率的绝对差异和相对差异决定贸易模式。新古典理论中，最著名的赫克歇尔-俄林模型，从要素禀赋相对差异解释贸易。新古典理论的其他模型也从品位与偏好的差异和/或技术差异解释贸易的发生。新古典理论的基本假设是完全竞争、产品同质化和规模报酬不变或递减。

传统国际贸易理论较客观地解释了宗主国与殖民地之间、发达国家与发展中国家之间的贸易现象，主要解决不存在规模经济的完全竞争类型的贸易市场。但是传统国际贸易理论解释不了二战以来国际贸易领域出现的新变化，如发达国家之间的贸易量大大增加、同类产品之间的贸易量大大增加、跨国公司在国际经贸活动中的作用空前加强、产业的规模经济明显等现象。此外，传统贸易理论无法解释发达国家之间与产业内、公司内的贸易成为国际贸易主流这一现实。

(2) 新国际贸易理论

新的国际贸易理论则以产业组织理论为基础，突破原有的假设前提，认为市场具有不完全性，企业存在着规模经济。所以新国际贸易理论适合解释存在规模经济效应的不完全竞争市场。20 世纪 80 年代，以克鲁格曼为首的一批经济学家试图突破传统理论与现状的隔膜，将规模经济引入贸易分析，提出了依靠政府支持，通过获得规模经济效益，达到扩大出口、抢夺竞争对手市场份额的战略性贸易政策理论。新国际贸易理论并不是对传统贸易理论的全盘否定，而是在继承的基础上有所突破和发展。事实上，新国际贸易理论也是在发达国家之间水平分工和贸易的不断增长以及产业内贸易的比重不断提高的背景下产生的。新贸易理论的基本假设是，存在垄断势力、产品差异化和规模报酬递增。

13. 根据公式 $IIT=1-\frac{|X-M|}{X+M}$ 可得：

$$IIT_{新鲜水果}=1-\frac{|65-54|}{65+54}=90.76\%$$

$$IIT_{玩具}=1-\frac{|56-680|}{56+680}=15.22\%$$

$$IIT_{微型面包机}=1-\frac{|700-200|}{700+200}=44.44\%$$

$$IIT_{电影电视}=1-\frac{|300-97|}{300+97}=48.87\%$$

14. (1) ①B 国为资本充裕的国家。原因如下：

A 国：$TK/TL=150/240=5/8$；

B 国：$TK/TL=120/180=2/3>5/8$。

② 衣服为劳动密集型产品。理由：衣服的生产所采用的资本与劳动投入比例为 1/3，食品的生产所采用的资本与劳动投入比例为 2/2，即 1/3<2/2，则衣服是劳动密集型产品，食品是资本密集型产品。

(2) 设生产衣服 x 单位，生产食品 y 单位，因为要素被充分利用，所以：

$$x+2y=150+120;\ 3x+2y=240+180$$

解得：$x=75$；$y=97.5$。

所以，A、B 两国最多生产 75 单位的衣服和 97.5 单位的食品。

A 国衣服的价格为 $10+3\times5=25$；食品的价格为：$2\times10+2\times5=30$；

B 国衣服的价格为 $4+3\times10=34$；食品的价格为：$2\times4+2\times10=28$。

(3) A 国会出口衣服，B 国会出口食品。A 国从贸易中获取的利益会相对稍微多一些。

(4) ①随着 A、B 两国贸易的开展，两国劳动力和资本价格会发生趋同趋势。

国际贸易会使各国要素价格或要素报酬的差异缩小，这是广义要素禀赋理论(赫克歇尔-俄林-萨缪尔森理论，简称 H-O-S 理论)。这是萨缪尔森对 H-O 模型的结论进行数学证明而得名的，它是贸易对要素价格的反作用理论，即要素价格均等化理论。

要素价格均等化有两种：一是要素价格相对均等化，即原先要素价格比率不一致的两个国家在发生贸易以后，会逐渐趋于均等，最后达到完全相等。二是要素价格绝对均等化，即原先同一种要素的绝对价格在不同国家不相等，在发生贸易后，会逐渐趋于均等，最后达到完全相等。

产生要素价格均等化的原因是：某一商品相对价格的上升，将导致该商品密集使用的生产要素的实际价格或报酬提高，而另一种生产要素的实际价格或报酬则下降，即如果劳动密集型产品的相对价格升高，将使劳动力价格升高，并降低资本的价格。这样，就会降低各个行业的劳动/资本比率。根据边际收益递减规律，当劳动/资本比例下降时，由于劳动相对于资本的投入减少，所以劳动的边际生产力上升，相反，资本的边际生产力下降。即劳动的实际价格或报酬上升，资本的实际价格或报酬下降。

② 中美两国贸易的现实，似乎推翻了要素价格均等化的结论，中国的劳动力价格依然比美国低很多。这是由于要素价格均等是以商品价格的均等为先决条件的。现实中，由于运输成本和一些贸易壁垒的存在，各国的商品价格难以达到一致，因此，国际间要素价格均等化在现实中一般难以实现。另外，要素价格均等还要求生产技术条件必须完全一样，这也是一个比较苛刻的条件。

三、论述题

1. (1) 发展中国家如中国存在比较优势陷阱

比较优势理论认为，国际贸易的基础是生产技术的相对差别，以及由此产生的相对成本的差别。每个国家都应根据"两利相权取其重，两弊相权取其轻"的原则，集中生产并出口其具有"比较优势"的产品，进口其具有"比较劣势"的产品。

"比较优势陷阱"是指一国尤其发展中国家完全按照比较优势，生产并出口初级产品和劳动密集型产品，则在与技术和资本密集型产品出口为主的经济发达国家的国际贸易中，虽然能获得利益，但贸易结构不稳定，总是处于不利地位，从而落入"比较利益陷阱"。第一种是初级产品比较优势陷阱。第二种类型是制成品比较优势陷阱。

(2) 我国对外贸易发展存在的主要问题

① 服务贸易发展滞后，规模偏小，整体水平差，结构不合理，法律法规不健全，服务管理体制落后。

② 技术性贸易壁垒严重阻碍我国商品的出口。我国有 60%以上的出口企业不同程度地遭遇了国外技术性贸易壁垒。已经从生产流通领域扩展到生产加工领域，不仅包括货物商品，还延伸到金融、信息等服务领域，已经成为我国外贸企业面临的第一大非关税壁垒。

③ 贸易摩擦增多，使得外贸风险加大。贸易摩擦给我国出口造成严重的经济损失，而且导致我国产品在出口市场受到挤压，对我国产品的出口造成不利的影响。

(3) 我国应该采取的对策

① 服务贸易方面。国家应建立各部门密切配合、中央和地方互动、政府和企业紧密联系的全国服务贸易协调管理机制；积极进行服务产品结构的调整，放宽服务业市场准入；完善服务贸易相关法规，建立服务贸易法律体系。

② 技术性贸易壁垒方面。政府建立预警机制，实现对外贸易保护前置化；制定优惠措施，发展循环经济，扶持“绿色”企业发展；企业应强化标准化意识，采用合理适用的国际标准，严格执行标准；要注重支持和培育具有自主知识产权和自主品牌的商品出口，提高出口商品附加值。

③ 对外贸易摩擦方面。我国政府充分利用 WTO 贸易争端解决机制，加强与外国的交涉；建立和完善反倾销应诉机制，完善我国反倾销预警机制网络。企业应调整战略，实行国际化经营；要不断优化出口商品结构，提高产品的科技产量；企业在反倾销的过程中，应当熟悉国际惯例，依法应对反倾销，使自己由被动化为主动。

2. (1)引入规模报酬递增的理论被称之为“新贸易理论”。

① 20 世纪 80 年代以前的传统贸易理论建立在投入要素边际生产力递减的假定和完全竞争市场结构的框架基础上，这一理论在研究贸易模式的形成原因以及贸易的福利分析方面发挥了巨大的作用。但是由于理论架构本身的缺陷，传统贸易理论在解释经济事实时，在以下三个研究领域存在不足：

a. 解释了为什么技术和资源禀赋不同的国家将交换不同行业的产品即行业间贸易，但是不能解释禀赋相似的国家进行贸易的动因，以及国家间进行行业内贸易的动因。

b. 解释了贸易给参与国带来的静态“水平效应”，但不能解释贸易带来的关于增长的“垂直效应”，从而缺乏对贸易和增长之间关系的研究。

c. 解释了具有技术差异的国家间的贸易模式的决定，但不能解释技术差异的形成原因，和技术差异及贸易模式的动态演进。

作为对传统贸易理论的发展，新贸易理论是指 20 世纪 80 年代以来产生和发展起来的一系列国际贸易理论学说。新贸易理论实际上是对国际贸易理论新命题的研究，具体而言，即对以上在传统贸易理论分析中在局限性的三个领域的研究。从新贸易理论的演进框架角度来看，规模报酬递增因素的引入在这段贸易理论的新发展过程中起到了主要作用。

② 传统国际贸易理论没有对单独企业的研究，主要研究的是产业间贸易。在新古典贸易理论中，大多数研究都假定规模报酬不变的条件下，一般均衡模型只是限定了企业所在的产业的规模，企业的规模则是模糊的。新贸易理论主要研究的是规模报酬递增和不完全竞争条件下的产业内贸易，揭示了规模经济性和不完全竞争市场结构下的企业的垄断竞争行为成为贸易产生的重要动因与基础。即使各国的偏好、技术和要素禀赋都一致的情况下，也会产生差异产品之间的产业内贸易，并且国家间的差异越大，产业间的贸易量就越大，而国家间越相似，产业内的贸易量就越大。

(2) “新贸易理论”特别适用于说明的贸易类型是产业内贸易。分析如下：

产业内贸易、发达国家之间的水平分工与贸易的迅速增长成为当今国际贸易的主要现象，新贸易理论认为这是因为产生国际贸易的动因与基础发生了变化，不再仅仅是因为技术和要素禀赋的差异带来了贸易。

① 从供给角度：揭示了规模经济性和不完全竞争市场结构下的企业的垄断竞争行为成为贸易产生的重要动因与基础。新贸易理论从供给角度分析，认为在不完全竞争市场结构下，规模经济就成了引起专业化与国际贸易的重要原因。即使各国的偏好、技术和要素禀赋都一致的情况下，也会产生差异产品之间的产业内贸易，并且国家间的差异越大，产业间的贸易量就越大，而国家间越相似，产业内的贸易量就越大。

② 从需求角度：新贸易理论还强调需求因素对贸易产生和贸易结构的影响。从需求角度进行探索，填补了贸易动因研究视角上的一大空白。瑞典经济学家林德提出的代表性需求理论，将需求与产品差异结合

起来解释了产业内贸易产生的原因。该贸易理论表明，规模经济容易在各国有代表性需求的产品上产生，因此收入水平越相似，国家之间的产业内贸易越多。

③ 从技术差距角度：技术差距论以不同国家之间的技术差距为分析前提，认为技术差距和模仿时滞决定了现实的贸易格局。1959 年，美国经济学家波斯纳运用技术创新理论修正了赫克歇尔-俄林模型，提出了技术差距理论。该理论解释了发达国家之间的产业内贸易。

3. (1) 新贸易理论的内容

新贸易理论是指 20 世纪 80 年代初以来，以保罗·克鲁格曼为代表的一批经济学家提出的一系列关于国际贸易的原因、国际分工的决定因素、贸易保护主义的效果以及最优贸易政策的思想和观点，它以规模经济不变和不完全竞争为前提，主要研究产业内贸易。产业内贸易的发生可以用产品差异化、需求相似、规模经济等理论来解释。

新贸易理论认为，在完全竞争市场结构中，传统意义上的要素禀赋比率差异理论，解释产业间贸易模式，特别是对贸易流量中的要素含量差异，始终是有效的。在不完全竞争市场状态下，生产要素价格偏离边际价值；商品价格大于边际成本和平均成本，不能如实反映一国的比较成本优势和劣势，从而引起贸易福利的不均衡分配。因此，在不完全竞争市场结构条件下，规模经济是独立于比较成本之外的又一引发对外贸易的决定因素和经济变量。前者属于垂直型产业间分工模式，后者属于水平型产业内分工模式。

(2) 规模经济和产品差异化之间的矛盾

规模经济指某些产品的生产具有规模报酬递增的特点，即扩大生产规模，每单位生产要素的投入会有更多的产出，产品的平均成本会下降。其主要优势在于企业实行大批量生产方式，提高产品质量，降低能耗和原材料消耗等各种物耗，能够实现产品规格的统一和标准化。产品差异化指企业以某种方式改变那些基本相同的产品，以使消费者相信这些产品存在差异而产生不同的偏好。这样，在实现规模经济时产品是同质的，而产品差异化却要求产品是不同质的，二者之间存在着矛盾。虽然新贸易理论同时用规模经济和产品差异化来解释产业类贸易的发生，却没有解释这二者之间的矛盾。

(3) 解决措施

规模经济和产品差异化之间的矛盾只在一国范围内存在。一国在封闭的情况下，由于市场、规模的制约，同种产品异质性“变体”的种类不可能很多，因为种类越多，生产规模越小，生产成本越高。在开展国际贸易后，两国或多国市场合一，突破了市场狭小与规模的制约，各国各自分别生产几种异质性产品，互不重合。通过贸易，互相出口各自的产品，既增加了消费者的选择余地，又提高了福利水平，生产企业的效率也会提高。因此，要解决规模经济和产品差异化之间的矛盾，必须开展产业内分工和国际贸易。具体到企业上，在确定企业的具体分工模式时，需注意：

① 在充分市场调查的基础上采取差异化经营策略。企业应在对目标市场进行充分调查的基础上，根据消费者消费需求的变化，通过对产品、价格、分销和促销方面制定出不同于竞争对手的策略，以达到建立比较竞争优势，取得竞争主动权的目的。这样便将规模经济和产品差异化的目的相结合，更好地满足市场和企业自身的需求。

② 关注企业的异质性，根据自身发展需要制定相关策略。从属于新贸易理论的异质企业模型将国际贸易的研究范畴从传统贸易的理论研究的产业间贸易转变为研究同一产业内部有差异的企业在国际贸易中所作的选择的理论，主张贸易的基础应建立在企业层面的异质性的基础上，即企业自身不同的生产率的基础上。企业根据自身发展的需要在全球范围内寻求和配置资源，进而形成一体化的生产和组织方式，根据企业在行业中生产率水平的评估，决定了企业是否有能力出口或去国外市场开展经营活动。企业虽然可以在世界范围内组织生产要素，但这些生产要素必须与人力资本要素相结合才能形成竞争优势，更好地发挥作用，而各种不同物质资本的投入需要相应数量的人力资本来进行管理和配置，由此才能提高企业的整体效率。

4. (1) 理论与要素禀赋背景

雷布津斯基定理指出，要素禀赋变化会推动密集使用该要素的产业扩张。中国劳动力资源丰富，且高等教育人口增加、新增劳动力受教育年限提高，人力资本要素持续积累，正从“人口数量红利”向“人力资本红利”转型，为比较优势产业升级奠定基础。

（2）比较优势产业未来趋势

① 技术密集型产业成为新主导。人力资本增加将推动高端制造、数字经济、研发服务等产业扩张。这些产业密集使用技能型劳动力，能通过技术创新和生产率提升占据全球价值链中高端，逐步替代传统低技能劳动密集型产业的比较优势地位。

② 传统劳动密集型产业的转型。依托人力资本升级，传统产业可向“技能增强型”转型，如通过自动化改造和数字化管理，提升产品附加值（如精密制造、定制化服务），实现从“规模扩张”到“质量效益”的转变。

（3）政策措施建议

① 深化人力资本培育。优化高等教育和职业培训体系，定向培养产业升级所需的技术人才和复合型人才，避免人力资本与产业需求错配，强化要素质量对产业升级的支撑。

② 引导要素向高生产率产业流动。通过市场化改革破除劳动力跨行业、跨区域流动障碍，完善创新激励机制，促进资本、技术与人力资本向技术密集型产业集聚。

③ 推动产业协同与转型。支持技术密集型产业集群发展，同时设立专项基金助力传统产业技术改造，实现“要素升级-产业升级”联动，将人力资本优势转化为产业竞争力。

（4）中国要素禀赋的结构性变化为比较优势升级提供了契机。在雷布津斯基定理框架下，未来需通过人力资本深化、要素市场化配置和产业政策引导，推动比较优势向技术密集、知识密集领域延伸，将“人口红利”转化为持续发展动力。

5.（1）荷兰病的核心内涵与机制

荷兰病指资源出口繁荣通过汇率升值与要素转移导致非资源产业萎缩的现象。其触发机制体现为：资源出口增加推高本币汇率，削弱制造业和农业的国际竞争力；同时，资本和劳动力向高收益资源行业集中，进一步挤压非资源产业。该理论的前提条件包括：资源出口占 GDP 比重可观（通常超过 30%）、经济结构单一、国际资本流动自由。其长期影响是经济陷入“资源依赖—产业空心化—增长停滞”的循环，典型如博茨瓦纳钻石繁荣期制造业占比长期低于 5%。

（2）悲惨增长的核心内涵与机制

悲惨增长由巴格沃蒂提出，指出口商品供给大幅增加导致贸易条件（出口价格/进口价格）恶化，即便产出增长，国民福利仍可能下降。其触发机制为：出口产业扩张导致国际市场供给过剩，出口价格下跌；由于出口商品需求弹性低（如矿产、农产品），价格跌幅超过出口量增幅，导致出口收入减少。该理论的前提条件包括：该国为国际市场价格接受者（小国假设）、出口商品需求弹性接近零、经济增长高度依赖出口产业。

（3）两者的本质差异

① 产业结构维度。荷兰病的核心矛盾是产业结构失衡：资源繁荣通过汇率和要素效应直接压制制造业与农业，导致经济结构单一化，长期丧失增长动力。例如，博茨瓦纳钻石产业吸纳了全国 40% 的资本，却未带动产业链延伸，最终因缺乏替代产业陷入衰退。悲惨增长不改变产业结构，其福利损失源于贸易条件恶化而非产业空心化。即使制造业占比正常，只要出口产业过度扩张且需求弹性低，仍可能出现福利下降。

② 贸易条件维度。荷兰病中，资源出口繁荣可能短期改善贸易条件（出口价格上升），但长期因产业失衡导致抗风险能力弱化，最终在资源衰退期陷入贸易条件与产业结构的双重危机。悲惨增长中，贸易条件恶化是直接且唯一的福利损失渠道：出口供给增加必然导致价格下跌，且需求弹性越低，贸易条件恶化越严重，与产业结构是否多元无直接关联。

（4）总结

荷兰病与悲惨增长虽同属“资源诅咒”的表现形式，但前者是长期结构性危机，根源在于资源繁荣对非资源产业的挤出效应；后者是短期静态福利损失，根源在于出口扩张与贸易条件恶化的矛盾。博茨瓦纳案例更符合荷兰病逻辑，其钻石产业崩溃本质是长期产业空心化的结果，而非出口扩张导致的贸易条件恶化。

第 2 章　国际贸易政策和壁垒

本章包含贸易政策和贸易壁垒两个知识点。贸易政策与贸易壁垒是目标与工具的关系，二者的互动构成了国际贸易的核心矛盾。本章是重要命题章节。

知识脉络

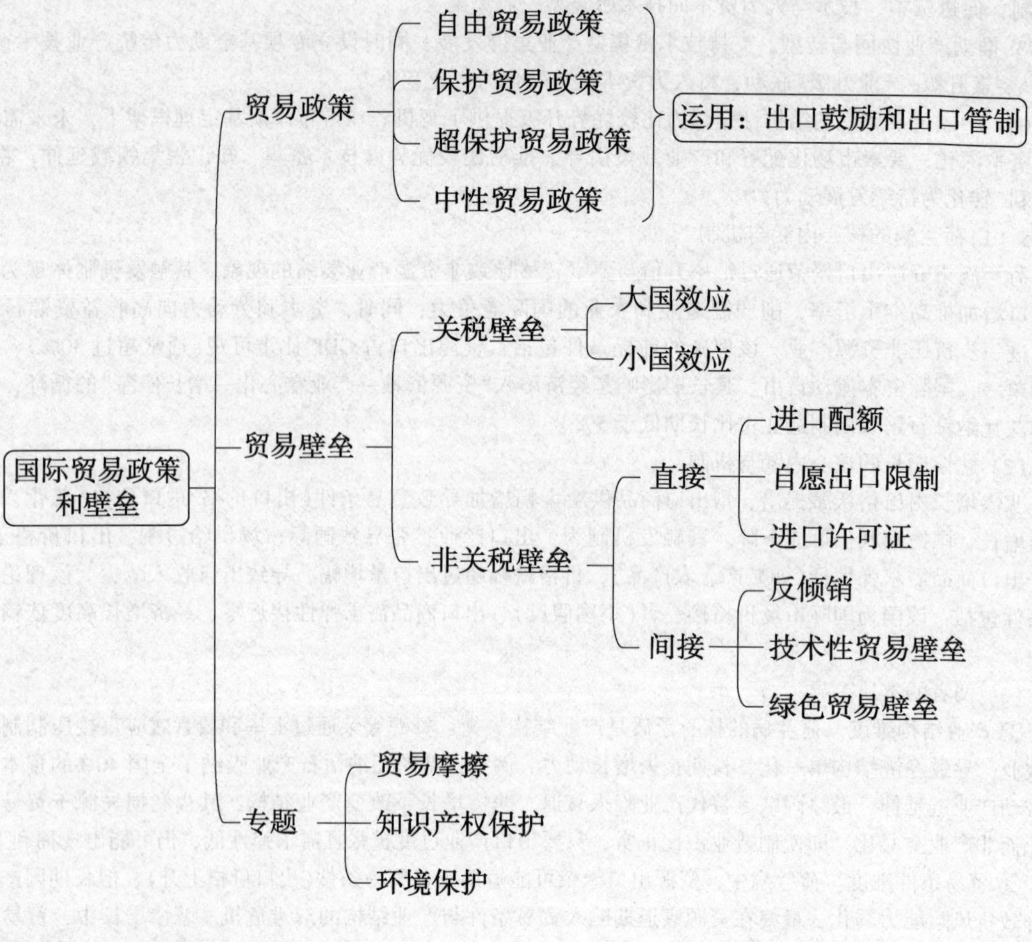

大纲解析

知识点一　贸易政策

一、贸易政策的含义

贸易政策是指一个国家一定时期内影响其进出口贸易的政策措施的总和，是一国政府在其经济发展战略的指导下，运用经济、法律和行政手段，对外贸活动的方向、数量、规模、结构和效益所进行的一系列有组织的干预和调节行为。

广义的对外贸易政策是指涉及外贸活动的国家干预和调节行为，是一国根据一定时期内政治经济的基本发展态势和国民经济的总体发展目标，结合本国的资源禀赋、产业结构、经济发展水平，所制定的在较长时期内普遍适用的对外贸易原则、方针、策略。体现对外贸易总政策的各种政策措施包括：进出口商品政策、国别政策或地区政策等方面，涉及国家对外贸活动的经营管理体制、法律制度和行政干预三个方面的内容。狭义的贸易政策则是指关税和非关税措施的政策体系。

二、贸易政策的分类

1. 自由贸易政策

自由贸易政策是指国家对贸易行为不加任何干预，既不鼓励出口，也不限制进口，使商品自由进出口，在国际市场上自由竞争。自由贸易政策产生于18世纪初，是18世纪新生资产阶级“自由放任”思想在对外经济关系上的延伸。国际贸易几百年的历史表明，完全意义上的自由贸易政策是不存在的，当今的自由贸易政策表现为国家取消对进出口贸易的限制和障碍，取消对本国进出口商品的各种特权和优惠的自由化过程。

2. 保护贸易政策

保护贸易政策是指政府广泛利用各种限制进口的措施保护本国市场免受外国商品的竞争，并对本国出口商品给予优待和补贴以鼓励商品出口。保护贸易政策是一系列干预贸易行为的各种政策措施的组合。自由竞争资本主义时期贸易政策的基调是自由贸易，但是，由于各国经济发展水平的不同，一些经济起步较晚的国家如德国和美国主张保护国内市场，发展民族资本，促进国内生产力的形成，以保护和发展生产力为目标。

3. 超保护贸易政策

超保护贸易政策是垄断竞争时期资本主义的贸易政策特征。20世纪30年代资本主义大萧条使贸易政策向垄断资本利益倾斜。保护的对象是高度发达的工业或出现衰落的夕阳工业；在垄断国内市场的基础上对国外市场实施进攻性扩张；保护的不是一般的工业资产阶级，而是垄断资本的利益。超保护贸易也称侵略性保护贸易政策，是国际贸易中垄断竞争日益激烈的产物，成为二战后国家垄断干预贸易、争夺世界市场和霸权的手段。

4. 中性贸易政策和偏向性贸易政策

中性贸易政策是指政府干预措施的综合效果是对一切可贸易产品和非贸易产品，可出口产品和可进口产品，国内市场和出口市场，采取不偏不倚的对待。

偏向性贸易政策则有内向性和外向性贸易政策之分。外向性的贸易政策倾向于鼓励出口和促进出口加工业生产的措施，属于较为开放的政策。内向性政策重视内销生产，轻视供出口的生产。内向型政策一般采用如进口许可证、数量限制等直接控制办法，对制造业实行高度保护，对进口和投资实行直接控制、币值高估等。这种政策促使需求转向本国制造的产品。出口则由于进口投入成本的上涨而受到制约。

三、当代贸易政策特征

20世纪70年代中期，世界贸易掀起了一股新保护主义浪潮。能源危机、货币危机、债务危机、高失业率以及随之而来的战后最严重的经济危机，给发达国家经济以沉重的打击，使各国贸易政策开始脱离过去自由放任的思潮，其主要表现为以下特点：

(1) 限制进口措施的重点从关税壁垒转向非关税壁垒。战后的贸易自由化的倾向使关税水平大幅度下降，关贸总协定的“约束性关税”又限制了成员国运用关税的范围。为此，主要资本主义国家竞相设置非关税措施限制进口，以抵消关税下降造成的不利影响。

(2) 奖出限入措施重点从限制进口转向鼓励出口。由于限制进口容易受到其他国家的谴责和贸易伙伴的报复，也由于面对竞争日益激烈条件下市场扩张的需要，许多发达国家都把重点转移到鼓励出口方面，提高本国产品的出口竞争能力。

(3) 保护主义从国家贸易壁垒转向区域性贸易壁垒。经济区域化和集团化的发展，导致了20世纪90年代以来区域贸易壁垒的强化，通过组成排他性的经济贸易集团，把非成员国的产品排斥在外，以集团内、区域内的自由化来对抗集团外、区域外国家的竞争。

(4) 发达资本主义国家贸易政策取向。20世纪末以来，发达国家的贸易政策出现了一些新的趋向，其中以美国最为典型。

① 变“被动”为“主动”，注重政府干预贸易的积极作用。从保护国内市场和传统产业转变为积极开拓国际市场，发挥新兴产业的竞争优势和潜在的规模经济效益。美国在一系列双边和多边谈判中，强调“市场准入”，变无为政府为积极政府，主动干预，以贸易促经济的根本变革。

② 对内实行促进高科技产业成长的战略性贸易政策。美国政府极端重视高科技对本国经济的作用，为此政府通过国内的财政、货币政策，以税收优惠、活跃资本市场、利率措施等手段创造比较优势，推动高科技发展。贸易政策作为产业政策的辅助性措施，创造公平环境，以充分发挥优势。同时，在多边和双边谈判中加强对知识产权的保护措施以保障高科技投资带来的利益不被侵占。

③ 对外强调互惠的对等原则。互惠贸易已成为美国近年来贸易政策的基石，它强调美国不再提供或较少提供单方优惠。若他国以美国认为的“不公平手段”出售产品，美国则以最严厉的措施报复。美国在理论上强调互惠的必要性，政策中强调开放市场的重要性，法律上强调惩罚的严厉性，使保护与惩罚双管齐下，迫使对方开放市场。

④ 由多边主义转向双边、单边主义和区域主义。美国逼迫他国开放市场不再单纯依靠世界贸易组织(WTO)的多边协调作用，而是多边、双边、单边三管齐下，以保证最小的政治成本下贸易最大限度扩张。首先利用WTO，争取能使竞争优势充分发挥的世界贸易新局面，包括强化条文、扩大涉及的贸易范围以及重新明确条文规定的各项责任等。其次，通过双边谈判扫除进入外国市场的障碍，以避免多方谈判中相互扯皮的现象。最后利用“超级301”条款对伙伴国进行报复。

四、贸易政策与经济发展战略

二战后，随着世界殖民体系瓦解，纷纷独立的民族主义国家和地区，在选择如何利用对外经济关系、运用对外贸易战略，实现工业发展的道路，形成三种不同的模式。

(1) 初级产品出口工业化战略，指通过扩大初级产品出口促进经济发展的一种工业化战略，也称为初级外向战略，这是50年代初一些后起的民族主义国家不得不采取的策略。其对工业的意义主要表现在：利用资源优势获取工业化所需的资金和技术；促进辅助工业的发展等。但其不足之处也很明显，由于初级产品的市场和价格极不稳定导致经济发展的不稳定，经济单一性和对发达市场的依附性，使工业化战略难以贯彻。

(2) 进口替代工业化战略，指一国采取各种措施，限制某些外国工业品进口，促进本国有关工业品的生产，逐渐在本国市场上以本国产品替代进口品，为本国工业发展创造有利条件，实现工业化。该项战略的特征是：鼓励外商投资、高关税、数量限制与本币币值高估相配合的保护贸易政策，被称为内向型战略。

进口替代工业化的意义较为显著，表现为：建立工业基础的直接的经济成长效应；扩大就业的经济增长效应和减少进口的外汇节约效应。但其缺陷也不言而喻，包括保护措施的负效应、生产受国内市场规模制约、出口增长受阻等。

(3) 出口导向工业化战略，指通过建立面向国外市场为主的加工工业，增强本国产品在国际市场的竞争能力，以出口带动整个国民经济的繁荣，即以发展制成品出口带动工业化的发展。属于中级外向战略。

出口导向工业化采取较为开放的鼓励出口的贸易政策体制，吸引外商投资、本币贬值以增强出口竞争优势等。其对工业化的意义表现在：生产规模不受国内市场约束而能获得规模经济优势；促进生产力发展的经济成长优势；扩大就业和收入增加的经济增长优势；开辟外汇收入渠道的资金积累优势。但由于其开放的特征，世界经济中的不利因素通过贸易传导会带来相应的市场、金融和政策等风险。

五、贸易政策的国际协调

1. 贸易纷争与贸易政策国际协调

由于贸易利益的差异和冲突及各国经济目标的要求，运用政策调节经济贸易行为，成为政府的主要职能。这种各自以本国经济利益为出发点的贸易政策必然产生国与国之间的利益冲突和政策的不协调，从而影响贸易的正常发展，各国的贸易利益也将因此而减少甚至消失。因此，国际贸易要真正体现互惠互利，促进世界经济的发展，就必须达成贸易政策的国与国之间的协调。

2. 贸易政策国际协调的形式

(1) 贸易条约和贸易协定

贸易条约和协定是指有关主权国家为确定彼此间的贸易关系，规定各自的权利和义务，协调各自对外的贸易政策，经过协商或谈判缔结的书面协议。这是贸易政策国际协调的最初形式。贸易条约和协定有许多不同的类型。

① 贸易条约。贸易条约是全面规定缔约国间经济和贸易关系的书面协议。其内容广泛，涉及缔约国间在经济和贸易关系方面的权利和义务。贸易条约通常是以国家或国家首脑的名义签订，并经缔约方各自的立法机关讨论通过，报请国家最高权力机关批准后才能正式生效。贸易条约通常以通商航海条约形式表现，或称通商条约、友好通商条约等。贸易条约的内容几乎包括经济贸易关系的全部领域，主要有：进出口商品的关税和海关手续；双方公民和企业在对方享有的经济权利；船舶航行和港口使用；铁路运输和过境及转口；知识产权保护；进口商品国内捐税；进出口数量限制；仲裁裁决等。

② 贸易协定和贸易议定书。贸易协定是缔约方为调整和发展相互间的贸易关系而签订的书面协议。贸易协定的签订程序比贸易条约简单，有效期也较短，一般只需经签字国的行政首脑或其代表签署即可生效。贸易协定的内容不如贸易条约那么广泛，但更具体，它通常包括：最惠国待遇条款；进出口商品签单和进出口贸易额；作价原则和使用货币的规定；支

付和清偿的方式；关税优惠及其他事项。

贸易议定书是就缔约国发展贸易关系中具体项目达成的书面协议，贸易议定书通常是作为贸易协定的补充。如签订长期贸易协定时，以议定书方式规定年度贸易具体事宜。贸易议定书签订程序简单，内容具体，一般由签字国的有关行政部门的代表签署即可生效。

③ 支付协定是指规定各缔约方之间在贸易和其他方面的债权债务结算的书面协议。这种以相互抵账的方式结算彼此债权债务关系，有助于克服外汇短缺的困难，从而有利于双方贸易的发展。支付协定的内容一般包括：a. 确定清算机构并设立清算账户以及账户的支付范围，一般都以双方的中央银行为清算的负责机构；b. 确定清算货币及清算办法；c. 债权债务抵偿后余额的结算办法，一般以黄金、第三国可兑换货币或下年度出口商品来抵付；d. 确定信用摆动额，即双方根据协定相互提供信用的限额，在规定的额度内的债务无须支付利息。

④ 国际商品协定是指商品的主要出口国(生产国)与消费国(进口国)就该项商品的购销、价格等问题，通过协商而达成的政府间的多边协定。国际商品协定的主要对象是发展中国家所生产的初级产品。发展中国家希望通过维持合理的价格，保证这些产品的生产和销售。而作为初级产品主要消费国的发达国家则希望通过商品协定，在维持正常供给的条件下，保证价格水平不至过高。因此，在谈判和签订协定过程中，发展中国家和发达国家存在着利益矛盾。

经济条款是国际商品协定中最主要条款。经济条款确立各成员国的权利和义务，关系到各成员国的具体利益。经济条款一般有 4 种规定办法。

a. 建立缓冲存货。即协定规定执行机构设立缓冲存货以干预市场。缓冲存货以成员国提供的实物和资金两种形式构成，执行机构按最高限价和最低限价的规定，当市场价格到最高限价时，就抛出缓冲存货的实物；当市场价格落到最低限价时，就以缓冲存货的现金收购商品，以达到稳定价格的目的。

b. 规定出口限额。即规定一个最基本的年度出口配额，并根据每年的市场需求和价格状况确定当年的具体出口限额。如当年市场价格过高，配额自动增加；反之，则自动减少。

c. 签订多边合同。实际上是一种多边性的商品合同，它规定，进口国在协定商定的价格幅度内，向出口国购买一定数量的一个商品；同时要求出口国保证，在规定的价格幅度内，向进口国出售一定数量的协定商品。

d. 出口限额与缓冲存货相结合的规定。如《国际可可协定》规定最高、最低限价，同时运用缓冲存货和出口配额控制商品的供求和价格。

(2) 双边协调与多边协调

贸易政策的国际协调是指国与国之间的政策协调。它表现为三个不同层次：双边(国与国之间)的协调；集团性、区域性贸易政策的诸边协调和致力于全球贸易体制的多边贸易政策协调。

① 双边的贸易政策协调旨在协调贸易伙伴间的关系，通过双方签订贸易条约或协定等形式进行。

② 经济区域化、集团化与贸易政策协调，是贸易政策在国与国之间协调的重要形式。体现了经济集团或区域经济一体化为了共同利益而实施的共同对外贸易政策措施，如贸易集团、共同市场、关税同盟、自由贸易区等。目前世界上各种区域性的国际经济合作组织参加的国家或地区多达 140 多个。这些规模不等的组织或特殊优惠的安排，将歧视性的贸易壁垒

变成一组国家共同的对外贸易壁垒，成为各国贸易政策的主要内容。

③ 全球贸易体制和贸易政策多边协调。

它是指从符合世界贸易总体利益的角度，协调和约束各国的对外贸易政策，促进世界贸易的规范化、有序化。1947 年以来的关税及贸易总协定引导的多边贸易规则，是第一个全球性的多边贸易体系，1995 年它结束了历史使命，由世界贸易组织替而代之。关贸总协定曾富成效地调节了国与国之间的经济贸易关系，通过制定原则和规则，以期贸易政策趋于统一，成为贸易政策的国际协调的典范。

贸易政策的区域或集团之间的协调与国际间协调既有互补的一面但也必然存在冲突。发达资本主义国家更强调集团之间和经济区域之间的贸易政策协调，通过集团或区域内部的贸易自由化以增强抵御外部的竞争。这就与《世界贸易组织》所倡导的贸易政策的国际协调形成了冲突。特别值得注意的是，由于发展中国家加强了相互之间的合作，使发达国家也越来越重视与发展中国家经济联盟的关系协调，这一趋势将成为贸易政策国际协调的一种补充。

知识点二 关税措施

一、关税的定义、计算

关税是指国家授权海关对出入关境的货物和物品征收的一种税。对于对外贸易发达的国家而言，关税往往是国家税收乃至国家财政的主要收入。

关税的征税基础是关税完税价格。进口货物以海关审定的成交价值为基础的到岸价格为关税完税价格；出口货物以该货物销售与境外的离岸价格减去出口税后，经过海关审查确定的价格为完税价格。

关税应税额的计算公式为：应纳税额=关税完税价格×适用税率。

【例 1】判断：关税是海关直接向本国进出口商征收，但其是间接税。

【解析】正确。关税是可以转嫁给消费者的，进出口商不是最终税收承担者。

二、关税的特点

关税是间接税，就是进出口商先代理消费者将关税交给国家，并将关税转嫁到商品价格中，最后承担的仍然是消费者。

关税具有强制性和无偿性，不管愿意不愿意，它必须交给国家。

关税是预定的，每年年初海关会通知当年的关税税率，因此它也是透明的。

关税还是一个国家执行经济政策的手段。如果我国想让某种产品进入国内，关税一定很低，反之关税就比较高。关税也反映了一国的经济发展水平。

三、关税的种类

1. 按征收对象分，有进口税、出口税和过境税

(1) 进口税。它是指海关在外国货物进口时所课征的关税。进口税通常在外国货物进入关境或国境时征收；或在外国货物从保税仓库提出运往国内市场时征收。现今世界各国的关税，主要是征收进口税。征收进口税的目的在于保护本国市场和增加财政收入。

(2) 出口税。它是指海关在本国货物出口时所课征的关税。为了降低出口货物的成本，提高本国货物在国际市场上的竞争能力，世界各国一般少征或不征出口税。但为了限制本国某些产品或自然资源的输出，或为了保护本国生产、本国市场供应和增加财政收入以及某些特定的需要，有些国家也征收出口税。

（3）过境税。又称通过税。它是对外国货物通过本国国境或关境时征收的一种关税。过境税最早产生并流行于欧洲各国，主要是为了增加国家财政收入而征收的。后由于各国的交通事业发展，竞争激烈，再征收过境税，不仅妨碍国际商品流通，而且还减少港口、运输、仓储等方面的收入，于是自19世纪后半期起，各国相继废止征收，1921年资本主义国家在巴塞罗那签订自由过境公约后，便废除了过境税的条款。

2. 按征收目的分，有财政关税和保护关税

（1）财政关税。又称收入关税。它以增加国家财政收入为主要目的而课征的关税。财政关税的税率比保护关税低，因为过高就会阻碍进出口贸易的发展，达不到增加财政收入的目的。随着世界经济的发展，财政关税的意义逐渐减低，而为保护关税所代替。

（2）保护关税。它是以保护本国经济发展为主要目的而课征的关税。保护关税主要是进口税，税率较高。有的高达百分之几百。通过征收高额进口税，使进口商品成本较高，从而削弱它在进口国市场的竞争能力，甚至阻碍其进口，以达到保护本国经济发展的目的。保护关税是实现一个国家对外贸易政策的重要措施之一。

3. 按征收标准分，有从量税、从价税、混合税

（1）从量税，是按进口商品每单位征收一个固定的税额。从量税优点在于：可以避免物价变动对税收的影响，保持税收的稳定性；有助于宏观部门利用税收杠杆调节资源环境和进出口。从量税缺点在于：不能区别等级、品质及价格差异的货物，税负不合理；税率固定，没有弹性，税额不能随物价涨落而增减，失去市场的价格机能。对部分不能以数量计算的商品不能适用：如古董、字画、钟表、钻石等。

（2）从价税，是按进口商品价值的一定比例征收的。从价税的优点在于：从价税的征收比较简单，对于同种商品，可以不必因其品质的不同再详加分类；税率明确，便于比较各国税率；税收负担较为公平。因从价税税额随商品价格与品质的高低而增减，比较符合税收的公平原则；在税率不变时，税额随商品价格上涨而增加，这样既可增加财政收入，又可起到保护关税的作用。

在征收从价税时，较为复杂的问题是确定进口商品的完税价格。目前发达国家多数规定以正常价格作为完税价格。所谓正常价格是指独立的买卖双方在自由竞争条件下成交的价格。若发票金额与正常价格一致，即以发票价格作为完税价格；若发票价格低于正常价格，则根据海关估定价格作为完税价格。也有的国家以CIF价或FOB价作为完税价格。中国以CIF价作为征收进口税的完税价格。

【例2】名词解释：滑准税(中央财大2025年)

【解析】滑准税是一种弹性关税制度，其税率随进口商品价格波动反向调整。当进口价格低于基准价时自动提高税率，价格高于基准价时则降低税率。这种“价格越高税率越低”的机制具有双重功能：既保护国内产业免受低价冲击，又避免高关税推高下游成本。可见，滑准税是从价税的“动态升级版”。

（3）混合税，是指对某种进口商品同时采用从量税和从价税两种方式计征的关税。混合税综合了从量税和从价税的优点，使税负更合理、适度。在进口商品价格变动时，既可以保证有稳定的财政收入，又可以起到一定的保护作用。但混合税中从价税与从量税的比例难以确定。

【例 3】日本进口手表 300 只，单价 5000 日元，每只征收从价税 15% 并加征从量税 150 日元。则征收的税额为（　　）。（暨南大学 2015 年）

A. 45000 日元　　B. 180000 日元　　C. 225000 日元　　D. 270000 日元

【解析】D。复合税额 = 从量税额 + 从价税额 = 商品进口数量 × 从量关税税率 + 商品进口总值 × 从价税率。根据题干，复合税额 = 300×150+300×5000×15% = 270000 日元。

4. 按税率制定分，有自主关税和协定关税

（1）自主关税。又称国定关税。一个国家基于其主权，独立自主地制定的、并有权修订的关税，包括关税税率及各种法规、条例。国定税率一般高于协定税率，适用于没有签订关税贸易协定的国家。

（2）协定关税。两个或两个以上的国家，通过缔结关税贸易协定而制定的关税税率。协定关税有双边协定税率、多边协定税率和片面协定税率。双边协定税率是两个国家达成协议而相互减让的关税税率。多边协定税率，是两个以上的国家之间达成协议而相互减让的关税税率，如关税及贸易总协定中的相互减让税率的协议。片面协定税率是一国对他国输入的货物降低税率，为其输入提供方便，而他国并不以降低税率回报的税率制度。

5. 按差别待遇和特定的实施情况分，有进口附加税、差价税、特惠税和普遍优惠制

（1）进口附加税。它是指除了征收一般进口税以外，还根据某种目的再加征额外的关税。它主要有反贴补税和反倾销税。

（2）差价税。又称差额税。当某种本国生产的产品国内价格高于同类的进口商品价格时，为了削弱进口商品的竞争能力，保护国内生产和国内市场，按国内价格与进口价格之间的差额征收关税，就叫差价税。

（3）特惠税。又称优惠税。它是指对某个国家或地区进口的全部商品或部分商品，给予特别优惠的低关税或免税待遇。但它不适用于从非优惠国家或地区进口的商品。特惠税有的是互惠的，有的是非互惠的。

（4）普遍优惠制。简称普惠制。它是发展中国家在联合国贸易与发展会议上经过长期斗争，在 1968 年通过建立普惠制决议后取得的。该决议规定，发达国家承诺对从发展中国家或地区输入的商品，特别是制成品和半成品，给予普遍的、非歧视性的和非互惠的优惠关税待遇。

【例 4】最惠国税、普惠税、特惠税，这三种税按优惠程度的顺序是（　　）。

A. 最惠国税>普惠税>特惠税　　B. 普惠税>最惠国税>特惠税

C. 特惠税>最惠国税>普惠税　　D. 特惠税>普惠税>最惠国税

【解析】D。特惠税是特定国家间的最优惠关税（如自贸区零关税）；普惠税是发达国家对发展中国家的普遍优惠（如欧盟 GSP）；最惠国税是 WTO 成员间的基础税率。三者优惠程度依次递减。

四、关税的作用

关税的作用有四个方面：①维护国家主权和经济利益；②保护和促进本国工农业生产的发展；③调节国民经济和对外贸易；④筹集国家财政收入。

五、关税对国际贸易的影响

首先，是对进口国消费者的影响，它提高了进口商品的价格，增加了消费者的负担。一方面消费者的需求量不得不因价格上涨而减少；另一方面消费者即使不用较高价格购买进口商品，也要以较高价格购买本国同类产品。

其次，关税可以增加进口国政府的税收收入，这些收入是进口国政府提高关税的直接动力，但这些收入完全由本国消费者负担。

再次，关税保护了进口国国内与进口商品竞争的行业。关税所带来的高价格，必然会使一部分消费者放弃进口商品转而选择国内同类商品，这将促进本国同类商品的销售。

最后，征收关税会引起进口国内的再分配效应。在其他条件相对不变的情况下，从理论上分析，征收关税必然使消费者的收入转移至生产者，征收关税后，生产者与政府的收入都增加了，消费者的收入反而减少，而且消费者的损失要比本国生产者与政府所获得的收入还要多，这部分损失是没有任何人能够获得的。因此降低关税，虽然生产者与政府的收入会减少，但对消费者而言是福音。

六、关税的经济效应分析(小国和大国)

1. 贸易小国的关税经济效应

如果一国某商品的进口额占世界总额的比重很小，其进口量的改变不足以影响世界市场价格，这个国家就只能是世界价格的接受者，就称该国为贸易小国。这样的贸易小国在征收关税后，进口商品国内价格上涨的幅度将等于关税税率，关税全部由进口国消费者负担。贸易小国的关税经济效应如图 2-1 所示。

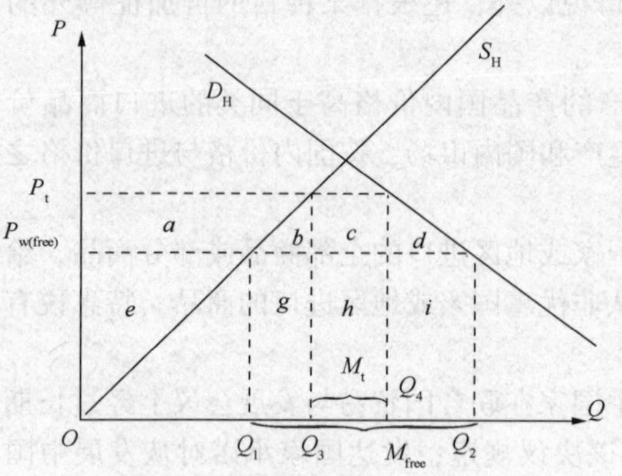

图 2-1 贸易小国的关税经济效应

图中 D_H 为国内需求曲线，S_H 为国内供给曲线。$P_{w(free)}$ 为自由贸易条件下的国际价格，Q_1Q_2 为此条件下的进口；P_t 为征收关税时的国内价格，Q_3Q_4 为征收关税后的进口。

贸易小国的经济效应如下：

（1）价格效应。进口国的价格由 P_w 上升为 P_t。

（2）消费效应。国内的消费量降低，需求由 Q_2 降到 Q_4，关税给消费者带来损失，损失为 $a+b+c+d$ 的面积。由于关税，国内消费者减少消费，降低了物资福利水平。

（3）生产效应。国内价格上升，供给由 Q_1 增到 Q_3。关税给生产者带来好处，其好处为 a 的面积。征收关税，使国内一部分资源从生产有优势的出口产业，转移到相对劣势的进口产业，造成资源配置效率的下降。

（4）贸易效应。商品进口由 Q_1Q_2 减少为 Q_3Q_4，这就是征收关税的贸易效应。

（5）财政收入效应。征收关税给国家带来了财政收入，只要关税没有提高到禁止关税的水平，就会给进口国带来关税收入，用 c 的面积表示。

（6）收入再分配效应。征收关税使消费者的收入再分配，生产者利益的增加是由消费者收入的减少转化而来的。国家税收也增加了。

（7）净福利效应。福利效应的净值为 $-(b+d)$，说明小国征税使福利水平降低。这部分损失也称为保护成本，或无谓损失，其中 b 为生产扭曲，是因为资源配置效率下降引起的损失；d 为消费扭曲，是消费者剩余的净损失。

综上可见，对小国而言，最优的贸易政策是不征收关税，自由贸易是最好的贸易政策。

2. 贸易大国的关税经济效应

如果一个国家是某种商品的贸易大国，其进口量的变化会引起国际价格的改变。贸易大国对某种商品征收关税后，其经济效应如图 2-2所示。

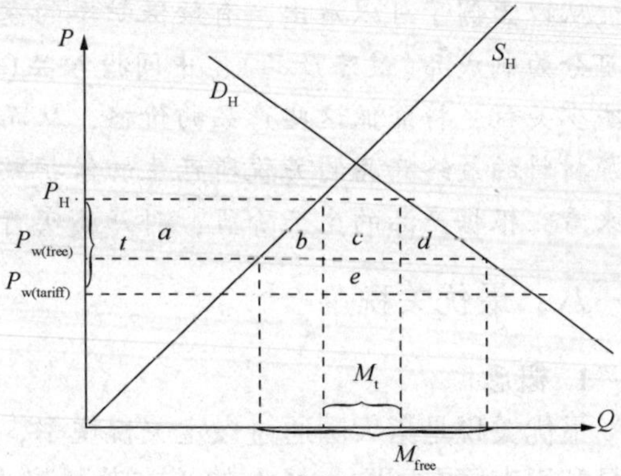

图 2-2　贸易大国的关税经济效应

图中 D_H为国内需求曲线，S_H为国内供给曲线。$P_{w(free)}$为自由贸易条件下的国际价格，$M_{w(free)}$为此条件下的进口；$P_{w(tariff)}$为征收关税时的国际价格，M_t为征收关税后的进口量。

大国征收关税后，经济效应如下：

（1）价格效应。国内价格从 $P_{w(free)}$上升到 P_H。价格的上升导致国内生产扩大，消费减少。导致该大国减少对该商品的购买，该商品的国际价格从 $P_{w(free)}$降到 $P_{w(tariff)}$。大国的进口商在进口商品时支付的关税不是由进口国的消费者单独承担的，而是由进口国消费者和出口国生产者共同负担。大国向出口国转嫁了部分关税。

（2）贸易条件效应。进口价格降低，贸易条件改善，其利益为 e 的面积。相对小国而言，其关税对生产者的保护作用比较小，因为其关税的上升被进口价格的下降抵消了一部分。

（3）消费效应。消费者的损失为 $a+b+c+d$，此时这部分面积比小国的情况小。

（4）生产效应。给生产者带来利益 a。

（5）财政收入效应。财政收益为 $c+e$。

（6）福利效应。关税的净福利效应=生产者福利增加-消费者福利损失+政府财政收入=$a-(a+b+c+d)+(c+e)=e-(b+d)$。所以，大国征收关税，福利增加还是减少是不确定的。取决于贸易条件效应、生产扭曲和消费扭曲效应之和。

七、关税的保护程度

有效关税保护率定义：有效关税保护率又称实际关税保护率，指各种保护措施对某类产品在生产过程中的净增加值所产生的影响。它是征收关税引起的产品国内加工增加值同国外加工增加值的差额占国外加工增加值的百分比。

$$\text{有效关税保护率}=\frac{\text{国内加工增值}-\text{国外加工增值}}{\text{国外加工增值}}\times 100\%$$

【例 5】假设甲国对小轿车征收 80%的进口关税，但该国免税从外国进口汽车发动机生产国内小轿车。发动机的进口成本每台 6000 美元，每辆小轿车的总成本为 10000 美元，试问该国对小轿车的有效关税保护率为多少？解释其经济意义。（中央财大 2011 年）

【解析】在自由贸易下，小轿车产出附加值=10000-6000=4000 美元。征税后，小轿车的国内价格上涨为 10000×(1+80%)=18000 美元，则小轿车产出附加值=18000-6000=12000 美元。根据有效关税保护率的计算公式，可得：

$$\text{有效关税保护率}=\frac{12000-4000}{4000}\times 100\%=200\%$$

从以上例子可以看出，有效保护率的意义在于，根据生产过程中的加工深度来划分，产品可分为制成品(最终产品)、中间投入品(如零部件)和原材料等。如果对中间产品或原材料减少关税，将降低这些产品的价格，从而减少国内使用者的负担，使得那些使用中间产品或原材料的最终产品的关税所产生的保护效应提高。所以，从中间产品或原材料使用者的角度来看，根据产品的生产阶段，对产品实行梯度关税，将改善国内关税对本国生产的保护。

八、最优关税

1. 概念

最优关税是指大国通过设定关税税率，实现国民福利最大化的贸易政策工具。其核心逻辑是利用大国在国际市场上的买方垄断势力，通过关税迫使出口国降低价格，转嫁部分税负，同时平衡保护效应与贸易扭曲成本。

2. 核心机制

(1) 价格转嫁效应：大国对进口商品征税后，出口国为维持市场份额被迫降低出口价格，部分关税由出口国承担(如中国对大豆征收关税后，巴西出口商可能降低报价)。

(2) 福利权衡：当关税税率低于“禁止性关税”(完全阻断进口)时，关税收入与贸易条件改善带来的收益可能超过消费者剩余损失，实现净福利增加。

3. 关键特征

(1) 适用条件：仅适用于能影响国际价格的大国，小国因无法改变贸易条件，最优关税为零(自由贸易最优)。

(2) 最优税率：取决于进口商品的外国供给弹性——供给弹性越低(出口国对价格敏感)，最优关税越高；反之则越低。理论上，最优税率=1/外国供给弹性。

4. 局限性

(1) 贸易报复风险：出口国可能采取报复性关税，引发贸易战，导致双方福利受损(如中美贸易战中的相互加税)。

(2) 国内扭曲：关税可能保护低效产业，抑制创新动力，长期损害竞争力。

(3) 消费者福利损失：进口商品价格上升直接降低消费者选择空间和实际收入。

【例 6】对于一个小国(价格接受国)来说，最优关税为(　　)。

A. 零　　B. 禁止性关税

C. 毫无疑问的是正值　　D. 随着国家需求弹性的增加而增加

【解析】A。最优关税的核心是通过大国地位影响国际价格，转嫁关税负担。而小国作为价格接受者，无法改变进口商品的国际价格，征收关税只会导致国内价格上涨，消费者剩余减少，且无法通过贸易条件改善弥补损失。因此，小国的最优策略是实行自由贸易(关税为零)，以最大化国民福利。

知识点三　非关税措施

随着 WTO 关税减让原则的推进，非关税壁垒在国际贸易中的作用日益凸显，成为一国政府干预对外贸易的重要手段。

一、非关税的概念

非关税措施是指一国政府采取的除关税以外的各种对外贸易进行干预的行政性、法规性措施和手段的综合。

20 世纪 90 年代以来，在 WTO 不懈努力及各个国家通过双边和多边贸易的谈判下，传统的非关税壁垒如配额、进口许可证等已大为减少，但与此同时，非关税壁垒呈现新的特点。在这一阶段，反倾销壁垒、绿色贸易壁垒、技术贸易壁垒、劳工标准等形式更为隐蔽、技巧更高的新型非关税壁垒大量涌现，发展迅速。

二、非关税的特点

非关税壁垒与关税壁垒都有限制进口的作用。但是，与关税壁垒进行比较，非关税壁垒具有以下特点：

1. 非关税措施更具有隐蔽性

关税一般具有明显的政策特征，而且关税税率往往以法律的形式公布于众，因而极易为出口商了解，甚至遭到贸易伙伴国家的反对和报复；而非贸易壁垒一般表现为政府对对外贸易的管理活动，无须做出公开规定，其保护作用令伙伴国难以察觉或指证。

2. 非关税措施的有效性

关税壁垒主要是通过征收高额关税，提高进口商品的成本和价格，削弱其竞争能力，从而间接地达到限制进口的作用，如果进口国消费者对价格不敏感，则关税很难达到限制进口的目的；非关税壁垒主要是依靠行政机制来限制进口，比如政府通过进口配额直接规定商品的数量，可以更直接、更有效地保护本国生产与市场。

3. 非关税措施具有较大的灵活性和针对性

关税制度一经制定后就具有相对的稳定性，其调整或税率的改变需经过繁杂且正式的法律程序，难以充分适应纷繁复杂且多变的国际贸易环境；非关税壁垒则具有较为充分的弹性，由于其制定和实施采用行政程序，手续简单且迅速，并且可以根据不同的环境条件、不同的国家、不同的商品来调节其实施程度，因而能更灵活、更快捷地达到限制进口的目的。

4. 非关税措施更具有差别性和歧视性

关税壁垒歧视性较差，它往往要受到双边关系和国际多边贸易协定的制约，再加上最惠国待遇等条款的约束，无法对协定的不同国家适用有差别的税率，因而关税壁垒针对性不强；非关税壁垒由于制定手续迅速，程序简便，能随时针对某国的某种商品采取相应的限制进口的措施，因而有较强的差别性和歧视性。

三、非关税对国际贸易的影响

（1）对世界贸易的发展起着重大的阻碍作用；

（2）对进口国的同类产品起着保护作用；

（3）使出口国的出口商品增长率下降或出口价格下跌；

（4）引起国际贸易摩擦，恶化国际经济关系。

四、非关税壁垒

1. 直接的非关税壁垒

在非关税壁垒干预贸易的政策工具中，直接的非关税壁垒保护效果最大且最直接，这主要是因为其对进口数量进行直接限制，对于缺乏需求弹性的商品如农产品等，其效果更为显著。

(1) 进口配额制

① 进口配额的分类

进口配额又称进口限额，是指一国政府在一定时期(一般为一年)内对某些产品的进口数量或金额加以直接限制。在规定的期限里，限额以内的货物允许进口，超过限额则禁止进口，或征收较高的关税甚至罚款后才允许进口。

根据控制的力度和调节手段，进口配额分为绝对配额和关税配额两种。

绝对配额是指在一定时期，进口国对某种商品的进口数量或金额规定一个最高数额，在该限额内允许进口，超过限额则不准进口。绝对配额又分为全球配额、国别配额和进口商配额。

关税配额是指政府在一定时期内对某种商品进口的绝对数量不加限制，只是对配额内的进口商品给予免税、减税或低税的优惠待遇，对超过配额的进口商品则征收较高关税。关税配额的特点是将关税和配额结合起来，不像绝对配额那样以行政手段控制进口的绝对量，而主要是依赖经济手段调节进口水平，具有一定的灵活性。关税配额的种类依照商品进口的来源划分，分为全球性关税配额、国别性关税配额和进口商关税配额。

②小国实行进口配额的经济效用分析

如图 2-3 所示，小国面对的某种商品的世界价格为 P_1，因假定是贸易小国，实行进口配额措施时，不会改变国际市场价格，所以，国内市场价格与国际市场价格是一致的，均为 P_1。图中 S_d、D_d分别为该国某进口商品的供给曲线及国内需求，S_f为出口国该商品的供给曲线。在自由贸易状态下，该进口国国内的产量为 Q_1，消费量为 Q_2，进口量为 Q_1Q_2。

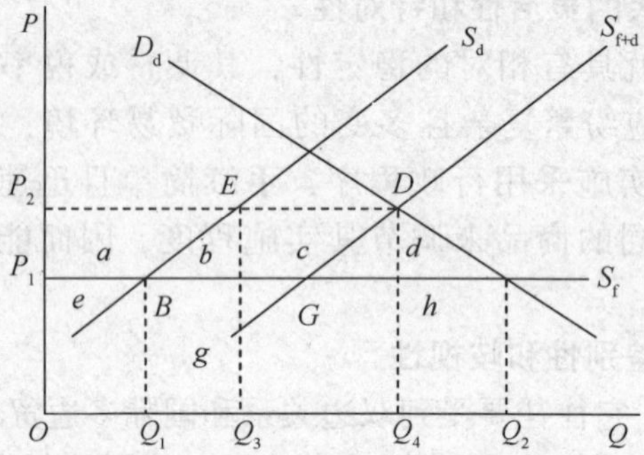

图 2-3　小国实施进口配额的经济效应

假定进口国对该商品进口配额为 ED，则该国国内购买者面临的供给曲线将不再是 S_f水平线(不无限供给)，而是国内供给曲线与配额量 ED 的叠加，即 S_{f+d}，是 S_d向右移 ED 距离后得到的。从图中可以看出，实行进口配额后的供求平衡点为 D，均衡价格为 P_2，将实行进口配额后的状况同自由贸易时相比，就可看出进口配额具有以下经济效应：

Ⅰ. 保护(生产)效应：由于价格提高，国内供应量从 OQ_1 增至 OQ_3，生产者剩余从 e 增加至 $e+a$。

Ⅱ. 消费效应：消费由 OQ_2减至 OQ_4，消费者剩余减少 $a+b+c+d$。

Ⅲ. 国际收支效应：由于进口减少，减少贸易支出 $g+h$，改善了国际收支。

Ⅳ. 配额利润效应：获得配额的进口商可以以 P_1的价格进口，进口量为配额限量 $ED(=Q_3Q_4)$，但国内却可以按较高的价格 P_2出售，所以可以从中获得相当于 c 的配额利润。

Ⅴ. 再分配效应：消费者剩余的减少中，a 和 c 实际上是转化为生产剩余和进口商的配额利润了。进口配额的综合效应等于生产者剩余的增加量、进口商配额利润与消费者剩余减少量的差额，即 $a+c-(a+b+c+d)=-(b+d)$，净效应为负。它表明，生产者剩余减少中有一部分没有得到补偿，形成国民经济净损失，其中 b 为生产损失，产生于以高于 P_1 的成本提供产品，d 为消费损失，产生于价格提高后消费量的减少。

Ⅵ. 贸易条件效应：一个国家在实行进口配额后，贸易条件趋于恶化还是趋于改善，主要取决于两个因素：一是需求，二是垄断。

③进口配额与关税的比较

Ⅰ. 对进口数量的限制效果不同。进口关税通过提高进口商品的价格，从而降低进口的数量。但由于商品的国内供给曲线和需求曲线的弹性常常难以确定，因此很难估计将进口限定在要求水平上的进口关税，所以进口关税的贸易效应是不确定的。另外，外国出口商还可以通过提高效率或接受低利润的方式，来全部或部分消化吸收关税的限制作用。而进口配额的数量是明确的，因此可以将进口限定在一个确定的水平之上。

Ⅱ. 对进口国价格、生产量、消费量和进口量的影响效果不同。对进口商品征收某一水平的进口关税后，如果国内需求增加，则国内价格不变，国内生产不变，而消费量和进口量却增加；实施进口配额后，如果国内需求增加，则进口量不变，国内价格上升，国内生产增加，消费减少。因此，关税对生产者提供的保护是不确定的，配额对国内生产者的保护更有效。

Ⅲ. 进口国中制造那些和进口货同类产品的生产者的垄断程度不同。进口配额容易导致国内生产企业形成垄断，使取得进口配额的进口商可以获得垄断利润，造成的福利损失比征收进口关税大。

Ⅳ. 如果进口国政府不是采取公开、透明的方式分配配额，就易于导致寻租行为的发生，不利于市场效率的提高。而关税则相对固定、透明、公开。

Ⅴ. 关税只影响价格机制，而配额是政府的强制决定，完全排除价格机制的作用。关税会扭曲价格机制，但并不抹杀价格机制的作用。配额却使国际市场或国内市场的价格机制对进口完全失效。

Ⅵ. 配额易于管理和实施，适用于应对紧急情况。关税的调整比较复杂，不够灵活。

Ⅶ. 关税作为政府税收归政府所有。实施进口配额后，价格上涨，这部分收入归进口商，政府无任何收入。

Ⅷ. 对进口投入要素实行配额管理将提高生产成本，使利润下降。但征收关税时，如果实行出口退税，则所征进口税对生产和利润并无影响。

（2）“自愿”出口限制

① “自愿”出口限制的含义

“自愿”出口限制是指出口国家或地区在进口国的要求或压力下，“自愿”规定某一时期内，某些商品对该国出口的数量或金额的限制，在限定的额度内自行控制出口，超过限额即禁止出口。

“自愿”出口限制最早出现于 20 世纪 50 年代的日美纺织品贸易中，当时日本在美国的压力下“自动”限制对美国的纺织品输出。到了 20 世纪 60、70 年代，“自愿”出口限制被广泛采用。

“自愿”出口限制带有明显的强制性，它通常是在进口国家的压力或要求下被迫做出的。进口方多以商品大量进口使其有关工业产业受到严重损害、造成所谓“市场混乱”为理由，要求有关国家对其进口实行“有序的增长”，“自动”限制商品出口，否则就单方面强制限制进口。

② “自愿”出口限制的分类

“自愿”出口限制一般采取两种形式：单方“自愿”和协议“自愿”。

单方“自愿”出口限制，是由出口国单方面自行规定出口到某国的限额，以限制商品的出口。单方“自愿”包括：政府规定配额并予以公布，出口商必须向有关机构申请配额，领取出口授权或出口许可证才能输出；出口国的出口厂商和同业公会根据政府的意图规定额度控制出口。

协议“自愿”出口限制，是由出口国与进口国通过谈判的方式签订“自限协议”或“有秩序的销售协定”，在协定的有效期内规定某些商品出口配额，出口国则根据此配额实行出口许可证制或出口配额签证，自行限制出口，进口国则根据海关统计进行监督检查。协议“自愿”出口限制是“自愿”出口限制的主要形式。

【知识拓展】中国稀土出口配额贸易争端

中国稀土出口配额贸易争端源于2006年中国实施稀土出口配额及出口关税，旨在保护稀缺资源和控制环境污染。作为全球稀土主产国(占全球90%以上产量)，中国此举导致国际稀土价格飙升，2010—2011年涨幅超7倍，引发欧美日等国强烈不满。

2012年，美欧日联合向WTO起诉，称中国滥用配额限制，违反国际贸易规则。中国辩称配额是出于环境保护和资源可持续利用，符合WTO“一般例外条款”。2014年WTO裁定中国违规，2015年中国取消稀土出口配额和关税，但保留开采总量控制和环保标准。

此后，中国通过环保限产、行业整合等方式继续调控稀土供应，而欧美加速推动供应链多元化，如美国重启本土矿山、欧盟投资替代材料研发。争端本质是战略资源控制权的博弈，稀土作为芯片、新能源等关键产业的核心材料，其供应安全已成为大国竞争焦点。

(3) 进口许可证制

① 进口许可证的含义

进口许可证是指进口国家规定某些商品进口必须事先领取许可证才可进口，否则一律不准进口。许可证与进口配额制一样，也是一种进口数量限制，是运用行政管理措施直接干预贸易行为的手段。大多数国家将配额制和进口许可制结合起来使用，即受配额限制进口的商品，进口商必须向有关部门申请进口许可证，政府发放进口配额许可证，进口商凭证进口。

实行进口许可证，不仅可以在数量和金额以及商品性质上进行限制，而且可以控制来源国国别和地区。也可以对国内企业实施区别对待。因此，进口许可证在限制进口上具有运用灵活、便于区别对待和控制严格的特点。

② 进口许可证的分类

按许可证有无限制，可分为公开一般许可证和特种进口许可证。

Ⅰ. 公开一般许可证：它对进口国别或地区没有限制，凡列明属于公开一般许可证的商品，进口商只要填写此证，即可获准进口。

Ⅱ. 特种进口许可证：进口商必须向政府有关当局提出申请，经政府有关当局逐笔审查批准后才能进口。

根据进口许可证和进口配额的关系，进口许可证可分为有定额的进口许可证和无定额的进口许可证。

Ⅰ. 有定额的进口许可证：即先规定有关商品的配额，然后在配额的限度内根据商人申请发放许可证。

Ⅱ. 无定额的进口许可证：主要根据临时的、政治的或经济的需要发放。

【例 6】为什么在当前的国际贸易中非关税壁垒日益取代关税壁垒成为主要障碍？

【解析】(1) WTO 所倡导的自由贸易使得关税水平逐渐呈现下降趋势，关税对贸易的保护作用日渐减弱；(2) 非关税壁垒与关税壁垒相比有其优越性：一般来说，各国关税税率的制定必须通过立法程序，并像其他立法一样，要求具有一定的延续性。如要调整或更改税率，需适应较为繁琐的法律程序和手续，这种立法程序与手续，往往迂回迟缓，在需要紧急限制进口时往往难以适应。同时，关税在同等条件下，还受到最惠国待遇条款的约束，从有协定的国家进口的同种商品适用同样的税率，因而较难在税率上做灵活性的调整。但在制定和实施非关税壁垒措施上，通常采用行政程序，制定手续比较迅速，其制定的程序也较简便，能随时针对某国的某种商品采取或更换相应的限制进口措施，较快地达到限制进口的目的；非关税壁垒比关税壁垒更能直接达到限制进口的目的——关税壁垒是通过征收高额关税，提高进口商品成本和价格，削弱其竞争能力，间接地达到限制进口之目的。如果出口国采用出口贴补、商品倾销等办法降低出口商品成本和价格，关税往往较难以起到限制商品的进口的作用。但一些非关税措施如进口配额等预先规定进口的数量和金额，超过限额就直接地禁止进口，这样就能把超额的商品拒之门外，达到了关税未能达到之目的；非关税贸易壁垒具有隐蔽性和歧视性等。

2. 间接的非关税壁垒

间接的非关税壁垒在使用时不涉及进口商品的数量或金额，主要涉及产品的技术标准和进口国国内政策法规，并经常以关注环境、社会的可持续发展等名义出现，影响面广，从而对国际贸易产生了更为隐蔽且深远的影响。近年来，以反倾销壁垒、技术贸易壁垒和绿色贸易壁垒最为迅速，成为国际贸易新型壁垒的代表。

(1) 反倾销壁垒

① 倾销的含义

从 20 世纪初，倾销一词开始在国际贸易汇中被广泛使用，它是指出口商在海外市场廉价抛售产品的行为。长期以来学者从经济学和法律两个角度分析其含义。

从经济学角度看倾销是指同一产品在不同国家市场上的价格歧视。

【相关链接】价格歧视是指同一产品以不同的价格向买主出售的行为。从法律上看，是指出口商以低于正常价值的价格向进口国销售产品，并因此给进口国产业造成损害的行为。

② 倾销的分类

按照倾销时间的长短分为以下三类：

突发性倾销，指在短期内，出口商为了处理掉大批库存商品，在国内价格不变的条件下，以比国内低的价格向国外推销商品。一旦库存处理完毕，倾销即告结束。因此，这种倾销具有偶发性、临时性。

短期性倾销，又称间歇性倾销、掠夺性倾销，指在一段时间内，为了排除市场上的竞争对手，出口商暂时以较低的价格向国外市场销售商品，一旦达到目的、获得市场上的垄断地位后，企业又会重新提高价格，以获取垄断性的超额利润。这种做法通常被视为具有“掠夺”目的。

长期性倾销，又称持续性倾销，指出口商长期或永久地以低于正常价值的价格出口商品。厂商采取这种行为的目的在于追求利润最大化，为弥补长期性低价格倾销可能带来的亏损，倾销者往往采用规模经济、扩大生产以降低成本。

③ 反倾销的目的及实施条件

通过以上分析，虽然倾销对进口国的消费者可能有利，但倾销使进口国同类企业或行业的发展面临着严重的压力，甚至造成进口国同类行业难以生存的后果。在这种情况下，进口国的国内生产者会要求政府采取反倾销政策措施，以抵消倾销对进口国市场的强烈冲击，保护本国同类产业的发展。因此，维护公平和正常的竞争秩序，WTO 允许成员方在进口产品倾销给其国内企业产业造成损害的情况下，可以使用反倾销措施手段，保护其企业产业不受伤害。

反倾销的做法一般是实施反倾销税。根据 WTO 的《反倾销协定》的规定，反倾销措施的实施必须具备以下三个基本条件：

Ⅰ. 存在倾销。倾销的确定是实施反倾销措施的首要条件，在确定一个产品是否倾销时，必须比较该产品的出口价格与正常价值。如果出口价格低于正常价值便存在倾销。协定提供了三种计算产品“正常价值”的方法，其一是基于出口国国内的市场价格；其二是基于另一国出口商的价格；其三是考虑出口商生产成本、其他费用和正常利润的综合计算值。

Ⅱ. 存在实质损害。损害应该根据确凿的证据确定，主要有三种表现：一是指对进口国国内产业的实质损害，二是指对进口国产业产生实质威胁，三是指对进口国新建产业产生实质阻碍。

Ⅲ. 倾销与损害存在因果关系。

此外，《反倾销协定》还要求协调其他可能使国内产业受到损害的已知因素。如：需求萎缩或消费模式的改变、技术发展等因素。凡其他因素造成的损害，不能归咎于倾销的进口产品。

【例 7】下列属于倾销的是(　　)。

A. 某物品出口价格为 1000 元，国内市场价格为 800 元

B. 某物品出口价格为 800 元，国内市场价格为 900 元

C. 某物品出口量特别大

D. 某物品出口价格等于国内市场价格

【解析】B。倾销的核心是“出口价格低于正常价值”(通常指国内市场价格)。选项 B 中出口价格 800 元<国内市场价格 900 元，符合倾销定义；A 为高价出口，C 仅出口量大不构成倾销，D 价格相等无低价行为，均不符合。

④ 反倾销被滥用的原因

反倾销的初衷是为了反对不公平竞争，但在现实中反倾销越来越频繁地被滥用，主要体现在国际反倾销立案数量持续上升。同时反倾销的主要发起国也从美国、欧盟、加拿大等主要发达国家扩展到印度、阿根廷、南非、澳大利亚等更广泛的范围。反倾销的滥用，使其背离初衷，正日益成为一种保护国内市场、规避国外企业竞争的贸易壁垒。其被滥用的原因主要有：

Ⅰ. 反倾销定义较为灵活。在定义倾销时，所谓正常价值和对进口国国内工业造成的损害或损害威胁的计算很难有统一和明确的标准，这就为借反倾销之名行贸易保护之实提供了条件。此外，反倾销起诉标准低，只要投诉企业说明其生产、利润和市场份额下降的原因是被反倾销方低价倾销引起的，起诉便可成立。

Ⅱ. 反倾销容易达到保护国内工业的目的。由于反倾销主管部门在调查和裁决时有很

大的自由裁决权，容易做出有利于本国工业的裁决，故能有效保护本国工业，打击竞争对手。

Ⅲ. 反倾销不易引起他国报复。实施反倾销的国家以受害者的姿态出现，不易招致贸易保护的指责。而且每一个案件只涉及一种产品，不易引起很大震动。因此，反倾销政策受到各国政府的广泛青睐。

(2) 技术性贸易壁垒

① 技术性贸易壁垒的含义

技术性贸易壁垒是指一国政府通过所规定的复杂苛刻的工业产品的技术标准、卫生检疫规定以及商品包装和标签规定来提高进口产品技术要求，增加进口难度，最终达到限制进口的目的。

从形式上看，技术贸易壁垒既包括决定一种商品特性的规格，如质地、纯度、营养价值、尺寸、用途等，也包括设计和说明、证书、标记、商标及检验程序等。这些标准不仅日益复杂，而且经常变化，手续繁杂，使外国商品难以适应，从而成为国际贸易中最为隐蔽、最难对付的非关税壁垒之一。

② 技术性贸易壁垒盛行的原因

Ⅰ. 关税大幅度削减及传统贸易壁垒措施被抑制从主观上要求新的贸易保护手段；

Ⅱ. 世界整体技术水平的提高及国家间技术水平的差异为技术性贸易壁垒的出现提供了客观条件。

Ⅲ. 世界贸易组织某些协议中的例外条文和漏洞，为技术性贸易壁垒的实施提供了法律上的依据。

③ 技术性贸易壁垒的主要措施

Ⅰ. 技术法规和技术标准壁垒。

Ⅱ. 卫生检疫标准壁垒。例如，日本规定茶叶、水果、蔬菜中的农药残留量不得超过2%。

Ⅲ. 商品包装和标签要求壁垒。例如，日本、西欧、美国等禁止使用聚氯乙烯包装袋包装食品。

(3) 绿色贸易壁垒

① 绿色贸易壁垒的含义

绿色贸易壁垒，简称环境壁垒，指在国际贸易中一些国家以保护生态资源、环境和人类健康为借口，通过制定苛刻的环境技术标准或采用绿色包装、绿色环境标志、绿色补贴、绿色卫生检疫等手段，对外国商品进口采取的准入限制或禁止措施。

② 绿色贸易壁垒产生的原因

Ⅰ. 可持续发展观念及环保意识的增强。消费者绿色价值观的形成，及对绿色产品的需求偏好，为国际绿色贸易壁垒的形成提供了条件和机遇。

Ⅱ. 各种绿色组织的存在及其政治影响。绿色组织及绿色政党的不断涌现，逐渐成为一种不可忽视的政治力量，他们的言论和行动直接影响到政府的政策及其领导人的政治地位和政治生涯。因此，许多政党开始把环境保护政策纳入自己的政策体系，使环境问题政治化，不可避免地涉及经济和贸易领域。

Ⅲ. 现行国际贸易规则和协定不完善、缺乏约束力。

③ 绿色贸易壁垒的主要形式

绿色关税制度，也称环境附加税，是发达国家保护环境、限制进口数量最早采用的手段。即进口国以保护环境为理由，对影响生态的进口产品除征收一般正常关税外，再征收进口附加税，或者限制、禁止进口，甚至实行贸易制裁。其直接结果就是造成了进口价格的提高，降低了进口商品的市场竞争力，从而达到限制进口的目的。

绿色环境许可证制度，要求在取得许可证的基础上才能进口或出口，即出口国在出口某种产品之前要获得进口国的“预先通知同意”。

绿色环境标志制度，是环保产品的证明性商标。它是由政府部门或公共、私人团体依据一定的环境标志颁发的图形标签，印制或粘贴在合格的商品及包装上，用以表明该产品不仅质量、功能符合要求，而且从生产到使用以及处理全过程都符合环境保护要求，对环境和人类健康无害或危害极少，有利于资源的再生产和利用。取得了环境标志意味着取得了进入实施环境标志制度国家的“通行证”。绿色标志在具体实施过程中由于认证程序复杂、手续繁简、标准严格，增加了外国厂商的生产成本和交易成本，成为其他国家产品进入一国市场的环境壁垒。

绿色包装和标签制度。绿色包装指能节约能源、减少废弃物、用后易于回收再用或再生易于自然分解、不污染环境的包装。虽然其存在合理，但是某些过于严格的绿色包装措施，妨碍了发展中国家的正常的对外贸易，引发贸易争端。

绿色补贴制度，为了保护环境和资源，发达国家将严重污染的产业转移到发展中国家以降低环境成本，造成发展中国家环境成本上升。而发展中国家的企业大多无力承担环境治理的费用，政府有时不得不给予一定的环境补贴。

【知识拓展】蓝色贸易壁垒

(1) 概念

蓝色贸易壁垒是指以劳工权益保护为名义的非关税贸易限制措施，核心是通过立法或标准将劳工权益与贸易挂钩，限制不符合劳工标准的产品进口。

(2) 法律依据与核心标准

以国际劳工组织(ILO)公约为基础，涵盖禁止强迫劳动、童工、歧视，以及保障合理工作时间(如每周≤48 小时)、最低工资等。欧盟《企业可持续发展指令》(CSRD)、美国《Uyghur Forced Labor Prevention Act》等要求企业披露供应链劳工信息，证明产品未使用“血汗劳动”。

(3) 实施方式

① 进口审查：对进口产品开展劳工权益尽职调查，如欧盟对电子、纺织产品的供应链审计。

② 标签与认证：推行“公平贸易标签”，符合标准的产品可获市场准入优惠。

③ 消费者抵制：通过舆论施压企业淘汰违规供应链，如欧美民间组织对“996 工作制”产品的抵制运动。

(4) 影响与争议

① 积极面：推动全球劳工权益提升，倒逼企业改善工作条件。

② 争议点：常被滥用为贸易保护工具，增加发展中国家出口成本。例如，发展中国家纺织企业因合规成本上升，出口竞争力下降。

(4) 其他常见的非关税壁垒

① 外汇管制

一国政府通过法令对国际结算和外汇买卖进行限制的一种限制进口的国际贸易政策。在外汇管制下，出口商必须把他们出口所得到的外汇收入按官定汇率卖给外汇管制机关；进口商也必须在外汇管制机关按官定汇价申请购买外汇，本国货币的出入国境受到严格的限制等。这样，国家的有关政府机构就可以通过确定官定汇价、集中外汇收入和批汇的办法，控制外汇供应数量，来达到限制进口商品品种、数量和原产国别的目的。

外汇管制分为数量管制和成本管制。前者是指国家外汇管理机构对外汇买卖的数量直接进行限制和分配，通过控制外汇总量达到限制出口的目的；后者是指国家外汇管理机构对外汇买卖实行复汇率制，利用外汇买卖成本的差异，间接影响不同商品的进出口。

② 对外贸易国家垄断

对外贸易国家垄断又称进口和出口国家垄断，是指在对外贸易中，对某些或全部商品的进、出口规定由国家机构直接经营，或者是把某些商品的进口或出口的专营权给予某些垄断组织。西方国家的进出口国家垄断主要集中在三类商品上：一是烟和酒，以得到巨大的财政收入；二是农产品，这些国家把对农产品的对贸易垄断作为国内农业政策的一部分；三是武器。

③ 歧视性政府采购政策

歧视性政府采购政策又称为“购买国货政策”，是指一些国家通过法令或虽无法令明文规定，但实际上要求本国政府机构在招标采购时必须优先购买本国产品，从而导致对国外产品歧视与限制的做法。这一政策的实施直接把外国商品排除在竞争之外，是一种非常有效的非关税壁垒。

【例 8】判断：歧视性的政府采购政策是指政府规定本国企业在采购时要优先购买进口产品。

【解析】错误。歧视性政府采购政策是指国家通过法令，规定政府机构在采购时要优先购买本国产品，进而限制进口商品销售的一种歧视性政策。

④ 各种国内税

某些国家特别是西欧国家广泛采用国内税收制度来限制进口。即通过对进口货物和国内生产货物实行差别税收，使进口商品的国内税收负担增加，包括消费税、增值税、临时附加税等，从而削弱进口商品的竞争力，达到抑制进口的目的。

⑤ 进口最低限价制和禁止进口

进口最低限价制就是一国政府规定某种进口商品的最低价格，凡进口货价低于规定的最低价格则征收进口附加税或禁止进口，以达到限制低价商品进口的目的。

例如，规定钢材每吨最低限价为 320 美元，若进口时每吨为 300 美元，则进口国要征收 20 美元的附加税，以抵消出口国可能的补贴或倾销。

⑥ 进口押金制

进口押金制，又称进口存款制，是指为防止投机、限制进口，维持国际收支平衡而采取的一种经济措施，又称“进口保证金”。是指一些国家规定进口商在进口时，必须预先按进口金额的一定比率和规定的时间，在指定的银行无息存放一笔现金的制度。这种制度无疑增加了进口商的资金负担，影响了资金的正常周转，同时，由于是无息存款，利息的损失等于征收了附加税。所以，进口押金制度能够起到限制进口的作用。有些国家还规定进口方必须获得出口方所提供的一定数量的出口信贷或提高开出信用证押金等方式限制进口。

⑦ 设置海关障碍

海关除了征收关税外，还可以通过本身对进口商品的监督管理功能，利用法律条文的弹性，增加对进口的障碍，称为海关壁垒。其主要形式有2种：Ⅰ. 海关估价壁垒，即通过专断的方法来高估进口商品的价格，从而增加进口商品的关税负担，以限制商品进口的措施。Ⅱ. 海关程序壁垒，是指在经过海关时，要求经过非常繁杂的清关手续，甚至故意制造麻烦，来增加进口阻力，限制进口。

知识点四　出口鼓励与出口管制措施

许多国家实施保护贸易政策的时候，常常利用关税措施或非关税措施对外国商品进行限制与调节；另一方面会采取各种鼓励出口的措施，以扩大本国商品的出口。有的国家为了实现一些政治、经济和军事的目的，还会对本国某些特定商品实行出口管制。

一、出口鼓励政策

1. 鼓励出口的财政政策

鼓励出口的财政政策主要是指各种类型的出口补贴。

出口补贴定义：是指一国政府为了降低本国的出口商品价格，加强其在国外市场上的竞争能力，在出口某种商品时给予出口厂商的现金补贴或财政上的优惠待遇。

出口补贴包括直接补贴和间接补贴两种方式。

(1) 直接补贴，是指政府直接给予本国出口商以现金补贴。

(2) 间接补贴，是指政府对某些出口商品给予财政上的优惠。主要有以下几种：

① 出口退税。出口退税是指政府对出口商品的原料进口税和其在国内生产及流转过程中已缴的国内税税款全部或部分退还给出口商。

② 出口减税。出口减税是指政府对出口商品的生产和经营减免各种国内税和出口税。

③ 出口奖励。出口奖励是指政府对出口商按其出口业绩给予各种形式的奖励，其目的在于鼓励出口商进一步扩大出口规模、增加创汇能力。

④ 其他形式。间接的出口补贴目前发展得更为隐蔽和多样化。例如，政府对出口商品的国内运输减免收费或提供低价运输工具，通过允许加速折旧等措施来减税、免税等。

【例9】简述保税与免税的区别。

【解析】免税是商品入关时不予征税，保税是在特定地区对外国商品暂缓征税。免税货物需办理入关手续。保税货物暂不入关。

【例10】出口补贴与生产补贴有何区别？各自有哪些具体形式？

【解析】(1) 生产补贴与出口补贴的区别在于：生产补贴对内销和出口产品都会带来直接或间接的益处；出口补贴则直接影响出口收益。(2) 出口补贴的具体形式多种多样，但基本可归纳为如下：①政府直接向公司或企业提供的无偿援助；②外汇留成方案或类似的政府行为；③政府给予出口商品优惠运输待遇(优于非出口商品)的政策；④政府给予用于生产出口产品而进口的商品或服务以优惠条件，如进口税减免；⑤政府减免或退还生产出口产品的税收，或社会保险费的征收；⑥政府允许企业在交纳税务时扣除出口产品部分或扣除与出口有关的费用；⑦政府免除或退还对出口产品所征收的间接税；⑧政府减、免、退还或缓征与出口有关的累计间接税；⑨政府提供出口贷款、出口保险以防止出口成本提高或外汇汇率变动等；⑩政府向生产出口产品的企业提供低息贷款。(3) 生产补贴的主要类型有：政府对商业企业的资助、低利贷款等；建立工业区，在区内以优惠价提供土地与电力使用、加强基础设施建设等；政府资助研究与开发项目；财政鼓励，诸如免税期、提高折旧率。

2. 鼓励出口的信贷政策

(1) 出口信贷

出口信贷是指一国的银行为了鼓励本国商品的出口，加强本国出口商品的竞争力，对本国的出口厂商、外国的进口厂商或进口方银行提供的贷款。

出口信贷通常是在出口成套设备、船舶、飞机等大型商品时由出口方银行提供的信贷。出口信贷分为卖方信贷和买方信贷。

① 卖方信贷是指由出口方的官方金融机构或商业银行向本国出口商(即卖方)提供的贷款。这种贷款合同由出口厂商和银行签订。

② 买方信贷是出口方银行直接向进口厂商(买方)或进口方银行提供的贷款，用以支持进口商进口贷款国商品。

买方信贷在具体运用时有两种形式：

第一种是出口方银行直接把贷款提供给外国的进口厂商。

第二种是出口方银行直接将贷款提供给进口方银行，这是更为普遍的一种买方信贷方式。

(2) 出口信贷国家担保制

出口信贷国家担保制是指国家为了鼓励出口，对本国厂商或商业银行向外国进口厂商或银行提供的贷款，由国家设立的专门机构出面担保，当外国债务人拒绝付款时，这个国家机构即按照承担的数额予以补偿的一种制度。

出口信贷保险由国家承担原因有二：

其一：出口信贷涉及的金额一般都比较大，往往是私人保险公司无力承担的。

其二：国家能更全面准确地了解和把握进口国国内政治、经济状况和变化以及进口商的资信程度和经营情况。

出口信贷国家担保的承保范围主要有两类：

其一是政治风险：包括由于进口国国内发生的政变、战争、革命、暴乱以及出于政治原因而实行的禁运、冻结资金、限制对外支付等给出口商或出口国银行带来的损失。

其二是经济风险：包括由于进口商或进口国银行破产倒闭，或无理拒付，或由于汇率变动异常及通货膨胀等给出口商或出口国银行造成的损失。

3. 倾销政策

(1) 商品倾销，是指出口商以低于国内市场的价格，甚至低于商品生产成本的价格，集中或持续地大量向国外市场抛售商品的行为。

(2) 外汇倾销，是指出口企业利用本国货币对外贬值的机会争夺国外市场的一种特殊手段。

外汇倾销对本国贸易的双重效应：

① 外汇倾销的本币贬值会降低本国出口产品的价格水平，有利于扩大出口。

② 外汇倾销使外国货币升值，会提高外国商品的价格水平，有利于控制进口规模。

4. 鼓励出口的组织措施

(1) 设立专门的促进出口的组织机构；

(2) 设立专门的市场调研机关，建立商业信息网，为出口企业服务；

(3) 设立贸易中心、组织贸易展览会和贸易代表团；

（4）对出口厂商施以精神鼓励。

二、出口管制政策

1. 出口管制及其目的

（1）出口管制是一国以保护本国的政治、经济、安全利益为由制定出口管制法令，限制某些商品的出口，以达到一定的政治、军事和经济目的。

（2）出口管制的目的有：

① 政治与军事的目的。通过限制或禁止某些可能增强其他国家军事实力的物资、特别是战略物资的对外出口，来维护本国或国家集团的政治利益与安全。同时，也通过禁止向某国或某国家集团出售产品与技术，作为推行外交政策的一种手段。

② 经济的目的。对出口商品进行管制，可以限制某些短缺物资的外流，有利于本国对商品价格的管制，减少出口需求对国内通货膨胀的冲击。同时，出口管制有助于保护国内经济资源，使国内保持一定数量的物资储备，从而利用本国的资源来发展国内的加工业。

2. 出口管制的国家和商品

（1）一国实施出口管制时，往往实行歧视性的国别政策，对不同的国家实行不同程度的管制。

（2）出口管制的商品大致有以下几类：

① 战略物资及尖端技术产品；

② 国内生产所需要的重要产品；

③ 出口国“自动”控制出口的商品；

④ 对某个国家制裁或禁运的商品；

⑤ 历史文物和艺术珍品；

⑥ 被出口国垄断的某些商品控制其出口，目的在于保持垄断商品的垄断高价。

3. 出口管制的方式

（1）单方面出口管制，是指一个国家根据本国的出口管制法案，设立专门的执行机构，独立对本国某些商品的出口进行审批和颁发出口许可证，实行出口管制。

（2）多边出口管制，是指几个国家政府为了共同的政治与经济目的，通过一定方式建立国际性的多边出口管制机构，协调彼此的出口管制政策和措施。

知识点五　国际贸易摩擦

一、国际贸易摩擦的定义

贸易摩擦是指在国际贸易中，国与国之间在进行贸易往来的过程中，在贸易平衡上所产生的一般是一国的持续顺差，另一国的逆差，或一国的贸易活动触及或伤害另一国的产业。

摩擦不仅存在于发达国家与发展中国家之间，存在于发展中国家之间，同样存在于发达国家之间。贸易摩擦的增加已经成为当今世界经济发展过程中的突出特征。

二、四种主要形式的国际贸易摩擦

1. 有关倾销与反倾销的国际贸易摩擦

世界贸易组织规则中倾销的定义以及有关反倾销的规定：GATT 第 6 条将倾销定义为

“将一国产品以低于正常价值的方法进入另一国市场，如因此对某一缔约国领土内已建立的某项工业造成实质性产业损害或产生实质性产业损害威胁或对某一国内产业的兴建产生实质性阻碍，这种倾销应受到谴责”。简言之，倾销即指出口商以低于正常价值的价格向进口国销售产品并因此给进口国造成损害的行为。

2. 有关技术性贸易壁垒的贸易摩擦

根据 WTO《技术性贸易壁垒协议》的有关规定，WTO 成员有权制定和实施旨在保护国家和地区安全利益、保障人类、动物或植物的生命或健康、保护环境、防止欺诈行为、保证出口产品质量等的技术法规、标准以及确定产品是否符合这些技术法规和标准的合格评定程序。上述这些措施总称为 TBT 措施，具体可分为三类，即技术法规、标准和合格评定程序。广义的技术性贸易壁垒除了《技术性贸易壁垒协议》的规定之外，还包括国际条约中与贸易有关的内容。

3. 有关保障措施的国际贸易摩擦

根据《保障措施协议》，保障措施是由于特定产品的进口增加而采取的“紧急”行动，当这些进口品造成了对进口成员方国内产业的严重损害或存在严重损害威胁时实施的措施。这些措施包括采取暂停关税减让或中止其他义务的形式，可以采取包括进口数量限制或提高关税税率超过约束水平等措施。

4. 有关补贴与反补贴的国际贸易摩擦

根据《补贴与反补贴措施协议》，补贴是指一成员方政府或者任何公共机构提供的并为接受者带来利益的财政资助以及任何形式的收入或者价格支出。从该定义可以看出，只有在同时满足下列三个条件时补贴才成立：(1)补贴是由政府或公共机构提供的；(2)政府或公共机构提供了财政资助以及任何形式的收入或者价格支出；(3)补贴使接受它的产业或企业得到了利益。

三、国际贸易摩擦的原因

(1) 贸易摩擦是经济全球化高速发展的必然产物。由于参与经济全球化的国家和地区越来越多，各国之间在社会制度、历史背景、宗教信仰、文化习俗、消费偏好、生活水平、环保要求、关税水平、技术标准、检验检疫制度等方面存在很大的差异。因此，各国的贸易往来产生摩擦与争端是不可避免的。

(2) 世界经济的衰退导致贸易保护主义重新抬头是贸易摩擦增多的根本原因。

(3) 世贸组织相关条款的模糊性增加了贸易摩擦产生的机会。为了协调缔约国之间的利益，避免贸易自由化对国内经济的过分冲击，世贸组织中规定了一些例外条款，通过这些例外条款，缔约国允许以维护国际收支平衡、促进特定工业的建立、维护国家安全、保护环境等理由暂停、修改或撤销世贸组织的各项义务。这种世贸组织个别条款在例外规定上存在模糊性，使之被贸易保护主义所利用成为其实行进口限制的借口，导致贸易摩擦更加频繁。

(4) 对外贸易科技含量不高是贸易摩擦频繁发生的又一客观原因。我国出口商品大多为劳动密集型产品，受环保因素影响较大，国外对华实施的技术性贸易壁垒，使我国出口的农产品、食品、纺织品、建筑材料等都受到不同程度影响。我国是发展中国家，在技术标准研制、环境保护、质量控制、检验检疫和认证等方面远落后于欧美等发达国家，与国际标准有一定差距，因而不可能快速满足市场和技术发展的需要。

四、我国为减少贸易摩擦应采取的对策

(1) 加快与贸易摩擦相关的产业损害预警机制的建设，健全应对贸易摩擦的快速反应机制，完善我国政府实施反倾销、反补贴、保障措施以及技术性贸易壁垒的法规体系，建立起符合国际惯例的贸易救济体系。

(2) 建立统一规范的产品认证体系。国际贸易中质量认证是应对贸易摩擦的重要武器。

(3) 组建专门的中介组织、咨询企业或机构，提供全面的国际贸易咨询服务。

(4) 尽快建立与国际接轨的技术法规和标准体系。

(5) 充分利用世贸组织的规则，积极参与国际公约的谈判。

(6) 加强科学技术的研究，特别是产品技术标准、质量标准的研制工作。

【科兴点评】本知识点很容易与倾销联系在一起，希望各位考生多关注一下针对我国的反倾销案例，可以看看目标学校有关教授的相关论文。

五、中国遭受反倾销的原因、影响与应对策略

(1) 中国遭遇较为严重反倾销的原因

① 我国经济的发展和出口竞争力的增强，进出口贸易总额增长迅速，对世界贸易的影响力逐渐加大是根本原因，使招致反倾销带有一定的必然性。

② 欠缺合理的外贸出口结构，出口企业低价竞销是频遭反倾销调查的重要原因。

③ 国外反倾销法大多对我国采取歧视态度。“非市场经济国家”的歧视使我国频繁遭受反倾销。

④ 我国企业对反倾销诉讼消极应对。

⑤ WTO 遏制非关税措施的使用使反倾销的贸易保护作用更加突出；

⑥ 我国产业和企业自身存在的问题。我国目前的经济结构尚不合理，行业的发展缺乏长远规划，注重眼前利益。数量众多的企业分散经营，加之行业管理和协调力度不够，出口管理不够规范，最终导致反倾销案件的发生。

(2) 反倾销对中国出口的影响

① 严重影响中国产品的出口，损害中国出口产品的国际形象，使得我国企业在国际市场的开拓与维持遭受严重打击。

② 反倾销持续时间长，原有业务客户逐步流失，造成我国企业再重新进入失去的市场非常困难。

③ 助长反倾销诉讼，形成恶性循环。一旦对某产品成功实施了反倾销，其原材料、半成品等下游产业的进口国经营者也会积极效仿，以期获得同样的利益，这样形成了恶性循环，严重打击我国出口。

④ 反倾销很容易产生连锁反应。反倾销往往与外国在政治上与我国敌对挂钩，不利于国际经济与政治的稳定。

(3) 应对反倾销我国应该采取的对策

① 我国应该利用 WTO 争端解决机制，在 WTO 框架内积极应对反倾销争端。

② 我国需要加强宏观调控，制止恶性出口竞争行为。

③ 完善相关法律，建立反倾销预警机制，增加谈判筹码。

④ 完善我国社会主义市场经济制度，争取更多国家对我国市场经济地位的认同。

⑤ 发挥商会、行业协会的积极作用，提高企业应诉积极性，做好反倾销应诉工作，证明我国出口产品不存在倾销，降低我国遭受的反倾销税率，还能避免造成我国出口企业软弱可欺的印象，打消国外企业用反倾销手段肆意打击中国出口产品的企图。

⑥ 企业应转变营销观念，实施多元化国际营销战略，避免与同行的恶性竞争，并培养专业人才，积极应诉反倾销。

知识点六　国际贸易中的知识产权保护

一、知识产权的定义

知识产权主要指智力成果的创造人或工商业标记的所有人依法享有的权利的统称。乌拉圭回合所达成的《与贸易有关的知识产权协定》将知识产权的主要内容分为七个部分。

二、知识产权的内容

(1) 版权，也就是通常所说的著作权，这其中包括计算机软件、音乐著作权等。我国加入世贸组织前后，修改了三个知识产权方面的法律，即《著作权法》《专利法》与《商标法》，以与西方国家的知识产权法律接轨。现在我国这方面的法律已经较为完备，但在执法领域还存在较为严重的问题，这是我们所必须要解决的。

(2) 商标权。商标权的获得有三个原则，一是注册原则，即注册的一方取得商标权；二是使用原则，即先使用商标的一方取得商标权；三是折中原则，如美国规定，商标注册后必须连续使用5年以上，才能有确定的效力。

(3) 地理标志，也就是原产地标志。

(4) 专利。专利主要指各种发明，必须具备三个特点：新颖性、创造性和实用性，三者缺一不可。

(5) 工业品的外观设计。

(6) 集成电路的布图设计权，就是通常所说的拓扑图，主要指半导体设计权。

(7) 专有技术，也叫商业秘密。它有三个特点，一是秘密的、未被公开过的；二是因被保密才有商业价值；三是合法控制它们的人已经为保密采取了措施，其中最重要的特点是靠我们自己来保护其秘密，只有这样我们才能在竞争中处于不败之地。

三、知识产权的公约

与贸易有关的知识产权保护公约主要包括两大类：第一类是世界知识产权组织(WIPO)所致力缔结的专门的国际知识产权公约；第二类是世界贸易组织(WTO)制定的保护国际贸易领域知识产权一揽子协议，即TRIPs协议。TRIPs协议的达成在国际贸易知识产权保护史上具有里程碑的意义。

(1) 世界知识产权组织相关公约

世界知识产权组织是一个致力于帮助确保知识产权创造者和持有者的权利在全世界范围内受到保护，从而使发明人和作家的创造力得到承认和奖赏的国际组织。1883年诞生的《保护工业产权巴黎公约》是第一部旨在使本国公民的技术专利、商标和工业品外观设计等智力创造能在他国得到保护的重要国际条约，也是第一部与贸易有关的知识产权国际公约。

在其后的一个多世纪里，世界知识产权组织制定了多部与贸易有关的知识产权公约。在

TRIPs 诞生前，这些公约在各自的领域内发挥着重要作用，在全球范围内调整了包括国际贸易活动在内的各种经济关系。随着 TRIPs 的形成，与贸易有关的知识产权国际保护进入了一个新的历史时期。

（2）世界贸易组织《TRIPs 协议》

TRIPs 协议中文全称为《与贸易有关的知识产权（包括假冒商品贸易）协议（草案）》，是世界贸易组织制定的与贸易有关的知识产权保护一揽子协议。其内容共有以下几个方面：著作权及其相关权利、商标、地理标记、工业品外观设计、专利、集成电路布图设计、对未公开信息的保护和对许可合同中限制竞争行为的控制。

之所以说 TRIPs 协议的达成在知识产权史上具有里程碑的意义，是因为其将知识产权的对象都纳入到了国际贸易法的体系。它主要包括以下内容：

① 确立新的知识产权保护的基本原则，使知识产权保护更加充分全面。

② 确立了 TRIPs 协议与其他知识产权国际公约的基本关系，表明它与国际公约并行不悖的立场。

③ 规定了成员保护各类知识产权的最低要求。

④ 规定和强化了知识产权的执法程序。

【知识拓展】337 条款

“337 条款”因其最早见于《1930 年美国关税法》第 337 条而得名。此后，《美国 1988 年综合关税与竞争法》对其进行了修订，以使其更易于使用并将其约束范围扩大到半导体芯片模板权。《1995 年美国乌拉圭回合协议法》再次对其进行了修订，以使其符合世贸组织规则。“337 条款”主要是用来反对进口贸易中的不公平竞争行为，特别是保护美国知识产权人的权益不受涉嫌侵权进口产品的侵害。

知识点七　国际贸易中的环境保护

自 20 世纪 80 年代以来，环境问题开始在国际贸易体系中显现出其重要作用，1992 年里约热内卢世界环境和发展大会召开以后，世界范围内的环境保护热潮对国际贸易产生了深刻的影响。国际贸易和环境保护之间互相制约、互相协调的关系也日渐突出。一些国家把环境因素作为贸易保护的一种武器，以环境保护法规和标准为原则，设置贸易壁垒，用来影响其他国家的环境政策，保护本国的利益。这种非关税的贸易保护策略被称为“绿色贸易壁垒”（Green Barriers to Trade，GBT）。

1. 绿色贸易壁垒的含义

绿色贸易壁垒是指进口国或地区以保护生态环境、有限资源以及人类和动植物的健康为由，以保护本国市场和贸易为根本目的，通过制定、颁布、实施严格的环境保护法规和苛刻的环境保护技术标准，以限制国外产品或服务进口的贸易保护措施。

2. 绿色贸易壁垒的成因

（1）随着世界经济的发展，以及工业化进程中对环境造成的破坏与威胁，环境问题开始受到各国的重视。保护环境成为世界性议题，这也是 WTO 制定绿色条款的原因。

（2）随着世界贸易自由化程度的不断提高和各国市场开放程度的加大，关税在保护贸易中的作用越来越小，为了避免本国市场在对外贸易过程中遭受冲击，各国就利用 WTO 协议中的绿色条款在环境和生态问题上实施贸易保护。

（3）节能减排的需要。当前，实现节能减排目标面临的形势十分严峻，能源短缺和三废的处理矛盾越来越突出。

(4) 消费者绿色消费意识的觉醒和冲动，迫使生产企业不得不重新审视绿色营销策略。

3. 绿色贸易壁垒的特点

(1) 虚假性。绿色壁垒一般都打着保护地球生态环境与人类健康的幌子，貌似合理，实则是限制进口的不合理的贸易保护主义行为。

(2) 不平衡性。发达国家与发展中国家的发展状况已呈现极大的不平衡性。西方发达国家无视发展中国家的现实情况，以其先进的技术和雄厚的资金提出过高标准，把发展的不平衡导入国际贸易领域，导致更多的不平衡。

(3) 隐蔽性。种种绿色壁垒借环境保护之名，隐蔽于具体的贸易法规规定、国际公约的执行过程中，成为进口国拒绝外国产品的“核武器”。

(4) 广泛性。绿色保护的内容非常广泛，不仅涉及资源和与人类健康有关商品的生产和销售，而且对那些需要达到一定安全、卫生、防污等标准的制成品产生巨大的压力。这些绿色保护措施，具有不确定性和可塑性，在具体实施时容易受到发达国家的刁难和抵制。对生产技术水平较低的发展中国家来说，涉及面更大更深。

(5) 坚固性。绿色壁垒抓住人们关注生态环境的心理，根据本国市场和消费者的情况制定超高标准，先入为主，制造进口品的消费障碍，具有坚固的限制进口的堡垒作用。

4. 绿色贸易壁垒对我国外贸的影响

(1) 对我国产品出口市场范围的影响

我国出口市场主要集中在发达国家和部分新兴工业化国家和地区，这些国家和地区多数都是世界贸易组织与环境委员会的成员，环保行动起步早，成效大，公众环保意识强，环保技术位居世界前列，目前从环保立法进入环保执法阶段。如果这些国家和地区凭借自身在环保方面的优势，在世界贸易组织中极力要求将贸易与环境两者挂钩，并制定对发展中国家过于苛刻的统一环境标准，这将使得我国产品出口市场范围面临缩小的可能。

(2) 对我国产品出口增长速度的影响

我国作为一个发展中国家，加快机电产品出口是今后我国扩大对外贸易，跻身世界贸易强国之列的必然选择和重要依托。但面临的困难之一就是发达国家制定的产品进口标准，例如防污标准、噪声标准、电磁辐射标准等，为我国机电产品进入发达国家市场增加了难度。另外，乌拉圭回合谈判最后签署的文件不仅包含工业品贸易，而且还包括农产品贸易、服务贸易、知识产权和投资等方面的环境保护问题。如果发达国家在新的多边自由贸易体制中肆意推进环境壁垒，以保护本国市场为目的而提高产品的环境标准，对于实现我国加快出口的战略目标将产生影响，产品出口增长速度势必减缓。

(3) 对出口产品成本和企业效益的影响

环境壁垒的制定实施必然会涉及产品从生产到销售乃至报废处理的各个环节。它要求将环境科学、生态科学的原理运用到产品的生产、加工、储藏、运输和销售等过程中去，从而形成一个完整的无公害、无污染的环境管理体系。因此产品在流通过程中，制造商为了达到进口国的环境标准，不得不增加有关环境保护的检验、测试、认证和签订等手续并产生相关费用。产品的外观装潢、出口标签和商品广告也将做大幅度调整。因此，出口产品各种中间费用及附加费用的增多，将使我国目前出口产品日益上涨的生产成本进一步提高，出口产品生产企业的经济效益将因此受到影响。

(4) 对双边或多边贸易关系的影响

近年来，发达国家以保护环境为名，经常采取单方面的贸易措施，限制外国产品的进口，由此引发的双边或多边贸易摩擦日益增多。欧盟和北美自由贸易区这两大区域性经济组织成员基本上都是发达国家，它们的环保水平和环保标准大致接近，个别成员存在的差距也在趋于协调一致。因此发达国家可以通过区域自由贸易的形式，以低于区域环境标准为由将来自于区域以外的产品，包括中国产品排斥在巨大的区域市场之外。

5. 中国应坚持的原则和采取的政策

(1) 在外贸易与环境保护的关系上，中国应坚持的原则：

① 权利与义务平衡原则。我国应坚持发展中国家的地位，拒绝接受任何超过我国目前承受能力的义务，拒绝任何强加的义务。

② 环境标准多样性原则。环境保护是一个渐进的过程，不能以牺牲经济贸易利益来换取环境标准的提高与统一。

③ 发达国家应多承担义务的原则。发达国家有责任和义务向发展中国家转让技术，提供资金，帮助发展中国家提高环境保护水平。

(2) 在贸易与环境保护的关系上，中国应采取的政策：

① 强化完善与贸易有关的环境立法。

② 建立可持续发展的出口商品结构，大力发展推广与环境有利的产业和产品。

③ 调整进口商品结构。通过积极引进清洁生产技术和环保设备，提高我国环保产品的可持续发展能力；严格管制有害于环境的产品的进口；严禁发达国家向我国转移工业垃圾。

④ 建立合理的环境管理体系，积极采取国际标准组织颁发的 ISO 14000，努力使我国出口产品在技术、安全、卫生、环保诸方面接近和达到国际标准组织的要求，以减少贸易摩擦，促进商品出口。

⑤ 防止污染密集型产业转移入境。在审批外商投资项目时，应确立“环保第一审批权”，对高污染而又无法控制的项目和产品，坚决禁止；对有污染，但国民经济需要，且可得到治理的项目和产品，应力争外商采取其母国标准。

习题精编

一、名词解释

1. 普遍优惠制(上海财大 2018 年)
2. 非关税壁垒(南开大学 2018 年)
3. 进口替代性增长
4. 技术性贸易壁垒(宁波大学 2019 年)
5. 原产地规则
6. 外汇倾销
7. 绿色贸易壁垒(中央财大 2017 年)
8. 关税配额(南京大学 2016 年)
9. 有效保护率(南京大学 2017 年)
10. 缓冲存货(浙江工商 2016 年)

二、简答题

1. 简述关税的性质及其主要类型。

2. 简述与关税措施相比，非关税措施有哪些明显的特点？

3. 试说明商品倾销与外汇倾销的区别。

4. 一国鼓励出口的贸易措施有哪些？

5. 简述倾销的类型与反倾销实施条件。

6. 请简述国家实行进口替代战略下对外贸易政策和出口导向战略下对外贸易政策的利弊。（复旦大学 2021 年）

7. 假设本国是一个出口小麦的小国，世界价格为 100 美元/吨。现在假设本国政府决定补贴国内生产者 40 美元/吨。国内的需求曲线为：$D=-0.25P+45$，国内的供给曲线为：$S=0.25P+15$。回答以下问题：（暨南大学 2017 年）

（1）计算自由贸易及有出口补贴下出口的数量。

（2）计算出口补贴对于消费者剩余、生产者剩余及政府收入的影响，计算出口补贴对国内总福利的影响。

三、论述题

1. 论述小国征收进口关税和进口配额的经济效应，比较二者的不同。

2. 试述关税的作用和征收关税对国际贸易的影响。

3. 2025 年，美国特朗普政府以“保护关键产业”和“应对中国技术竞争”为由，升级全球关税政策：对价值 3000 亿美元中国科技产品（半导体、新能源电池、人工智能设备）加征 35%关税，并要求企业供应链“去中国化”；对欧盟汽车及零部件关税从 10%提升至 25%，同时以“碳关税歧视”为由对德国、法国光伏产品加征惩罚性关税；对东南亚纺织业、电子组装业实施“第三国规避关税”调查，威胁对越南、马来西亚中转产品征税。截至 2025 年 6 月，全球已有 42 个国家采取报复措施，WTO 多边争端案件数量创历史新高，全球贸易增速同比下降 4.7%。

结合 2025 年全球关税战背景与国际贸易理论，论述以下问题：

（1）特朗普政府关税政策与 2018 年相比呈现哪些新特征？运用“战略性贸易政策”与“新贸易保护主义理论”分析其政策逻辑的变化。

（2）从全球价值链重构（如产业转移方向）、数字贸易规则冲突（如数据本地化要求）、绿色技术竞争（如新能源产业链）三个维度，分析当前关税战对国际贸易体系的长期冲击。

（3）针对东南亚新兴经济体（如印尼、泰国），提出规避关税风险、提升产业竞争力的具体策略（至少两项），并说明理论依据（如“雁阵模型”“中心-外围理论”等）。

4. 工业革命时期英国倡导全球自由贸易，欧洲内陆国家历史上存在自我发展的保守主义（如李斯特的观点），再如大体同一时期（清朝时期）我国出现了“闭关锁国”；如今中国则更加积极推动贸易全球自由化，而美国等发达国家的贸易保护主义在抬头，请用各种相关贸易政策加以解析。（暨南大学 2018 年）

习题参考答案

一、名词解释

1. 普遍优惠制简称普惠税，是发达国家单方面给予发展中国家出口制成品和半制成品的一种关税优惠待遇。其主要内容是：在一定数量范围内(主要指关税配额或限额)，发达国家对从发展中国家进口的工业品减免关税，部分免除加工过的农产品的进口关税。普惠制的基本特点是普遍性、非歧视性和非互惠性。所谓普遍性，是指发达国家应对发展中国家或地区出口的制成品和半制成品给予普遍的优惠待遇。所谓非歧视性，是指应使所有发展中国家或地区都不受歧视、无例外地享受普惠制的待遇。所谓非互惠性，是指发达国家应单方面给予发展中国家或地区关税优惠，而不要求发展中国家或地区提供反向优惠。

2. 非关税措施是指一国政府采取的除关税以外的各种对外贸易进行干预的行政性、法规性措施和手段的综合。传统的非关税壁垒如配额、进口许可证等已大为减少，但与此同时，非关税壁垒呈现新的特点。反倾销壁垒、绿色贸易壁垒、技术贸易壁垒、劳工标准等形式更为隐蔽、技巧更高的新型非关税壁垒大量涌现，发展迅速。随着关税的大幅度下降，世贸组织各成员方越来越多地借助非关税贸易壁垒作为贸易保护措施。因此，在世界贸易组织货物贸易多边协定中，有一些协议专门处理可能对贸易造成障碍的非关税措施问题。这些协议主要有：《技术性贸易壁垒协议》、《进口许可程序协议》、《原产地规则协议》、《装运前检验协议》、《与贸易有关的投资措施协议》等。

3. 进口替代性增长是发展中国家通过保护国内产业减少进口依赖、实现经济增长的战略。核心是通过高关税、进口配额等限制外国商品，同时扶持本国幼稚产业(如制造业)。短期可保护民族产业、促进工业化，但长期易导致效率低下、创新惰性及贸易报复，需平衡保护与市场竞争。典型于 20 世纪 60—70 年代拉美国家采用，后因局限性逐步转向出口导向战略。

4. 技术性贸易壁垒是一国或区域组织为维护国家或区域安全、保障人类健康和安全、保护动植物健康和安全、保护环境、防止欺诈行为、保证产品质量等而采取的一些强制性的或自愿性的技术性措施。技术性贸易壁垒往往以国家或地区的技术法规、协议、标准和认证体系(合格评定程序)等形式出现，涉及的内容广泛，涵盖科学技术、卫生、检疫、安全、环保、产品质量和认证等诸多技术性指标体系，运用于国际贸易当中，呈现出灵活多变、名目繁多的规定。由于这类壁垒大量以技术面目出现，因此常常会披上合法外衣，成为当前国际贸易中最为隐蔽、最难对付的非关税壁垒。

5. 原产地规则是指任一国家或地区为确定货物原产国而实施的普遍适用的法律、法规及行政决定。所谓货物的原产地也就是货物的原产国。原产地规则属于非关税壁垒，只有当某特定货物拥有原产地证时，该批货物才可以被批准进口。为了实施关税的优惠或差别待遇、数量限制或与贸易有关的其他措施，海关必须根据原产地规则的标准来确定进口货物的原产国，给以相应的海关待遇。货物的原产地被形象地称为商品的“经济国籍”，原产地规则在国际贸易中具有重要作用。

6. 外汇倾销是指一种采用降低本国货币对外国货币比价的办法，达到扩大本国商品出口的目的。因为，当一国货币贬值后，出口商品以外币表示的价格降低，提高了该商品的竞争力，从而能扩大出口。而因本国货币贬值，进口商品的价格上涨，削弱了进口商品的竞争力，限制了进口。但外汇倾销作用的发挥需要一定的条件，主要是本国货币对外贬值速度要快于对内贬值以及对方不进行报复等。

7. 绿色贸易壁垒也称绿色壁垒，是指在国际贸易活动中，进口国以保护自然资源、生态环境和人类健康为由，通过制定严格的环保技术标准或采用绿色环境标志、绿色包装制度、绿色卫生检疫制度和绿色补贴制度等，使得外国产品无法进口或进口时受到一定限制，从而达到保护本国产品和市场的贸易保护措施。

绿色贸易壁垒具有两重性：从形式上看，是适应环境保护的要求，对贸易自由的限制；从实质而言，是贸易保护与环境保护的契合，是贸易保护中一种新型的非关税壁垒形式。

8. 关税配额亦称“关税限额”，是征收关税与进口配额结合运用的一种限制进口的非关税壁垒措施。即预先规定有关商品在一定时期内的进口配额，在配额以内进口的实行优惠税率或给予免税待遇，对超过配额的进口商品则实行普通税率或征收进口附加税，这样就可限制进口。

关税配额可分为全球配额和国别配额。全球配额是指将某商品进口制定一个总额度，但没有具体的国家地区限制，可从全球进口，采取先来先得配额的办法，一旦配额申请完毕，就不再进口。国别配额则是在总配额下，又将配额分配给具体的国家或地区，当该国该地区配额用完，就不得进口。

9. 有效关税保护率又称实际关税保护率，指各种保护措施对某类产品在生产过程中的净增加值所产生的影响。它是征收关税引起的产品国内加工增加值同国外加工增加值的差额占国外加工增加值的百分比。

$$有效关税保护率=\frac{国内加工增值-国外加工增值}{国外加工增值}\times 100\%$$

有效保护率的意义在于，根据生产过程中的加工深度来划分，产品可分为制成品(最终产品)、中间投入品(如零部件)和原材料等。如果对中间产品或原材料减少关税，将降低这些产品的价格，从而减少国内使用者的负担，使得那些使用中间产品或原材料的最终产品的关税所产生的保护效应提高。

10. 缓冲存货就是由该商品协议的执行机构按最高限价和最低限价的规定，运用其成员国提供的实物和资金，干预市场和稳定价格。当市场价格涨到最高限价时，抛售缓冲存货的实物以维持价格在最高限价之下；当市场价格跌到最低限价以下时，利用缓冲存货的现金在市场上收购，把价格保持在最低限价以上。目前国际上采用缓冲存货的机制有国际锡协定和国际天然橡胶协定。

二、简答题

1. 关税是进出口货物经过一国关境时，由政府所设置的海关向其进出口商所征收的一种税。

关税的性质：(1)关税是一种间接税。关税的课税客体是处于流通过程的进出口商品。因此，作为纳税主体的本国进出口商在缴纳关税后，可以将所纳关税额作为成本的一部分加到货物的价格上，使关税负担最终转嫁到消费者身上。(2)关税具有强制性、无偿性和固定性。作为税收的一种，关税具有同其他税种一样的三个基本属性。强制性是指必须无条件依法履行其缴纳关税的义务，否则就会受到法律的制裁；无偿性是指国家征收关税时不需付给纳税人任何补偿；固定性是指关税及其征收是由国家法律规定的，不会轻易变更。另外，关税是实施国际贸易政策的重要手段，这是关税最为显著的特点。(3)关税可以增加国家的财政收入，是国家重要的财政收入来源。后来随着经济和贸易的不断发展，政府可征税的税源逐渐增多，关税更多地被作为贸易保护政策的一种措施而使用。因而关税在国家财政收入中所占比重及重要性都大大降低。现在只有一些落后的发展中国家仍将关税作为其重要的财政收入来源。

关税按货物流向分类：进口税、出口税和过境税；按征税目的分类：保护关税和财政关税、进口附加税(反倾销和反贴补税)报复关税；按征税方法分为：从价税、从量税、混合税和选择税等。

2. 非关税壁垒指关税以外的一切限制外国商品进口的各种措施。相对于关税壁垒而言，非关税壁垒种类繁多，具有更大的灵活性和针对性，隐蔽性和歧视性也更强，更有利于达到限制进口的目的。非关税壁垒除了具有关税所具有的贸易壁垒的一些共性之外，还具有很多独特的性质与特点，主要有：

(1) 具有更大的灵活性和针对性

一般来说，各国关税税率的制定必须通过严格的立法程序并办理必要的手续，并且具有一定的延续性。因此，关税制度在调整或更改时往往存在时滞，不能适应需要紧急限制进口的情况。同时，关税还要受到最惠国待遇条款的约束，从那些签有协议的国家进口商品时较难在税率方面进行灵活的调整。而非关税壁垒的制定和实施通常通过行政手续，制定过程较为迅速，手续也较为简便，能够随时针对某个国家的某种商品设置或更换相应的进口限制措施，从而达到限制进口的目的。

(2) 具有更强的隐蔽性和歧视性

一般来说，关税税率确定之后，往往以法律形式公布于众，并依法执行，出口商通常比较容易获取关税的相关信息。但非关税壁垒的信息往往不公开，或者规定较为烦琐复杂的标准或手续，使得出口商难以适应和应付。

(3) 具有更强更大的复杂性和广泛性

20 世纪 60 年代以来，发达资本主义国家所采取的非关税壁垒日益复杂，数目多达上千种。此外，非关税壁垒的使用范围也日益广泛，被限制进口的商品范围不仅包括汽车、钢铁等，还延伸到服务行业、软件等领域。

(4) 具有更明显的有效性

关税壁垒是通过征收高额关税，提高进口商品的成本和价格，削弱其竞争力，间接达到限制进口的目的。但如果出口商宁愿多缴纳关税也要将商品出口，或者出口国采取补贴的形式支持该种商品的出口，或者出口商采取倾销形式，那么关税往往不能起到有效限制商品进口的作用。但诸如配额、自动出口限制、进口许可证等形式的非关税壁垒，由于它们一般直接规定进口商品的数量或金额，超过限额就禁止进口，这样能够有效保证限制进口作用的发挥。

3. 商品倾销与外汇倾销的区别如下：

（1）商品倾销是指出口商在控制国内市场的条件下，以低于国内市场价格甚至低于成本的价格向国外市场抛售商品，以打击竞争者并占领或巩固国外市场的行为。按照倾销的具体目的和时间不同，商品倾销可以划分为偶然性倾销、间歇性倾销和长期性倾销三类。

① 偶然性倾销通常是因为销售旺季已过，或因公司改营其他业务，在国内市场上不能售出“剩余货物”，就以倾销方式在国外市场抛售。

② 间歇性倾销也称为掠夺性倾销。这种倾销的方法是以低于国内价格甚至生产成本的价格，在国外市场上大量抛售商品，在打垮或摧毁了所有或大部分竞争对手，垄断了市场后，再抬高价格，以获取高额利润。

③ 长期性倾销又称为持续性倾销，这种倾销是无限期、持续地以低于国内市场的价格，在国外市场上抛售商品。

实施商品倾销会使利润暂时减少甚至亏损，可通过以下途径予以补偿：维持国内市场的垄断价格，获取超额利润，以补偿出口损失；由国家提供出口补贴来弥补垄断组织在倾销时所遭到的亏损；首先在国外市场进行倾销，在垄断国外市场后，再抬高价格，获取超额利润，以弥补早先倾销时所遭到的损失。

（2）外汇倾销是指一国政府利用本国货币对外贬值的手段来达到提高出口商品的价格竞争能力和扩大出口的目的的一种手段。这是向外倾销商品和争夺国外市场的一种特殊手段。本国货币对外贬值，可以起到提高出口商品竞争能力和降低进口商品竞争能力的作用。因为货币贬值意味着本国货币兑换外国货币比率的降低，在价格不变的情况下，出口商品用外国货币表示的价格降低，故提高了商品竞争能力；反之，进口商品用本国货币表示的价格则提高，故降低了进口商品的竞争能力。因此，可以起到扩大出口和限制进口的作用。外汇倾销必须具备一定的条件：货币贬值程度应大于国内物价上涨程度；其他国家不同时实行同等程度的货币贬值或采取其他报复性措施，否则将抵消货币贬值的作用。

（3）商品倾销与外汇倾销的区别在于：商品倾销是出口厂商以低于其国内市场的正常价格向国外市场抛售，打击竞争对手，以占领市场；外汇倾销是指通过本国倾向对外贬值的办法，降低以外国倾向所表示的出口商品价格，从而提高价格竞争能力，扩大出口。

4. (1) 世界各国除了对进口商品实行各种限制措施外，对本国商品出口大都采取种种鼓励的措施，同时，也对某些商品，特别是战略物资和先进技术的出口，实行管制措施，限制或禁止它们的出口。

（2）一国鼓励出口措施是指出口国政府通过经济、行政和组织等方面的手段，促进本国商品出口的各种措施。

① 促进对外贸易发展的组织措施主要是各种类型的经济特区措施，如自由港或自由贸易区、保税区、出口加工区、自由边境区等；

② 鼓励出口的经济措施主要包括出口信贷、出口信贷国家担保制、出口补贴和外汇倾销等。

a. 出口信贷。出口信贷是指出口国银行为了鼓励商品出口，向本国出口厂商或国外进口厂商提供的贷款。它是一国扩大商品出口，特别是金额较大、期限较长如成套设备、船舶等的出口的一种重要手段。由于国际市场上贸易战的加剧，各国的出口信贷业务不断扩大，为了做好出口信贷，很多国家一般都设立专门银行办理此项业务。

b. 出口信贷国家担保制。出口信贷国家担保制是指由出口国政府设立专门机构，为本国出口厂商或商业银行向外国进口厂商或银行提供的信贷进行风险担保的制度。出口信贷国家担保制度的主要内容包括担保的项目与金额、担保对象以及担保期限与费用等。

c. 出口补贴。出口补贴是指一国政府或同业公会，为了降低出口商品的价格，以增强其在国外市场的竞争力，而给予出口商的现金补贴或财政上的优惠待遇。

d. 外汇倾销。外汇倾销是指出口企业利用本国货币对外贬值的机会，争夺国外市场的一种特殊手段。

5. (1) 倾销的含义：它是指出口商在海外市场廉价抛售产品的行为。从经济学角度看倾销是指同一产品在不同国家市场上的价格歧视。

（2）倾销的类型包括：

① 突发性倾销，指在短期内，出口商为了处理掉大批库存商品，在国内价格不变的条件下，以比国内低的价格向国外推销商品。一旦库存处理完毕，倾销即告结束。因此，这种倾销具有偶发性、临时性。

② 掠夺性倾销，指在一段时间内，为了排除市场上的竞争对手，出口商暂时以较低的价格向国外市场销售商品，一旦达到目的、获得市场上的垄断地位后，企业又会重新提高价格，以获取垄断性的超额利润。这种做法通常被视为具有“掠夺”目的。

③ 持续性倾销，指出口商长期或永久以低于正常价值的价格出口商品。厂商采取这种行为的目的在于追求利润最大化。为弥补长期性低价格倾销可能带来的亏损，倾销者往往采用规模经济，扩大生产以降低成本。

（3）反倾销的实施条件：根据 WTO 的《反倾销协定》的规定，反倾销措施的实施必须具备以下三个基本条件：

① 存在倾销。倾销的确定是实施反倾销措施的首要条件，在确定一个产品是否倾销时，必须比较该产品的出口价格与正常价值。如果出口价格低于正常价值便存在倾销。协定提供了三种计算产品“正常价值”的方法，其一是基于出口国国内的市场价格；其二是基于另一国出口商的价格；其三是考虑出口商生产成本、其他费用和正常利润的综合计算值。

② 存在实质损害。损害应该根据确凿的证据确定，主要有三种表现：一是指对进口国国内产业的实质损害，二是指对进口国产业产生实质威胁，三是指对进口国新建产业产生实质阻碍。

③ 倾销与损害存在因果关系。《反倾销协定》还要求协调其他可能使国内产业受到损害的已知因素。如：需求萎缩或消费模式的改变、技术发展等。凡其他因素造成的损害，不能归咎于倾销的进口产品。

6.（1）进口替代战略，通过高关税、进口配额等限制外国商品，扶持国内幼稚产业（如制造业），实现“国产化替代”。

① 优势：

第一，保护民族产业免受国际竞争冲击，培育本土生产能力。

第二，减少外汇依赖，平衡国际收支。

第三，促进产业结构多元化，避免单一初级产品出口的风险。

② 弊端：

第一，国内市场竞争不足导致效率低下、创新惰性。

第二，高关税推高国内物价，降低消费者福利。

第三，易引发贸易伙伴报复，阻碍融入全球产业链。

（2）出口导向战略，通过出口补贴、汇率低估、降低进口壁垒等，鼓励出口加工产业，依托国际市场拉动经济。

① 优势：

第一，引入国际竞争压力，倒逼企业提升效率和技术水平。

第二，扩大就业，形成规模经济效应。

第三，积累外汇储备，增强国际支付能力。

② 弊端：

第一，过度依赖外部市场，易受全球经济波动冲击。

第二，可能导致资源过度集中于出口产业，忽视国内产业均衡发展。

第三，低价竞争可能引发贸易摩擦，面临反倾销制裁风险。

（3）两种战略各有侧重：进口替代战略适合工业化初期建立产业基础，出口导向战略更利于发挥比较优势，但需警惕外部依赖风险。

7.（1）由于是经济小国，出口价格等于世界价格 100 美元/吨。自由贸易下，国内小麦供给量为 $0.25\times100+15=40$ 吨，国内小麦的需求量为：$-0.25\times100+45=20$ 吨，出口量 $=40-20=20$ 吨。

如果政府补贴出口，导致国内生产者面临的实际价格=100+40=140 美元。此时国内小麦的供给量为：0.25×140+15=50 吨，国内小麦的需求量为：-0.25×140+45=10 吨，出口量=50-10=40 吨。

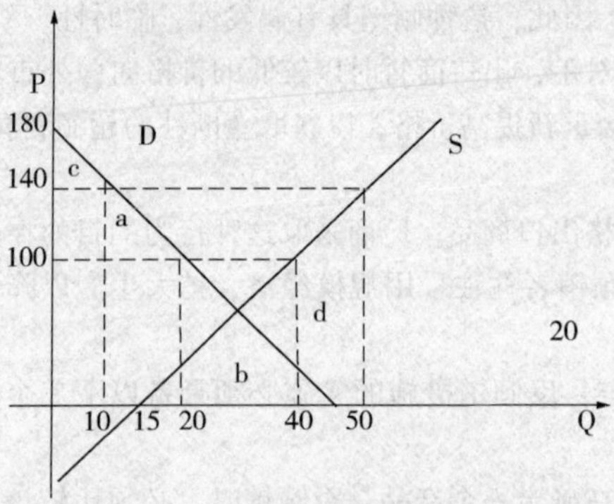

图 2-4　补贴带来的福利变化

（2）如图 2-4 所示，自由贸易时，消费者剩余为三角形 $a=0.5\times(180-100)\times20=800$ 美元。生产者剩余为三角形 $b=0.5\times(100-0)\times(40-15)=1250$ 美元。

补贴出口后，消费者剩余为三角形 $c=0.5\times(180-140)\times10=200$ 美元。生产者剩余为三角形 $d=0.5\times(140-0)\times(50-15)=2450$ 美元。

消费者剩余变动 $\Delta CS=200-800=-600$ 美元。

生产者剩余变动 $\Delta PS=2450-1250=1200$ 美元。

补贴总额=补贴额/吨×出口量=40×40=1600 美元。

净福利变化=-600+1200-1600=-1000 美元。

三、论述题

1.（1）小国征收进口关税的经济效应

① 关税的价格效应

在图 2-5 中，曲线 S、D 分别表示国内供给和需求曲线；P_w 表示征收关税前的世界价格，即自由贸易下的价格；P_t 表示征收关税后的国内价格；假设关税为从量税，t 表示对单位进口商品所征收的关税，则征收关税后国内价格可表示为：$P_t=P_w+t$。

② 关税的生产效应

征收关税前，生产者的剩余为三角形 $\triangle ICP_w$ 的面积所示；征收关税后，生产者剩余为三角形 ΔIAP_t 的面积所示，那么征收关税前后，生产者剩余增加了，增加部分为梯形 CAP_tP_w 的面积 a，此即为征收关税后生产者福利所得。

③ 关税的消费效应

图 2-5 中，征收关税后，国内消费量为 OQ_4，与征收关税前的消费量 OQ_2 相比，消费量减少了 Q_4Q_2。消费量的下降对消费者的福利有不利的影响，征收关税前后，消费者剩余分别为三角形 $\triangle HGP_w$ 和三角形 $\triangle HBP_t$ 的面积所示，所以消费者福利的损失为梯形 GBP_tP_w 的面积 $(a+b+c+d)$。

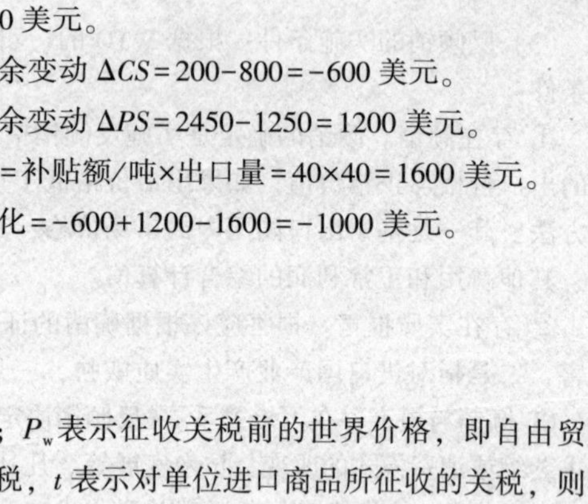

图 2-5　小国进口关税的经济效应

征收关税后进口的减少 $=Q_1Q_2-Q_3Q_4=Q_1Q_3+Q_4Q_2$，此即为关税的贸易效应。

④ 关税的税收效应

所谓税收效应是指政府由于征收关税而获得的财政收入。征收关税所获得的收入=进口量×关税率，在图 2-5 中，关税收入为 $Q_3Q_4\times t$，即等于矩形 $AEFB$ 的面积 c。至于对福利的影响，则要看政府如何使用这部分税收而定，如果政府将关税收入全部用于补贴消费者，则可以抵消消费者的部分损失。

⑤ 关税的净福利效应

由图 2-5，关税各种福利效应的净值=生产者福利增加-消费者福利损失+政府财政收入 $=a-(a+b+c+d)+c=-(b+d)<0$。所以，对于小国而言，关税会降低社会福利水平，社会福利的净损失为 $b+d$。

（2）小国进口配额的效应

由于小国在市场中只是既定价格的被动接受者，而非价格的决定者，即它对于国际贸易市场中的价格事实上没有多大影响。

① 保护效应(生产效应)：其数量为图 2-6 中的 Q_1Q_3。是在进口配额保护下国内生产的增长，也叫进口替代效应或生产效应，即以国内生产替代的那部分进口商品。

② 消费效应：在图 2-6 中其数量为 Q_2Q_4，由于价格上升造成需求下降，从而消费水平收缩，从而消失的部分消费。

③ 贸易效应：保护、消费效应之和，即替代进口的部分加上消费减少造成的进口下降。即 Q_1Q_3 和 Q_2Q_4 之和。

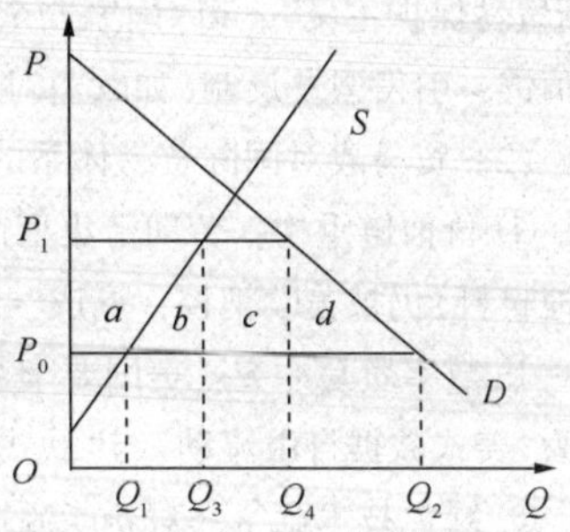

图 2-6　小国进口配额的效应

④ 国际收支效应：因进口下降引起的对外支付降低，即外汇的节约。其数量等于$(Q_1Q_3+Q_2Q_4)\times OP_0$

⑤ 生产者剩余：增加了 a 部分；

⑥ 消费者剩余：减少了$(a+b+c+d)$部分；

⑦ 配额的净福利效应：$-(b+c+d)$；

⑧ 配额净损失：$b+d$。

(3) 二者的主要区别在于净福利的不同。进口关税的经济效应包括政府税收，而配额不能带来税收的增加。

另外，还有以下几点不同：①对于给定的进口配额，当需求增加时，会比等效的进口关税导致更高的国内价格和更多的国内生产量；而对于给定的进口关税，当需求增加时，会比等效的进口配额导致更高的消费量和进口量，但是对国内价格和国内生产量的影响较小。②配额制涉及进口许可的发放。③进口配额将进口限定到一个确定的水平，而进口关税的贸易效果则不确定。

2. 关税是一种间接税。关税的课税客体是处于流通过程的进出口商品。因此．作为纳税主体的本国进出口商在缴纳关税后，可以将所纳关税额作为成本的一部分加到货物的价格上，使关税负担最终转嫁到消费者身上。关税具有强制性、无偿性和固定性。作为税收的一种，关税具有同其他税种一样的三个基本属性。强制性是指必须无条件依法履行其缴纳关税的义务，否则就会受到法律的制裁；无偿性是指国家征收关税时不需付给纳税人任何补偿；固定性是指关税及其征收是由国家法律规定的，不会轻易变更。另外，关税是实施国际贸易政策的重要手段，这是关税最为显著的特点。关税可以增加国家的财政收入，是国家重要的财政收入来源。后来随着经济和贸易的不断发展，政府可征税的税源逐渐增多，关税更多地被作为贸易保护政策的一种措施而使用。因而关税在国家财政收入中所占比重及重要性都大大降低。现在只有一些落后的发展中国家仍将关税作为其重要的财政收入来源。

关税对国际贸易的影响：①是对进口国消费者的影响，它提高了进口商品的价格，增加了消费者的负担。一方面消费者的需求量不得不因价格上涨而减少；另一方面消费者即使不用较高价格购买进口商品，也要以较高价格购买本国同类产品。②关税可以增加进口国政府的税收收入，这些收入是进口国政府提高关税的直接动力，但这些收入完全由本国消费者负担。③关税保护了进口国国内与进口商品竞争的产业。关税所带来的高价格，必然会使一部分消费者放弃进口商品转而选择国内同类商品，这将促进本国同类商品的销售。④征收关税会引起进口国内的再分配效应。在其他条件相对不变的情况下，从理论上分析，征收关税必然使消费者的收入转移至生产者，征收关税后，生产者与政府的收入都增加了，消费者的收入反而减少，而且消费者的损失要比本国生产者与政府所获得的收入还要多，这部分损失是没有任何人能够获得的。因此降低关税，虽然生产者与政府的收入会减少，但对消费者而言是福音。

3. (1)2025 年关税政策呈现三大新特征：技术封锁精准化(聚焦 AI、半导体等战略产业)、供应链政治化(强制“去中国化”)、绿色技术打压(以碳关税名义限制新能源产品)。2018 年以“最优关税理论”为依据(纠正贸易失衡)，2025 年转向战略性贸易政策，通过高关税保护本土技术垄断(如半导体产业)，并结合

“新贸易保护主义”，以“国家安全”名义实施非关税壁垒(如供应链审查)。局限性在于过度干预扭曲全球价值链，引发盟友反制(如欧盟对美汽车关税报复)。

(2) 贸易战对国际贸易体系的长期冲击有：

① 价值链重构：劳动密集型产业(纺织、电子组装)加速向东南亚转移，但核心技术环节(芯片设计、电池材料)仍被美欧把控，形成“技术孤岛化”风险。

② 数字贸易冲突：美国要求数据本地化存储，与欧盟《数字市场法案》形成规则对立，全球数字贸易分裂为“美式数据自由流动”与“欧式数据主权”两大阵营。

③ 绿色技术竞争：对新能源产业链加税导致光伏组件、储能电池价格上涨30%，延缓全球碳中和进程，发展中国家陷入“绿色技术获取困境”。

(3) 东南亚国家应对策略：

① 区域价值链整合：依托RCEP深化产业链协同，印尼、泰国可建立“区域中间品共享池”，统一技术标准以规避“第三国规避关税”调查，符合“雁阵模型”中“产业梯度转移”逻辑。

② 技术自主研发：针对电子组装依赖进口芯片的问题，联合建立“东南亚半导体设计联盟”，引入日本、韩国技术合作，依据“中心-外围理论”，减少对核心国技术依赖，提升产业链议价权。

4. (1)历史镜像：保护与开放的博弈

19世纪英国凭借工业革命优势推行自由贸易政策，通过废除《谷物法》(1846年)和殖民扩张，成为“世界工厂”。其理论基础为亚当·斯密的绝对优势理论和大卫·李嘉图的比较优势理论，主张通过市场分工提升全球效率。然而，德国经济学家李斯特在《政治经济学的国民体系》中提出保护幼稚工业理论，认为后发国家需通过关税壁垒培育本土产业(如19世纪德国对纺织业的保护)，这一思想深刻影响美、日等国工业化进程。

同期清朝推行闭关锁国政策(如广州十三行垄断贸易)，本质是自然经济与统治安全的双重选择，最终导致技术代差与鸦片战争后的被迫开放。

(2) 当代变局：全球化与保护主义的拉锯

中国的开放转型体现为制度型开放：通过加入RCEP(2022年生效)、建立21个自贸试验区，推行“负面清单+事中事后监管”模式，2024年对RCEP成员国进出口占比达30.8%，中间品贸易占比升至68.3%，展现区域价值链的整合成效。

美国贸易保护主义回潮则表现为“美国优先”政策：2018年对华加征关税覆盖5500亿美元商品(税率最高25%)，2024年通过《芯片与科学法案》限制半导体技术出口，本质是战略贸易政策的当代实践——通过产业补贴(如520亿美元芯片补贴)和技术壁垒维护霸权。

(3) 理论逻辑：政策选择的底层逻辑

自由贸易理论：适用于技术领先国(如19世纪英国)，通过市场扩张消化过剩产能。

保护幼稚工业理论：后发国家通过关税(如19世纪德国)或产业政策(如日本“超LSI计划”)实现技术追赶。

战略贸易政策：大国通过非关税壁垒(如美国对华技术限制)争夺战略性产业制高点。

(4) 现实启示：开放与自主的动态平衡

当前全球贸易体系呈现“中心-外围”结构：发达国家主导规则制定，发展中国家则通过区域协定增强议价能力。中国的实践表明，贸易政策需兼顾制度型开放(如对接国际规则)与产业链自主(如新能源汽车全球份额35%)，在全球化与逆全球化的张力中寻找最优解。

第3章　货物贸易与服务贸易

本章知识点包含货物贸易和服务贸易两大部分内容。货物贸易部分一般学校要求不高，只有个别学校会考查实务部分。服务贸易中，数字贸易非常重要，经常考查。技术贸易是货物贸易和服务贸易中与知识产权有关的交易，考查较少。

知识脉络

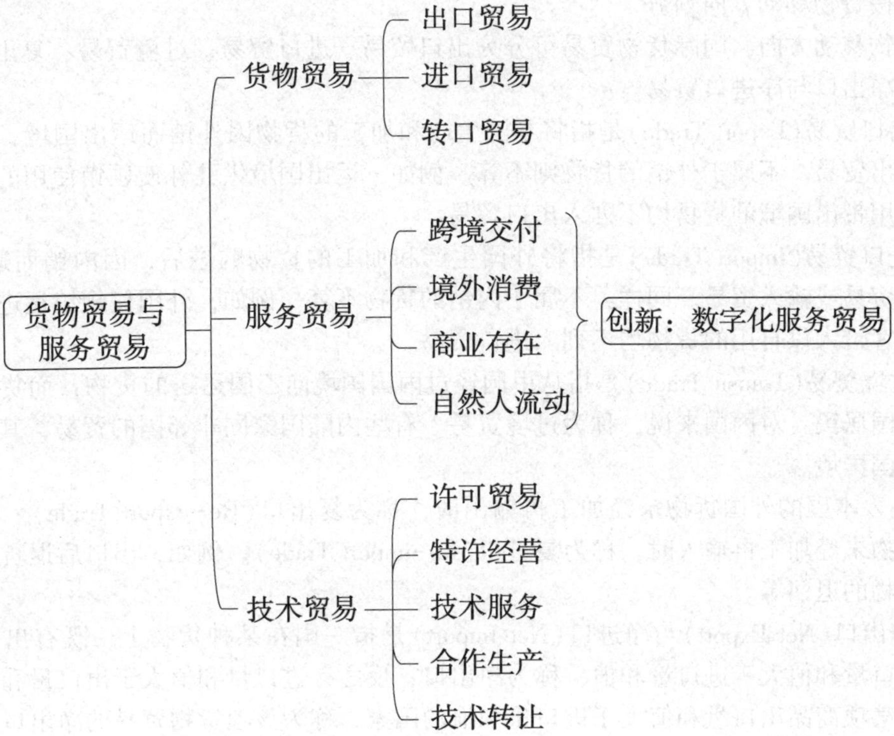

大纲解析

知识点一　货物贸易及其类型

1. 货物贸易的定义

货物贸易也称为有形(商品)贸易，其用于交换的商品主要是以实物形态表现的各种实物性商品，是有形贸易。

一般贸易货物在进口时可以按一般进出口监管制度办理海关手续，这时它就是一般进出口货物；也可以享受特定减免税优惠，按特定减免税监管制度办理海关手续，这时它就是特定减免税货物；也可以经海关批准保税，按保税监管制度办理海关手续，这时它就是保税货物。

2. 货物贸易的类别

在1974年的修订本里，把国际货物贸易共分为10大类、63章、233组、786个分组和1924个基本项目。这10类商品分别为：食品及主要供食用的活动物(0)；饮料及烟类(1)；燃料以外的非食用粗原料(2)；矿物燃料、润滑油及有关原料(3)；动植物油脂及油脂(4)；未列名化学品及有关产品(5)；主要按原料分类的制成品(6)；机械及运输设备(7)；杂项制品(8)；没有分类的其他商品(9)。在国际贸易统计中，一般把0~4类商品称为初级产品，把5~8类商品称为制成品。有形贸易的进出口必须办理海关手续，能够在海关统计中反映出来，是贸易国家国际收支经常项目的重要内容。

3. 货物贸易类型

(1) 按货物移动方向划分

按货物移动方向，国际货物贸易可分为出口贸易、进口贸易、过境贸易、复出口与复进口贸易、净出口与净进口贸易。

① 出口贸易(Export Trade)是指将本国生产和加工的货物因外销而运出国境，作为出口贸易或输出贸易。不属于外销的货物则不算。例如，运出国境供驻外使领馆使用的货物、旅客个人使用带出国境的货物均不列入出口贸易。

② 进口贸易(Import Trade)是指将外国生产和加工的货物购进后，因内销而运进国境，列入进口贸易或输入贸易。同样，不属于内销的货物不算。例如，外国使领馆运进供自用的货物、旅客带入供自用的货物均不列入进口贸易。

③ 过境贸易(Transit Trade)是指从甲国经过丙国国境向乙国运送的货物，而货物所有权不属于丙国居民，对丙国来说，称为过境贸易。有些内陆国家同非邻国的贸易，其货物必须通过第三国国境。

④ 输入本国的外国货物未经加工再输出时，称为复出口(Re-export Trade)。输出国外的本国货物未经加工再输入时，称为复进口(Re-import Trade)。例如，出口后退货，未售掉的寄售货物的退回等。

⑤ 净出口(Net Export)与净进口(Net Import)是指一国在某种货物上，既有出口也有进口，如出口量和值大于进口量和值，称为净出口；反之，进口量和值大于出口量和值，称为净进口。某项商品出口量和值大于进口量和值的国家，称为该项货物贸易的净出口国，表明该国在该种货物整体贸易中居于优势；反之，某项货物进口量和值大于出口量和值的国家，称为该项货物贸易的净进口国，表明该国在该项货物整体贸易中居于劣势。

(2) 按贸易有无第三国参加划分

按贸易有无第三国参加，国际货物贸易可分为直接贸易、间接贸易与转口贸易。

① 直接贸易(Direct Trade)是指货物生产国与货物消费国直接卖、买货物的行为。货物从生产国直接卖给消费国，对生产国而言，是直接出口贸易；对消费国而言，是直接进口贸易。

② 间接贸易(Indirect Trade)是指货物生产国与消费国之间，经由第三国商人进行贸易的行为。这种行为对生产国来说，是间接出口贸易；对消费国来说，是间接进口贸易。

③ 转口贸易是指货物生产国与消费国之间，或货物供给国与需求国之间，经由第三国贸易商分别签订进口合同和出口合同所进行的贸易。从第三国角度来看，即是转口贸易，又

称中转贸易。即使货物直接从生产国、供给国运往消费国、需求国，由于它们之间未直接发生交易关系，仍属于转口贸易的范畴。

(3) 按运输方式划分

按运输方式的不同，国际货物贸易可分为海运贸易、陆运贸易、空运贸易、多式联运与邮购贸易。

① 海运贸易是指通过海上各种船舶运送货物的贸易行为，它是国际贸易最主要的运输方式。当前，世界贸易中的货物有 2/3 以上是通过海运进行的。

② 陆运贸易是指通过陆上各种交通工具(火车与汽车等)运输商品的行为，它经常发生在各大洲内部陆地相连的国家之间。

③ 空运贸易是指通过航空器具运送货物的行为，它适合鲜活食品、贵重物品和急需商品的运送。

④ 多式联运贸易是海、陆、空各种运输方式结合运送货物的行为。国际物流“革命”促进了这种方式的贸易。

⑤ 邮购贸易是指通过邮政系统进行的贸易。它适宜于样品传递和数量不多的个人购买等。

【例 1】名词解释：对等贸易(云南财大 2023 年)

【解析】对等贸易，指以货物或服务交换为核心的贸易方式，常见于外汇短缺国家，形式包括易货贸易(直接换货，如石油换食品)、互购(双方承诺购买对方产品)、补偿贸易(技术进口方以产品偿还)。优势是平衡国际收支、拓展市场，但存在效率低(商品匹配难度大)、定价复杂等问题。

4. 有关货物贸易的协定

货物贸易方面所形成的一整套较为完善的规则(包括关税和非关税)，它们是：农产品；卫生和植物检疫；纺织品和服装；贸易技术壁垒；投资措施；反倾销；海关估价；装运前检查；原产地规则；进口许可证；补贴和反补贴；安全保障等。

(1) 农产品协定

农产品协定的目的是改革农产品的贸易和制定政策更趋向于市场导向。这将同样改善进口国和出口国市场的可预见性和安全性。

农产品的新规则和承诺适用于：

市场准入——农产品市场准入新规则只有关税。削减农产品进口关税。对于已实施关税化的农产品，允许政府采取特别紧急行动(“保护措施”)，以防止进口价格的急剧下降，而对国内产业造成影响。

国内支持——国内支持分为黄灯措施和绿灯措施。绿灯措施对贸易影响最小，可以自由地采用。它包括政府服务，如研究、病虫害控制、基础设施和粮食安全，以及不刺激生产的对农民的直接支付，诸如与生产不挂钩的直接收入支持、帮助农民进行结构调整的援助以及环境和区域援助计划中的直接支付等。

出口补贴——农业协定禁止对农产品给予出口补贴，除非在成员承担义务的列表中明确规定的补贴外。

(2) 反倾销协定

如果一个公司以低于本地市场的正常价值的价格出口产品，则被认为“倾销”产品。对此，是否属于不公平竞争，会有不同的选择。WTO 协定并未就此通过裁决。但是许多政府会采取反倾销的行动，以维护其国内产业。

有许多不同的方法来衡量特定产品的倾销程度。协定提供了三种计算产品“正常价值”的方法，其一是基于出口国国内的市场价格；其二是基于另一国出口商的价格；其三是考虑出口商生产成本、其他费用和正常利润的综合计算值。协定也规定了如何公平地比较出口价格和正常价格。对于某一产品倾销程度的计算并不足够。反倾销措施只适用于倾销是否对进口国的产业构成损害。因此，首先必须按规定的准则开展调查。调查必须评估对所论产业具有支持的所有有关经济因素。如果调查表明倾销正在进行，且国内产业正在受到损害，则出口公司可以将其价格提高到协议的水平，以避免承担反倾销进口税。

协定还对发起和进行反倾销措施期限和复查，列明了详细的程序性规定。如果有关当局确定倾销幅度是轻微的(一般认为幅度低于产品出口价值的2%)，以及原产于一个国家的倾销产品数量不足进口国同类进口总量的3%，则应立即终止反倾销调查，对这些产品不征收倾销税。但是，如果有数个这种不足3%的单个产品，累计占进口国同类产品的7%时，则倾销调查要继续进行。

成员国必须向反倾销委员会迅速和详细地通报所有初步的和最终的反倾销行动。成员方还应向委员会提供有关反倾销调查报告(一年两次)。一旦矛盾升级，WTO鼓励成员方之间相互磋商解决。也可采用WTO争端解决程序。反倾销委员会每年举行两次会议，为WTO成员提供讨论有关《反倾销协议》的有关事项的机会。

(3) 补贴与反补贴协定

这一协定要做两件事：禁止使用补贴，和规范诉讼国家因补贴影响所采取的对抗措施。协定也表明一个国家可以采用WTO的争端解决程序寻求撤销补贴，或消除其有害影响。国家也可对损害国内生产且接受补贴的进口产品开展自身的调查，和最终课以额外税(反倾销税)。

与《反倾销协定》一样，《补贴与反补贴协定》也是所有成员签署的WTO一揽子协定的一部分。协定定义了三类补贴：禁止补贴、可申诉的补贴以及不可申诉的补贴。它们适用于工业品以及农产品，除非其补贴符合农业协定。

(4) 原产地规则协定

原产地规则是用以判断产品产地的准则。鉴于出口国家之间在报价、优惠关税、反倾销、补贴等贸易政策方面存在着许多差别，因此，原产地规则是贸易规则的重要组成部分。原产地规则也用来编辑贸易统计资料。

原产地规则是世贸组织有史以来第一个关于原产地规则的协定，它要求：(1)各成员的原产地规则必须是透明的；(2)不会对国际贸易造成限制、扭曲或破坏性的影响；(3)他们必须一贯、一致、公平和合理地予以管理；(4)他们必须基于肯定的标准(也就是，它们应阐明哪些产品应授予原产地证明，而不是阐明哪些产品不授予原产地证明)。

(5) 动植物卫生检疫协定

协定允许国家制定其自身的标准，但是也规定技术法规必须以科学为依据。它们仅仅基于保护人类、动物或植物生命或健康的需要，且不应该在情况或条件相同或相似的成员间实行武断或不正当的歧视。

协定也允许国家使用不同的标准和方法来检验产品。因此出口国应保证适用于出口产品的惯常做法能为进口国所接受。如果出口国能验证适用其出口产品的措施能达到进口国同等健康保护水平，则进口国将接受出口国的标准和方法。

协定包括控制、检验和批准程序条款。政府必须对即将实施的新的或修改的卫生和植物卫生技术法规予以事前通告，并建立国家咨询点，以便提供此类信息。

知识点二　服务贸易与服务外包

1. 服务贸易的定义

服务贸易总协定作为WTO协定不可分割的一部分，其对服务贸易的定义已被各国普遍接受。服务贸易总协定下服务贸易的定义主要有四种层次：跨境交付、境外消费、商业存在、自然人流动。

(1) 跨境交付：指服务的提供者在一成员方的领土内，向另一成员方领土内的消费者提供服务的方式，如在中国境内通过电信、邮政、计算机网络等手段实现对境外的外国消费者的服务。

(2) 境外消费：指服务提供者在一成员方的领土内，向来自另一成员方的消费者提供服务的方式，如中国公民在其他国家短期居留期间，享受国外的医疗服务。

(3) 商业存在：指一成员方的服务提供者在另一成员方领土内设立商业机构，在后者领土内为消费者提供服务的方式，如外国服务类企业在中国设立公司为中国企业或个人提供服务。

(4) 自然人流动：指一成员方的服务提供者以自然人的身份进入另一成员方的领土内提供服务的方式，如某外国律师作为外国律师事务所的驻华代表到中国境内为消费者提供服务。

【例2】一国的公司到国外开办银行、商店，设立会计师、律师事务所等，是一种(　　)国际服务贸易方式。(南京理工2011年)

A. 跨境提供方式　　　　B. 国外消费方式

C. 商业存在方式　　　　D. 自然人存在方式

【解析】C。国际服务贸易提供的四种形式包括：①跨境交付：从一成员境内向任何其他成员境内提供服务；②境外消费：在一成员境内向任何其他成员的服务消费者提供服务；③商业存在：一成员的服务提供者在任何其他成员境内通过商业存在提供服务；④自然人流动：一成员的服务提供者在任何其他成员境内通过自然人的存在提供服务。

2. 服务贸易的类型

国际服务贸易共分为12大类。

(1) 商业性服务。也叫专业化服务，包括专业化服务、计算机服务、研究与开发服务、不动产服务、设备租赁服务及其他项目。这个项目也称知识密集型项目。

(2) 通信项目。包括邮电、信使、电信、视听等内容。

(3) 建筑服务。包括设计、选址、施工、维修等。

(4) 销售。分为批发、零售、代理和特许经营。

(5) 教育。包括高等教育、高中教育、学龄前教育、研究生教育、继续教育、留学生教育。

(6) 环境服务。包括污水和废物处理、公共卫生等。

(7) 金融服务。包括银行、保险、金融服务业。

(8) 健康和社会。主要指医疗。

(9) 旅游。包括住宿、餐饮、旅行社、交通、通信等。

(10) 文化娱乐和体育项目。我国给美国出口的姚明就属于这个项目。

(11) 交通运输。包括海运、客运、内河、公路、管道、港口、卫星发射等。

(12) 其他项目。这个项目很复杂，专利、专有技术、商标都可以归到其中。

3. 服务外包

外包是指企业将生产或经营过程中的某一个或几个环节交给其他(专门)公司完成。外包的范围按工作性质可分为“蓝领外包”和“白领外包”。“蓝领外包”指产品制造过程外包。“白领外包”亦称“服务外包”，指技术开发与支持其他服务活动的外包。

服务外包是指企业将价值链中原本由自身提供的具有基础性的、共性的、非核心的IT业务和基于IT的业务流程剥离出来后，外包给企业外部专业服务提供商来完成的经济活动。因此，服务外包应该是基于信息网络技术的，其服务性工作(包括业务和业务流程)通过计算机操作完成，并采用现代通信手段进行交付，使企业通过重组价值链、优化资源配置，降低了成本并增强了企业核心竞争力。

4. 国际服务贸易的现实特点

(1) 服务贸易发展速度快，在国际贸易中的比重不断提高。这是国际分工深化和产业结构调整的必然结果。

(2) 国际服务贸易的范围不断扩展，结构进一步完善。在服务项目方面，由二战以前的劳务输出到二战后的电信、金融、信息、旅游、运输等服务项目；在服务贸易结构方面，由之前的劳动密集型、资源密集型服务业发展到资本密集型、技术密集型、知识密集型的服务行业。

(3) 国际服务贸易在世界范围内发展不平衡。从国家类型看，发达国家在国际服务贸易中占主导地位，发展中国家占比重较小；在国家上看，美国是当今最大的服务贸易出口、进口国；从地区看，欧洲占比重最大，其次是亚洲，第三是北美洲。

(4) 国际服务贸易保护主义盛行。各国发展极不均衡，服务市场竞争日益激烈，各国为了自身利益(国家主权、文化安全、社会稳定)，对服务贸易实施各种限制性或者保护性措施。

5. 国际服务贸易的发展趋势

(1) 国际服务贸易继续以较快的速度发展。

(2) 国际服务贸易中知识密集型和技术密集型服务继续占优势地位

(3) 国际服务贸易中的贸易摩擦可能增多。一方面出于保护本国市场的目的，另一方面由于服务行业，如邮电、金融、航空运输等关系到本国主权和安全等。比如，美国等发达国家凭借其强大的政治实力和经济实力向发展中国家施压，使其开放服务市场，而发展中国家又不想把自己不强的服务行业暴露于发达国家的控制之下。不只是发展中国家与发达国家之间竞争激烈，发达国家之间竞争也比较激烈。

6. 二战后国际服务贸易迅速发展的原因

(1) 世界产业结构调整和转移促进了服务贸易的发展。

(2) 科学技术的进步推动世界服务贸易的发展。比如信息技术、通讯和交通的迅速发展促进了相关服务产业的进步。

(3) 跨国公司的扩张带动了世界服务贸易的发展。首先，跨国公司的扩张带来了各种为其服务的公司，这些公司也同时为东道国服务。其次，跨国公司的扩张也为东道国带来了金融、保险、会计、法律、咨询等专业服务。再次，跨国公司的扩张为东道国带来了技术以及人才。

(4) 服务需求的迅速扩大。首先是因为人们满足了生理需求后会产生与服务相关的安全、社会尊重和自我实现的需求。其次，服务业属于绿色行业，污染小、能耗少，各国政府普遍把服务行业作为重点发展行业。再次，发展服务行业可以解决就业和平衡国际收支。

(5) 国际货物贸易的发展成为服务贸易发展的重要动力。

(6) 发展中国家采取开放政策，积极参与世界服务贸易。

【例 3】国际货物贸易与服务贸易的区别。

【解析】(1) 贸易的形态：国际服务贸易的标的一般具有无形性；货物贸易则一般是有形的。

(2) 贸易商品的可否储存性：国际服务贸易所提供的服务往往是生产、销售与消费同时进行，因此具有同时性、非储存性、非转移性和国际性等特征。而货物贸易则相反，一般是生产、销售与消费相分离的，贸易商品具有可储存性。

(3) 贸易的国家保护方式：服务贸易的保护灵活隐蔽、选择性强，而不是固定公开，统一透明，对其保护不仅以商业利益为目标，还以国家安全政治稳定为目标。主要壁垒形式包括对服务产品移动、人员流动、资本流动、服务提供者开业权的限制。其中关键在于，服务贸易保护是以对人(自然人、法人及其他经济组织)的资格与活动的限制为主，而商品贸易保护则是以对商品的数量、质量等为主。此外，商品贸易的保护措施则主要表现为传统的贸易壁垒(关税、补贴、配额等)以及非关税壁垒(环保、人权等)。

(4) 贸易保护力度：近年来由于经济全球化趋势的加强以及 WTO 的运行，商品贸易呈现自由化趋势，保护力度被明显削弱，传统的贸易保护措施受到限制。但由于服务业在经济安全、竞争力和就业上的敏感性，服务贸易壁垒仍然高。这主要体现在：对商业存在和自然人流动的严格限制是市场准入的核心壁垒；承诺的广度和深度依然有限，尤其是“没有限制”的行业领域所占比例较低。

(5) 贸易监管方式：国际服务贸易不是通过边境措施，而是通过国内相关立法和规定来进行监管。货物贸易则主要是通过关税、许可证、进出口配额等措施进行监管。

知识点三　数字贸易

1. 数字贸易的兴起

数字贸易的兴起是技术革命与全球化深度融合的产物。21 世纪以来，互联网普及率从 2000 年的 6.5%升至 2025 年的 63.1%，5G、云计算和区块链技术突破推动交易成本下降 90%以上。2008 年国际金融危机后，各国加速数字经济转型，跨境电商(如亚马逊、阿里巴巴)和数字服务(如云计算、流媒体)成为增长引擎。据 UNCTAD 数据，2025 年数字贸易占全球贸易比重达 28.7%，其中服务类数字贸易增速(12.3%)是货物贸易的 3 倍。政策层面，DEPA(数字经济伙伴关系协定)、USMCA 的数字贸易章节等规则推动数据跨境流动便利化，进一步加速数字贸易扩张。

【知识拓展】中国加入 DEPA

DEPA(数字经济伙伴关系协定)2020 年由新加坡等三国发起，是全球首个数字经济专门协定。中国为对接国际高标准数字规则、拓展数字贸易市场，于 2021 年 11 月提交加入申请，2024 年 6 月正式成为第 11 个成员国。

（1）核心举措

① 规则对接：加入"数字贸易便利化""数据跨境流动"等12个核心模块，承诺逐步取消金融、医疗等敏感领域数据本地化要求，仅保留人工智能算法审查权。

② 务实合作：与新加坡在海南自贸港试点"医疗数据跨境流动白名单"，2025年Q1跨境医疗数据传输量增长180%；推动与智利、新西兰的电商平台互认，阿里巴巴国际站在三国市场交易额同比增长23%。

（2）战略影响

① 贸易促进：2025年对DEPA成员国数字服务出口预计达1200亿美元，占出口总额比重提升至15%，软件、云计算等产品平均关税从8%降至0.5%。

② 规则话语权：作为最大发展中成员国，推动增设"发展中国家过渡条款"，已有7国通过该条款加入，提升全球数字治理参与权。

③ 企业赋能：华为、腾讯等企业通过DEPA"数字专利池"获得成员国AI算法交叉许可，2025年相关专利使用费减少40%。

2. 数字贸易的概念

数字贸易是指通过数字技术实现的货物和服务跨境交易，核心特征是数据驱动、平台化运作、无实体边界。UNCTAD将其分为三类：

（1）数字交付服务：云计算（如AWS）、在线教育、远程医疗等。

（2）数字赋能贸易：跨境电商（如SHEIN）、数字支付（如PayPal）。

（3）数据与数字内容贸易：软件许可（如微软Office）、数据服务（如AI训练数据）。

与传统贸易相比，其本质是"数据流引领货物流"，数据成为关键生产要素，平台企业（如谷歌、Meta）主导全球价值链分配。

3. 与传统贸易的差异

（1）交易载体：传统贸易依赖实体物流和线下渠道，数字贸易通过互联网即时交付，如Zoom视频会议替代商务差旅。

（2）价值链结构：传统贸易呈"线性链条"（生产商→中间商→消费者），数字贸易形成"平台生态"（如亚马逊连接全球卖家与消费者），缩短中间环节。

（3）监管焦点：传统贸易以关税、配额等边境措施为主，数字贸易面临数据本地化（如欧盟GDPR）、数字税（如OECD全球最低税）等非关税壁垒。

（4）成本结构：传统贸易可变成本（运输、仓储）占比高，数字贸易固定成本（技术研发）占比高，但边际成本趋近于零（如软件复制成本）。

4. 对传统贸易理论的挑战

（1）比较优势理论局限性：李嘉图理论基于劳动生产率差异，而数字贸易中数据、技术等无形要素可全球流动，削弱地理禀赋优势。

（2）H-O理论失效：要素禀赋论假设要素不可流动，数字贸易中数据可瞬时跨境，且平台企业通过网络效应形成垄断（如谷歌搜索市场占有率超90%），偏离完全竞争假设。

（3）规模经济理论扩展：新贸易理论强调规模经济，但数字贸易的"赢者通吃"特性（如社交平台网络效应）加剧市场集中，传统关税政策难以调节。

（4）贸易利益分配失衡：传统理论假设贸易互利，但数字贸易中平台企业抽取30%—

50%价值(如 App Store 佣金)，发展中国家因数据和技术劣势面临“数字殖民”风险，冲击传统贸易利益分配逻辑。

知识点四　技术贸易与国际劳务合作

一、国际技术贸易

国际技术贸易是指一个国家的公司、企业、经济组织或个人，按一般商业条件，将技术向另一个国家的公司、企业、经济组织或个人转让或许可的行为。这里“国际性”关键在于交易的标的是否跨越国境。

1. 国际技术贸易的内容

国际技术贸易是以无形的技术知识作为主要交易标的，这些技术知识构成了国际技术贸易的内容。国际技术贸易的内容主要包括：专利技术、商标、工业产权和专有技术。

(1) 专利

专利(patent)是由政府机构或代表几个国家的地区机构根据申请而发给的一种文件，文件中说明一项发明并给予它一种法律上的地位，即此项得到专利的发明，通常只能在专利持有人的授权下，才能予以利用(制造、使用、出售、进口)。专利权是获得法律地位发明的发明人所获得的使用专利发明的独占权利，它包括专有权(所有权)、实施权(包括制造权和使用权)、许可使用权、销售进口权和放弃权。在我国，专利权是以申请在先原则授予的。

(2) 商标

商标(trademark)是商品生产者或经营者为了使自己的商品同他人的商品相区别而在其商品上所加的一种具有显著性特征的标记。常见的商标是文字商标和图形商标。商标大体上可分为三类：制造商标、商业商标和服务商标。

(3) 工业产权

工业产权(industrial property)是指法律赋予产业活动中的知识产品所有人对其创造性的智力成果所享有的一种专有权。专利权和商标权均属工业产权。工业产权和版权合称为知识产权。

(4) 专有技术

专有技术(proprietary technology)是指在实践中已使用过了的没有专门的法律保护的具有秘密性质的技术知识、经验和技巧。在实际中，专有技术是援引合同法、防止侵权行为法、反不正当竞争法和刑法取得保护的。但专有技术受法律保护的力度远比专利技术受到专利法保护的力度小。

2. 国际技术贸易的基本方式

国际技术贸易采用单纯的技术贸易与混合的技术贸易两种方式或途径。单纯的技术贸易有许可贸易、专有技术转让、技术协助；混合的技术贸易主要有：合作生产、合资经营、补偿贸易、工程承包、装配生产、交钥匙工程(引进成套设备、技术转让)、租赁贸易、特许专营等。

(1) 许可贸易

许可贸易(licensing)有时称为许可证贸易。它是指知识产权或专有技术的所有人作为许可方，通过与被许可方(引进方)签订许可合同，将其所拥有的技术授予被许可方，允许被许可方按照合同约定的条件使用该项技术，制造或销售合同产品，并由被许可方支付一定数额的技术使用费的技术交易行为。

根据其授权程度大小，许可贸易可分为独占许可、排他许可、普通许可、可转让许可、互换许可五种形式。

① 独占许可(exclusive license)是指许可权人(专利权人或商标权人)的一种许可权利，即只有被许可人可以使用许可人的专利或商标，其他人包括许可人本人均不得使用该专利或商标。

② 排他许可(sole license)是指在一定地域内，被许可方在合同有效期间对被许可使用的专利技术享有排他的使用权，许可方不得把该专利技术再许可第三方使用，但许可方自己有权在该地域内使用该项技术。

③ 普通许可(simple license)是指在一定时间内，专利权人许可他人实施其专利，同时保留许可第三人实施该专利的权利。

④ 可转让许可又称分许可(sub-license)，是指许可方同意在合同上明文规定被许可方在规定的时间和地区实施其专利的同时，被许可方还可以以自己的名义，再许可第三方使用该专利。被许可人与第三人之间实施的许可就是分许可。

⑤ 互换许可又称交叉许可(cross-license)，是指交易各方将各自拥有的专利、专有技术的使用权相互许可使用，互为技术供方和受方，一般不收取费用。

(2) 特许专营

特许专营(franchising)是指特许权人与被特许人之间达成的一种合同关系。在这个关系中，特许权人以合同约定的形式，提供或有义务在诸如技术秘密和训练雇员方面维持其对专营权业务活动的利益；而被特许人获准使用由特许权人所有的或者控制的共同的商标、商号、企业形象、工作程序等，但由被特许人自己拥有或自行投资相当部分的企业。

(3) 技术服务和咨询

技术服务和咨询是指独立的专家或专家小组或咨询机构作为服务方应委托方的要求，就某一个具体的技术课题向委托方提供高知识性服务，并由委托方支付一定数额的技术服务费的活动。

(4) 合作生产

从国际技术贸易的角度来看，合作生产是指分属不同国家的企业根据它们签订的合同，由一方提供有关生产技术或各方提供不同的有关生产技术，共同生产某种合同产品，在生产过程中实现国际技术转让的一种经济合作方式。

(5) 含有知识产权和专有技术转让的设备买卖

含有知识产权和专有技术转让的设备买卖，其交易标的包含两方面的内容：一是硬件技术，即设备本身，二是软件技术，即设备中所含有的或与设备有关的技术知识。这种设备的成交价格中不仅包括设备的生产成本和预期利润，而且也包括有关的专利或专有技术的价值。

3. 国际技术贸易与国际商品贸易的区别

(1) 交易对象不同。国际商品贸易的交易对象是有形的商品，而国际技术贸易的交易对象是技术，是无形的知识。实物商品一经出售，其所有权就已经转移，而技术贸易出售的只是技术的使用权、技术产品的制造权和销售权，技术拥有者仍然是技术的所有者。

（2）交易方式不同。国际商品贸易通常表现为一种单纯的买卖关系，而国际技术贸易可以是单纯的技术贸易，但通常是技术和资本、人员、货物或生产结合起来进行的，是一种经济技术合作关系。

（3）价格确定方式不同。国际商品贸易的价格是以商品的价值为基础，结合其他因素加以确定。而国际技术贸易的价格是以经济效益为基础。

（4）履约过程不同。国际商品贸易是所谓的一手交钱，一手交货，涉及的时间非常短。而国际技术贸易包含了技术的传授和实施过程，故执行时间较长。

（5）国家干预程度不同。国际技术贸易会涉及本国的政治、经济利益，各国都最大限度地引进外国先进技术而控制本国技术的外流，以确保本国在经济上的领先地位。在国际商品贸易上，国家干预程度相对较小。

二、国际劳务合作

国际劳务合作是指一国的自然人或法人通过某种形式向另一国的自然人、法人或政府机构提供劳务以获取经济利益的一种国际经济合作方式。提供劳务的一方称为劳务输出方，也叫受聘方；接受劳务的一方称为劳务输入方，也叫聘请方。

1. 国际劳务合作发展的原因

（1）世界经济发展的不平衡——各国对劳动力的需求量不等；

（2）科学技术的进步——加速了科技人员的跨国流动；

（3）经济全球化的发展趋势——加快生产要素或一揽子资源的移动；

（4）国际经济协调的作用与结果——当代国际劳务合作发展的“润滑油”。

2. 劳务输出的方式

（1）对外承包工程。国际工程承包一般涉及考察、勘探、设计、施工、安装、调试、人员培训甚至经营等工作，这些工作需要派出一定数量的施工、技术和管理人员。

（2）技术和设备的出口。技术的出口国在向技术的进口国出口技术时，技术的进口国往往要求出口国派出有关技术人员进行技术指导，或对进口国的有关技术人员进行培训，这种方式派出的劳务人员一般是技术劳务。

（3）直接出口劳务。有些国家通过签署合同的方式，直接向需求劳务的国家出口各类劳务人员，如医生、护士、海员、厨师、教师、体育教练员等。

（4）在海外投资设厂。一国的投资者在海外创办独资企业、合资企业和合作经营企业的同时，将会随之派出一些技术人员和管理人员，如果东道国允许，甚至还会派出一些普通工人。

3. 国际劳务合作的作用

（1）对劳务输出国的作用

① 积极作用

a. 增加了外汇收入。很多国家通过劳务出口和工程承包获取了可观的外汇收入，尤其是一些人口密度较高的发展中国家，他们中的有些国家外汇收入的一半以上来自国际劳务合作。

b. 缓解了国内的就业压力。有些发展中国家人口密度大，而且工业落后，其国内根本无法安置过剩的劳动力，劳务输出便成为解决这一问题的出路之一。

c. 学习国外的一些先进的技术和管理方法。外派的劳务人员在国外提供劳动服务的同时，也掌握并带回了国外先进的技术和管理方法，从而提高了外派劳务人员的素质。

d. 扩大了商品出口。劳务输出国在外派劳务提供各种服务的同时，也将本国的原材料、设备和技术等出售给了输入国。

e. 提高了输出国劳动服务者个人的收入，劳务的提供者到国外从事劳动服务不仅获得了收入，而且其收入一般高于国内，进而又提高了其生活质量。

② 消极作用

劳务输出有时也会造成通货膨胀、技术人员外流、国家限制出口的技术泄露和新的传染病的流入等负面影响。

（2）对劳务输入国的作用

① 积极作用

a. 弥补了国内劳动力不足或某些行业劳动力短缺的问题

有些国家工业较发达或发包项目较多但人力又不足，而有些国家虽不缺劳动力，但其本国人又不愿从事某些脏、累、有污染、收益低的工作，输入外籍劳动力便成为解决上述问题的最好途径。

b. 解决技术难题

有些国家技术落后，劳动力素质较差，无法适应本国经济发展的需要，引进技术劳务可以帮助解决很多国内技术难题，进而还可起到引进国外先进技术，调整产业结构的作用。

c. 降低产品成本，提高产品竞争力或获取高额利润

雇佣外籍劳务一般不受本国最低工资水平的限制，即工资可低于本国劳动力的工资，从而使产品成本下降，达到增强产品竞争能力或获取高额利润的目的。

② 消极作用

劳务输入也会导致民族纠纷、犯罪率上升、新的传染病的传入、对外方依赖加重和文化差异带来摩擦等不利影响。

（3）对整个世界经济的作用

① 促进了科学技术在世界范围内的普及

在劳动力的转移过程中，有相当部分的劳动力是具有某种专业技术知识的，他们将其所拥有的技术带到世界各地，使这些输入技术劳务的国家也能分享世界上最先进的技术所带来的效益。

② 加深了生产的国际化程度

源源不断的劳动力转移使世界形成了庞大的劳动力市场，使作为生产要素之一的劳动力要素在世界范围内进行配置，从而加深了生产的国际化程度。与此同时，技术劳务的转移有些是通过跨国公司的海外投资带动的，这不仅促进了劳务输入国产业结构的调整，也加深了生产的国际化。

③ 扩大了贸易的数量

技术劳务在国外提供各种技术服务时，往往要求技术的输入国使用其母国的设备和原材料，或推荐具有国际先进水平的其他国家的产品，从而增加了国际贸易的数量并扩大了贸易的范围。

知识点五　国际贸易的创新方式

随着计算机技术的发展，世界经济正由工业经济向信息经济过渡，而传统贸易方式的弊

端，使其不能胜任现时条件下的贸易环境，国际间开始出现了信息产品贸易。而以网络为媒介的国际贸易方式掀起国际贸易领域里的一场新的革命，它冲破了国家和地区间设置的各种障碍，使国际贸易走向无国界贸易，引起了世界经济贸易的巨大变革。

1. 国际贸易方式创新的背景分析

（1）计算机的发明和技术进步及人们日常交易行为的网络化

计算机作为人类历史上最伟大的发明之一，不仅提供了较高的工作效率，成为人类工作生活的重要助手，而且日益渗透到人们生活的方方面面，影响到政治、经济等各个层面。20世纪50年代末60年代初，在计算机技术不断发展的基础上，国际间开始出现信息产品贸易，世界经济的发展出现了由工业为主导的经济向信息为主导的经济过渡的趋势。

（2）电子商务的兴起与发展

电子商务是近年来在全球范围内兴起的一种新型商务模式。它是在开放的网络环境下，以浏览器/服务器的应用方式为基础，交易双方不用面对面地进行各种商业贸易活动，消费者利用网络购物、商户之间利用网络进行交易和在线电子支付以及其他以网络为基础的各种商务活动、交易活动、金融活动的一种新型的商业运营模式。由于电子商务以电子及电子技术为手段，能够把原来传统的销售、购物渠道通过互联网这一方式来实现，大大改变了传统的业务作业方式和手段，简化了国际贸易的程序和过程，缩短了国际贸易的距离和时间，打破了国家与地区之间各种有形无形的贸易壁垒，从而促使生产企业达到全球化、网络化。

2. 国际贸易创新的具体表现

与传统国际商务模式相比，基于网络的国际贸易在很多方面进行了创新，主要表现在以下几个方面：

（1）国际贸易理论创新

网络贸易带动了跨国公司的变革，跨国公司由原来的二维、平行的实物流动变为开放化、立体化、多维化、网络化的物质与非物质共同组成的流动，从而引发了对跨国公司内部化理论、规模经济理论、厂商理论等更深层次的思考，对传统的国际贸易理论和跨国公司理论提出了新挑战，推动国际贸易理论的不断创新。传统的比较优势理论认为，各国比较优势的形成基础是自然资源、资本、劳动力和人力资源等方面的差异；而在网络贸易模式下，信息成为最重要的生产要素和资源，即国与国之间对信息的生产、反馈与使用能力上的差异——信息比较优势，在国际贸易中的地位越来越重要。“虚拟经营”这一跨国公司新型合作竞争方式，是信息社会公司组织及运作方式变革的序幕，打破了传统公司组织机构的层次和界限，使跨国公司成为一个开放系统。这种外部资源“虚拟”内部化的形式，使公司的经营向柔性化、弹性化的方向发展。跨国公司的所有生产环节都被纳入现代信息网络，利用网上“虚拟现实”的技术在世界范围内进行直观的协调。

（2）国际贸易宏观管理创新

网络贸易的发展必然会给国家对国际贸易监管带来新的挑战，但同时也为国际贸易宏观管理方式的创新带来新的机遇。我国政府有关部门在运用电子商务开展国际贸易宏观管理，积极推行电子商务方面已取得了一定成效。这些创新使国际贸易的监管变得更加公开和透明，而更加公开和透明的监管环境也必将进一步推动国际贸易的发展。

（3）国际贸易政策创新

目前，电子商务环境中的国际贸易政策创新主要体现在世贸组织（WTO）通过了电子商务免征、禁征关税协议。该协议的达成将对永久性禁止征收电子商务关税产生推动作用，在电子商务的发展史上树立了一个重要的里程碑。从全球范围来看，电子商务是未来世界经济发展的最重要的驱动力之一，世界各国都十分重视信息产业和电子商务的发展。在当前电子商务发展的摇篮时期，各国给予免关税扶持，有利于电子商务的普及和成熟。

(4) 国际贸易运行机制创新

电子商务创造了一个网上虚拟市场，形成新的国际贸易运行机制，促进以信息网络为纽带的世界市场信息一体化进程。在这种网络贸易的环境下，各国间的经济贸易联系进一步加强，这为进一步促进国际贸易创新奠定了基础。

① 电子商务环境中便捷的信息流动，减少了国际贸易的不确定性，校正了世界市场发展的盲目性，为减少国际贸易决策的时滞和失误创造了条件。

② 电子商务超越时间和地域限制，解除了传统贸易活动中物质、时间、空间对交易双方的限制，改变了传统国际贸易运行机制下难以克服的区位劣势和竞争劣势。

③ 在电子商务环境中，产品和服务都表现为数字信号，有形贸易和无形贸易的界限变得越来越模糊。

④ 世界市场上的信息充分性进一步削弱。因不完全信息或信息不对称而产生的世界市场垄断进一步削弱，市场机制将在一定程度上更好地发挥作用，为世界市场中资源的有效配置提供充分而优良的信息服务，促进在全球范围内实现动态的资源优化配置。

(5) 国际贸易交易方式创新

电子商务的发展和应用推动了国际贸易方式的创新，实现对以纸面贸易单据的流转为主体的传统国际贸易流程和交易方式的变革。在信息产业向纵深发展的同时，发展迅速的国际贸易迫切要求实现全球贸易运作的信息化，节约社会成本和贸易成本，电子商务的发展正好满足了这种需求。电子商务帮助国际贸易企业改革国际贸易流程，实现国际贸易管理的电子化、信息化、自动化、规模化，形成新的有效率的国际贸易流程管理模式，推动国际贸易方式创新。

(6) 国际贸易营销创新

网络贸易引起市场营销的巨变，促进国际贸易营销创新，产生了新的市场营销形式——电子营销。电子营销就是指通过电子信息网络进行市场营销。企业通过电子营销，借助互联网，可以进行生产、信息传递、广告、购物、支付和信息化产品等业务，双向交互信息可以交换资料文件、影像、声音等，可以进行一对一双向交互，甚至可以是一对无数和无数对无数的交互。它可以将实体市场转移到最广大的人们均可以参与的虚拟市场上。客户参与的主动性和选择的主动性得到加强，现代的互动营销方式正在形成。互动营销强调企业和消费者间交互式交流的双向推动，改变了传统营销中企业对消费者的单向推动。随着居民收入的提高、消费意识的成熟以及消费理念的转化，差异消费、个性消费成为时尚，互动式营销通过消费者积极参与生产的全过程，使企业既可获得大批量生产的规模经济，又能使其产品适应单个消费者的独特需求，既满足了大众化的需求，又满足了个性化的需求，从而实现最大限度地提高消费者对产品的满意度。在电子营销中，企业和客户形成的这种营销框架可以称为网络整合营销，它始终体现了以客户为出发点及企业和客户不断交互的特点，是对传统市场营销方式的突破。

(7) 国际贸易运输方式创新

在 EDI 普及的情况下，国际贸易运输不仅仅是单一方式的运输，而是必须将仓储、运输、交通等密切结合起来，形成电子商务下的国际贸易综合物流。运用信息网络对整个国际贸易运输过程进行综合管理，提高综合物流的每一个环节链的效率和服务水平，降低库存、联运等综合物流的各环节的成本。网络的时空“零距离”要求加快国际贸易运输速度，现代消费者奉行个性化消费的理念又加大了国际贸易运输任务，这表明传统的国际运输将逐渐不能适应网络经济的要求，E 时代要求国际贸易运输发生变革。在瞬息万变的 E 时代，国际贸易呈现出的变化是对新的贸易环境和贸易方式适应性的表现，应该说国际贸易作为国际经济发展的强大动力源泉，其创新和变革总是能够引起人们极大的兴趣，我国对国际贸易在新时期发展和创新的研究才刚刚起步，因此，有必要紧紧抓住电子商务带来的新机遇，借鉴发达国家的经验，使我国国际贸易发展进入新的里程。

【例 4】名词解释：海外仓(上海外国语 2025 年)

【解析】海外仓是跨境电商企业在境外设立的仓储设施，用于提前存储商品并提供本地化配送服务。其核心运作流程为：企业从国内集中备货，通过批量运输将商品存储至境外仓库，接到订单后直接从仓内发货，实现商品的本地分发。作为跨境物流的重要模式，海外仓能够有效缩短配送周期、降低单件物流成本，并提升终端客户的收货体验。

3. 网络贸易对国际贸易的影响

(1) 正面影响

① 有利于降低交易成本

以网络为载体的国际贸易方式，由于其在网络上进行接触并交易，无须现实的场地等资金消耗，同时，减少了实物的损耗，只需支付较低的网络通信和管理费用就可获得存储、交换和处理信息，大大节省了资金，降低了成本。另外，网络的开放性降低了市场上的搜寻成本，也减少了交易的不确定性；支付的电子化加快了资金周转，节省了利息开支。

② 有利于提高工作效率

以网络为载体的国际贸易方式，其买卖双方通过网络进行，无须贸易中介的参与，减少了交易的中间环节。同时，现有的网络技术实现了商业用户间文件的即时传送和交换，大大缩短了交易时间，使整个交易快捷方便，从而提高了工作效率。

③ 有利于增强企业竞争力

公司和厂商通过在网上建立自己的网站，一方面可以利用网上多媒体的性能，全方位展示商品的质量、性能、价格及付款条件等，从而有助于消费者完全认识商品及服务。另一方面，可以利用网页宣传企业形象，有利于扩大企业知名度，开拓海外市场和提高国际竞争力。

(2) 负面影响

① 对乡村企业的发展不利

由于农村生产力发展比较落后，农村的收入普遍比较低，这些乡村企业没有多余的资金投入到生产中，计算机网络普及率比较低，农村人口的受教育水平比较低，网络人才比较少，因而短时间内也无法在农村实现网络化，但是对于城市的企业来说，他们有更多的资金用到网络市场的开发和建设上，因而收益也逐渐增加，这样乡村企业的劣势就越来越大。

② 企业信息和系统承担着远程攻击的风险

安全问题是网络贸易中最令人担心的问题。作为一个安全的网络贸易系统，首先必须具有一个安全可靠的通信网络，以保证交易信息安全迅速地传递，其次必须保证数据库服务器绝对安全，防止黑客闯入网络盗取信息。我国目前尚不能批量生产自己的网络防火墙，而网络贸易的运作涉及多方面安全问题。网络贸易交易的管理标准还没有系统制定，法律对网络贸易违法交易行为的认定处于摸索阶段，加之受技术、人为等因素影响，不安全因素更显突出。

③ 企业易于被动卷入，形成网络危机

在互联网时代，每个网民都更容易地发布信息表达自己的观点，涌动其中的声音汇聚起来就是不小的力量。网络贸易因为与网络联系密切，更易于不辨真假的消息在其中扩散，网络危机最严重的后果是危机从舆论争论层面渗透进最底层的终端，即普通消费者受到舆论影响，开始抛弃品牌或产品。

习题精编

一、名词解释

1. 服务外包
2. GATS 的最惠国待遇原则
3. GATS 的国民待遇原则
4. 融资性租赁
5. 服务贸易壁垒
6. 转口贸易(上海财大 2016 年)
7. 独占的技术许可协议
8. 商业存在
9. 对外贸易依存度
10. 数字贸易(上海外国语 2022 年)

二、简答题

1. 发达国家为什么长期对农产品贸易实行保护？
2. 国际技术贸易区别于一般商品贸易的主要特点有哪些？
3. 进料加工与来料加工的区别是什么？
4. 国际租赁的特点是什么？
5. 简述国际服务贸易的特点。
6. 简述国际服务贸易的四种方式。(山东大学 2015 年)

三、论述题

1. 试分析第二次世界大战后国际服务贸易迅速发展的原因。

2. 2024 年 6 月，中国正式加入《数字经济伙伴关系协定》(DEPA)，成为第 11 个成员国。作为全球最大发展中经济体，中国承诺加入“数字贸易便利化”“数据跨境流动”“数字身份”等 12 个核心模块，并推动增设“发展中国家能力建设”附件，允许新兴经济体分阶段履行义务。截至 2025 年，DEPA 成员国数字贸易规模占全球 42%，中国对 DEPA 成员国数字服务出口同比增长 18.7%，但在人工智能伦理、数据主权让渡等领域仍存在争议。

结合上述背景与国际贸易理论，论述以下问题：

(1) 运用国际分工理论(如比较优势理论、全球价值链理论)，分析中国加入 DEPA 的战略动机，及其与“数字丝绸之路”建设的协同效应。

(2) 从国内产业升级与国际规则博弈两个维度，评估加入 DEPA 对中国数字经济发展的双重影响(需举例说明，如跨境电商、云计算产业)。

(3) 针对 DEPA 框架下“数据跨境流动与监管主权”的核心矛盾，为中国提出具体可行的平衡策略，并说明理论依据(如“制度型开放”理论、“数字主权”理论)。

习题参考答案

一、名词解释

1. 服务外包是指企业将价值链中原本由自身提供的具有基础性的、共性的、非核心的IT业务和基于IT的业务流程剥离出来后，外包给企业外部专业服务提供商来完成的经济活动。因此，服务外包应该是基于信息网络技术的，其服务性工作(包括业务和业务流程)通过计算机操作完成，并采用现代通信手段进行交付，使企业通过重组价值链、优化资源配置，降低了成本并增强了企业核心竞争力。

2. 最惠国待遇条款规定各缔约方应立即和无条件地给予他方服务和服务提供者，以不低于给予其他国家相似服务和服务提供者的待遇。这一原则适用于服务贸易的各个领域，不论成员方是否将某个服务贸易领域对外开放，在采取有关的管理措施时都必须遵循最惠国待遇原则。

3. GATS国民待遇是指成员方以其承诺单中所列服务领域或分领域及所列条件和限制为准，所采取的与提供服务有关的措施给予外国服务和服务提供者的待遇，不应低于给予本国相同服务和服务提供者的待遇。

GATS国民待遇条款与货物贸易领域的国民待遇不同，不是作为一般义务，而是一项特定义务，各成员方只在自己承诺开放的服务领域中给予外国服务和服务提供者以国民待遇。

4. 融资性租赁又称金融租赁或资本性租赁，是在租赁业务中使用较多的一种形式。它是当企业需要某项外国设备时，采用较长期租赁设备机器的融资方式来代替一次性大笔融资购买设备，从而达到融通资金和改善财务状况的目的，是一种采用融物形式的不可撤销的完全付清的中长期融资方式，具有浓厚的金融业务色彩。

5. 国际服务贸易壁垒是指一国政府约束外国服务提供者提供服务所采取的措施。即直接或者间接地使外国服务生产者或提供者增加生产或销售成本的政策措施，都被认为是服务贸易壁垒。设置服务贸易壁垒的目的包括保护本国服务业的市场，扶植本国服务业，增强其竞争力；另一方面是抵御外国服务业的进入，削弱外国服务业的竞争力。

6. 转口贸易是指两国的进出口贸易是通过第三国的中间商把货物转手来完成的贸易方式。这种贸易方式在生产国为间接出口，在消费国为间接进口，因而是一种间接贸易方式。交易的货物可以由出口国运往第三国，在第三国不经过加工再销往消费国；也可以不通过第三国而直接由生产国运往消费国，但生产国与消费国之间并不发生交易关系，而是由中转国分别同生产国和消费国发生交易。

转口贸易的发生，主要是有些国家(或地区)由于地理的、历史的、政治的或经济的因素，其所处的位置适合于作为货物的销售中心。这些国家(或地区)输入大量货物，除了部分供本国或本地区消费外，又再出口到邻近国家和地区。

7. 独占的技术许可协议是指许可方给予被许可方在规定的地区、规定期间内有制造、使用和销售某项技术产品的独占权或垄断权，而技术许可方及任何第三者都不得在这个规定地区内制造、使用或销售该技术产品。

8. 商业存在是一成员方的服务提供者通过在另一成员方境内的商业实体提供服务，它是四种服务提供方式中最主要的方式，也是服务贸易活动中最主要的形式。它主要涉及市场准入和直接投资，即允许一成员方的服务提供商在另一成员方境内投资设立机构并提供服务，包括投资设立合资、合作和独资企业，该机构的服务人员既可以从提供商母国带来，也可以从东道国雇佣。

9. 对外贸易依存度又称为对外贸易系数，是指一国的进出口总额占该国国民生产总值或国内生产总值的比重。其中，进口总额占GNP或GDP的比重称为进口依存度，出口总额占GNP或GDP的比重称为出口依存度。对外贸易依存度反映一国对国际市场的依赖程度，是衡量一国对外开放程度的重要指标。

10. 数字贸易是指通过数字技术实现的货物和服务跨境交易，核心特征是数据驱动、平台化运作和无实体边界。主要包括三类：数字交付服务(如云计算、在线教育)、数字赋能贸易(如跨境电商、数字支付)、数据与数字内容贸易(如软件许可、AI训练数据)。其本质是“数据流引领货物流”，数据成为关键生产要素，交易过程依托互联网即时完成，监管聚焦数据跨境流动、数字税等非关税壁垒，是全球贸易从“实体驱动”向“数字驱动”转型的核心形态。

二、简答题

1. 发达国家长期对农产品贸易实行保护，是经济安全、政治博弈与社会稳定多重目标的综合结果，核心动因包括：

(1) 粮食安全与战略自主。农业被视为“战略产业”，发达国家担忧过度依赖进口会丧失粮食定价权，尤其在地缘冲突背景下，保障国内生产能力是维护国家安全的底线。例如，欧盟通过“共同农业政策”(CAP)实现80%以上的粮食自给，避免受制于国际市场波动。

(2) 政治选票与利益集团游说。农民群体虽占人口比例低，但组织化程度高(如美国农场局、法国农业工会)，是选举中的关键摇摆票。政客通过补贴、关税壁垒等政策换取农业州支持，形成“政策俘获”效应。美国对玉米、大豆的巨额补贴及欧盟的进口配额制度，均与农业游说集团密切相关。

(3) 社会文化与农村稳定。农业承载着维护农村社区、生态环境及文化遗产的非经济功能。发达国家通过保护政策延缓农村人口流失，例如日本的“稻米补贴”不仅保障粮食供应，更维系了传统农耕文化；欧盟的“绿色农业补贴”将环境保护与农业支持绑定。

(4) 产业特性与市场失灵。农产品具有季节性波动大、生产周期长、价格弹性低等特点，易受自然灾害和国际低价冲击。发达国家通过价格支持、生产配额等工具平滑市场风险，避免农民收入剧烈波动，维护产业可持续性。

(5) 国际竞争与发展中国家压制。发展中国家凭借低成本劳动力和土地资源，在劳动密集型农产品(如棉花、蔗糖)上具有比较优势。发达国家通过高关税、技术性壁垒(如农药残留标准)限制进口，实质是对本国农业的变相保护，削弱发展中国家的出口竞争力。

这种保护主义虽短期内稳定了国内农业，但扭曲了全球资源配置，加剧南北国家贸易失衡，也是WTO多哈回合谈判长期停滞的核心症结之一。

2. 技术贸易与一般商品贸易有以下区别：

(1) 标的物不同。一般商品贸易的标的物是各种具体的物质产品。技术贸易的标的物是知识产品，是人们在科学实验和生产过程中创造的各种科技成果。

(2) 形态不同。一般商品贸易是有形贸易，是看得见摸得着的物质产品，而技术贸易则是无形贸易，无法称量也难以检验其质量，不能以大小轻重来衡量。

(3) 所有权转移不同。一般商品的所有权随贸易过程发生转移，原所有者不能再使用、再出卖，而技术贸易一般不转移所有权，只转移使用权。

(4) 贸易关系不同。一般商品贸易是简单的买卖关系，钱货两清，贸易关系终结。技术贸易是一种长期合作关系：一项技术从一方转移到另一方，往往须经过提供资料、吸收技术、消化投产，最后完成技术贸易行为。

(5) 贸易条件不同。一般商品贸易条件比较简单。而技术贸易的条件非常复杂，包括转移什么技术，专利使用范围，承担什么义务和责任等。

(6) 作价和价格构成不同。一般物质商品的价值量是由生产该商品的社会必要劳动时间决定的，而技术商品的价值量是由该技术发明所需的个别劳动时间直接构成。因为新技术具有先进性、新颖性，不可能形成社会平均必要劳动时间，同时新技术又具有垄断性、独占性的特点，这就决定了技术商品作价原则的特殊性，技术商品价格构成也复杂得多。

3. 进料加工和来料加工有相似的地方，二者均表现为“两头在外”，即原料来自国外，由国内企业加工后，成品又销往国外，但二者有明显的区别：

第一，进料加工业务中，原料进口和成品出口是两笔不同的交易，两笔交易均发生所有权的转移，且原料供应者与成品购买者之间没有必然的联系。而来料加工属于委托加工，原料运进和成品运出属于一笔交易，原料供应者也就是成品的接受者。

第二，进料加工业务中，企业从国外购进原料，经过加工使价值增值，再销往国外市场，全部产品附加值都由加工企业取得。当然，企业也要承担相应的销售风险。而在来料加工业务中，加工企业挣取的仅仅是劳务报酬，商品附加值的相当大部分由委托商获得，与此相应，加工好的产品由委托方自行销售，加工方无须承担销售风险。

4. 国际租赁具有以下特点：

(1) 国际租赁是一种商品所有权和使用权相分离的商品流动形式。出租人将租赁标的物交给承租人，在租期内出租人拥有租赁物的所有权，承租人只享有使用权。

(2) 出资人和筹资人享有减免税优惠。在纯粹租赁的情况下，出资人与筹资人均可以享受减税优惠或免交财产税的好处。

(3) 租赁是融资、融物相结合的借贷业务。租赁把货币信贷和实物信贷两者融合在一起，但以货币形态的方式偿还资金。

(4) 国际租赁是多边经济合作关系。一项国际租赁业务需要多种协议，共同完成交易。除了出租人与承租人之间的租赁合同，往往还需金融机构介入，提供融资服务。

5. 国际服务贸易的特点包括：

① 产品的无形性；

② 服务的生产、交易和消费同时进行；

③ 服务市场具有高度垄断性；

④ 服务贸易保护具有更具刚性和隐蔽性；

⑤ 营销和管理具有更大的难度和复杂性。

6. (1) 国际服务贸易是指国际间服务的输入和输出的一种贸易方式。贸易一方向另一方提供服务并获得收入的过程称为服务出口或服务输出，购买他人服务的一方称为服务进口或服务输入。国际服务贸易狭义的概念是指传统的为国际货物贸易服务的运输、保险、金融以及旅游等无形贸易。而广义的概念还包括现代发展起来的、除了与货物贸易有关的服务以外的新的贸易活动，如承包劳务、卫星传送和传播等。

(2) 在乌拉圭回合中达成的服务贸易总协定(GATS)中，明确了国际服务贸易活动所采取的四种不同形式：

① 跨境交付：在一个成员国境内向其他成员国提供的服务。这种服务不构成人员、物资或资金的流动，而是通过邮政、电讯、计算机网络实现的服务，如金融、信息和视听、国际长途电话等。

② 境外消费：是指在一国境内向另一国的服务消费者(自然人或法人)提供服务，如接待外国游客、为国外病人提供医疗服务、接收外国留学生等。

③ 商业存在：是指一国的服务提供者通过在另一国境内的商业存在(指任何类型的经营企业或专业机构)提供服务，如一国的公司到国外开办银行、商店，设立会计师事务所、律师事务所等。

④ 自然人流动：是指一国的服务提供者通过自然人在另一国境内的商业现场提供服务，如商业咨询、一国的医生、教授、艺术家到另一国从事个体服务等。

三、论述题

1. 服务贸易以高于货物贸易的速度发展是新技术革命引起世界产业结构深刻变化的必然结果，具体原因如下：

(1) 世界产业结构的调整和转移促进了服务贸易的发展。第二次世界大战后，世界经济结构调整步伐加快，传统制造业比重相对下降，服务业迅速发展，导致其在各国经济中的地位不断提高，在各国 GDP 和就业中的比重不断加大。发展中国家第三产业虽然起步较晚，但自 20 世纪 60、70 年代以来也有了长足的发展，在产值和就业中的比重呈上升趋势。在国民经济日益向服务化方向发展的趋势下，国家间相互提供的服务贸易量也就大大增加了

(2) 科学技术的进步也推动世界服务贸易的发展。科技进步极大地提高了交通、通信和信息处理能力，为信息、咨询和以技术服务为核心的各类专业服务领域提供了新的服务手段，使原来不可能发生贸易的许多服务领域实现了跨国贸易，如原来不可贸易的知识、教育服务现在可以存储在光盘中，以服务产品的形式交易，或者通过卫星电视、因特网直接发送。这与国际间的技术、产品和产业梯度扩散紧密相关。新技

术不仅为附加服务提供了贸易机会，而且使高新技术服务成为一些跨国公司的核心竞争力。

(3) 跨国公司成为世界服务贸易的主体。跨国公司国际化经营活动的开展，带来了资本、技术、人才的国际性流动，从而促进了与其相关或为其服务的世界服务贸易也随之迅速发展。具体而言：①跨国公司在世界范围内的扩张过程中所带来的大量追加性服务，如设立为本公司服务的专业性服务公司，这些服务子公司除满足本公司自身需求之外，也向东道国的消费者提供服务，从而促进了东道国的服务贸易市场发展。②跨国公司在国际服务贸易市场上提供的继续服务，如银行、保险、会计、法律及咨询等行业，也随着跨国公司的进入在东道国市场上获得渗透和发展。

(4) 服务需求的迅速扩大。从需求的角度来看，随着世界经济的发展，各国人民生活水平普遍提高，对各种服务的需求迅速增长。首先，根据马斯洛的需求层次理论，人的低层次需求是与物质产品有关的生理需求，在生理需求满足之后，人们开始产生与服务有关的安全、社会尊重和自我实现需求。其次，人们对环境和可持续发展的关注随着收入提高而加深。服务行业基本属于绿色行业，污染小，能源消耗少，各国政府普遍把服务行业作为重点发展行业之一。再次，解决失业和平衡国际收支的需要。传统服务行业如餐饮业等属于劳动密集型产业，可以解决大量的就业问题，新型服务行业的发展进一步拓宽了社会就业渠道；服务业也是许多国家出口创汇的重要行业，如美国在货物贸易领域的巨额贸易逆差，是通过电信、金融保险等方面的服务贸易顺差来弥补的。

(5) 国际货物贸易的发展成为服务贸易发展的重要动力。国际服务贸易是伴随商品贸易的发展而发展起来的，其中金融、保险业和运输业表现最突出。

(6) 发展中国家采取开放政策，积极参与世界服务贸易。发展中国家为了发展经济，普遍采取了开放的政策，积极地从发达国家引进资金和技术。与此同时，为增加外汇收入，实现本国经济现代化，发展中国家也积极参与世界服务贸易，随着外贸政策的不断走向自由化和参与能力的加强，贸易范围也不断扩大。近年来，除积极参与国际运输外，还大力发展旅游业，千方百计吸引外国游客，并积极扩大劳务出口，从而推动了世界服务贸易的发展。

2. (1) 中国加入 DEPA 的战略动机可基于比较优势理论和全球价值链理论解释：

① 数字要素禀赋优势：中国拥有全球最大数据规模和完善的数字基础设施，DEPA 的数据跨境流动规则可释放这些要素的全球价值。

② 价值链升级需求：通过对接 DEPA“数字产品非歧视待遇”条款，推动云计算、AI 等高端服务嵌入全球价值链高端，对 DEPA 成员国数字服务出口的显著增长印证这一逻辑。

③ 与“数字丝绸之路”协同：DEPA 模块化规则(如电子认证互认)可与“一带一路”数字基础设施形成“硬联通+软规则”互补，例如中新(新加坡)通过 DEPA 框架实现医疗数据跨境流动试点，为东南亚数字合作提供范本。

(2) 双重影响评估

① 国内产业升级：DEPA 推动产业技术迭代与市场扩张，如跨境电商企业通过“数字身份”模块实现一键接入多国市场，近期相关交易额大幅提升；云计算企业借助“数字贸易便利化”条款降低海外合规成本，对 DEPA 成员国服务收入占比显著提高。

② 国际规则博弈：中国通过推动增设“发展中国家过渡条款”，在数据跨境流动等领域争取到缓冲期，同时将“数据主权”概念纳入 DEPA 补充协议，平衡开放与监管。但也面临压力，如部分成员国要求加快取消特定领域数据本地化要求，反映规则博弈的复杂性。

(3) 基于“制度型开放”理论和“数字主权”理论，提出以下策略：

① 分类分级管理：参照《数据安全法》，对 DEPA 框架下的数据按敏感度分级，核心数据保留本地化要求，非核心数据允许自由流动，实现“精准开放”。

② 参与规则输出：联合发展中国家推动 DEPA 增设“数字税协调”条款，将中国相关实践转化为国际规则，避免单边制裁风险。

③ 能力建设支持：依托 DEPA“发展中国家附件”，为新兴经济体提供数字基础设施援助，换取其对中国规则提案的支持，形成“互利型规则联盟”。

第 4 章　区域经济一体化与多边贸易体制

本章包含区域经济一体化与多边贸易体制两个知识点，二者是补充与挑战的关系。本章是重点命题章节，与贸易热点关系密切。

知识脉络

- 区域经济一体化与多边贸易体制
  - 区域经济一体化
    - 优惠贸易安排
    - 自由贸易区
    - 关税同盟
    - 共同市场
    - 经济同盟
    - 完全的经济一体化
    - （以上各项）实践：欧洲经济一体化
  - 多边贸易体制
    - WTO
      - 互惠原则
      - 透明度原则
      - 市场准入原则
      - 促进公平竞争原则
      - 经济发展原则
      - 非歧视原则
    - 其他
      - NAFTA
      - APEC
      - CPTPP
      - RCEP

大纲解析

知识点一　经济全球化与世界贸易组织

一、经济全球化

1. 经济全球化的含义

经济全球化(Globalization)是当今世界经济发展的显著特征和必然趋势。经济全球化有丰富的内涵。从经济学角度分析，经济全球化主要是指消费的全球化、生产的全球化和经济体制的一体化。

经济全球化首先表现为消费的全球化。消费全球化意味着商品和服务市场上的国界逐渐消失。随着贸易壁垒的逐渐消除和国际贸易的发展，各国的居民不仅在本国市场上可以购买到越来越多的外国消费品，同时也可以通过互联网在国际市场上直接进行消费。

经济全球化的第二层含义是生产的全球化。生产全球化意味着生产要素的国家属性的逐渐消亡。企业在全球范围内寻找便宜的资源和建立生产网络。

经济一体化也是经济体制的趋同或一体化的过程。当全球化发展到一定阶段后，各国企业要在国际市场上直接进行竞争，经济体制的差异就会成为经济发展中的重要问题。首先，各国企业都会采用最有效率的体制，否则就会在竞争中被淘汰。其次，各国企业会要求公平竞争，而公平竞争的基础是游戏规则的统一。

国际货币基金组织对经济全球化的定义：跨国商品、服务贸易以及国际资本流动规模和形式的增加，以及技术广泛传播使世界各国经济的相互依赖性增强。

2. 经济全球化的表现

第一，市场全球化。市场全球化是指通过向世界提供标准化产品，把分离的国家市场合并成一个全球市场。贸易壁垒的降低使国际销售成为可能。市场全球化为各行各业提供了一个大的竞争平台，有利于技术创新以及生产效率的提高，这样会使得全球市场联系更加紧密。各国进行经贸交流，会给国外市场带来成功的生产体系或经营管理经验，这样又会推动市场全球化的发展。

第二，贸易自由化。这表现为贸易障碍的减少，以及贸易种类的增多。国际贸易的种类从有形贸易扩大到无形贸易，货物贸易比重下降，服务贸易比重上升。

第三，生产全球化。生产全球化是指企业为了降低生产成本、运输成本和经营成本，给予各国要素禀赋上的不同，将自己的生产活动分散到各个区位以达到最优化资源配置的目的。此过程也就是有关国家参与国际分工的过程。生产全球化的结果是出现了全球产品，即一件产品其不同生产过程是由不同国家完成的。

第四，金融全球化。表现为银行业务实现全球化、金融机构的兼并、国内证券市场与国际证券市场联成一体。但是金融全球化的风险是会引发国际金融危机。

3. 经济全球化的推动因素

（1）根本因素是生产力的发展的结果。

（2）高科技的发展，特别是20世纪70年代以来的信息技术革命，不仅加快了信息传递的速度，也大大降低了信息传送的成本，打破了种种地域乃至国家的限制，把整个世界空前地联系在一起，推动了经济全球化的迅速发展。

（3）越来越多的国家发展市场经济，是经济全球化的体制保障。20世纪90年代以来，传统的计划经济国家纷纷放弃计划经济体制，转而向市场经济过渡。发达资本主义国家为了摆脱经济滞胀而减弱了国家对经济的控制，进一步加强了市场机制的自发调节作用。

（4）国际贸易和投资自由化，是经济全球化的直接动因。随着世界贸易组织的成立，其成员对本国或本地区市场的控制大大放松，贸易自由化和投资自由化的进程不断加快。所有这些都为国际资本的流动、国际贸易的扩大、国际生产的大规模进行提供了适宜的体制环境和政策条件，促进了经济全球化的发展。

（5）企业经营国际化，尤其是跨国公司在全球范围的迅速扩张，起了推动作用。跨国公司在全球范围内利用各地的优势组织生产，大大促进了各种生产要素在全球的流动和国际间分工，并由此极大地推动了经济全球化进程。

4. 经济全球化下全球经济的变化

（1）世界总的产出增大，产出份额的比重由发达国家占主导地位发展为发展中国家的崛起。

（2）对外直接投资状况的变化。表现为发达国家比重下降，发展中国家比重上升。

（3）国际企业的国别多元化，小型的国际企业逐渐崛起。

（4）世界秩序发生了变化，由一超多强变成了现在的多级的世界。

5. 经济全球化对中国的意义

（1）有利于吸引和利用外资，引进世界先进管理理论和经验并实现管理的创新。由于经济全球化实现了人才、资本、信息、知识和物质在全球范围内的流动，中国能够引进、吸收世界上的先进管理理论和经验，并根据中国的国情进行管理创新。事实上，进入中国的跨国公司在经营管理方面已经给了人们很多启迪和借鉴。

（2）有利于加速中国工业化进程，提升产业结构。经济全球化使中国能更快地纳入到世界经济体系之中，充分利用发达国家进行产业结构调整的机会，将其技术相对先进的劳动密集型产业或生产环节转移过来，加速中国工业化进程。根据国内和国际市场的需要，不断调整和优化产业结构及出口商品结构，强化经济竞争力。

（3）有利于深入地参与国际分工，发挥本国现实和潜在的比较优势，拓展海外市场。经济全球化为中国企业提供了在更广泛的领域内积极参与国际竞争的机会，可以通过发挥比较优势实现资源配置效率的提高，拓展海外市场，提高企业的竞争力。

（4）可以抓住新技术革命带来的机遇，发挥后发优势，发展高新技术产业，实现经济的跨越式发展。经济全球化促进了各国科技人才、跨国公司、国家之间以及民间的全球性科技活动日趋活跃，如能加以有效地利用和积极参与，就能有效地促进中国技术水平的提高。中国企业可以利用国外的技术或在外国产品的技术基础上进行创新，建立和发展高新技术产业，实现经济的跨越式发展。

6. 经济全球化中的国际机构

（1）联合国。联合国成立于1945年10月24日，由51个国家承诺通过国际合作和集体的安全防卫措施来维护和平。根据宪章，联合国有四项宗旨：维护国际和平和安全；发展各国友好关系；共同解决国际问题和促进尊重人权；以及协调成为各国行动的中心。

（2）世界贸易组织。世界贸易组织主要负责监管世界贸易秩序和确保各国遵守世界贸易组织各成员国签署的贸易协定中规定的规则。

（3）国际货币基金组织。国际货币基金组织和世界银行是由44个国家于1944年在新罕布什尔州的布雷顿森林会议上所创建的。它的任务是维持国际货币系统的秩序。当一国的经济出现混乱和货币相对其他国家大幅贬值时，国际货币基金组织通常视为可求助的最后的贷款者。但是，国际货币基金组织的贷款常常是附加条件的，作为贷款的代价，国际货币基金组织要求贷款国需采取特定的经济政策，以扭转混乱局面，使经济回归稳定和增长。

（4）世界银行。世界银行的任务是为了促进经济发展。世界银行重点在于向一些资金短缺的穷国政府发放低息贷款，以资助它们希望从事的重大基础设施投资项目。

（5）20国集团（G20）。20国集团成立于1999年，由19个世界最大经济体的财政部长和央行行长，加上来自欧美和欧洲央行的代表组成。成立的最初目的是为应对发展中国家的金融危机制定协调的政策，2008~2009年间，它成为峰会论坛，以应对由美国开始，很快席卷全球，导致自1981年以来最严重的全球经济衰退的金融危机，一些主要的国家试图制定出一个协调的政策。

(6) 亚投行。亚洲基础设施投资银行(简称亚投行)是一个政府间性质的亚洲区域多边开发机构，重点支持基础设施建设，成立旨在促进亚洲区域的建设互联互通化和经济一体化的进程，并且加强中国及其他亚洲国家和地区的合作。总部设在北京。亚投行法定资本1000亿美元。

(7) 金砖银行。金砖国家新开发银行又名金砖银行，是在2012年提出的，目的是金融危机以来，金砖国家为避免在下一轮金融危机中受到货币不稳定的影响，计划构筑的一个共同的金融安全网，可以借助这个资金池兑换一部分外汇用来应急。2015年7月21日，金砖国家新开发银行开业，总部设立在上海。

7. 区域经济一体化的层次

一体化的层次由低到高，区域经济一体化可分为：优惠贸易安排、自由贸易区、关税同盟、共同市场和完全的经济一体化。

(1)优惠贸易安排，是指在实行特惠贸易安排的成员国之间，通过协定或其他形式，对全部或部分商品规定特别的关税优惠。这是经济一体化的最松散和较低级的一种形式。

(2)自由贸易区，是指由签订有自由贸易协定的两个或两个以上的国家或地区组成的贸易区域。自由贸易区内逐渐减免甚至取消关税与进口数量限制，同时，保留成员国各自的原有独立的对区外国家的关税结构和其他贸易保护措施。

(3)关税同盟，是指两个或两个以上的国家通过签订条约或协定取消区域内关税或其他进口限制，并对非同盟国家实行统一的关税率而缔结的同盟。这在一体化程度上比自由贸易区更进了一步。它除了包括自由贸易区的基本内容外，而且成员国对同盟外的国家建立了共同的、统一的关税税率，结盟的目的在于使参加国的商品在统一关境以内的市场上处于有利地位，排除非成员国商品的竞争，它开始带有超国家的性质。

【例1】设A、B、C三国对进口自行车内胎征税如下：A国15%，B国12%，C国11%；结盟后，内部关税免税，对外A国征收15%进口税，B国征收12%，C国征收12%，则这种一体化形式是(　　)。

A. 关税同盟　　B. 优惠贸易安排　　C. 共同市场　　D. 自由贸易区

【解析】D。三国结盟后内部关税免税，但对外关税不同(A国15%，B/C国12%)，符合“内部免税、对外关税自主”的自由贸易区特征。关税同盟要求对外统一关税，故排除。

(4)共同市场，是指除了在成员国内完全废除关税与数量限制并建立对非成员国的共同关税外，还取消了生产要素流动的各自限制，允许劳动、资本等在成员国之间自由流动。在商品自由流动方面，它既有对外的统一关税，又有协调间接税制度、产品标准化制度；在资本的自由流动方面，有协调筹资制度；在劳动的自由流动方面，有学历和技术等级的相互承认制度等等。共同市场下经济调节的超国家性质比关税同盟更进一步。

(5)经济同盟，是共同市场和经济共同体向超国家一体化的宏观协调机制发展的具体步骤，是一种较高层次的区域经济一体化组织形式。其特点是，在实行关税、贸易和市场一体化的基础上，进一步协调成员国之间的经济政策和社会政策，包括货币、财政、经济发展和社会福利政策，以及有关贸易和生产要素的流动政策，并拥有一个制定这些政策的超国家的共同机构。

(6)完全的经济一体化，是经济一体化的最高级形式。完全经济一体化不仅包括经济同盟的全部特点，而且各成员国还统一所有的重大经济政策，如财政政策、货币政策以及有关贸易和生产要素流动的政策。在这个一体化组织内，各成员国的税率特别是增值税率和特别消费税率基本协调一致；它建立统一的中央银行，使用统一的货币；取消外汇管制，实行同样的汇率管理；逐步废除跨国界的金融管制，允许相互购买和发行各种有价证券；实行价格的统一管理等等。完全经济一体化组织一般有共同的组织管理机构，这种机构的权力以成员国的部分经济决策与管理权限的让渡为基础。

【例 2】假设一商品在甲国生产成本是 100 元，从乙国进口是 60 元，从丙国进口是 80 元。如果甲国原来对进口商品征收 30 元关税，后来与丙国形成了自由贸易区，那么（　）。(中央财大 2019 年)

A. 乙国发生贸易创造，福利上升　　B. 甲国发生贸易转移，福利下降

C. 甲国发生贸易创造，福利下降　　D. 丙国发生贸易创造，福利上升

【解析】B。建自贸区前，甲国从乙国进口(60+30＝90 元)。建区后，丙国免税价 80 元，甲国转向丙国进口(高成本成员国替代低成本非成员国)，发生贸易转移，福利下降。

【例 3】简述自由贸易区的贸易创造效果和贸易转移效果。(浙江工商 2025 年)

【解析】(1)贸易创造效果

贸易创造是自由贸易区的核心正向效应，指成员国间取消关税后，区域内高效生产者取代低效生产者，扩大贸易规模并提升整体福利。具体而言，自贸区内某成员国原本因高关税保护而由低效国内生产的商品，将被其他成员国的低成本进口替代，资源从低效产业转向高效产业，区域内贸易量增加，消费者获得更低价格，生产者实现规模经济，整体经济效率提升。

(2) 贸易转移效果

贸易转移是潜在的负向效应，指成员国从非成员国的低成本进口转向自贸区内成员国的高成本进口，可能导致福利损失。当自贸区内某成员国对非成员国仍维持关税，而区内另一成员国的生产成本虽高于非成员国，但因关税减免后价格低于国内原生产价格时，进口将从非成员国转向成员国，放弃原非成员国的更低成本供给，导致区域整体进口成本上升，资源配置效率下降。

(3) 净效应与关键差异

贸易创造与贸易转移的净效应取决于两者强度对比：若贸易创造大于贸易转移，自贸区提升整体福利；反之则可能导致福利损失。与关税同盟相比，自由贸易区因成员国对非成员国关税不统一，可能通过“贸易偏转”(从低关税成员国进口再转口)削弱贸易转移效应，但核心逻辑仍围绕资源重新配置对福利的影响。

二、世界贸易组织

1993 年 12 月结束的关贸谈判乌拉圭回合的一项重要决定，是成立一个具有法律约束的全球性的多边贸易机构，以取代原来的关贸总协定。这一机构被称为“世界贸易组织”(简称“世贸组织”)。经过一年的筹备，世界贸易组织于 1995 年 1 月 1 日开始正式运作。世贸组织的总部设在瑞士日内瓦。

世贸组织是一个独立于联合国的，基于规则、由成员驱动的国际组织——其全部决策由成员国政府决定，规则通过成员国之间的谈判达成。与关贸总协定相比，世贸组织管辖的范围除传统的和乌拉圭回合新确定的货物贸易外，还包括长期游离于关贸总协定外的知识产

权、投资措施和非货物贸易(服务贸易)等领域。世贸组织具有法人地位，它在调解成员争端方面具有更高的权威性和有效性。

1. 世界贸易组织的宗旨

世界贸易组织继承关贸总协定的宗旨，即“通过降低贸易壁垒，取消歧视性的贸易行为来提高各缔约国的生活水平”，并增加了扩大服务的生产和贸易以及可持续发展的目标等内容。

世贸组织的主要目标是推动世界贸易的自由化。有三个具体目标：(1)尽可能实现商品和服务的自由流动；(2)通过谈判推动自由化进程；(3)建立公平的争端解决机制处理各国之间的矛盾和纠纷。

2. 世界贸易组织的原则

(1) 互惠原则。互惠原则，也叫对等原则，是WTO最为重要的原则之一，是指两成员方在国际贸易中相互给予对方贸易上的优惠待遇。它明确了成员方在关税与贸易谈判中必须采取的基本立场和相互之间必须建立一种什么样的贸易关系。

(2) 透明度原则。透明度原则是指，WTO成员方应公布所制定和实施的贸易措施及其变化情况，没有公布的措施不得实施，同时还应将这些贸易措施及其变化情况通知世贸组织。此外，成员方所参加的有关影响国际贸易政策的国际协定，也应及时公布和通知WTO。透明度原则是世贸组织的重要原则，它体现在世贸组织的主要协定、协议中。透明度原则规定各成员应公正、合理、统一地实施上述的有关法规、条例、判决和决定。统一性要求在成员领土范围内管理贸易的有关法规不应有差别待遇，即中央政府统一颁布有关政策法规，地方政府颁布的有关上述事项的法规不应与中央政府有任何抵触。但是，中央政府授权的特别行政区、地方政府除外。公正性和合理性要求成员对法规的实施履行非歧视原则。透明度原则对公平贸易和竞争的实现起到了十分重要的作用。

(3) 市场准入原则。世界贸易组织市场准入原则是可见的和不断增长的，它以要求各国开放市场为目的，有计划，有步骤，分阶段地实现最大限度的贸易自由化。市场准入原则的主要内容包括关税保护与减让，取消数量限制和透明度原则。世贸组织倡导最终取消一切贸易壁垒，包括关税和非关税壁垒，虽然关税壁垒仍然是世界贸易组织所允许的合法的保护手段，但是关税的水平必须是不断下降的。

(4) 促进公平竞争原则。世界贸易组织不允许缔约国以不公正的贸易手段进行不公平竞争，特别禁止采取倾销和补贴的形式出口商品，对倾销和补贴都做了明确的规定，制定了具体而详细的实施办法，世界贸易组织主张采取公正的贸易手段进行公平的竞争。

(5) 经济发展原则。也称鼓励经济发展与经济改革原则，该原则以帮助和促进发展中国家的经济迅速发展为目的，针对发展中国家和经济接轨国家而制定，是给予这些国家的特殊优惠待遇，如允许发展中国家在一定范围内实施进口数量限制或是提高关税的“政府对经济发展援助”条款，仅要求发达国家单方面承担义务而发展中国家无偿享有某些特定优惠的“贸易和发展条款”，以及确立了发达国家给予发展中国家和转型国家更长的过渡期待遇和普惠制待遇的合法性。

(6) 非歧视性原则。这一原则包括两个方面，一个是最惠国待遇，另一个是国民待遇。成员一般不能在贸易伙伴之间实行歧视；给予一个成员的优惠，也应同样给予其他成员。这就是最惠国待遇。国民待遇是指对外国的货物、服务以及知识产权应与本地的同等对待。最惠国待遇的根本目的是保证本国以外的其他缔约方能够在本国的市场上与其他国企业在平等的条件下进行公平竞争。非歧视性原则是世界贸易组织的基石，是避免贸易歧视和摩擦的重要手段，是实现各国间平等贸易的重要保证。

3. 世界贸易组织的功能

为了实现“推动世界贸易自由化”的总体目标，世贸组织承担了一些具体的功能。这些功能既是世贸组织的日常运作职能，也是其宗旨的具体执行准则，主要包括以下几个方面：负责监督促进乌拉圭谈判结果和 WTO 各项协议的落实；继续承担和推动国际多边贸易谈判；协调裁决成员国之间的贸易纠纷；监督检查各成员国的贸易政策；通过与其他国际机构(尤其是世界银行与国际货币基金组织)的合作，在更大程度上协调全球经济政策；通过技术援助和培训计划，在贸易政策事务上对发展中国家提供帮助。

4. 世界贸易组织的结构

世界贸易组织的组织结构是依据 WTO 协定建立的四层组织架构，其最高决策机构是至少两年一次的部长会议，由各成员国部长级代表组成。

世贸组织的第二层组织是部长会议之下的常务理事会。它是该组织的行政机构，负责处理日常事务。理事会由所有成员国的常驻代表组成。

由各成员国代表组成的货物贸易理事会、服务贸易理事会和与贸易相关的知识产权理事会，三个专门理事会在常务理事会的指导下进行工作，构成世贸组织的第三层机构。

世贸组织的最后一层机构是由三个专门理事会根据需要建立起来的委员会和工作小组。目前，在货物贸易理事会下设有市场准入、农业、动植物检疫措施、贸易的技术壁垒、补贴和反补贴措施、反倾销行为、海关估价、原产地规则、进口许可程序、与贸易有关的投资措施和安全保障措施等 11 个委员会，纺织品贸易监督机构和关于国营贸易的工作组。在服务贸易理事会下设有金融服务贸易和处理特别承诺事务的两个委员会和有关国内管制和服务贸易规则的两个工作小组。

另外，世贸组织还设有由总干事领导的秘书处。总干事由部长级会议任命，并确定其权利和义务、任期等。

5. 世界贸易组织对国际经济的影响

WTO 对世界经济的贡献首先在于它提供了一个统一的规则，使不同体制、不同国家的企业能够在共同的规则之下进行竞争。世界贸易组织的规则是各成员国协商的结果，因此在共同的规则下进行贸易和经济活动，可以减少摩擦，有利于世界经济的发展。

其次，世界贸易组织的争端解决机制也在一定程度避免了许多“贸易战”，减少了贸易纠纷给各方带来的损失。

第三，有利于资源在世界范围内进行重新配置，从而提高全球的经济福利。

第四，WTO 成员国政府的政策受到了限制。这种限制是有利于国际贸易和投资的，它减小了政府政策的变动带来的风险。同时，这种限制也会使得各国企业面对的政策环境逐步相近，竞争会变得更加公平。

总之，从某种意义上说，世贸组织的建立，为世界经济的全球化和稳定发展奠定了制度基础。

知识点二　欧洲一体化实践

欧洲有两个贸易集团——欧洲联盟(简称“欧盟”)和欧洲自由贸易联盟。其中，欧盟是最重要的，不仅是在成员国方面(欧盟有 27 个成员国，而欧洲自由贸易联盟只有 4 个)，而且表现在对世界政治和经济的影响方面。欧盟是当今世界一体化程度最高的区域政治、经济集团，其前身是欧洲经济共同体。

1. 产生原因

（1）历史原因：谋求统一是欧洲政治家长期的愿望。欧洲的国家有共同的地域，语言上有相通性，而且有共同的文化传统和价值观。

（2）现实原因：两极格局。欧洲和独联体国家格格不入，同时又受到美国的控制，为了摆脱这种局面，各国走向联合。

（3）经济原因：西欧各国普遍较小，为了适应第三次科技革命的需要，各国须扩大市场，打破阻碍经济发展的桎梏，才能进一步促进欧洲经济发展。（经济原因也是根本原因）

（4）可能性：法德和解。

2. 演变历程

欧盟的前身是成立于1951年的欧洲煤钢共同体。1957年签订了《罗马条约》(Treaty of Rome)之后，欧洲共同体就成立了。1994年《马斯特里赫特条约》批准之后，名字再次更改，由欧洲共同体改为欧洲联盟。

《马斯特里赫特条约》(又称《欧洲联盟条约》)将欧共体的经济一体化推进到政治联盟的阶段。欧洲联盟宣告诞生，标志着欧共体从经济实体向政治实体过渡。《马斯特里赫特条约》内容主要有：

（1）制定了实现政治、经济、货币联盟的目标；

（2）确立了分阶段实现欧洲经济和货币一体化的任务和步骤；

（3）正式将“欧共体”改名为“欧洲联盟”(EU)，简称“欧盟”；

（4）提出建立共同的外交和安全政策，以及司法与内政事务的合作。

3. 欧元的诞生

（1）欧洲货币一体化的进程

欧洲共同体的货币一体化，从20世纪60年代末70年代初即开始拟议并逐步实施。大体来讲，欧洲货币一体化大致经历了以下几个演变阶段：

① 魏尔纳计划

1970年10月，以魏尔纳(Werner)为首的一个委员会，向欧共体理事会提交了魏尔纳计划。这个计划为欧洲货币联盟的实现规划了一个10年过渡期，该计划建议从1971年到1980年分三个阶段实现欧洲货币一体化。第一阶段从1971年初至1973年底，主要目标是缩小成员国货币汇率的波动幅度(实行“蛇形浮动”)，着手建立货币储备基金，以支援干预外汇市场的活动，并着手协调货币政策与经济政策。第二阶段从1974年初至1976年底，主要目标是集中成员国的部分外汇储备，以充实货币储备基金，从而加强干预外汇市场的力量，此外，还要使欧共体内部汇率进一步稳定下来，并促使成员国间资本流动进一步自由化。第三阶段从1977年初至1980年底，目标是欧共体内部商品、资本及劳动力的流动将完全免受汇率波动的干扰，汇率趋于完全稳定，并着手规划统一货币，与此同时，货币储备基金则向联合中央银行发展。

然而20世纪70年代动荡的金融形势以及欧共体国家发展程度的巨大差异，使得魏尔纳计划几乎完全落空。20世纪70年代一体化取得的唯一的重大成果是1974年6月创设了欧洲计算单位(European Unit of Account，EUA)。

② 欧洲货币体系

为了制止汇率剧烈波动，促进共同体国家经济的发展，在法、德两国的推动下，1978

年 12 月欧共体各国首脑在布鲁塞尔达成协议，决定建立欧洲货币体系(European Monetary System，EMS)。1979 年 3 月，欧洲货币体系正式启动。其主要内容有：

a. 汇率稳定机制。继续实行过去的联合浮动汇率机制，除了维持原有的±2.25%波动幅度以外，还规定了汇率波动的警戒线，一旦货币波动超出此线，有关国家就要进行联合干预。

b. 创设欧洲货币单位(European Currency Unit，ECU)，即埃居。欧洲货币单位实际上是由欧洲计算单位演变而来的，是欧洲货币体系的中心。在欧共体内部，欧洲货币单位具有计价单位和支付手段的职能。

c. 成立了欧洲货币基金(European Monetary Fund，EMF)，以增强欧洲货币体系干预市场的力量，为共同货币欧洲货币单位提供物质准备以及给予国际收支困难的成员国更多的信贷支持。

③ 德洛尔计划与《马斯特里赫特条约》

1989 年 6 月，以雅克·德洛尔为首的委员会向马德里峰会提交了德洛尔计划。该计划规定从 1990 年起，用 20 年时间，分三个阶段实现货币一体化，完成欧洲经济货币同盟的组建。1991 年 12 月，欧共体签署了《关于欧洲经济货币联盟的马斯特里赫特条约》，简称《马约》。

《马约》的目标是：最迟在 1999 年 1 月 1 日前建立经济货币同盟(Economic and Monetary Union，EMU)。届时将在同盟内实现统一货币、统一的欧洲中央银行(European Central Bank)以及统一的欧洲货币汇率政策。

《马约》还规定，只有在 1999 年 1 月 1 日达到以下四个趋同标准的国家，才能被认为具备了参加经济货币同盟的资格条件：

a. 通货膨胀率不得超过三个成绩最好的国家平均水平的 1.5 个百分点。

b. 当年财政赤字不得超过 GDP 的 3%，累积公债不得超过 GDP 的 60%。

c. 政府长期债券利率不得超过三个最低国家平均水平的 2 个百分点。

d. 加入欧洲经济货币同盟前两年的汇率一直在欧洲货币体系汇率机制规定的幅度(±1.5%)内波动。

经过不懈努力，欧共体各成员国议会于 1993 年 10 月底通过了《马约》，1993 年 1 月 1 日，欧共体更名为欧盟。1995 年，《马德里决议》将单一货币的名称正式定为欧元(Euro)。欧洲货币一体化自此开始进入了稳定的发展阶段。

④《马约》签订后的一体化进程与欧元的产生

根据《马约》规定，经济货币同盟应分三个阶段实现：

第一阶段，从 1996 年到 1998 年底。该阶段为准备阶段，其主要任务是确定首批有资格参加货币联盟的国家，决定发行欧元的合法机构，筹建欧洲中央银行。

第二阶段，从 1999 年 1 月 1 日起到 2002 年 1 月 1 日。该阶段为过渡阶段。“欧元”一经启动，便锁定各参加国货币之间的汇率。各国货币仅在本国境内是合法支付手段。在此阶段，没有有形的欧元流通，但新的政府公债可以用欧元发行。另外，将由欧洲中央银行制定统一的货币政策。

第三阶段，从 2002 年 1 月 1 日起，欧元开始正式流通。欧洲中央银行将发行统一货币的硬币和纸钞，有形的欧元问世，并且各参加国原有的货币退出流通，欧元将成为欧洲货币联盟内唯一的法定货币。

1996 年底，欧洲货币联盟的发展取得了重大的突破，欧元国与非欧元国之间就建立新汇率机制、欧元使用的法律框架、货币稳定与经济增长的原则及主要内容等达成妥协，并原则上同意了欧洲货币局提供的欧元纸币的“样币”。至此，欧洲单一货币机制框架基本形成。

1998年5月2日，欧盟15国决定接受欧盟委员会和欧洲货币局的推荐，确认比利时、德国、西班牙、法国、爱尔兰、意大利、卢森堡、荷兰、奥地利、葡萄牙和芬兰等符合《马约》条件的11个国家为欧元创始国，首批加入欧洲单一货币体系。同时决定在原有的欧洲货币局基础上成立欧洲中央银行。

1999年1月1日，欧元准时启动。欧洲货币单位以1∶1的比例转换为欧元，欧元与成员国货币的兑换率锁定，欧洲中央银行投入运行并实施统一的货币政策，欧元可以以支票、信用卡等非现金交易的方式流通，各成员国货币亦可同时流通，人们有权选择是否使用或接受欧元。从2002年1月1日起，欧元纸币和硬币开始全境流通，欧洲中央银行和成员国将逐步回收各国的纸币和硬币，届时人们必须接受欧元。

欧洲货币一体化的完成与欧元的产生，是世界经济史上一个具有里程碑意义的事件，它不仅对欧盟内部成员国的经济活动，而且对世界其他国家的经济往来以及国际金融市场、国际货币体系的运作与发展等方面，均将产生重大而深远的影响。

(2) 欧元带来的好处

① 从处理多种货币到统一货币，企业和个人可以节省很多开支。这些节省来自货币汇兑和套期保值成本的下降。

② 采用统一货币将使欧洲国家之间的价格更容易进行比较。这将提高市场竞争力，因为消费者可以更方便地在别国购物。

③ 降低的价格将使欧洲的制造商被迫寻找各种方法降低生产成本以维持利润。统一货币的建立将最终通过提高竞争水平使欧洲企业在长期内提高经济效率。

④ 采用统一货币将极大地促进具有高流动性的泛欧洲资本市场的发展。这种资本市场的发展将会降低资金成本，并且能够提高投资水平以及投资资金的分配效率。这一点将对向来难以从本国银行获得融资的小企业特别有益。

⑤ 以欧元计价的泛欧洲资本市场的发展将给个人和机构提供范围更广的投资选择。

(3) 欧元带来的问题

① 一国的当局将失去货币政策的控制权。这样，对欧盟的货币政策的良好管理就显得至关重要。

② 欧元的另一个缺陷是欧盟并非经济学家所指的最优货币区。在最优货币区(optimal currency area)中，经济活动基本结构的相似性使得推行统一货币并使用单一汇率作为宏观经济政策工具是可行的。然而，欧元区中的许多国家之间存在很大差异。

【知识拓展】最优货币区理论

1. 最优货币区理论的内容与发展

所谓货币区所指的区域是，区内各成员国货币相互间保持钉住汇率制，对区外各种货币实行联合浮动。理论上说，任何一个国家都会面临最优货币区的问题，即本国是适宜单独组成一个货币区，还是与其他某些国家共同组成一个货币区。如果对于某一国家而言，本国单独组成一个货币区，那么就意味着本国实行的是浮动汇率制或弹性汇率制。问题的关键在于，究竟依据什么准则来确定什么样的国家之间适合共同组成一个货币区。不同的学者所强调的准则存在明显的不同。

最早于1961年提出最优货币区理论的罗伯特·蒙代尔主张生产要素流动性准则，“货币区”内的汇率必须被固定；“最佳”的标志就是有能力稳定区内就业和价格水平。最优货币区不是按国家边界划定的，而是由地理区域限定的。他认为生产要素流动性与汇率的弹性具有相互替代的作用，这是因为，需求从一国转移到另一国所造成的国际收支调整要求，既可以通过两国汇率调整，也可以通过生产要素在两国间的移动来解决。在他看来，生产要素流动性越高的国家之间，越适宜于组成货币区；而与国外生产要素市场隔绝越大的国家，则越适宜于组成单独的货币区，实行浮动汇率制。

罗纳德·麦京农则强调以一国的经济开放程度作为最优币区的确定标准。他以贸易品行业相对于非贸易品行业的生产比重作为衡量开放程度的指标，并认为如果一国的开放程度越高，越应实行固定汇率制，反之则实行浮动汇率制。在开放程度高的情况下，如果实行浮动汇率制，国际收支赤字所造成的本币汇率下浮将会带来较大幅度的物价上升，抵消本币汇率下浮对贸易收支的作用。

继此之后，还有一些学者提出了不同的最优货币区的确定准则。如彼得·凯南主张采用出口商品多样化准则，詹姆斯·英格拉姆强调国内外金融市场一体化准则，等等。

2. 最优货币区理论的意义

(1) 有利于促进本区经济一体化，并极大地提高区内总的经济福利

区域货币一体化的前提之一，就是实现人力、资本及商品等要素在区内的自由流动与统一共享。区内要素的自由流动，不仅有利于促进区内贸易自由化，从而极大地提高区内贸易效率，而且它还有利于充分利用区内人力、物力及财力，实现资源整合与优化配置，进而在宏观经济政策制定上易于达成一致，并直接推进本区经济一体化进程的发展。

(2) 有利于降低货币汇兑成本，规避区内货币之间的汇率风险

区域货币一体化的初级形式是：区内成员间货币实现可自由兑换，且比价固定。这一规则无疑将会锁定区内成员间的汇率风险，并大大便利区内成员国之间的贸易结算。当区域货币一体化走向其最高形式——单一货币时，则区内各成员国货币退出，取而代之的是“大一统”的单一货币，这样，区内成员国之间的国际贸易就变成了“内贸”，也就没有了所谓的成员国之间的货币“兑换成本”。

(3) 有利于整合区内金融资源，降低投融资成本与风险

国际投融资不但成本高，而且风险大。区域货币一体化则有利于区内金融资源共享，而且在固定汇率下锁定汇率风险，在共同货币政策下，还可以锁定利率风险。在此条件下，各成员国也无须保留太多的国际储备，从而减少总的资源闲置成本。应该说，在人力、商品及资本等要素的整合上，金融资源的整合处于核心地位，因此说，区域内实现单一货币是区域经济一体化的最高形式。

(4) 有利于加强区内一体化协作，并一致对外抵御竞争风险

区域经济一体化是一股强大的国际力量，它不仅有利于经济上的联盟，而且还有利于区内成员国之间结成政治上和军事上的强大联盟，它们一致对外，采用“一个声音说话”，往往能获得一种“放大”的效果。

③ 一些批评者认为欧元把车(经济)放在了马(政治)的前面。在他们看来，统一货币应该在政治联盟之后而不是之前。他们认为欧元将会导致巨大的税制协调和财政资金从中心向边缘转移的压力，没有适当的政治结构这两项政策都无法实施。

这些负面观点中，最发人深省的看法认为，欧元非但不会像支持者所鼓吹的那样能刺激经济增长，相反还会阻碍欧洲的经济增长，加剧通货膨胀。

4. 欧洲一体化作用

（1）经济上：强化了欧洲各国之间的经济关系，增强了欧盟对外的经济竞争力，提高国际经济合作水平，使国际经济竞争变得更加激烈。

（2）政治上：增强了欧盟各国在世界中的影响，强化了世界多样化趋势的形成与发展，有利于抑制美国搞单极世界图谋。

（3）文化上：经济政治决定文化，文化是经济政治的反映。经济联系的密切使得欧盟各国文化上相互交融，有利于世界文化的传播与发展。

（4）安全上：强化了欧洲各国经济联系，使欧洲各国经济相互融合和渗透，总体看有利于维护世界和平与安全，但同时也可能增加了各国经济的风险。

5. 欧洲一体化存在的问题

（1）前进方向不明确

对如何推进一体化进程，以何种方式、何种速度向前推进，以及终极目标是什么，大家有着不同的想法。这也就是欧洲自身的定性和定位问题，成了一体化继续推进的“拦路虎”。

（2）“火车头”渐失作用

在解决欧盟面临的经济发展停滞问题上，德国倾向于采取更多的自由市场经济措施，法国从捍卫自身经济利益出发，坚持自己的传统发展模式，采取日益明显的国家保护主义手段。以上诸因素造成法德联合共同推进欧洲一体化建设的形势正发生重大改变，它们的“火车头”作用已大为削弱乃至消失。

（3）经济形势不容乐观

从1990年以来迄今，德、法、意三个欧盟大国经济年均增长率仅分别为1.1%、1.4%、0.1%，而它们三国国内生产总值占欧元区国家总额的70%。欧盟主要大国现在无一不是“家家有本难念的经”。一个个都有些自顾不暇，没有更多的人力、物力去继续推进一体化，而且也使得它们就欧盟自身建设问题寻求并达成必要的妥协更加不易。

（4）美国因素增大

随着欧盟的不断发展壮大，特别是实现金融一体化，使得美国日益强烈地感到欧洲一体化建设对美国形成挑战的压力。这促使它逐步调整了对欧洲一体化的对策，从过去的支持、默许演变为阻挠、制约。为了牵制、阻挠欧洲一体化进程，美国一直采用的主要手段就是利用欧盟成员国之间的矛盾，进行分化瓦解，使之难以形成合力。

【知识拓展】北德意志关税同盟

1. 成立背景与动因

19世纪初，德意志地区分裂为39个邦国，各邦国间关税壁垒林立（如普鲁士对萨克森纺织品征收30%关税），严重阻碍商品流通。经济学家李斯特在《政治经济学的国民体系》中提出“通过经济统一实现政治统一”的构想，为同盟提供理论支撑。1834年，普鲁士联合18个邦国成立关税同盟，取代此前松散的“德意志关税同盟”，确立以柏林为中心的经济一体化框架。

2. 核心机制与成效

(1) 统一市场规则：废除内部关税，对外实行三级税率(工业品10%—15%、半制成品5%--8%、原料免税)，统一度量衡与货币结算单位(1857年确立马克为记账货币)。中央关税委员会(由各邦代表组成)负责政策协调，确保执行效率。

(2) 基础设施联动：1835—1850年建成科隆-明登、柏林-汉堡等铁路干线，形成覆盖同盟区域的交通网络，货物运输成本降低40%。鲁尔区通过铁路连接萨克森纺织业中心，形成"煤-钢-纺织"产业链。

(3) 经济数据印证：1834—1870年，同盟区域内贸易额从1.4亿塔勒增至7.2亿塔勒(增长4.1倍)，钢铁产量占欧洲23%，机械制造业产值年均增长6.8%，远超欧洲平均水平(3.2%)。

3. 政治铺垫作用

同盟排斥奥地利，通过"小德意志路线"强化普鲁士主导权。1854年与奥地利的贸易谈判中，同盟以集体关税威胁迫使奥方让步；1866年普奥战争后，石勒苏益格-荷尔斯泰因等地区加入同盟，经济边界与政治边界趋于重合。1870年民意调查显示，82%的同盟居民认同"德意志民族"身份，为1871年德意志帝国成立奠定民意基础。

4. 对欧盟一体化的历史启示

① 渐进式一体化路径：经济先行，政治跟进。关税同盟通过"关税统一→市场整合→基础设施联动→政治协调"的四步策略，为欧盟提供范本。欧盟1951年以煤钢共同体起步(对应关税同盟的核心产业整合)，1968年实现关税同盟(对应北德关税统一)，1993年建成统一市场(对应北德市场规则统一)，2002年欧元流通(对应马克货币整合)，印证"经济基础决定政治上层建筑"的逻辑。

② 核心国家的引领与责任分担。普鲁士通过"经济援助+技术转移"带动小邦国发展：对巴伐利亚农业提供出口补贴，帮助符腾堡建立纺织技术学校。这一模式启发欧盟的"凝聚政策"，德国作为最大出资国(占欧盟预算20%)，通过结构基金支持中东欧国家基础设施建设，缩小区域差距。

③ 灵活性与包容性的平衡艺术。关税同盟允许成员保留部分自主权：巴伐利亚保留啤酒税，萨克森获得纺织业技术补贴，类似欧盟的"选择退出条款"(如英国曾opt-out欧元区)。但同盟通过"一票否决制"防止个别邦国阻挠整体利益，这一机制演变为欧盟的"合格多数表决制"，平衡主权让渡与决策效率。

④ 危机应对的历史镜鉴。1857年同盟遭遇第一次经济危机时，普鲁士通过降低原料进口税、扩大公共投资(铁路建设)稳定市场，类似欧盟应对欧债危机时的量化宽松政策。但同盟也警示教训：1866年普奥战争后强行吸纳反普鲁士邦国，导致后期治理成本上升，为欧盟处理英国脱欧提供"包容优于强制"的启示。

知识点三　其他区域的自由贸易实践

1. 北美自由贸易区

(1) 北美自由贸易区的历史进程

美国、加拿大和墨西哥之间的自由贸易使北美地区成为目前世界上最大的自由贸易区。1992年12月17日，美国、墨西哥和加拿大三国政府首脑签署了"北美自由贸易协定"

(North America Free Trade Agreement)。1993 年 11 月，“北美自由贸易协定”被三国国会先后批准。NAFTA 一共包括 19 个主要条款，约 2 万条规定，主要涉及三国之间的商品、劳务贸易和投资自由化、知识产权保护、贸易争端解决等诸多方面，后来应美国的要求又加上了有关环境保护和劳工平行协议方面的内容。除此而外，NAFTA 还规定了严格的“原产地原则”，以防止其他国家利用墨西哥向美加市场的渗透。

(2) 北美自由贸易区对经济的影响

对自由区内三国的影响：北美自由贸易有“贸易创造”和“贸易转移”的双重结果。由于墨西哥劳动力相对充裕而资本相对缺乏，“贸易创造”会更多地来源于资源禀赋不同而出现的比较优势。自由贸易之后，美国、加拿大将向墨西哥出口更多的资本、技术密集型产品，墨西哥可以向北方两大工业发达国家出口更多的劳动密集型产品。美加之间则可利用规模经济来扩大工业产品的双向贸易。通过几年的实践，NAFTA 在促进三国之间的贸易和区域性合作方面所起的积极作用已日益明显。总之，北美自由贸易区的建立必将扩大成员国之间的贸易，使三国的资源配置更加有效，从而对经济发展更加有利。

对非自由贸易区成员国的影响：北美自由贸易区的对外影响主要是“贸易转移”。由于免税，从成员国进口就变得相对便宜，许多产品的贸易就从非成员国转移到成员国。因此，原来与北美三国贸易关系密切的国家势必受到影响。

受到“北美自由贸易协定”影响最大的可能是一些以美国为主要市场、以劳动密集型产品为主要出口商品的国家，包括中国以及东南亚等地的一些发展中国家。墨西哥很可能成为美国未来劳动密集型产品的主要来源。从美国方面来说，也会有意将某些商品的进口来源逐步转向墨西哥。

2. 亚太地区的经济贸易合作

1989 年 11 月，“亚太经济合作组织”(Asia- Pacific Economic Cooperation，简称 APEC) 应运而生。经过 10 余年的发展，亚太经合组织已经从初期的一个并不引人瞩目的空泛的地区经济论坛发展为亚太地区贸易和投资自由化以及经济技术合作的庞大的国际组织。

如今，亚太经合组织已经拥有 21 个成员国家和地区。这些国家和地区是：中国，中国台湾，香港，日本，韩国，泰国，菲律宾，新加坡，马来西亚，文莱，印度尼西亚，澳大利亚，新西兰，巴布亚新几内亚，美国，加拿大，墨西哥，智利，俄罗斯，越南和秘鲁。这一组织的重要性在于它包括了全球最大的三个经济实体(美国、日本、中国)，还包括了曾一度是世界上增长最快的东亚国家和地区。“亚太经合组织”成员国的人口约占世界总人口的 38%，国民生产总值约占 55%，对外贸易总额约占 46%。从规模上看，它是全球最大的区域性经济贸易合作体系。

与欧洲共同体和北美自由贸易区不同，亚太经济合作组织既不是经济共同体，也不是关税同盟，而是一个区域性的以促进贸易、投资和技术合作的开放型国际组织。

与一般的自由贸易区相比，亚太经合组织有两个明显的不同。

第一，亚太经合组织是一个开放的而非排他的区域性组织。亚太经合组织实行不歧视原则，在最惠国待遇的基础上实现贸易投资自由化。APEC 不仅在内部相互开放，对非区域内国家和地区也同样开放。

第二，亚太经合组织是一个自愿的合作组织，不具有强制性。各国的贸易与投资的自由化都是建立在单边的、自愿的基础上。相互之间通过协商而非谈判来达成共识。

3. 全面与进步跨太平洋伙伴关系协定(CPTPP)

全面与进步跨太平洋伙伴关系协定(简称 CPTPP，Comprehensive Progressive Trans-Pacific Partnership)，是美国退出跨太平洋伙伴关系协定(TPP)后的新名称。2017 年 11 月，澳大利亚、文莱、加拿大、智利、日本、马来西亚、墨西哥、新西兰、秘鲁、新加坡和越南 11 个原“跨太平洋伙伴关系协定”(以下简称 TPP)成员国，借亚太经合组织(以下简称 APEC)越南岘港会议之机，共同发表联合声明，宣布“已就新协议达成了基础性重要共识”，并决定将 TPP 更名为“全面与进步跨太平洋伙伴关系协定”。2018 年 3 月，经过近四个月的不懈努力，上述 11 国代表在智利首都圣地亚哥举行了 CPTPP 的签字仪式。2018 年 12 月 30 日，全面与进步跨太平洋伙伴关系协定正式生效。

CPTPP 脱胎于 TPP，与后者相比，CPTPP 具有如下主要特点：

(1) 内容有所减少，门槛有所降低，但仍坚持“全面且进步”的标准。该项协定之所以被命名为“全面且进步”，是因为其远远超过了一般自贸协定仅为降低交易成本而签订，更多地还包括了确保提高亚太地区劳工和环境标准，创造出更多旨在提高人民生活水平的对外贸易和就业机会等重要目标。CPTPP 保留了 TPP 中三分之二的原始文本，被搁置或修订最多的是与美国有关的 22 项条款，半数与知识产权保护相关，主要是缩短了创新药物的专利保护期和版权期限，缩小了信息保护范围等美国高度关注的项目。值得一提的是，在 CPTPP 最终版本中，完整地保留了“电子商务章节”(即对通过数字贸易创建的数据提供广泛保护)，“政府采购章节”(规定向外国投标人同等开放政府采购合同)，以及“国有企业章节”(主要体现在限制成员国政府补贴国有企业和限制成员国政府干预市场方面)等原 TPP 条款。这是“国企条款”首次被纳入国际贸易协议，故广受西方媒体关注。

(2) 生效条件相对宽松、易行。与 TPP 较为严苛的生效条件，即“须获得全体签约国当年(2013 年)经济总量之和 85%以上的六个国家批准后的 60 天后生效”相比，CPTPP 的生效条件较为宽松。据日本广播协会(NHK)电视台报道，为避免重蹈覆辙，在日本的主导下，11 个成员国一致同意将 CPTPP 的生效条件定为“在 11 个签字国中，只需有六个国家完成国内立法机构的审批手续，即可在 60 天后自动生效”。

4. 区域全面经济伙伴关系协定(RCEP)

区域全面经济伙伴关系协定(RCEP)由东盟十国发起，联合中、日、韩、澳、新于 2020 年 11 月 15 日签署，2022 年 1 月 1 日正式生效，是全球规模最大的自由贸易协定。其核心目标是通过统一规则、降低关税推动亚太经济一体化，现有 15 个成员国，覆盖全球 30%人口和 31%GDP。

自生效以来，RCEP 持续释放红利：2024 年区域内贸易额达 5.7 万亿美元，中间品贸易占比从 2021 年 65%升至 68.3%，越南、印尼等国产业链整合提速。关税减免方面，90%以上货物逐步实现零关税，2025 年新一轮降税后，中国企业享惠货值已超 880 亿元。投资领域表现亮眼，2023 年区域吸引外资 4596 亿美元，占全球 35%。

目前，RCEP 正推进扩容与规则升级：中国香港、智利已申请加入，计划对接 CPTPP 高标准条款，探索数字经济、绿色贸易等新领域合作。亚洲开发银行预测，到 2030 年 RCEP 将为区域带来 2450 亿美元经济增长，进一步巩固其作为亚太一体化核心引擎的地位。

【例 4】简述 RCEP 与 CPTPP 申请标准的核心区别。

【解析】(1) 申请门槛与谈判机制

RCEP：采用“东盟中心”模式，申请方需与东盟及其他成员国协商，接受基础条款(如区域累积原产地规则)即可加入，允许发展中国家设置过渡期。

CPTPP：要求申请方与所有12个成员国逐一谈判，需全面接受所有条款(无过渡期)，如英国2023年加入时需修改国内劳动法以符合劳工标准。

(2) 核心条款要求

① 市场准入：CPTPP要求服务业100%负面清单且禁止业绩要求；RCEP采用部分负面清单，允许发展中国家保留部分行业限制(如越南零售业过渡期至2030年)。

② 规则约束：CPTPP强制要求数据跨境流动(禁止本地化要求)，并纳入国企竞争中立条款；RCEP对数据本地化未作强制规定，国企条款仅为原则性表述。

③ 高标准条款：CPTPP包含环境(碳关税预备条款)、劳工(结社自由)、知识产权(药品数据保护10年)等条款；RCEP侧重传统货物与服务贸易规则，未涉及环境与劳工强制要求。

(3) 中国的适配性差异

RCEP规则与中国自贸试验区改革方向契合(如负面清单管理)；CPTPP需中国调整数据安全法(如关键数据本地化)、国企补贴政策等，目前正推进知识产权保护升级以对接高标准。

知识点四　中国的区域经济合作实践

中国正在积极广泛地参加各种形式的区域经济一体化。早在1991年，中国就参加了亚太经合组织，这是中国参加的第一个区域经济论坛，也是中国参与区域经济一体化的开端。中国在2001年加入了《曼谷协定》，现更名为《亚太贸易协定》，这是中国参与的第一个区域性优惠贸易安排。而我国签署的第一个真正意义上的自由贸易协定是2002年11月与东盟十国签署的自由贸易区(CAFTA)《货物贸易协议》。

1. 主要的区域经济合作实践

(1) 中国—东盟自由贸易区(CAFTA)

2002年11月，中国与东盟共同签署了《中国—东盟全面经济合作框架协议》，中国—东盟自由贸易区将包括货物贸易、服务贸易、投资和经济合作等内容，其中货物贸易是自由贸易区的核心内容。《中国东盟全面经济合作框架协议》规定中国和东盟双方从2005年开始正常产品的降税，2010年中国与东盟老成员，即印度尼西亚、新加坡、泰国、菲律宾、马来西亚和文莱将建成自由贸易区，2015年东盟新成员，即越南、老挝、柬埔寨和缅甸建成自由贸易区，届时中国与东盟的绝大多数产品将实行零关税，取消非关税措施，实现双方贸易自由化。

2004年11月29日，中国与东盟进一步签署了《全面经济合作框架协议货物贸易协议》(简称《货物贸易协议》)和《争端解决机制协议》等一系列重要文件。

《货物贸易协议》规定双方的产品分为正常产品和敏感产品两大类，从2005年7月1日起，双方将按照商定的时间表全面启动降税进程。协议规定，中国和东盟中的6个老成员将在2010年把绝大多数正常产品的关税降为零，东盟四个新成员则可在2015年将绝大多数正常产品的关税降为零。双方对少数敏感产品的关税水平也作了约束和削减。协议还指出，各缔约方不应保留任何与WTO不符的进口数量限制。

(2)《曼谷协定》

该协定签订于1975年，是在发展中成员国之间达成的优惠贸易安排。我国于2001年5

月正式加入《曼谷协定》，并于2002年1月1日开始实行《曼谷协定》税率。现有成员国还包括印度、韩国、孟加拉国、斯里兰卡和老挝。《曼谷协定》是我国参加的第一个具有实质意义的区域性优惠贸易安排。2005年11月，在北京举行的《曼谷协定》第一届部长级理事上宣布此协定更名为《亚太贸易协定》。2006年7月1日起，各国将提供4000多个税目产品的关税削减。根据2005年海关税则计算，我国将向五国的1697项产品提供优惠关税，年均减让幅度为27%，同时向最不发达成员国孟加拉国和老挝的161项产品提供特别关税优惠，平均减让幅度为77%。我国产品则可享受印度、韩国、孟加拉国和斯里兰卡的优惠关税待遇。

（3）中国—智利自由贸易协定

在2004年11月，中国和智利宣布启动双边自由贸易区的谈判，并于2005年11月正式签署中国—智利自由贸易协定。该协定自2006年10月起实施。根据该协定，2006年10月和2007年1月，中国先后取消2806种和1947种智利产品的关税，智利也于2006年10月将5891种中国产品的关税降为零。到2015年，占两国税目总数97%的产品均将实现零关税。协定实施后，双方进一步扩大了优势产品向对方的出口，推动了相关产业发展，为企业带来大量商机，为消费者带来许多实惠。

（4）中国—巴基斯坦自由贸易协定

无论从政治、外交、地缘安全还是经济上考虑，巴基斯坦都是我国在南亚开展区域合作所应选择的一个重点。在区域经济合作领域，中巴两国的制度性安排始于2003年签署、2004年1月1日正式实施的《中巴优惠贸易安排》。2005年12月，中国与巴基斯坦又签署了《中国—巴基斯坦自由贸易协定早期收获协议》，该协议于2006年1月1日起实施。根据协议，中巴双方将对总计达3000多种的产品先期实施降税。2006年11月24日，中国与巴基斯坦进一步签署《中国—巴基斯坦自由贸易协定》。该协定规定，中巴两国将分两个阶段对全部货物贸易产品实施降税。《中巴自由贸易协定》于2007年7月1日正式实施。同年，中巴两国启动服务贸易谈判。2009年2月21日，《中国—巴基斯坦自由贸易区服务贸易协定》正式签署，该协定是迄今为止两国各自对外国开放程度最高、内容最为全面的自由贸易区服务贸易协定。

2. 中国参与区域合作的原因

（1）经济方面的因素

① 应对经济全球化的迫切选择

世界经济一体化已成为不可逆转的大趋势，而这一趋势的阶段性表现就是区域经济集团化的操作形式。对中国来说，如果继续游离于区域经济合作组织之外，必然会受到成员国的歧视，而且将面临原有的市场被区域内成员国所挤占和新市场难以开拓的危险。中国通过加入区域经济合作组织，不仅可以有效规避集团内成员的歧视性待遇，而且还有利于以集体的力量与其他组织相抗衡，有利于中国参与经济全球化带来的挑战。

② 多边贸易谈判受挫、区域经济一体化合作方兴未艾

世界贸易组织成立以来，多边贸易自由化的进程屡屡受挫。要避免在世界经济及贸易的发展中被边缘化的危险，只有积极参与区域经济合作，并从区域经济一体化中获得更多的发展机会和更广阔的发展空间。从而促进中国综合国力和国际竞争力的提升，中国的市场吸引力和经济辐射力不断增强。

③ 中国经济及对外贸易持续发展的需要

中国的周边国家和地区是世界上人口最为密集的地区，这些地区经济发展的形势良好，

政治局势基本保持稳定，多数国家实行对外开放的政策，与这些国家进行区域经济合作意味着将获得潜力巨大的市场。

中国制造业的比较优势主要体现在劳动密集型、部分资源密集型产业及资本、技术密集型产业中劳动密集度较高的加工组装环节上，实际仍处于制造生产链末端。中国的产业结构调整需要为成熟产业寻找转移的市场，为新兴产业获得技术、资金和信息的来源，从这一角度看，与本地区经济较为发达的韩国、新加坡、甚至日本建立区域合作机制，是中国获得先进的技术、经验的有效途径；而与东南亚、南亚和中亚国家开展区域经济合作，将有利于中国部分劳动密集型产业向工业发达程度比中国稍低的国家和地区转移。

随着对外开放的扩大，中国的国家经济安全增加了国际收支、金融、外资与外债规模、外贸及其依存度等越来越多的因素，在扩大对外开放中构建经济安全网成了当务之急。以区域合作为突破口，全面参与国际经济协调是中国建立国家经济安全管理的途径之一。与此同时，资源蕴藏量的不足导致中国经济发展面临着严峻挑战：一是石油、矿产资源消费显著增加；二是由于全球矿产资源和矿产品市场的垄断格局已经形成，石油和特定矿产资源进口不稳定、不安全也对国家经济安全产生影响。开辟进口的来源和渠道、对国际资源定价权的掌握、能源安全、环境安全等问题对中国的经济发展十分重要。东盟、中亚、智利、南非、中东等都是自然资源储量丰富的地区，与这些国家开展区域经济合作，同时精心设计能源、资源方面的国际合作对中国的国家经济安全关系重大。

④ 金融危机

亚洲金融危机的爆发，使中国进一步认识到区域经济合作的重要性。亚洲金融危机中国际社会令人失望的表现，使包括中国在内的东亚各国认识到了加强区域合作的重要性与迫切性。美国次贷危机席卷全球之后，中国更有必要积极参与区域合作，吸取亚洲金融危机的经验，弱化后金融危机时代的不良效应。

⑤ 中国外部经济环境的变化

冷战结束后，中美关系步入了一个不稳定时期。美国是中国出口产品最大的最终市场，中国已经成为美国贸易逆差最大来源国，美国对中国的贸易赤字不断扩大。因此，中国成为美国贸易保护针对的主要对象。对美政治与贸易关系的不稳定，促使中国政府努力推行出口市场多元化战略，但效果一直不彰。东亚地区是经济最具活力的地区，区域贸易发展活跃，如果能够与周边国家建立区域贸易协定，当然有利于中国降低出口市场过于集中的风险。

⑥ 亚太地区贸易自由化发展的必然要求

从当今的国际形势来看，自由贸易协定已经处于遍地开花的状态，尽管双边或地区自由贸易协定的框架以欧洲和美洲大陆为中心在不断扩大，但在东亚地区动向却比较迟缓。在这样的前提下建立中国—东盟自由贸易区这种有形的区域经济合作就成了亚太地区融入全球贸易自由化浪潮的必然要求。

⑦ 减轻对美国市场的过分依赖

长期以来，中美两国经济发展差距造成了两国在经济上的互补性，为两国经贸关系的存在提供了客观基础。然而，最近几年，中美两国之间的经济摩擦不断。在中美经贸关系中，中方对美国的依赖要大于美国对中国的依赖。这种不对等的经济依存关系注定会增加中国在中美经济相互依存中的脆弱性。因此，中国在加强与美国经贸联系的同时，也应该注意全局的平衡。我国可以研究与欧盟国家、东亚国家和其他新兴市场国家签订双边或多边贸易优惠协定乃至自由贸易协定的可能性，更广泛地开展区域内自由贸易，以减轻对美国经济的过度依赖。

⑧ 应对目前 WTO 多哈回合的发展趋势

在参加多边贸易体制谈判的过程中，国家多、议题多，且又存在重大分歧，谈判步履维艰、进程缓慢，影响国家之间的经济发展。多边贸易体制自身存在许多弱点。此外，WTO目前的多哈回合议题错综复杂，谈判进程缓慢，前景难以预料。中国积极参与区域经济合作，可以将 WTO 多哈回合谈判带来的负面影响降到最低。

⑨ 获取规模经济和竞争的福利效应

通过区域合作，促进生产能力的充分运用，不仅可以增加产出，还可以降低成本和市场价格，使生产者和消费者同时受益，而且在统一大市场下，还可以避免各国企业规模的扩大可能产生的垄断。中国参与区域经济合作可以与区域内成员实现优势互补，更加有效地实现规模经济。这就意味着中国企业可以将自己的优势规模化，更多地降低成本以应对日益扩大的国内市场需求。与此同时，规模经济的实现也有助于中国企业在后 WTO 时代面临激烈的市场竞争，拥有更加强大的竞争力。

（2）政治方面的因素

① 获得区域层面的政治保护

当前，每个国家都不同程度地面临全球性问题的冲击。全球性问题的性质决定了单个国家政府应对策略的局限性。参与区域经济合作，不仅可以帮助国家应对国际政治关系多极化发展的新环境、新变化，寻求区域层面的政治保护，还可以构建区域的政治凝聚力，抗衡其他区域集团的压力。

② 调整大国关系的政治需要

国际贸易和技术的发展带动了国际分工，也带动了资本、人才和资源的跨国流动，这些特点构成了目前大国合作的基础。中国参与区域经济合作，可以在国际事务中处于共同的利益，以共同的声音和共同立场一致对外，增强了谈判地位和综合实力，有利于地区安全和多极世界的建立。

③ 中华民族统一事业的需要

中国入世后，WTO 规则下以中国为主体的内地、台湾、香港、澳门“一国四席”关系的确立，使在“一个中国”的前提下加快两岸四地全面的经贸合作、建立包含两岸特殊经济关系的经济安排成为可能。随着台湾与大陆经济往来的扩大，海峡两岸经济相互依赖关系对双方经济合作的密切程度提出了更高要求。积极与周边国家开展区域经济一体化合作还能有效遏制“台独”势力，我国与东盟、澳、新等周边国家和地区建立自由贸易区，有效挤压了当局的“国际活动空间”、削弱了“台独”势力的经济基础。

④ 促进“周边外交”战略的形成

冷战结束以后，为适应国际格局的变化，中国逐渐形成了以对美外交关系为重点的“大国外交”战略。但是，随着中国经济实力的不断提升，在实施大国外交战略时，中国也逐渐认识到其国际地位的不足，与其他大国相比，中国只是一个区域性的大国，缺乏一个稳定良好的周边环境。这一缺陷大大制约了中国在实施大国外交时的回旋余地。因此，中国逐渐形成了“大国外交”与“周边外交”并重的外交战略。加强与周边国家的经济贸易合作，特别是建立起制度性的区域合作机制，是周边外交的重要内容。

⑤ “和平崛起”的发展战略需要

出于对中国的崛起感到担心和失衡，以美国、日本为首的西方国家有意煽动“中国威胁论”。加强区域经济合作，将中国的经济发展机遇、市场开放机遇带给周边国家和发展中国家，成为消除其他国家对中国经济发展的疑虑的有效途径之一。中国需要与周边国家建立相互信任、相互依赖、相互合作的政治、经济关系，取得这些地区国家的支持与理解。

习题精编

一、名词解释

1. 区域经济一体化（上海财大 2021 年）
2. 贸易转向
3. 最惠国待遇
4. 经济全球化（上海财大 2017 年）
5. 国民待遇（上海财大 2016 年）
6. 区域经济一体化
7. 自由贸易区（浙江工商 2019 年）
8. 关税同盟
9. 欧洲货币单位（山东大学 2019 年）
10. 欧元区

二、简答题

1. 竞争中性原则是什么，对中国参与世界贸易有什么影响？（中国人大 2023 年）
2. 请简述蒙代尔的最优通货区理论，并用此理论分析欧元区不断扩张的态势。（南京大学 2024 年）
3. 为什么发达国家实行一体化比较成功，发展中国家实行一体化却大都不怎么成功？
4. 世界贸易组织的基本原则有哪些？各自的含义是什么？

三、计算题

一个小国以世界市场价格每袋 10 元进口花生。它的需求曲线是 $D=400-10P$，供给曲线是 $S=50+5P$。

（1）计算自由贸易时该国的进口量。

（2）如果该国征收每袋 50%的进口关税，该国的国内价格和进口量各为多少？

（3）如果该国与邻国结成关税同盟，相互取消关税，但对外关税不变，其邻国以每袋 12 元的价格向该国出口花生，该国的国内价格和进口量各为多少？

（4）与邻国结成关税同盟后，该国贸易转移和贸易开辟的效应有多大？

四、论述题

1. 什么是"一带一路"？"一带一路"的实施对于我国企业的跨国经营会产生哪些深远的影响？（中山大学 2018 年）

2. 请分别论述自加入世界贸易组织（WTO）20 年来，中国是最大的受益方之一，同时也是最大的贡献方。（上海外国语 2022 年）

3. 我国自 2018 年实施首版市场准入负面清单（151 项）以来，经过连续六年动态调整，至 2024 年事项已累计缩减 45 项，压减比例达 29.8%。试述中国缩减负面清单的背景、意义、影响。（中央财大 2025）

4. 根据以下两国的囚徒困境表格，回答问题：

	B 国自由贸易	B 国贸易保护
A 国自由贸易	4，4	1，5
A 国贸易保护	5，1	2，2

(1) 如果两个国家独立制定贸易政策，他们会制定什么样政策？

(2) 如果两个国家展开了经贸谈判，又会制定什么样的政策？

(3) 你据此阐述一下你认为 WTO 在世界经贸中的作用是什么？

(4) 当前 WTO 治理存在什么问题，应当如何解决？

习题参考答案

一、名词解释

1. 区域经济一体化是指两个或两个以上的国家或地区，通过协商并缔结经济条约或协议，实施统一的经济政策和措施，消除商品、要素、金融等市场的人为分割和限制，以国际分工为基础来提高经济效率和获得更大经济效果，把各国或各地区的经济融合起来形成一个区域性经济联合体的过程。

2. 贸易转向是指由于国际经济一体化组织成员国之间相互取消了关税和与关税具有同等效力的其他措施，扩大了成员国之间的贸易规模，特别是成员国之间的贸易代替了一些成员国与非成员国之间的贸易，产生的“贸易方向的转变”。一国参加国际经济一体化组织的主要静态尺度，就是权衡一个一体化组织给他带来的贸易创造大、还是贸易转向大，如果贸易创造大于贸易转向，该国可以加入；如果一国从参加国际经济一体化组织中得到的贸易转向大于贸易创造，该国不应参加该一体化组织。从总体上说，如果一个经济一体化组织的贸易创造大于贸易转向，其吸引力就较大，反之吸引力比较小。

3. 最惠国待遇是国与国之间贸易条约和协定的法律待遇条款，在进出口贸易、税收、通航等方面互相给予优惠利益、提供必要的方便、享受某些特权等方面的一项制度，又称“无歧视待遇”。它通常指的是缔约国双方在通商、航海、关税、公民法律地位等方面相互给予的不低于现时或将来给予任何第三国的优惠、特权或豁免待遇。最惠国待遇可分为无条件最惠国待遇和有条件最惠国待遇两种。

4. 经济全球化指商品、服务、资本、技术等生产要素跨国流动的全球化过程，核心是资源在全球范围高效配置。表现为贸易自由化(如 RCEP 区域零关税)、金融一体化(跨境资本流动)、生产外包(全球价值链分工)及科技扩散。驱动因素包括信息技术革命、多边贸易协定(如 WTO)及跨国公司扩张。它提升效率并促进增长，但也加剧贫富差距与环境问题，是当代世界经济最显著特征之一。

5. 非歧视原则包括最惠国待遇原则和国民待遇原则。其中，国民待遇是指一成员对其他成员的产品、服务或服务提供者及知识产权所有者和持有者所提供的待遇，不低于本国同类产品、服务或服务提供者及知识产权所有者和持有者所享有的待遇。

6. 区域经济一体化是指区域内或区域之间的国家和政治实体通过书面文件，逐步取消关税和非关税壁垒，实现彼此之间货物、服务和生产要素的自由流动，进而协调产业、财政和货币政策，进行各种要素的合理配置，促进相互间的经济整合与发展，并相应建立超国家的组织机构的过程。

区域经济一体化可以按照市场的融合程度分为六种形式：特惠贸易协定，自由贸易区，关税同盟，共同市场，经济同盟和完全的经济一体化。

7. 自由贸易区(Free Trade Area)是指两个或多个国家/地区通过签署协定，相互取消大部分货物关税及非关税壁垒，实现商品、服务、投资等自由流动的区域经济一体化组织。其核心特征是成员间贸易自由化，但保留各自对外关税政策。目的是通过降低贸易成本、统一规则(如原产地规则)，促进区域经济协同与市场整合。与关税同盟不同，自由贸易区不要求统一对外关税，灵活性更高，是全球多边贸易体系的重要补充。

8. 关税同盟是指两个或两个以上国家缔结协定，建立统一的关境，在统一关境内缔约国相互间减让或取消关税，对从关境以外的国家或地区的商品进口则实行共同的关税税率和外贸政策。由于各成员国对外贸易政策的一致，各成员国之间不设海关。关税同盟的典型代表是欧洲共同体。

9. 欧洲货币单位，又称埃居，是欧洲共同体国家共同用于内部计价结算的一种货币单位，由德国马克、法国法郎、英国英镑、意大利里拉等 12 种货币组成。欧洲货币单位的建立，其主要目的是为了保证欧洲最大限度地避免因汇率突变带来的负面影响，同时保持各成员国经济的趋同性。可以说欧洲货币单位是推行欧元的先导。1999 年 1 月 1 日，埃居以 1 比 1 的兑换汇率全部自动转换为欧元。

10. 欧元区(Eurozone)是指欧盟内统一使用欧元(€)并由欧洲央行制定货币政策的区域，1999 年 1 月 1 日启动电子交易，2002 年 1 月 1 日纸币、硬币正式流通。截至 2025 年，共有 20 个成员国，覆盖 3.4 亿人口，GDP 占欧盟总量约 85%。其核心机制是统一货币与货币政策，旨在消除汇率风险、促进贸易一体化及价格稳定，是欧洲经济一体化的重要支柱。欧盟成员国需满足通胀、财政赤字等"趋同标准"方可加入，丹麦等国因条约豁免或自主选择暂不加入。

二、简答题

1.(1)竞争中性，是指政府应确保国有企业与私营企业在市场竞争中享有平等的地位，避免因政府所有权或政策倾斜而扭曲市场公平竞争。这一原则核心内容包括：

① 税收中性：国企不应享受特殊税收优惠。

② 监管中性：国企与私企适用相同的监管标准。

③ 债务融资中性：国企不应凭借政府隐性担保获得更低融资成本。

④ 公共服务补偿透明化：若国企承担公共服务职能，政府补贴需公开透明。

(2) 竞争中性对中国参与世界经贸的影响

① 国际规则接轨的挑战。CPTPP、WTO 改革等国际协定均将竞争中性作为重要条款，中国若加入需调整国企补贴、市场准入等政策。

② 国企改革压力。中国推动"分类改革"(商业类/公益类国企)，但部分国企仍享有政策红利(如低息贷款、行业准入壁垒)。竞争中性要求可能倒逼国企提升效率，减少行政垄断(如能源、电信行业)。

③ 对外贸易摩擦的诱因。美欧常以"非市场经济地位"指责中国国企扭曲竞争，引发反补贴调查(如光伏、钢铁行业)。

④ 市场化改革的机遇。竞争中性可推动要素市场化配置(如土地、劳动力、资本)，提升私营经济活力。自贸试验区试点"负面清单"管理模式，逐步放宽市场准入。

2.(1)蒙代尔最优通货区理论核心内容

最优通货区(OCA)理论，认为要素自由流动是区域采用单一货币的核心标准：当劳动力和资本能在区域内自由转移时，单一货币可消除汇率波动成本，同时通过要素流动替代汇率调整，实现宏观经济稳定。后续学者补充经济开放度、产品多样性、通胀趋同、财政一体化等辅助标准，共同构成 OCA 理论框架。该理论为货币联盟建设提供了"最优边界"判断依据，即成员国经济趋同性越高，货币联盟收益越大、成本越低。

(2) 欧元区扩张的态势与 OCA 理论的矛盾

欧元区自成立以来持续扩张至多个国家，东扩至中东欧地区，其扩张逻辑更多基于政治一体化目标，而非严格满足 OCA 理论条件：

① 要素流动性不足：欧元区劳动力流动受语言、文化、社会保障体系差异制约，核心国与外围国失业率长期分化，无法通过劳动力流动缓解失衡。

② 经济结构异质性：核心国以高端制造和出口导向为主，外围国家依赖旅游业和低端制造，对货币政策敏感度差异大。欧央行统一利率政策对高负债国家造成债务压力。

③ 财政联盟缺失：欧元区无统一财政转移机制，危机时无法通过财政转移对冲不对称冲击。欧债危机中，部分国家因无法自主贬值和财政紧缩陷入衰退，暴露货币联盟"统一货币但分散财政"的制度缺陷。

(3) 理论启示与现实挑战

OCA 理论揭示欧元区扩张的核心矛盾：政治驱动的扩张速度超过经济趋同进程。尽管欧元区通过财政纪律公约和稳定机制强化约束，但劳动力市场整合、财政联邦化等 OCA 关键条件仍未完全满足。未来扩张需平衡政治目标与经济现实，通过结构性改革(如劳动力市场自由化)和制度建设(如财政联盟)提升区域经济趋同性，才能实现蒙代尔理论所预言的最优货币区收益。

3. 一体化是指多个原来相互独立的主权实体通过某种方式逐步结合成为一个单一实体的过程。一体化过程既涉及国家间经济，也涉及政治、法律和文化，或整个社会的融合，是政治、经济、法律、社会、文化的一种全面互动过程。其中，区域经济一体化是指一个地理区域内各国一致同意减少并最终消除关税和非关税壁垒，以便商品、服务和生产要素在区域内自由流动。在实行一体化过程中，发达国家比较成功而发展中国家大都不成功，其原因主要有：

① 经济一体化基础不同。发达国家经济发展水平较高，普遍具有较强的经济实力，能够通过互相投资真正达到经济上的互帮互助，制造业内部的水平分工达到了相当高的程度，同一产品的零部件生产分散在许多国家进行，这种相互依赖的关系客观上要求撤除国家之间的经贸障碍，形成一体化实行的客观基础，也有助于成员国之间凝聚力的形成；而发展中国家的制造业处于初级发展阶段，水平分工并不发达，即使组成一体化组织，成员国之间的相互依赖也不深，缺乏互补性，因此，经济一体化缺乏基础。另外，关税收入是大多数发展中国家财政收入的重要来源，实行一体化意味着关税的大幅下降，管理者难免不愿意承担一体化造成的关税损失。

② 贸易转移效应不同。发达国家的技术和劳动生产率水平较高，处于成本优势，一体化组织造成的贸易转移效应也不会带来太多损失；发展中国家的技术水平、劳动生产率水平与世界最低水平相差较大，处于成本劣势，这些国家主要是与发达国家建立贸易往来关系，如果发展中国家实行一体化，那么贸易转移效应将带来巨大的损失。

③ 贸易创造效应不同。实行一体化后，由于贸易壁垒的减少或消失，商品价格会大幅下降，如果商品的需求弹性大，则需求将大幅上升，形成显著的贸易创造效应，促进贸易的增长，同时，如果一体化组织内部的商品供给弹性高，则商品生产也会迅速增长。发达国家的供需弹性都比较高，组建一体化能给成员国带来丰厚的福利；发展中国家的供需弹性较低，实行一体化后不会出现较大的贸易创造效应，一体化给成员国带来的福利有限。

④ 成员国贸易结构、经济政策不同。区域经济一体化一般要求成员国在相当程度上统一贸易和经济政策。发达国家的经贸政策相对较为统一，有利于区域经济一体化的顺利实行；发展中国家彼此的经贸结构差异较大，实行一体化后成员国损益不均，对一体化组织的稳定性造成不利影响。

⑤ 政治环境不同。发达国家政治环境普遍较为稳定，能够为一体化的形成营造良好的政治环境；而发展中国家政治制度不成熟，政局动荡，不利于经济一体化的进一步发展。

⑥ 一体化管理能力不同。发达国家的一体化组织经验较为丰富，有较强的管理能力，能够制定科学合理的目标；而发展中国家一体化组织往往贪大求全，没有科学合理的目标和方向。

4. 世界贸易组织的基本原则及各自的含义是：

(1) 非歧视原则

非歧视原则包括最惠国待遇原则和国民待遇原则。其中，最惠国待遇是指一成员现在和将来在货物贸易、服务贸易和知识产权领域所给予任何第三方的优惠待遇，应立即和无条件地给予其他各成员；国民待遇是指一成员对其他成员的产品、服务或服务提供者及知识产权所有者和持有者所提供的待遇，不低于本国同类产品、服务或服务提供者及知识产权所有者和持有者所享有的待遇。

(2) 贸易自由化原则

贸易自由化原则是指通过多边贸易谈判，实质性削减关税和减少其他贸易壁垒，扩大成员之间的货物和服务贸易。

(3) 透明度原则

透明度原则是指成员应公布所制定的和实施的贸易措施及其变化情况，不公布的不得实施，同时还应将这些贸易措施及其变化情况通知世界贸易组织。成员参加的影响国际贸易政策的国际协议也在公布和通知之列。

(4) 公平竞争原则

公平竞争原则是指成员应避免采取扭曲市场竞争的措施，纠正不公平贸易行为，在货物贸易、服务贸易和与贸易有关的知识产权领域，创造和维护公开、公平、公正的市场环境。

(5) 促进发展和经济改革原则

世贸组织沿袭了关贸总协定关于发展中国家和最不发达国家优惠待遇的相关协议和条款，并在世贸组织的相关协定、协议或条款中加以完善。此外，世贸组织也充分考虑到经济转型国家复杂的内部、外部条件，对他们加入该组织给予鼓励并承诺给予较灵活的处理。

三、计算题

(1) 当每袋价格为 10 元时，$D-S=(400-100)-(50+50)=200$，即进口量为 200 袋。

(2) 征收每袋 50%的进口关税后，进口价格为每袋 15 元。当不存在进口时，该国的国内价格可以通过如下计算：$S=D \Rightarrow 400-10P=50+5P \Rightarrow P=70/3>15$，因此国内价格为每袋 15 元。此时的进口量为$(400-150)-(50+75)=125$。

(3) 结成关税同盟以后，该国花生市场会完全由邻国占据，此时，其国内价格为每袋 12 元，进口量为：$D-S=(400-10\times12)-(50+5\times12)=170$，即 170 袋。

(4) 通过图 4-1 可以清楚地看出贸易转移与贸易创造的效应：

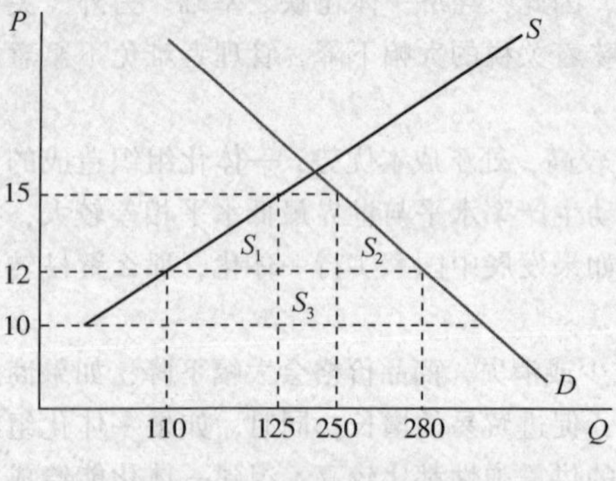

图 4-1　贸易创造和贸易转移效应

贸易创造效应为：$[(125-110)+(280-250)]\times(15-12)\times1/2=67.5$，即图中 S_1 与 S_2 的面积之和。但是，较之于自由贸易时的进口量 200 袋，可知关税同盟建立后，贸易量减少了 30 袋，即产生了贸易转移，贸易转移效应为：$(125-250)\times(12-10)=-250$，即图中 S_3 的面积。因此，该小国关税同盟的净福利为：$-250+67.5=-182.5$，即净福利损失为 182.5。

四、论述题

1. "一带一路"(The Belt and Road，缩写 B&R)是"丝绸之路经济带"和"21 世纪海上丝绸之路"的简称。2013 年 9 月和 10 月，中国国家主席习近平在出访中亚和东南亚国家期间，先后提出共建"丝绸之路经济带"和"21 世纪海上丝绸之路"的重大倡议，得到国际社会高度关注。"一带一路"倡议贯穿亚欧非大陆，一头是活跃的东亚经济圈，一头是发达的欧洲经济圈，中间广大腹地国家经济发展潜力巨大。丝绸之路经济带重点畅通中国经中亚、俄罗斯至欧洲(波罗的海)；中国经中亚、西亚至波斯湾、地中海；中国至东南亚、南亚、印度洋。21 世纪海上丝绸之路重点方向是从中国沿海港口过南海到印度洋，延伸至欧洲；从中国沿海港口过南海到南太平洋。

"一带一路"是一个宏伟的战略构想，它的建设过程不仅涉及众多国家和地区，涉及众多产业和巨量的要素调动，这其间产生的各种机遇不可估量。主要有以下几方面：

第一，产业创新带来的机遇。产业创新涉及产业转型升级和产业转移等带来的红利。随着"一带一路"倡议的实施，中国的一些优质过剩产业将会转移到其他一些国家和地区。在国内，因为市场供求变化，一些过剩的产业，也许在其他国家能恰好被合理估值；在国内，因为要素成本的上升而使一些产业、产品失去了价格竞争力，也许在其他国家，较低的要素成本会使这些产业重现生机。在国内，因为产品出口一些发达国家受限而影响整个产业的发展，也许在其他国家就能绕开这些壁垒，等等。此外，由于产业转移引致的产业转型升级更是机遇无限，比如技术改造、研发投入、品牌塑造等都会给投资者带来无限机遇。

第二，金融创新带来的机遇。"一带一路"倡议的实施首先需要有充足的资金流，巨量的资金需求只能通过金融创新来解决。我们已经发起设立"亚投行"和"丝路基金"，但这也只能解决部分资金问题，沿"带"沿"路"国家和地区一定会进行各种金融创新，包括发行各种类型的证券、设立各种类型的基金和创新金融机制等等，这其间的红利和机遇之多甚至是不可想象的。

第三，区域创新带来的机遇。“一带一路”本质上是一个国际性区域经济的范畴，随着“一带一路”倡议的实施，必将引发不同国家和地区的区域创新，这包括区域发展模式、区域产业战略选择、区域经济的技术路径、区域间的合作方式等等，这其间的每个创新都蕴含着无限的机遇。

2. 2001年中国正式加入世界贸易组织(WTO)，这是中国改革开放和现代化建设进程中的一个重要里程碑。入世20年来，中国是最大的受益方之一，同时也是最大的贡献方。

(1) 入世是中国经济发展的助推器

加入世贸，不仅让中国企业有机会参与国际贸易，融入全球产业分工格局，也让参与其中的跨国企业在见证营商环境不断优化的同时也受益于中国的发展机遇。加入WTO使得中国得以充分利用互惠原则和非歧视性原则等世贸规则发挥国内市场优势，创新技术引进方式，当年提出关键技术装备采取了引进、消化、吸收、再创新的策略，综合施策加速推动我国关键领域重大技术装备国产化进程。

入世20年来，中国充分融入世界市场和全球价值链，取得了举世瞩目的经济发展成就，与世界共享广阔的发展机遇。2001—2020年，中国经济总量从世界第六跃居世界第二；成为全球第一大货物贸易国、第二大服务贸易国和超过120个国家或地区的最大贸易伙伴；利用外资与对外投资双双实现跨越式发展，利用外资稳居发展中国家首位，对外投资也从世界第26位攀升至第1位，成为全球重要的资本输入和输出国。中国产业竞争力不断提升，由“中国制造”向“中国智造”转型升级，成为全球产业链和价值链中不可或缺的重要一环。

(2) 中国的经济发展成就惠及世界

入世20年来，中国对全球经济增长的年均贡献率接近30%，成为世界经济增长的主要稳定器和动力源。中国不仅是全球第一大货物出口国，也是全球第二大进口市场，成为多个国家和地区的主要出口目的地。入世20年来，中国货物进口额增长6倍，世界占比从3.8%增至11.5%，进口增量占世界的15.9%，2009年后成为世界第二大货物进口国；中国服务进口额增长7倍，2013年之后成为全球第二大服务进口国。中国依托资源禀赋和制造业基础融入全球价值链，大幅降低了生产成本和消费品价格，提高了世界范围内资源的配置效率和经济运转效率，加深了世界经济对中国的依赖程度。中国经济向“扩内需、促消费”方向转型，为世界各国提供更多的贸易、投资和发展机遇。2020年，面对新冠肺炎疫情对全球产业链造成广泛冲击、经济全球化遭遇逆流，中国利用自身经济的稳定性和韧性，成为率先恢复经济正增长的主要经济体，出口贸易逆势增长2.4%，进口贸易增长4.4%，为世界经济复苏注入强大动能，为推动世界经济实现包容、可持续和韧性发展作出重要贡献。与此同时，自加入WTO以来，中国全面履行承诺，实现互利共赢，在对外开放中展现了大国担当。

3. (1) 中国缩减外商投资准入负面清单的背景

① 全球疫情与经济低迷。新冠疫情导致全球贸易投资大幅下滑，跨国直接投资面临本世纪最大降幅。各国采取跨境流动限制，传统全球化模式暴露短板，同时“逆全球化”思潮抬头。

② 中国扩大开放的战略需求。作为疫情控制较好的国家，中国通过缩减负面清单推动跨国投资复苏，稳定全球产业链供应链。连续四年压减负面清单，展现高水平开放的决心，对接CPTPP等国际高标准经贸规则。

③ 国内经济高质量发展诉求。需弥补技术、品牌、服务等价值链高端环节的短板，提升供给质量与产业链韧性。

(2) 中国缩减外商投资准入负面清单的意义

① 推动全球化深入发展。通过扩大开放反对“逆全球化”，维护国际产业链稳定，引导经济全球化向正确方向发展。

② 制度型开放的重要实践。缩减负面清单是对接国际规则的关键步骤，促进国内规则、标准等领域与国际接轨。为参与WTO改革及多边经贸谈判奠定基础，增强国际话语权。

③ 集聚高端要素资源。吸引外资企业的技术、管理、创新能力，推动产业链向高附加值环节升级。

(3) 中国缩减外商投资准入负面清单的影响

① 全球经济层面。带动跨国投资回稳，通过产业链传导效应促进全球贸易复苏。

② 国内经济层面。产业升级：加速向研发、品牌、服务等价值链高端延伸，优化供给结构。营商环境优化：增强外资信心，推动市场化改革与制度创新。

③ 国际规则层面。提升中国在国际经贸治理中的主动性，为构建高标准全球规则提供中国方案。

4.(1)在非合作博弈下，两国会陷入“囚徒困境”：A 国决策：若 B 国自由贸易，A 国选择保护(5>4)；若 B 国保护，A 国选择保护(2>1)。可见，A 国必然选择贸易保护。B 国同理，也会选择保护。结果：双方选择(保护，保护)，收益为(2，2)——帕累托次优，个体理性导致集体非理性。

(2) 若两国通过谈判达成协议：选择(自由贸易，自由贸易)，收益(4，4)更优。两国会制定贸易自由主义政策。

(3) WTO 通过制度设计有效破解国际贸易中的囚徒困境，其核心机制包括：

① 规则刚性约束：最惠国待遇原则强制成员国平等开放市场，单边保护将面临系统性违约成本。

② 重复博弈框架：定期贸易政策审议机制将单次博弈转化为长期互动，成员国需持续证明政策合规性。

③ 收益再平衡：特殊与差别待遇条款允许发展中国家暂缓开放敏感领域，避免“赢者通吃”引发的集体对抗。

(4) WTO 的缺陷：

① 决策效率低下：164 个成员“协商一致”原则导致改革停滞。

② 争端解决瘫痪：美国阻挠上诉机构法官任命，12 起案件悬而未决。

③ 规则滞后：未涵盖数字贸易、国企补贴等新议题，中国光伏产业遭欧美“双反”围攻时缺乏有效规则。

解决方案：

① 灵活决策机制：采用“关键多数”模式，部分协议可由意愿联盟先行。

② 恢复上诉机构：限制过度司法化，允许成员国对裁决提出合理异议。

③ 新规则制定：将碳边境税、数据本地化等纳入谈判，避免单边主义泛滥。

第二篇　国际直接投资与跨国公司

第 5 章　国际直接投资与跨国公司

本章是国际投资学的基础，包含国际直接投资理论和跨国公司两部分。其中，国际直接投资理论是重点，频繁出现在各大高校的真题。本章内容与现实热点结合密切，需要考生能够熟练运用对外直接投资理论来分析投资案例。

知识脉络

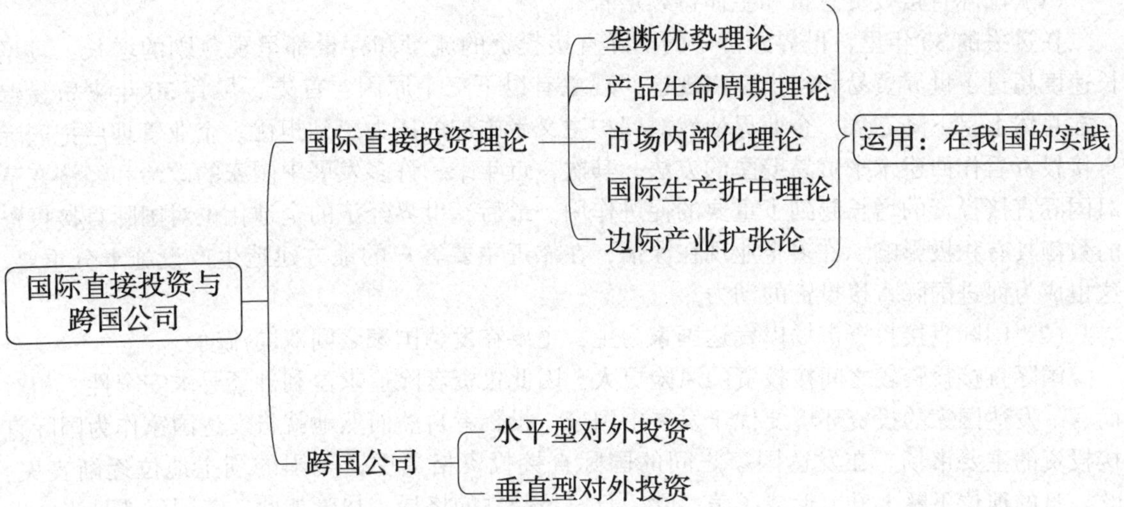

大纲解析

知识点一　国际直接投资与跨国公司理论

一、国际直接投资

1. 国际直接投资相关概念

国际直接投资，又称外国直接投资（Foreign Direct Investment，简称 FDI），是指投资者为了在国外获得长期的投资效益并得到对企业的控制权，通过直接建立新的企业、公司或并购原有企业等方式进行的国际投资活动。国际直接投资的流量（flow of FDI）是指在一段时间里（通常是一年）发生的国际直接投资的数量。国际直接投资的存量是指在某个时点上外国持有的资产的累积总量。

FDI 分为两种：对外直接投资是指一国国际直接投资的流出；外来直接投资是指国际直接投资的流入。

国际直接投资与外国证券投资(Foreign Portfolio Investment，FPI)有显著区别。FPI 是国际资本流动的另一种方式，指投资者持有国外公司的证券和其他金融资产，但一般并不享有对该公司的控制权或经营权。

【例 1】对外直接投资与对外间接投资的根本区别在于(　　)。

A. 是否对企业拥有一定的控制权

B. 是否对企业拥有经营管理权

C. 是否对企业拥有控制权和经营管理权

D. 直接投资涉及有形资产的投入，而间接投资只涉及无形资产

【解析】C。对外直接投资与间接投资的根本区别在于是否拥有控制权和经营管理权。直接投资通过设立企业或控股参与经营，间接投资仅购买金融资产不涉管理。A/B 片面，D 混淆资产形态，均排除。

2. 国际直接投资的特点与趋势

(1) 国际直接投资总量和主体持续增长

在过去的 30 年里，世界经济中的国际直接投资的流量和存量都呈现急剧的增长，且增长速度超过了世界贸易和产出。出现这一现象有以下三个原因：首先，尽管 30 年来贸易壁垒在总体上呈下降态势，企业界依然对保护主义者施加的压力感到担忧。企业管理层把国际直接投资看作回避未来贸易壁垒的方法。其次，近年来，许多发展中国家的政治和经济变革对国际直接投资的增长起到了重要的促进作用。最后，世界经济的全球化也对国际直接投资的数额具有积极影响。许多企业现在深信，在靠近主要客户的地方建造生产设施十分重要。这也成为促进国际直接投资的动力。

(2) 国际直接投资市场以发达国家为主，主要在发达国家之间双向流动

国际直接投资较之间接投资的风险更大，因此投资者除追求盈利外还寻求安全性。相对而言，发达国家的投资环境要优于发展中国家，投资者自然而然地就将发达国家作为国际直接投资的主要市场。在发达国家之间的国际直接投资格局中，美国的霸主地位逐渐丧失，欧、日的地位不断上升，形成了美、欧、日三足鼎立的格局。尽管如此，美国仍然是当今世界主要的对外直接投资国和外国直接投资的吸收国。

但是，随着发展中国家经济实力的增强，特别是包括中国在内的新兴经济体的崛起，流向发展中国家的国际直接投资也在增长，规模不断扩大。

衡量外来直接投资重要性的一种方法是观察其与固定资本形成总额的比例。固定资本形成总额是投资于工厂、商店、办公楼等的资本相加后的总额。在其他因素不变的情况下，一国的资本投资越多，其未来发展前景越光明。根据这种观点，外来直接投资可以看作资本投资的重要领域和未来经济增长率的决定因素。

(3) 发展中经济体和转型经济体正发展为国际直接投资来源地

来自发展中经济体和转型经济体的企业越来越在国际上占有重要地位，它们通过对外直接投资，为母公司提供了新的发展机会。另外，来自发展中经济体和转型期经济体对外直接投资的增长促进了大规模的南南直接投资流量，从而促进了南南国家在投资领域的交流与合作。

(4) 国际直接投资主要流向高新技术产业领域和服务行业

第二次世界大战前，国际直接投资主要集中在采掘业和初级产品加工业。第二次世界大战后，随着发展中国家石油、矿产资源的国有化和民族经济的发展，外国垄断资本对采掘业投资的比重逐渐下降，对制造业领域投资的比重明显上升。在占国际投资绝大部分的发达国家之间的直接投资中，虽然投向制造业的比重仍然较大，但随着各发达国家产业结构高级化，外国直接投资的重点行业从传统的制造业逐步转向高新技术产业。

另外，第三产业中的一些行业，如金融、保险、不动产等也成为国际直接投资的热点。向服务业的转变主要由四个因素促成：第一，这种转变反映了许多发达国家从制造业向服务业转变的总体趋势。第二，许多服务方式无法参与国际贸易。这些服务需要在消费的地方予以提供，国际直接投资是向国外市场提供服务的主要方法。第三，许多国家放宽了对服务业的国际直接投资的管制措施。第四，基于因特网的全球电信网络的兴起使得一些服务业企业能够将其创造价值的工作安排在不同的国家进行，以降低要素成本。

二、跨国公司理论

战后，随着西方跨国公司的发展和对外直接投资的扩大，其有关的理论也在实践中不断演进，经过了从简单的概念到完善的理论体系，从静态研究到动态研究，从单纯经济学角度到组织和制度的研究与发展过程。具有代表性的理论有垄断优势论、产品周期论、内部化理论、国际生产折中理论、比较优势理论，以及发展中国家对外投资理论等。

1. 垄断优势理论

垄断优势理论由美国经济学家斯蒂芬·海默(Stephen Hymer)于1960年在博士论文中首次提出，后经其导师金德尔伯格(Charles Kindleberger)补充完善，成为国际直接投资领域的开创性理论。该理论突破传统完全竞争假设，认为市场不完全性是企业对外直接投资的根本动因，而跨国公司的垄断优势(如技术、规模经济、管理能力等)是其在海外市场竞争中获利的核心条件。

(1) 理论假设

① 市场不完全性：现实中普遍存在四类市场缺陷：

a. 产品市场不完全(如商品差异化、商标壁垒)。

b. 要素市场不完全(如技术垄断、融资优势)。

c. 规模经济导致的不完全竞争。

d. 政府政策干预(如关税、税收壁垒)。

② 垄断优势的存在：跨国公司需具备东道国企业无法获得的独占性优势，以抵消“外来者劣势”(如文化差异、管理成本)。

(2) 核心内容

垄断优势具体表现为两类：

① 知识资产优势：包括技术专利、专有技术、品牌声誉、管理技能等无形资产。例如，微软凭借操作系统技术垄断，通过直接投资维持全球市场支配地位。

② 规模经济优势：通过横向一体化(扩大生产规模)或纵向一体化(整合供应链)降低成本。例如，可口可乐通过全球生产网络实现原材料采购与分销的规模效应。

(3) 理论评价

① 理论贡献

a. 首次将国际直接投资研究从流通领域转向生产领域，奠定独立学科基础。

b. 解释了跨国公司为何选择直接投资而非出口或技术授权(如避免技术优势流失)。

② 局限性

a. 以美国企业为研究样本，难以解释发展中国家企业的对外投资行为。

b. 静态分析框架忽略技术扩散与动态竞争，无法说明中小企业的国际化动机。

c. 未充分考虑区位因素对投资选址的影响(如东道国政策、资源禀赋)。

2. 产品生命周期理论

产品生命周期理论是由美国经济学家雷蒙德·弗农(Raymond Vernon)于1966年在其《产品周期中的国际投资与国际贸易》一文中首次提出的。该理论将产品生命周期划分为三个阶段：创新阶段、成熟阶段和标准化阶段，旨在解释国际贸易和国际直接投资的动态变化。弗农认为，产品像生命体一样，会经历从诞生、成长到成熟、衰退的过程，而这一周期在不同技术水平的国家会呈现出时间和过程上的差异，这种时差决定了国际贸易和投资的模式。该理论突破了传统静态贸易理论的局限，首次将时间维度引入国际贸易分析，揭示了技术创新、市场需求和区位选择之间的动态关系。它认为，产品在不同生命周期阶段会表现出不同的要素密集特性，从而导致生产区位的跨国转移，进而影响国际贸易格局和直接投资流向。

(1) 理论假设

① 信息传递限制：国与国之间的信息传递存在障碍，技术扩散需要时间，这为创新国维持一段时间的技术优势提供了可能。

② 生产函数可变：生产函数具有可变性，当生产达到一定规模后会产生规模经济效应，降低单位生产成本。

③ 要素密集度变化：产品在生命周期的不同阶段表现出不同的要素密集特性，从创新阶段的技术密集型，到成熟阶段的资本密集型，再到标准化阶段的劳动密集型。

④ 需求差异：不同收入水平的国家具有不同的需求结构和消费偏好，高收入国家对新产品的需求更大，为产品创新提供了市场基础。

⑤ 市场不完全竞争：国际市场存在不完全竞争，企业可以通过技术垄断获得超额利润，这是企业进行对外直接投资的重要动机。

(2) 理论内容

产品生命周期理论将产品生命周期分为三个主要阶段，每个阶段具有不同的特征和相应的国际生产与贸易模式：

① 产品创新阶段。在这一阶段，创新国(通常是技术领先的发达国家)凭借其研发能力开发新产品。由于存在技术垄断，企业主要在国内生产，产品主要满足国内市场需求。此时产品属于技术密集型，需要大量研发投入和高技能劳动力。由于产品价格弹性低、收入弹性高，主要销售给国内高收入群体，并少量出口到其他高收入国家。

② 产品成熟阶段。随着技术逐渐成熟和市场需求扩大，产品进入成熟阶段。此时技术诀窍开始扩散，国外竞争者出现，成本因素变得更为重要。为了降低生产成本、避开贸易壁垒并接近市场，创新国企业开始对外直接投资，优先选择技术水平接近、需求结构相似的其他发达国家建立生产基地。产品从技术密集型转变为资本密集型，企业通过规模经济降低成

本，创新国对其他发达国家的出口逐渐被当地生产所替代。

③ 产品标准化阶段。在这一阶段，产品和生产技术完全标准化，技术垄断优势消失，竞争主要围绕价格展开。产品变为劳动密集型，生产区位转向劳动力成本低的发展中国家。创新国逐渐丧失比较优势，变为该产品的净进口国。发展中国家凭借低成本优势，逐渐成为该产品的主要出口国。

这一动态过程解释了比较优势如何随着产品生命周期的演变在不同国家间转移，从而推动国际贸易和直接投资的发展。

(3) 理论评价

① 理论贡献

a. 动态分析框架：首次将动态分析引入国际贸易理论，突破了传统静态比较优势理论的局限，解释了比较优势的动态变化。

b. 整合国际贸易与投资：将国际贸易和国际直接投资纳入统一分析框架，揭示了两者之间的内在联系，为跨国公司理论奠定了基础。

c. 实践指导意义：为企业制定国际化战略提供了理论指导，解释了为什么企业会在不同阶段选择出口或对外直接投资。

d. 经验解释力：较好地解释了 20 世纪 60—70 年代美国制造业向其他发达国家及随后向发展中国家转移的现象。

② 理论局限

a. 美国中心主义：理论过于强调美国作为创新源头的特殊地位，难以解释后来日本、欧洲及新兴经济体的技术创新现象。

b. 全球化生产挑战：在全球化背景下，产品生产环节分散到不同国家，产品生命周期不再局限于单一国家，理论解释力下降。

c. 服务业适用性有限：该理论主要基于制造业产品，对快速发展的服务业国际贸易解释力不足。

d. 技术扩散加速：随着信息技术发展，技术扩散速度加快，产品生命周期缩短，传统三阶段划分变得模糊。

e. 忽略企业异质性：未考虑企业之间的能力差异和战略选择，难以解释同一行业内不同企业的国际化路径差异。

3. 市场内部化理论

市场内部化理论由英国学者巴克利(Peter J. Buckley)和卡森(Mark C. Casson)于 1976 年在《跨国公司的未来》一书中首次系统提出，后经加拿大学者拉格曼(Alan M. Rugman)进一步发展。该理论源于科斯(Ronald Coase)的交易成本理论，核心观点是企业通过建立内部市场替代外部市场，以降低交易成本并实现利润最大化。当企业的内部化行为跨越国界时，便形成了跨国公司。

该理论突破了传统贸易理论的静态分析框架，从中间产品市场不完全视角解释了对外直接投资的动因。与垄断优势理论强调企业特定优势不同，内部化理论更关注市场机制失效导致的交易成本问题，认为跨国公司本质上是市场内部化的产物。这一理论为解释跨国公司的形成与发展提供了一般性分析框架，被视为跨国公司理论的核心学说之一。

【例 2】内部化理论解释国际直接投资的发生机理时，着重强调了(　　)。

A. 市场不完全性　　B. 中间产品市场　　C. 最终产品市场　　D. 产品差异

【**解析**】B。内部化理论解释国际直接投资的发生机理时，着重强调了中间产品市场。该理论认为，由于中间产品(如技术、知识、管理技能等)市场存在不完全性(信息不对称、交易成本高、知识产权保护困难等)，企业倾向于通过建立内部市场替代外部市场，以降低交易成本并实现资源最优配置。

(1) 理论假设

① 不完全市场假设：外部市场存在普遍的不完全性，尤其是中间产品(技术、知识、管理技能等)市场存在信息不对称、交易成本高、产权界定模糊等问题，导致市场交易效率低下。

② 企业利润最大化：企业作为理性经济主体，经营目标是通过降低成本和控制风险实现利润最大化。当外部市场交易成本高于内部组织成本时，企业会选择内部化。

③ 内部化可行性：企业具备组织和管理内部市场的能力，可通过行政协调替代市场机制配置资源，且内部化的收益大于相应成本。

④ 跨国经营延伸：当市场内部化的范围超越国界时，企业便演变为跨国公司，其国际直接投资是内部化战略的自然延伸。

(2) 理论内容

内部化理论的核心内容围绕市场内部化的动因、影响因素及实现机制展开：

① 内部化动因

a. 知识资产保护：技术、专利等知识产品具有公共品特性，外部交易易导致技术泄露，内部化可避免优势流失。

b. 中间产品市场失效：原材料、零部件等中间产品的外部交易存在不确定性，内部化可确保供应稳定性并降低议价成本。

c. 控制交易不确定性：通过内部转移定价、长期合约等方式，减少外部市场价格波动、汇率风险对经营的冲击。

② 影响内部化决策的关键因素

a. 产业特定因素：产品复杂性、技术密集度、规模经济要求越高，内部化动机越强。

b. 区位特定因素：地理距离、文化差异、东道国政策限制等影响内部化成本。

c. 企业特定因素：组织管理能力、协调效率决定企业内部化的可行性与边界。

③ 内部化实现机制

企业通过建立海外子公司、技术转移内部化、垂直/水平一体化等方式构建内部市场，典型手段包括：

a. 设立跨国生产网络，控制产业链上下游环节。

b. 采用内部转移价格调节资源配置与利润分配。

c. 通过股权控制实现技术、管理技能的内部转移。

(3) 理论评价

① 理论贡献

a. 一般性解释框架：突破了垄断优势理论的静态视角，可解释不同行业、不同国家企业的对外直接投资行为，尤其适用于知识密集型产业。

b. 整合交易成本理论：首次将交易成本概念系统引入国际直接投资分析，揭示了企业组织形式与市场效率的内在联系。

c. 实践指导意义：为企业选择国际化路径（出口、许可、直接投资）提供了决策依据，强调通过内部化控制关键资源与能力。

② 理论局限

a. 忽视宏观环境因素：侧重企业微观决策，对东道国文化差异、制度环境、全球价值链分工等宏观因素关注不足。

b. 静态分析倾向：未充分考虑技术进步、市场演变等动态因素对内部化边界的影响，难以解释数字经济时代的平台型跨国公司。

c. 中小企业适用性有限：假设企业具备强大的组织管理能力，对资源有限的中小企业国际化行为解释力较弱。

4. 国际生产折中理论

国际生产折中理论（Eclectic Theory of International Production），又称“OLI 范式”，由英国经济学家约翰·邓宁（John Dunning）于 1977 年在《贸易、经济活动的区位与跨国企业：折中理论方法探索》一文中提出。该理论整合了垄断优势理论、内部化理论和区位理论的核心要素，通过所有权优势（Ownership）、内部化优势（Internalization）和区位优势（Location）的三维框架，系统解释了跨国公司对外直接投资的动因与条件。邓宁认为，企业需同时具备这三类优势才能开展对外直接投资，否则应选择出口或技术转让。该理论被视为国际直接投资领域的“通论”，其动态分析视角还延伸至宏观经济发展阶段与投资模式的关联（如“投资发展周期”理论）。

（1）理论假设

① 市场不完全性：国际市场存在结构性缺陷（如贸易壁垒）和交易失效（如信息不对称），导致企业难以通过外部市场高效配置资源。

② 企业理性决策：跨国公司以利润最大化为目标，基于优势组合选择国际化路径（出口、许可、FDI）。

③ 优势可转移性：所有权优势（如技术、品牌）可通过内部化在不同区位应用，而区位优势依赖东道国禀赋条件。

④ 动态调整假设：优势组合随时间变化，企业需根据技术扩散、政策变动等调整投资策略。

（2）核心内容

① 所有权优势（O），指企业拥有的无形资产优势（技术、专利、管理技能）和规模经济优势（生产、营销网络），分为：

a. 资产性优势：有形资产（资金、设备）与无形资产（商标、研发能力）的独占性。

b. 交易性优势：全球资源调配、风险规避能力带来的成本节约。

② 内部化优势（I），企业通过建立内部市场替代外部市场，以降低交易成本，具体表现为：

a. 克服市场失效：如技术转让中买方对价值的不确定、中间产品价格扭曲。

b. 控制资源配置：通过子公司网络实现技术保密、质量管控和转移定价。

③ 区位优势（L），东道国的不可移动要素禀赋与政策环境，包括：

a. 直接区位优势：廉价劳动力、自然资源、市场规模、税收优惠。

b. 间接区位优势：母国贸易壁垒（如高关税）迫使企业海外设厂。

（3）优势组合与投资模式选择

优势组合	国际化途径	优势组合	国际化途径
O+I+L	对外直接投资	O	技术转让（许可/特许）
O+I	出口贸易		

【例 3】根据国际生产折中理论，一企业具有所有权优势和内部化优势，应选择（　　）。（暨南大学 2021 年）

A. 技术转让　　B. 出口　　C. 独资　　D. 合资

【解析】B。国际生产折中理论认为，企业国际化需所有权（O）、区位（L）、内部化（I）优势。仅具备 O 和 I 优势时，缺乏海外生产的区位吸引力，应选择出口（B）。若同时具备 L 优势，则选择直接投资（独资/合资）；仅有 O 优势时选择技术转让。

（4）理论评价

① 贡献

a. 整合性框架：首次将微观企业优势与宏观区位因素结合，解释了 FDI、出口与许可的选择逻辑。

b. 动态适用性：后续提出的“投资发展周期”理论，揭示了一国人均 GDP 与 FDI 流入/流出的正相关关系。

c. 实践指导价值：为跨国公司区位选择（如制造业向低成本地区转移）和政策制定（如东道国招商引资）提供依据。

② 局限性

a. 静态分析倾向：未充分考虑技术迭代、数字化转型对优势组合的动态影响。

b. 忽视制度文化因素：对东道国法律体系、文化差异如何影响内部化效率的解释不足。

c. 发展中国家解释力弱：无法完全解释新兴经济体企业（如中国企业）在缺乏传统优势时的“逆向投资”行为。

5. 边际产业扩张论

边际产业扩张论由日本经济学家小岛清（Kiyoshi Kojima）于 1977 年在《对外直接投资论》中提出，核心是“顺贸易导向型”投资：一国应从本国已处于或即将丧失比较优势的产业（边际产业）开始对外直接投资，这些产业在东道国具有潜在比较优势。该理论基于日本 20 世纪 60—70 年代对外投资实践，与美国垄断优势理论形成鲜明对比——美国侧重技术垄断和市场控制，日本则强调通过产业转移实现国际分工优化。

（1）理论假设

① 比较优势动态转移：国际分工遵循比较成本原则，投资国与东道国的产业优势具有互补性。

② 市场完全竞争：企业不依赖垄断优势，而是通过要素禀赋差异获取利润。

③ 技术适应性：转移的技术应与东道国生产要素结构匹配（如劳动密集型技术适合发展中国家）。

④ 投资与贸易互补：对外直接投资应扩大而非替代两国贸易，形成“贸易创造效应”。

（2）核心内容

① 边际产业的定义

a. 双重属性：对投资国是“边际性产业”（如日本 20 世纪 60 年代的纺织业），对东道国是“潜在优势产业”。

b. 判断标准：依据比较成本动态变化，优先转移劳动密集型、标准化技术产业。

② 投资路径与模式

a. 转移顺序：从边际产业依次转移，如日本→东南亚(纺织业)→拉美(机械加工)。

b. 主体特征：以中小企业为主，技术转移偏向“适用技术”，而非尖端技术。

c. 贸易互补机制：通过投资提升东道国生产能力，扩大双方比较成本差距，促进出口(如日本向东道国出口设备，进口制成品)。

【例 4】“小岛清理论”中的边际产业是指(　　)。

A. 处于或趋于比较劣势的产业　　B. 具有比较优势的产业

C. 具有潜在的比较优势的产业　　D. 能够带来边际利润的产业

【解析】A。“小岛清理论”中的边际产业是指处于或趋于比较劣势的产业。该理论认为，对外直接投资应从投资国已经处于或即将失去比较优势的产业(边际产业)依次进行，这些产业对东道国而言可能仍具有比较优势，通过产业转移实现双方优势互补。

(3) 日美投资模式对比

项　目	日本模式(边际产业扩张)	美国模式(垄断优势)
投资主体	中小企业为主	大型跨国公司
技术特征	适用技术、劳动密集型	尖端技术、垄断优势
贸易影响	贸易创造(互补)	贸易替代(竞争)

(4) 理论评价

① 理论贡献

a. 动态视角：首次将国际分工理论融入直接投资分析，解释了后发国家的“渐进式”国际化路径。

b. 实践指导：为日本 20 世纪 70—80 年代产业升级和东亚“雁阵模式”提供理论支撑。

【知识拓展】雁阵模式

雁阵模式是由日本学者赤松要于 1935 年提出的产业发展理论，用以解释后发国家如何通过承接国际产业转移实现工业化。该理论将国家间的产业梯度比喻为“雁阵”：发达国家为领头雁，发展高附加值产业；后发国家依次跟进，承接其转移的劳动、资本及技术密集型产业，形成层级分明的产业分工格局。

核心机制包括三阶段循环：①进口国外产品；②国内生产替代进口；③出口竞争占领国际市场。典型案例为二战后东亚经济发展：日本→亚洲四小龙→东盟→中国依次承接纺织、电子组装、汽车制造等产业，实现阶梯式升级。

该模式揭示了后发国家利用比较优势追赶的路径，但也存在过度依赖外部技术、易受全球经济波动影响等局限，在数字经济和产业链区域化背景下需重新审视其适用性。

c. 发展中国家启示：论证了发展中国家通过承接边际产业实现工业化的可行性(如中国改革开放初期吸引日资)。

② 局限性

a. 静态分析：未考虑技术进步对比较优势的颠覆性影响，难以解释 20 世纪 80 年代后日本对美高科技投资。

b. 适用范围窄：仅适用于垂直分工场景，无法解释发达国家间的水平投资（如汽车产业交叉投资）。

c. 忽视制度因素：未涉及东道国政策壁垒、文化差异等非经济因素对投资的影响。

知识点二 水平型与垂直型对外直接投资

一、国际直接投资的发展

国际直接投资是国际投资的一种主要形式。二战后，国际直接投资的发展速度、流动规模及其影响都远远超过了其他形式的投资。它的发展不仅引起了货币资本在国际间的流动，而且促进了企业和其他生产要素的国际间转移，从而加速了生产和资本的国际化。

1. 国际直接投资的含义

国际直接投资是指投资者以国际直接投资为媒介，以取得企业经营权或者经营控制权为手段，以获取多重效益为目的，在国外从事制造业、商业、服务业和金融业的一种投资行为。

国际直接投资的主观意图是通过参与、控制企业的经营权以获取收益，这是国际直接投资与国际间接投资最大的区别。

2. 国际直接投资的特点

作为生产资本国际化实现形式的国际直接投资，与作为货币资本国际化实现形式的国际间接投资相比，具有自己的特点，主要表现在以下几点：

（1）国际直接投资的投资者拥有企业的控制权；

（2）国际直接投资能够实现生产要素的跨国流动；

（3）国际直接投资的投资周期长、风险大；

（4）国际直接投资主要通过跨国公司进行。

3. 战后国际投资的迅速发展

战后国际直接投资获得了空前迅猛的发展。不仅在投资规模上急剧扩大，而且在国际直接投资的地区结构、行业结构和投资主体等也都发生了深刻的变化，呈现出许多新的特点。当然，战后国际直接投资的迅猛发展，也是由许多因素共同促成的。

二、水平型对外直接投资

1. 水平型对外直接投资的含义

水平型直接投资也称为横向型直接投资，是指一国企业将生产资本输出到另一国，在投资所在国设立子公司，根据当地情况从事某种产品的设计、生产和销售等全部经营活动。这类子公司和其他企业能够独立完成生产和销售，与母公司或国内企业保持水平分工关系。这种类型的直接投资多见于机械制造业和食品加工业等行业。

2. 水平型对外直接投资的原因

水平型对外直接投资的一个重要原因是避开国际贸易壁垒（这里的贸易壁垒是广义的，它包括关税壁垒、跨国运输成本等一切增加国际贸易成本的因素）。贸易壁垒越高，对外直接投资的可能性也就越大。反之，贸易壁垒越低，对外直接投资的动力也就越小。而经济全球化的发展使得这类跨国公司对外直接投资的动因逐步削弱。各国经济正朝着国际一体化的方向发展，世界经济的大统一使得国际贸易领域逐步实现自由化，各国纷纷开始降低关税壁垒，从而使跨国直接投资绕开关税壁垒的这一动力下降。

同时随着技术日新月异的发展，跨国公司贸易的运输成本也一路下降，至少运输成本在公司产品总成本中所占的比例相对较小，对跨国公司的生产地选择影响有限。可见，以上两种因素的变化都对水平型直接投资的动因起着相反的解释作用，此类跨国公司欲占领他国市场，将会直接通过国际贸易的方式进入。

3. 水平型对外直接投资与产业内贸易

在水平一体化模型中，跨国公司因为主要在经济发展水平和市场规模相似的国家之间从事类似的经营活动，因此倾向于在各个国家都建立自己的生产和销售体系，在当地生产，满足当地需求。从表面上看这种投资行为在一定程度上替代了国际贸易，但如果结合产品差异和消费者偏好来研究，则会发现跨国公司的水平一体化投资也是产业内贸易的重要来源。这种水平一体化跨国公司在经济发展水平类似的国家之间建立内部市场，进行差别产品交易，呈现出产业内贸易的特征，同时又有规模经济的特征，在需求的拉动下，产业内贸易得到了极大的发展。

由水平一体化跨国经营所引起的产业内贸易的增加，无论是对母国还是东道国的对外贸易竞争力都具有促进作用。对母国来说，水平一体化跨国公司在总部与海外工厂之间平行分工，从事基本相同的生产经营活动，从而获得了规模经济，降低产品平均生产成本，这种建立在规模经济基础之上的产业内贸易的增加极大地促进了母国对外贸易竞争力的提高。而对东道国来说，跨国公司的进入会给东道国带来母国先进的生产和经营技术，促进东道国的相关产业的技术进步和产业升级，即使母国和东道国技术水平相差不大，跨国公司也会为东道国带来有特色的生产方式、新的营销渠道，以及不同的管理理念等，因此，由水平一体化跨国公司所带来的产业内贸易水平的提高同样也促进了东道国的对外贸易竞争力的提高。

4. 水平型对外直接投资与经济效应

水平型对外直接投资使母子公司之间在公司内部相互转移生产技术、营销诀窍和商标专利等无形资产，有利于增强各自的竞争优势与公司的整体优势、减少交易成本，从而形成强大的规模经济。水平型的对外直接投资与出口主要体现为替代关系。

三、垂直型对外直接投资

1. 垂直型对外直接投资的含义

垂直型直接投资也称为纵向型直接投资，一般指一国投资者为了在生产的不同阶段实现专业化而将生产资本直接输出到另一国建立企业的投资活动。这种投资方式在资源的开采、提炼、加工和制成品制作过程中使用较多，或者是把劳动密集型产品的某些生产阶段转移到劳动力成本较低的国家或地区进行。

2. 垂直型对外直接投资与产业内贸易

垂直型跨国公司在总部和海外工厂之间实行纵向分工，设在母国的总部和工厂从事产业链中关键的产业环节，一般是知识密集型产品的生产活动；海外子公司往往从事产业链中增值相对较低的劳动密集型和资本密集型的生产活动。这种纵向分工是发达国家跨国公司对发展中东道国传统的直接投资方式。

当母国与东道国的要素禀赋存在一定差距时，处于某一生产阶段的子公司会从其母公司或其他子公司输入零部件或中间产品，加工后输往母公司或其他子公司，由此产生“垂直贸易”。有的学者认为这种垂直贸易应该算作是产业间贸易，但在各国的统计上常常将零部件、中间产品及加工产品视为同组商品，因而被统计成为产业内贸易。

由此可见，跨国公司的垂直型内部贸易是产业内贸易的重要来源之一，无论是投资国或是东道国的产业内贸易都得到了极大的提高，而且随着跨国公司数目的增加，产业内贸易额也会增加。但这种产业内贸易的增加对投资国与东道国的对外贸易竞争力的影响是不同的。对母国而言，当它对外进行垂直型直接投资时，为了保持母国对东道国的技术优势，母国会利用它的有利经济条件，包括丰富的人力资本、大量的研究机构以及研究与开发投资等，提高母国的技术水平和生产效率。因此，一国的垂直型对外直接投资越多，产业内贸易额就越大，所体现出来的对外贸易竞争力就越强。而对东道国而言，虽然吸引垂直型跨国投资可以增加产业内贸易，从而获得更多的贸易利益，从短期来说对一国外贸竞争力具有促进作用，但从发展的角度分析，发展中国家总是接受前一轮被淘汰的技术，在技术发展上始终处在相对劣势的地位，对发展中国家产业结构升级的促进作用不大，因而这种产业内贸易的扩大并不能代表产业真正的技术水平和竞争力的提高。

3. 垂直型对外直接投资的经济效应

它使得全球生产的专业化分工与协作程度高，各个生产经营环节紧密相扣，便于公司按照全球战略发挥各个子公司的优势；而且由于专业化分工，每个子公司只负责生产一种或少数几种零部件，有利于实现标准化、大规模生产，获得规模经济效益。垂直型的对外直接投资与出口主要体现为互补关系，在垂直型对外直接投资条件下，可能导致较高水平的原材料贸易和中介投入，对产品出口具有较强的促进效应。

四、混合型投资

混合型投资是一种水平型和垂直型相结合的直接投资方式。一般来说，目前企业进行国际直接投资，并不单纯是水平型投资或垂直型投资，而是两者兼有，进行混合型投资。发达国家之间的直接投资往往以水平型为主，而发达国家对发展中国家的直接投资则以垂直型为主要形式。

知识点三　跨国公司发展及其主要类型

一、跨国公司的界定

1. 跨国公司的定义

跨国公司，又称多国公司、国际公司、超国家公司。20 世纪 70 年代初，联合国经济及社会理事会组成了由知名人士参加的小组，较为全面地考察了跨国公司的各种准则和定义后，于 1974 年做出决议，决定联合国统一采用“跨国公司”这一名称。跨国公司主要是指发达资本主义国家的垄断企业，以本国为基地，通过对外直接投资，在世界各地设立分支机构或子公司，从事国际化生产和经营活动的垄断企业。

按所有权标准对跨国公司的界定：是以所有权的法律基础来限定跨国公司的属性。

按经营管理特征对跨国公司的界定：是从企业具体的经营理念和经营行为来判定划分跨国公司的标准。

定义：跨国公司是指具有全球性经营动机和一体化的经营战略，在多个国家拥有从事生产经营活动的分支机构，并将它们置于统一的全球性经营计划之下的大型企业。

2. 跨国公司的特征

（1）一般都有一个国家实力雄厚的大型公司为主体，通过对外直接投资或收购当地企业的方式，在许多国家建立有子公司或分公司；

（2）一般都有一个完整的决策体系和最高的决策中心，各子公司或分公司虽各自都有自己的决策机构，都可以根据自己经营的领域和不同特点进行决策活动，但其决策必须服从于最高决策中心；

（3）一般都从全球战略出发安排自己的经营活动，在世界范围内寻求市场和合理的生产布局，定点专业生产，定点销售产品，以牟取最大的利润；

（4）一般都因有强大的经济和技术实力，有快速的信息传递，以及资金快速跨国转移等方面的优势，所以在国际上都有较强的竞争力；

（5）许多大的跨国公司，由于经济、技术实力或在某些产品生产上的优势，或对某些产品、或在某些地区，都带有不同程度的垄断性。

3. 跨国公司国际化经营的度量

从概念可以看出，跨国公司具有国际化经营的本质特征，对于如何度量跨国公司国际化经营的程度一直是学术界关注的重要问题之一，最常使用的是以下几个指标。

（1）跨国性指数（跨国经营指数，Transnationality Index，简称 TNI）

这是根据一家企业的国外资产比重、对外销售比重和国外雇员比重这几个参数所计算的算术平均值。

$$TNI=\frac{\dfrac{\text{国外资产}}{\text{总资产}}+\dfrac{\text{国外销售}}{\text{总销售}}+\dfrac{\text{国外雇员}}{\text{雇员总数}}}{3}\times 100\%$$

（2）网络分布指数（Net Distribution Index，NDI）

这个指数是用以反映公司经营所涉及的东道国的数量。

$$\text{网络分布指数}=\frac{N}{N^*}\times 100\%$$

式中，N 指公司国外分支机构所在的国家数；N^* 指公司有可能建立国外分支机构的国家数，即世界上有 FDI 输入的国家数，实际运算中，从已接受 FDI 输入存量的国家数目中减去 1（排除母国）即可得出 N^*；根据《世界投资报告，2019》提供的数据 $N^*=178$。

（3）外向程度比率（Outward Significance Ratio，简称 OSR）

$$OSR=\frac{\text{一个行业或厂商的海外产量（或资产、销售、雇员数）}}{\text{一个行业或厂商在其母国的产量（或资产、销售、雇员数）}}$$

（4）研究与开发支出的国内外比率（R & DR）

$$R\ \&\ DR=\frac{\text{一个行业或企业的海外 R \& D 费用开支}}{\text{一个行业或企业的海外或国内 R \& D 费用开支总额}}$$

二、跨国公司的产生和发展

1. 早期跨国公司的形成

（1）跨国公司的起源（16 世纪末 17 世纪初）

跨国公司形成和企业跨国经营的萌芽最早可以追溯到公元 16 世纪末 17 世纪初英国的特权贸易公司，或称特许公司。当时最有影响的特权贸易公司是英国东印度公司。这些特权贸易公司从事掠夺性经营，不利于各国民族经济的发展，故遭到了各国强烈的反对。随着英国近代资本主义的发展，东印度公司等特权贸易公司相继于19世纪后半叶被撤销。

(2) 跨国公司的形成初期(19世纪60年代中期)

现代意义上的跨国公司于19世纪在欧美主要经济发达国家出现，这些跨国公司的形成与这些国家在19世纪以前的海外殖民扩张、资本和商品输出有着直接的关系。当时具有代表性的是三家制造业企业，它们是德国的弗里德里克·拜耳化学公司；瑞典的阿佛列·诺贝尔公司以及美国胜家缝纫机公司。

(3) 第一次世界大战前跨国公司的迅速发展(19世纪末至20世纪初)

在19世纪末到20世纪初的十几年内，美国半数以上的大公司都开始向海外投资，在国外设立工厂或分公司。如国际收割机公司、西方联合利华公司、贝尔电话公司、爱迪生电器公司等。同时，其他国家的跨国公司生产经营也相继增多，如英国的尤尼来弗公司、瑞士雀巢公司、英国的帝国化学公司等。

(4) 早期跨国公司形成的原因

大机器工业和生产社会化程度的空前提高，以及宗主国与殖民地的国际分工体系的形成，使得国际经济活动中的生产性经营明显增多，建立了机器工业的英国、法国、荷兰、德国、美国等少数几个国家，垄断了先进的工业产业，并把原料产业转移到国外，从而产生了在海外开垦天然种植园、建立矿产企业、修筑铁路和发展航运的投资要求。少数资本主义强国资本积累的增加，造成资本输出快速增长，为早期跨国公司的产生提供了经济基础。正是由于资本积累的增加，才导致对外直接投资的增长，才形成了真正意义上的跨国公司。

拥有发明专利权的技术优势公司，为了防止别家的仿制而到销售市场开设分支机构。保护性贸易限制，刺激了跨国公司到海外建厂，就地供应。例如，法国铁路公司当时规定所有空气刹车必须由当地厂商供应，于是刺激了美国威斯豪斯刹车公司到法国建厂。

2. 第二次世界大战以来跨国公司的发展

(1) 两次世界大战期间跨国公司发展的滞缓期(1914~1945年)

从整体上看，全球对外投资总额增幅不大，间接投资停滞不前，但对外直接投资绝对额却几乎增加了两倍，而且在对外投资中所占比重有较大提高。西欧国家的跨国经营活动增长缓慢，而美国的跨国公司有了长足发展并逐渐成熟起来。尽管对外直接投资有一半仍在殖民地和经济落后国家，但随着直接投资制造业的比重增加，对经济发达和比较发达国家的直接投资也有所增加。大部分海外投资分布于技术发达的新兴工业国。

科技的迅速发展拓宽了新的生产领域，使跨国投资范围进一步扩大，投资领域增加，跨国经营方式多样化。对外直接投资的行业范围扩大，对制造业投资比重有较大提高，尤其是美国的变化更为明显。内部交易的规模和数量都大幅度增加；而且，跨国收购和兼并、活动的增长要快于新建企业的增长。

【例5】简述二战后跨国公司发展的原因。

【解析】原因有以下几方面：①战争造成投资的损失；②三次世界性经济危机影响了对外投资；③投资环境不理想，国际货币制度混乱；④卡特尔制度盛行，分割世界市场。

(2) 第二次世界大战后跨国公司的迅速发展

① 跨国公司恢复发展期(战后初期至20世纪60年代末)

该时期的显著特征，就是跨国经营和对外直接投资在战后初期逐渐恢复，而后得到迅速发展，美国公司在世界跨国公司舞台上居于霸主地位。

② 跨国公司扩张时期(20 世纪 70 年代初开始至 80 年代末)

该时期特征是，国际直接投资规模继续扩大，西欧和日本的经济实力增强，跨国公司迅速崛起，美国跨国公司的地位由盛至衰，在国际企业中的地位相对下降。其他发达国家和发展中国家跨国公司的发展使国际直接投资格局逐步向多极化方向发展。

③ 知识经济下的全球化时期(20 世纪 90 年代初至 20 世纪末)

呈现出以下特点：a. 对外直接投资在全球范围内迅速增长；b. 对外直接投资的分布很不平衡；c. 发展中国家的 FDI 输出不断增加；d. 北美、欧盟、亚太三大经济圈内部投资加强；e. 跨国公司对外直接投资向第三产业转移，经营范围越来越广泛和复杂多样。

(3) 战后跨国公司迅速发展的原因

① 生产和资本的集中导致资本"过剩"是推动跨国公司向外扩张的根本原因；②科学技术革命和世界生产力的发展为跨国公司向外扩张提供了有利条件；③国际分工的深化，生产和资本的国际化；④主要发达国家对国际市场的激烈争夺，推动了跨国公司的迅速发展；⑤各国的自由化开放政策支持和鼓励了跨国公司的对外直接投资；⑥发展中国家发展民族经济的要求；⑦跨国银行的发展。

三、跨国公司的主要类型

按照不同的分析角度和划分标准，对跨国公司可以有不同的分类。

1. 按经营项目分类

按照跨国公司经营项目的性质，可以将跨国公司分为三种类型。

(1) 资源开发型跨国公司。资源开发型跨国公司以获得母国所短缺的各种资源和原材料为目的，对外直接投资主要涉及种植业、采矿业、石油业和铁路等领域。这类公司是跨国公司早期积累时经常采用的形式，资本原始积累时期英、法、荷等老牌殖民国家的特许公司在 19 世纪时向美国、加拿大、澳大利亚和新西兰等经济落后而资源丰富的国家进行的直接投资就主要集中在种植业、采矿业和铁路。目前，资源开发型跨国公司仍集中于采矿业和石油开采业，如著名埃克森-美孚公司(Exxon-Mobil)、英荷壳牌公司(Royal Dutch Shell)。

(2) 加工制造型跨国公司。加工制造型跨国公司主要从事机器设备制造和零配件中间产品的加工业务，以巩固和扩大市场份额为主要目的。这类公司以生产加工为主，进口大量投入品生产各种消费品供应东道国或附近市场或者对原材料进行加工后再出口。这类公司主要生产和经营诸如金属制品、钢材、机械及运输设备等产品，随着当地工业化程度的提高，公司经营逐步进入到资本货物领域和中间产品领域。加工制造型跨国公司是当代一种重要的公司形式，为大多数东道国所欢迎。美国通用汽车公司是制造业跨国公司的典型代表。

(3) 服务提供型跨国公司。服务提供型跨国公司主要是指向国际市场提供技术、管理、信息、咨询、法律服务以及营销技能等无形产品的公司。这类公司包括跨国银行、保险公司、咨询公司、律师事务所以及注册会计师事务所等。20 世纪 80 年代以来，随着服务业的迅猛发展，服务业已逐渐成为当今最大的产业，服务提供型跨国公司也成为跨国公司的一种重要形式。

2. 按经营结构分类

按照跨国公司的产品种类和经营结构，可以将跨国公司分为以下三种类型。

(1) 横向型跨国公司。横向型跨国公司是指母公司和各分支机构从事同一种产品的生产和经营活动的公司。在公司内部，母公司和各分支机构之间在生产经营上专业化分工程度很低，生产制造工艺、过程和产品基本相同。这类跨国公司的特点是母子公司之间在公司内部相互转移生产技术、营销诀窍和商标专利等无形资产，有利于增强各自的竞争优势与公司的整体优势、减少交易成本，从而形成强大的规模经济。横向型跨国公司的特点是地理分布区域广泛，通过在不同的国家和地区设立子公司与分支机构就地生产与销售，以克服东道国的贸易壁垒，巩固和拓展市场。

（2）垂直型跨国公司。垂直型跨国公司是指母公司和各分支机构之间实行纵向一体化专业分工的公司。纵向一体化专业分工又有两种具体形式：一是指母子公司生产和经营不同行业的相互关联产品，如自然资源的勘探、开发、提炼、加工制造与市场销售等；二是指母子公司生产和经营同行业不同加工程序和工艺阶段的产品，如专业化分工程度较高的汽车行业与电子行业等的关联产品。垂直型跨国公司把具有前后衔接关系的社会生产活动国际化，母子公司之间的生产经营活动具有显著的投入产出关系。这类公司的特点是全球生产的专业化分工与协作程度高，各个生产经营环节紧密相扣，便于公司按照全球战略发挥各子公司的优势；而且由于专业化分工，每个子公司只负责生产一种或少数几种零部件，有利于实现标准化、大规模生产，获得规模经济效益。

（3）混合型跨国公司。混合型跨国公司是指母公司和各分支机构生产和经营互不关联产品的公司。混合型跨国公司是企业在世界范围内实行多样化经营的结果，它将没有联系的各种产品及其相关行业组合起来，加强了生产与资本的集中，规模经济效果明显；同时，跨行业非相关产品的多样化经营能有效地分散经营风险。但是由于经营多种业务，业务的复杂性会给企业管理带来不利影响，因此具有竞争优势的跨国公司并不是向不同行业盲目扩展业务，而是倾向于围绕加强核心业务或产品的竞争优势开展国际多样化经营活动。

3. 按决策行为分类

20 世纪 60 年代末，美国经济学家巴尔马特从跨国公司的决策行为出发，将跨国公司分为以下四种类型：

（1）民族中心型公司（Ethnocentric Corporations）。民族中心型公司的决策哲学是以本民族为中心，其决策行为主要体现母国与母公司的利益。公司的管理决策高度集中于母公司，对海外子公司采取集权式管理体制。这种管理体制强调公司整体目标的一致性，优点是能充分发挥母公司的中心调整功能，更优化地使用资源，但缺点是不利于发挥子公司的自主性与积极性，且东道国往往不太欢迎此模式。跨国公司发展初期，一般采用这种传统的管理体制。

（2）多元中心型公司（Polycentric Corporations）。多元中心型公司的决策哲学是多元与多中心，其决策行为倾向于体现众多东道国与海外子公司的利益，母公司允许子公司根据自己所在国的具体情况独立地确定经营目标与长期发展战略。公司的管理权力较为分散，母公司对子公司采取分权式管理体制。这种管理体制强调的是管理的灵活性与适应性，有利于充分发挥各子公司的积极性和责任感，且受到东道国的欢迎。但这种管理体制的不足在于母公司难以统一调配资源，而且各子公司除了自谋发展外，完全失去了利用公司内部网络发展的机会，局限性很大。在跨国公司迅速发展的过程中，东道国在接受外来投资的同时逐渐培养起民族意识，经过多年的积累和发展，大多数跨国公司的管理体制从集权和本民族为中心转变为多元中心型。

（3）地区中心型公司（Regioncentric Corporations）。按地区配置资源，地区内有纵向及横向沟通，管理既集中又分散，兼顾盈利性和合法性两个因素；地区中心型公司往往试图同时取得低成本优势、产品差异化优势和技术扩大效应。通过区位经济、规模经济和学习效应获得低成本；通过区域市场解决地方差异问题以实现产品差异化；通过在全球营运网络的子公司间实行技术流动促进技术的扩大效应等。

(4) 全球中心型公司(Geocentric Corporations)。全球中心型公司既不以母公司也不以分公司为中心，其决策哲学是公司的全球利益最大化。相应地，公司采取集权与分权相结合的管理体制，这种管理体制吸取了集权与分权两种管理体制的优点，事关全局的重大决策权和管理权集中在母公司的管理机构，但海外子公司可以在母公司的总体经营战略范围内自行制定具体的实施计划、调配和使用资源，有较大的经营自主权。这种管理体制的优点是在维护公司全球经营目标的前提下，各子公司在限定范围内有一定的自主权，有利于调动子公司的经营主动性和积极性。

四、跨国公司的特征

(1) 全球战略目标

在国际分工不断深化的条件下，跨国公司凭借其雄厚的资金、技术、组织与管理等方面的力量，通过对外直接投资在海外设立子公司与分支机构，形成研究、生产与销售一体化的国际网络，并在母公司控制下从事跨国经营活动。跨国公司总部根据自己的全球战略目标，在全球范围内进行合理的分工，组织生产和销售，而遍及全球的各个子公司与分支机构都围绕着全球战略目标从事生产和经营。跨国公司的重大经营决策都以实现全球战略目标为出发点，着眼于全球利益的最大化。

(2) 全球一体化经营

为实现全球战略目标，跨国公司实行全球一体化经营，对全球范围内各子公司与分支机构的生产安排、投资活动、资金调遣以及人事管理等重大活动拥有绝对的控制权，按照全球利益最大化的原则进行统一安排。跨国公司强有力的管理体制和控制手段是实现全球一体化经营必需的组织保证，当代通信技术的巨大进步和现代化的交通运输则为跨国公司的全球一体化经营提供了必要的物质基础。跨国公司采取集中与分散相结合的管理方式和全球战略，在国际范围内从事生产经营活动。

(3) 灵活多样的经营策略

在实行全球一体化经营的同时，跨国公司也会根据国际政治经济形势、东道国的具体情况及其对跨国公司的政策法规、自身的实力以及在竞争中的地位，采取灵活多样的经营策略安排，以更好地满足东道国当地的实际情况，获得良好的经营效益，也有利于与东道国政府建立融洽的关系。在组织机构上，跨国公司往往会相应地改变原来的集权管理，将原先集中在总部的权力适当下放给下属各子公司与分支机构，实行分权管理。

(4) 强大的技术创新能力

在科学技术迅猛发展的今天，技术进步已成为垄断资本获取高额利润、争夺市场、增强自身在国内及国际市场竞争力的重要途径。大型跨国公司是当代技术创新与技术进步的主导力量，其实力主要体现在它们拥有雄厚的技术优势和强大的开发能力。跨国公司要在国际分工和国际竞争中保持领先，就必须不断地投入巨额资金，加强技术研究与开发，保持自己的技术优势。技术领先地位带来的丰厚市场回报，又激励着跨国公司不断进行技术创新，推动技术进步。

(5) 具有较大的经营风险

跨国公司与国内企业最大的区别在于面临着更为错综复杂的国际经营环境，复杂的经营环境在给跨国公司创造出更多的发展机会和空间的同时，也使它具有较大的经营风险。除了正常的商业风险外，跨国公司还面临着国际经营所特有的政治风险和财务风险等，前者指国际经济往来活动中由于政治因素而造成经济损失的风险，包括东道国对外国资产没收、征用和国有化的风险，以及东道国革命、政变等风险；后者指东道国因汇率变化和通货膨胀而带来的经济损失等。

知识点四　中国式跨国公司的理论与实践

近年来，随着“走出去”战略的实施，中国企业海外直接投资发展迅猛，出现了一大批中国跨国公司。截至2015年，中国的海外投资覆盖了全球大部分地区，既包括发达国家，也包括发展中国家；既有资源项目，也有基础设施建设。9341亿美元的投资总量，1140个亿元以上的投资项目，超2万个海外企业数量，中国海外投资现有的成就还仅仅是开始。随着“一带一路”建设的铺开以及国内产业的升级与转移，中国海外投资将写下辉煌的新篇章。

一、对外直接投资周期理论

(1) 理论提出背景

邓宁在提出“国际生产折中理论”之后，进一步用动态分析方法发展了他的折中理论，提出了“对外直接投资周期”理论。他认为一个国家的投资流量与该国的经济发展水平密切相关。邓宁采用实证分析的方法，调查了67个不同类型的国家在1967~1978年间的对外投资、吸收外资和净对外投资额的分布与人均国民收入的关系，发现了对外投资与吸收外资之间有着密切的关系。

(2) 理论核心观点

邓宁把对外直接投资周期分为四个阶段。

处于第一阶段的国家，人均国民生产总值为400美元或低于400美元时，较少吸收外资，没有对外直接投资，净对外投资为零或较小的负数额。这些国家之所以没有对外投资是因为该国的企业没有所有权优势；之所以只有较少的外资进入，是因为国内缺乏投资国满意的区位优势。

处于第二阶段的国家，人均国民生产总值在400~1500美元之间，吸收外资增加，但对外直接投资为零或较少，净对外投资额为负数额，并且负数额日益增大，意味着吸收外资大于对外投资，而且数量放大。在这一阶段，随着国内市场扩大，外国投资增加，国内投资环境的改善，这些国家吸收外资效果日益明显，经济实力逐渐增强。除东道国政府政策限制的行业外，外资继续流入资源尚未被充分利用的领域。与吸收外资相比，对外直接投资仍然较少。虽然这些国家的企业还未建立自己的所有权优势，但企业对外投资开始上升，因为当地企业发现通过对外直接投资可以更好地发挥自己特有的所有权优势。

进入第三阶段的国家，人均国民生产总值在2000~4750美元之间，这些国家的对外直接投资流出正在稳定发展，资本流出快于资本流入，虽然资本流出的净值仍是负的，但缺口逐渐缩小。在这一阶段，国内经济发展水平有了新的提高，逐渐具有所有权优势，而原来的外国投资者的优势逐渐消失。同时，这些国家对吸收外资和对外投资利弊的综合效应做出恰当的分析，这标志着这些国家国际投资进入一个新阶段。当一个国家吸收外资时，主要将外资投在本国比较区位优势最强的行业，而不投在本国比较所有权优势最弱的行业；相反，当一个国家对外投资时，主要将本国资金投在国外区位优势可能不好，但能充分发挥本国企业所有权优势的领域和行业。

处在第四阶段的国家，人均国民生产总值在 2600~5600 美元之间，这些国家已成为净对外投资国，也就是对外投资总额大于吸收外资总额，这反映了这些国家企业具有强大的所有权优势或者正逐渐削弱外国企业在本国的区位优势。对外投资规模日益扩大的原因在于这些国家随着经济发展水平的提高致使本国劳动力成本上涨而积极参与国际市场的竞争，或者由于外国对该国大量出口导致的贸易壁垒日益增加。

（3）理论意义

① 该理论将一国的吸收外资和对外投资能力与经济发展水平结合起来，认为一国的国际投资地位与其人均国民生产总值呈正比关系。就这一发展规律而言，世界上发达国家和发展中国家国际投资地位的变化大体上符合这一发展趋势。

② 该理论动态地描述了跨国公司对外投资与经济发展的辩证关系，同时沿袭了邓宁关于国际生产的政治经济分析框架。他认为一国吸引外资和对外投资的数量不能仅仅用经济指标衡量，它还取决于一国的政治经济制度、法律体系、市场机制、教育水平、科技水平以及政府的经济政策等因素。

③ 我们从该理论的分析中可以发现，在一定的经济发展条件下，一国的外国对本国直接投资和本国跨国公司对外投资是紧密相关的两个发展过程。怎样吸收好外资并使其成为提高本国国际竞争力的基础，是发展中国家所面临的共同课题。吸引外资的关键在于提高资金利用效率，提高企业国际竞争力和壮大本国经济实力。

（4）理论缺陷

① 如果从动态分析的角度出发，就会发现该理论与当代国际投资的实际情况有许多悖逆之处。

② 人均国民生产总值是一动态数列，仅用一个指标难以准确衡量各国对外投资变动的规律性。

二、技术地方化理论

拉奥 1983 年提出了技术地方化理论，在拉奥看来，发展中国家跨国公司的技术特征虽表现为规模小、使用标准技术和劳动密集型技术，但这种技术的形成却包含着企业内在的创新活动。他认为以下几点是发展中国家企业能够形成地方化技术和发展自己“特有优势”的条件。

第一，在发展中国家，技术和知识的当地化是在不同于发达国家环境的条件下进行的。这种新的环境往往与一国的要素价格及其质量相联系。

第二，发展中国家生产的产品适合于他们自身的经济条件和需求。只要这些企业对引进的技术和产品进行一定的改造，使他们的产品能够更好地满足当地或邻国市场需求，这种创新活动就会形成竞争优势。

第三，发展中国家企业竞争优势不仅来自其生产过程、产品与当地的供给条件和需求条件的紧密结合，而且来自新的创新活动中所产生的技术在小规模生产条件下所带来的更高的经济效益。

第四，第三世界企业仍然能够开发出与名牌产品不同的消费品，特别是当输入国国内市场较大，消费者的喜好和购买能力有很大差别时，来自第三世界国家的产品仍有一定的竞争力。

以上的几种优势还会由于民族语言的联系而得到加强。他不仅分析了发展中国家跨国公司的国际竞争优势，而且更强调了形成竞争优势所特有的企业创新活动。发展中国家对外国技术的改进、消化和吸收不应该是一种被动的模仿和复制，而应是对技术的消化、改进和创新，正是这种创新活动给引进的技术赋予了新的活力，才给引进技术的企业带来新的竞争优势。

三、小规模技术理论

该理论是韦尔斯 1977 年提出的，韦尔斯认为，发展中国家跨国公司的竞争优势来自低生产成本，这种生产成本是与其母国的市场特征紧密相关的。他从三个方面分析发展中国家跨国公司的比较优势。

第一，拥有为小市场需要服务的小规模生产技术。低收入国家制成品市场的一个普遍特征是需求量较小，大规模生产技术无法从这种小市场需求中获得规模效益，而许多发展中国家正是开发了满足小市场需求的生产技术而获得竞争优势。而这种小规模技术特征往往是劳动密集型的，生产有很大的灵活性，适合小批量生产。根据韦尔斯的调查，在泰国的外国公司中，发达国家公司的生产规模比发展中国家公司的生产规模平均大两倍以上。

例如印尼估计年需求干电池 1200 万节，而美国在印尼拥有的干电池企业年产量达 6500 万节。在生产能力的使用上两者也出现了明显差别。

第二，韦尔斯认为发展中国家在民族产品的海外生产上颇具优势。发展中国家对外投资的另一特征表现在鲜明的民族文化特点上，这些海外投资主要是为服务于海外同一种团体的需要而建立的。一个突出的例子是华人社团在食品加工、餐饮等方面的需求，带动了一部分东亚、东南亚国家和地区的海外投资。而这些民族产品的生产往往利用母国的当地资源，在生产成本上享有优势。

第三，低价位产品营销战略。物美价廉是发展中国家跨国公司抢夺市场份额的秘密武器。发达国家跨国公司的产品营销策略往往是投入大量广告费，树立产品形象，以创造名牌产品效应。而发展中国家跨国公司则花费较少的广告支出，采取低价位产品营销战略。

韦尔斯关于发展中国家对外投资的研究是把发展中国家对外直接投资竞争优势的产生与这些国家自身的市场特征结合起来，在理论上提供了一个充分的分析空间。人们需进一步思考的问题是，作为经济落后国家怎样将现有的技术与自身特点结合起来，形成比较竞争优势。该理论对于分析指导我国企业在国际化的进程中怎样争得一席之地是颇有启发的。世界市场是多元化、多层次的，即使对于那些技术不够先进、经营范围和生产规模不够庞大的发展中国家企业来说，参与国际竞争仍有很强的经济动力。例如我国企业在纺织、轻工、一般机械、食品加工、金属冶炼、医药等传统工业领域，仍具有较强的竞争优势。

但是，从本质上看，小规模技术理论是技术被动论。韦尔斯显然继承了弗农的产品生命周期理论，认为发展中国家所生产的产品主要是使用“降级技术”生产在西方国家早已成熟的产品。再有它将发展中国家跨国公司的竞争优势仅仅局限于小规模生产技术的使用，可能会导致这些国家在国际生产体系中的位置永远处于边缘地带和产品生命周期的最后阶段。同时该理论很难解释一些发展中国家的高新技术企业的对外投资行为，也无法解释当今发展中国家对发达国家的直接投资日趋增长的现象。

四、中国对外直接投资的现状和特点

1. 发展现状

中国对外直接投资已进入高质量发展阶段，2024 年对外直接投资流量达 1200 亿美元，存量突破 2.1 万亿美元，稳居全球前三。投资结构持续优化，制造业投资占比提升至 35%，其中高端装备制造、电子信息等技术密集型行业投资增速达 25%；服务业投资占比保持在 50%左右，数字经济、绿色低碳等领域成为新增长点。区域布局呈现“三足鼎立”格局：对“一带一路”沿线国家投资占比达 38%，东南亚地区成为投资热点；对发达国家投资聚焦技术获取，北美和欧洲占比合计 22%；对新兴市场投资侧重产能合作，非洲和拉美地区占比提升至 15%。投资主体多元化特征显著，国有企业与民营企业投资占比约为 55：45，民营企业在跨境电商、新能源等领域表现突出。

2. 主要特征

① 政策与市场双轮驱动。“一带一路”倡议框架下，2024 年新签约项目超 500 个，涵盖基础设施、产能合作等领域，政策性金融支持占比达 30%。同时市场化投资机制不断完善，企业根据全球价值链布局自主决策，2024 年市场化并购项目金额占比达 75%，涌现出一批民营科技企业主导的跨境投资案例。政策引导与市场机制形成协同效应，推动对外投资从资源驱动向创新驱动转型。

② 投资主体协同发展。国有企业在战略资源、基础设施等领域发挥主导作用，2024 年在能源、交通行业投资占比分别达 40%和 25%。民营企业则聚焦产业链高端环节，在数字技术、新能源领域投资增速达 30%，占高科技行业对外投资的 58%。两类主体通过产业链协作形成互补，国有企业搭建基础设施网络，民营企业深耕细分市场，共同提升全球产业链控制力。

③ 区域布局战略升级。对“一带一路”沿线国家以基础设施互联互通为重点，2024 年交通、能源类投资占比达 60%，形成一批标志性项目。对发达国家采取“技术并购+研发合作”模式，2024 年技术密集型行业并购金额占比达 65%，获得专利技术超 2000 项。对新兴市场推行“产能合作+本地化生产”策略，在东南亚建立 12 个产业园区，带动上下游配套企业集聚发展。

④ 投资方式创新融合。跨国并购与绿地投资协同发展，2024 年并购金额占比 42%，主要集中在高端制造和数字服务领域；绿地投资占比 58%，重点布局新能源、生物医药等产业。投资方式呈现“并购获取技术+绿地实现产能”的组合特征，如某汽车企业通过并购欧洲车企获得新能源技术，同时在东南亚建设生产基地实现规模化制造。

⑤ 可持续发展能力提升。ESG 理念全面融入投资决策，2024 年发布可持续发展报告的对外投资企业占比达 62%，绿色投资金额突破 300 亿美元，占对外投资流量的 25%。在新能源领域投资增速达 40%，建成海外绿色能源项目超 80 个；在基础设施项目中推行绿色标准，减少碳排放约 1500 万吨，树立负责任投资的国际形象。

五、我国对外直接投资的作用

1. 利用国外资源，弥补国内资源不足

目前随着我国经济的快速发展，国内能源、资源供需的总量和结构矛盾日益突出。所以，通过对外直接投资，建立稳定的国外能源、资源供应渠道，开发国外资源为我所用，利

用国外资源弥补国内资源的短缺。

2. 学习和引进国外先进技术和管理经验，提高企业生产能力和经营管理水平

借助于国外投资企业，能以优惠的价格和优质的服务为国内企业引进先进的技术、设备和关键零部件，推进国内企业的技术改造，增强国内企业新产品的开发能力和出口能力，增强企业的国际竞争力，而且，我方人员可以通过参与对外投资企业的管理，学到一些先进的管理经验，促进企业管理水平的提高。

3. 有助于实施市场多元化战略

改变我国出口市场过分集中的状况，实现出口市场多元化，是保证我国对外经济贸易持续稳定发展的重要条件之一。为此，通过对外直接投资在新的出口市场建立一些贸易企业和零部件组装和加工企业，可以提高我国商品在该地区的竞争力。

4. 取得经济效益和社会效益

从对外投资企业的微观角度来讲，对外直接投资取得了一定的经济效益；从国家整体经济发展的宏观角度来讲，对外投资企业还产生了一定的社会效益，例如保证能源供应、实现产业转移等。

习题精编

一、名词解释

1. 生命周期理论
2. 内部化理论
3. 邓宁的折中理论
4. 水平型对外直接投资
5. 垂直型对外直接投资
6. 国际直接投资
7. 跨国公司
8. 区位优势(苏州大学 2014 年)
9. 边际产业扩张论
10. 天生全球企业(对外经贸 2015 年)

二、简答题

1. 什么是国际直接投资？它有哪些主要特点？

2. 对外直接投资中的区位优势包括集聚效应，解释集聚效应的来源。(复旦大学 2019 年)

3. 通用电气是近年来按国外资产排名全世界最大的非金融业跨国公司(以百万美元和雇员人数计)，计算跨国经营指数(Transnationality Index，简称 TNI)。

	国外资产	资产总额	国外销售额	销售总额	国外雇员数	雇员总数
2019 年	229001	575244	45403	131698	150000	315000
2020 年	442278	697239	74285	163391	164000	319000

4. 请就邓宁的投资发展路径模式(IDP)的主要内容进行简要表述，该理论对一国的直接投资的流入流出与这个国家经济发展阶段之间的关系有何提示？(复旦大学 2016 年)

5. 跨国公司对全球经济的发展有哪些作用？(暨南大学 2024 年)

三、论述题

1. 试述垄断优势理论。

2. 试述小岛清的比较优势理论对我国中小企业对外直接投资在区位选择和产业选择的启示。

3. 美国学者 Vernon 于 1966 年提出了产品生命周期理论，用来解释国际贸易和国际直接投资的动态变化。请简述这一理论，并且分析这一理论是否能够解释目前苹果手机的全球供应链以及全球市场销售模式？（复旦大学 2021 年）

4. 跨国企业的主要标志是在本国以外的国家和地区进行直接投资，诸如建厂、兼并当地企业、开设经营机构等。有学者认为，企业对外直接投资，是为了分散仅仅在一个国家经营带来的风险。请问，上述理论能否解释福耀玻璃在美国、俄罗斯以及德国等地开设工厂制造玻璃的直接投资行为？为什么？（复旦大学 2021 年）

5. 2023 年是共建"一带一路"倡议提出十周年。十年来，在习近平总书记的亲自倡导和推动下，共建"一带一路"取得举世瞩目的巨大成就。特别是自 2017 年共建"一带一路"科技创新行动计划启动以来，从扩大科技人文交流到共建联合实验室，从加强科技园区合作到推进技术转移中心建设，一系列务实举措推动创新合作取得丰硕成果。沿着这条创新之路，一个发展理念相通、要素流动畅通、科技设施联通、创新链条融通、人员交流顺通的创新共同体正从美好愿景变为现实。请结合国际生产折中理论分析为什么"一带一路"可以成为创新之路？（中国邮电 2024 年）

习题参考答案

一、名词解释

1. 产品生命周期理论将产品生命周期划分为三个阶段：创新阶段、成熟阶段和标准化阶段，旨在解释国际贸易和国际直接投资的动态变化。弗农认为，产品像生命体一样，会经历从诞生、成长到成熟、衰退的过程，而这一周期在不同技术水平的国家会呈现出时间和过程上的差异，这种时差决定了国际贸易和投资的模式。该理论突破了传统静态贸易理论的局限，首次将时间维度引入国际贸易分析，揭示了技术创新、市场需求和区位选择之间的动态关系。

2. 市场内部化理论的代表人物包括巴克利、卡森和拉格曼等，他们试图在垄断优势理论基础上进一步阐明跨国公司对外直接投资的利益所在。巴克利等人认为：外部市场机制失败，这主要是同中间产品的性质和买方不确定性有关。买方不确定性使跨国公司愿意纵向一体化。横向和纵向都愿意向国外投资。市场内部化可以"建立由公司内部调拨价格起作用的内部市场，使之像外部市场一样起作用"，合理配置资源，提高经济效率。

3. 英国经济学家邓宁提出了著名的国际生产折中理论，即 OIL 理论。折中理论认为：（1）企业在供应某一特定市场时要拥有对其他国家企业的净所有权优势。（2）对拥有这些优势的企业来说，将优势的使用内部化要比通过与其他企业的市场交易将优势的使用外部化更为有利。（3）如果企业在所有权上与内部化上均有优势，那么，对该企业而言，把这些优势与东道国的区位因素的结合必须使企业有利可图。仅仅考虑所有权优势和内部化优势并不足以说明企业为什么把生产地点设在国外而不是在国内生产并出口产品，必须引入区位优势，才能说明企业在对外直接投资和出口之间的选择。产品拥有的所有权优势、内部化优势和区位优势，决定了企业的对外直接投资的动机和条件。

4. 水平型对外直接投资是指一国的公司或企业作为投资者将生产资本输出到另一国，在投资所在国设立子公司，根据当地情况从事某种产品的设计、规划、生产和销售等全部经营活动。水平型对外直接投资的一个重要原因是避开国际贸易壁垒。贸易壁垒越高，对外直接投资的可能性也就越大。反之，贸易壁垒越低，对外直接投资的动力也就越小。

5. 垂直型对外直接投资是指一国投资者为了生产过程的不同阶段实行专业化而将生产资本直接输出到另一国进行设厂或建立企业的投资活动，与出口则主要体现为互补关系。这是因为海外企业与国内企业形成一种互为市场的关系，任何一方市场规模的扩张，都会对另一方生产的发展产生直接的扩散效应。

6. 国际直接投资是指各国投资者把生产资本输往其他国家或地区，进行经营和管理，并掌握经营管理控制权的投资行为，是国际资本流动的主要形式之一。国际直接投资是与国际间接投资相对应的概念，是指为了在国外投资获得长期的投资效益，并拥有对公司的控制权和企业经营管理权而进行的在国外直接建立企业或公司的投资活动。

7. 跨国公司，指在两个或以上国家从事生产、销售、研发等经营活动的企业，以母国为基地，通过对外直接投资在海外设立子公司或分支机构，整合全球资源配置，参与国际分工与竞争，追求全球利润最大化。其核心特征是跨国家经营、全球价值链布局及内部化交易机制。

8. 区位优势是指跨国企业在投资区位上所具有的选择优势，即可供投资地区是否在某些方面较国内优势。如果企业所有权优势与内部化优势皆有，那么，对该企业而言，把这些优势与当地要素，即区位因素结合必然使企业有利可图。而这些因素是指东道国不可移动的要素禀赋优势及东道国政府对外国企业的鼓励或限制政策等。区位优势具体表现为：东道国市场的地理分布状况、生产要素的成本及质量、运输成本、通讯成本、基础设施、政府干预范围与程度、各国的金融制度、国内外市场的差异程度，以及由于历史、文化、风俗偏好、商业惯例而形成的心理距离等。企业从事国际生产必然要受这些因素的影响。它决定着企业从事国际化生产的区位选择。

9. 边际产业扩张论是由日本学者小岛清根据日本国情，结合本国特色而发展出的一种国际直接投资理论。边际产业扩张论认为，境外直接投资应该从本国(投资国)已经处于或即将处于比较劣势的产业(可称为边际产业)依次进行。这些边际产业正好也是投资东道国具有比较优势或潜在比较优势的产业。而且两国可以在对外直接投资及其引致的贸易中互补并获得更大的收益。该理论否定了垄断优势因素在境外直接投资中的决定作用，强调运用与东道国生产力水平相适应的标准化技术，来拓展国外市场。

10. 天生全球企业，指成立初期(通常5—7年内)即通过数字技术、网络平台等轻资产模式开展国际业务的企业。其核心特征是国际化启动早、资源投入少、成长速度快，依托全球细分市场机遇和技术赋能，突破传统跨国公司的渐进式国际化路径，直接参与全球竞争。

二、简答题

1. 国际直接投资是指投资者以控制企业部分产权、直接参与经营管理为特征，以获取利润为主要目的的资本对外输出。国际直接投资可分为创办新企业和控制外国企业股权两种形式。创办新企业指投资者直接到国外进行投资，建立新厂矿或子公司和分支机构，以及收购外国现有企业或公司等，从事生产与经营活动。而控制外国股权是指购买外国企业股票并达到一定比例，从而拥有对该外国企业进行控制的股权。

国际直接投资与其他投资相比，具有实体性、控制性、渗透性和跨国性的重要特点。具体表现在：

(1) 国际直接投资是长期资本流动的一种主要形式，它不同于短期资本流动，它要求投资主体必须在国外拥有企业实体，直接从事各类经营活动。

(2) 国际直接投资表现为资本的国际转移和拥有经营权的资本国际流动两种形态，既有货币投资形式又有实物投资形式。

(3) 国际直接投资是取得对企业经营的控制权，不同于间接投资，他通过参与、控制企业经营权获得利益。当代的国际直接投资又有以下几个特点：规模日益扩大、由单向流动变为对向流动、发展中国家国际直接投资日趋活跃、区域内相互投资日趋扩大、国际直接投资行业结构的重大变化、跨国并购成为一种重要的投资形式等。

2. 对外直接投资中，集聚效应的来源主要包括五个方面：

(1) 外部经济效应。企业在地理上集中可共享基础设施(如交通枢纽、能源供应)和公共服务(如物流、金融、法律)，降低固定成本投入。同时，上下游企业集聚缩短供应链距离，减少运输成本和库存风险，形成成本优势。

(2) 知识溢出效应。地理邻近性促进技术、管理经验和市场信息的非正式传播。企业间人员流动、技术交流和产学研合作频繁，加速创新知识的跨组织扩散，提升区域整体技术水平。

(3) 劳动力池效应。集聚区域吸引大量专业人才，形成技能匹配的劳动力市场。企业可快速招聘到熟练员工，降低招聘和培训成本；同时，劳动力供需的动态平衡使企业能灵活调整用工规模。

(4) 市场规模效应。企业集中形成规模化产业生态，吸引供应商、服务商和客户集聚，扩大本地市场需求。这种"供应商-生产商-客户"的集群网络，降低市场搜寻成本，形成"企业越多-配套越完善-吸引力越强"的良性循环。

(5) 制度环境优势。政府往往在集聚区域推行政策支持，如税收优惠、产业园区建设、简化审批流程等，优化营商环境。同时，行业协会等中介组织促进企业协作，规范市场秩序，降低交易风险。

3. 2019 年、2020 年的跨国经营指数分别为：

$$TNI_{2019}=\frac{\frac{国外资产}{总资产}+\frac{国外销售}{总销售}+\frac{国外雇员}{雇员总数}}{3}\times 100\%$$

$$=\frac{\frac{229001}{575244}+\frac{45403}{131698}+\frac{150000}{315000}}{3}\times 100\%=40.6\%$$

$$TNI_{2020}=\frac{\frac{442278}{697239}+\frac{74285}{163391}+\frac{164000}{319000}}{3}\times 100\%=53\%$$

4. (1) 邓宁于 1981 年提出 IDP 理论，将一国经济发展与对外直接投资(FDI)的流入流出动态关联，划分为五个阶段：

阶段一(低收入阶段)：人均 GDP 低于 400 美元，FDI 流入和流出均极少，经济依赖初级产品出口，缺乏吸引外资的区位优势。

阶段二(工业化初期)：人均 GDP 400—2000 美元，FDI 流入快速增长，以劳动密集型产业转移为主；流出仍有限，仅少量资源寻求型投资。

阶段三(工业化中期)：人均 GDP 2000—4750 美元，FDI 流入增速放缓，流出加速增长，企业开始通过对外投资获取技术和市场，净对外投资为负但逐步收窄。

阶段四(后工业化阶段)：人均 GDP 超过 4750 美元，FDI 流出超过流入，成为净对外投资国，企业凭借技术和品牌优势全球布局。

阶段五(高收入阶段)：FDI 流入流出趋于平衡，双向投资活跃，净对外投资波动较小，经济进入知识驱动型发展。

(2) 对投资与经济发展关系的提示

① 经济发展水平决定投资地位：人均 GDP 是核心指标，一国的 FDI 格局随产业结构升级从"净流入"向"净流出"演进，反映比较优势从资源/劳动密集型向技术/资本密集型的动态转变。

② 政策引导的阶段性适配：政府需根据发展阶段制定差异化策略：阶段二侧重吸引外资弥补技术缺口，阶段三鼓励对外投资获取战略资产，推动比较优势跃迁。

③ 全球化与本土化的协同：IDP 理论揭示，一国需通过"引进来"(阶段二、三)积累所有权优势，再通过"走出去"(阶段四、五)实现全球价值链攀升，最终形成双向投资均衡发展。

5. 跨国公司作为经济全球化的核心载体，对全球经济发展具有多维度影响，其作用可系统归纳如下：

(1) 促进全球资源配置。跨国公司通过全球产业链布局，整合各国资源禀赋(如劳动力、原材料)，降低生产成本，提高资源利用效率。

(2) 增加国际资本流动。跨国直接投资(FDI)带动资本、技术和管理经验的跨国转移，推动东道国经济增长，但也可能导致资本集中风险。

(3) 推动国际贸易和技术转移。跨国公司占据全球贸易主要份额，通过内部贸易和技术授权加速技术扩散，促进产业升级，但可能形成技术依赖。

（4）影响东道国经济政策。跨国公司规模庞大，可能在税收优惠、环保政策谈判中影响东道国政策制定，甚至引发主权与市场权力的博弈。

（5）加剧国际经济不平衡。发达国家的跨国公司占据优势地位，可能扩大与发展中国家在技术、利润分配上的差距，导致全球经济结构性失衡。

三、论述题

1. 垄断优势理论认为，市场的不完全性是对外直接投资的根本原因，同时跨国公司的垄断优势是对外直接投资获利的条件。

市场具有不完全性：(1)产品市场不完全。这主要与商品特异、商标、特殊的市场功能或价格联盟等因素有关；(2)生产要素市场的不完全。这主要是特殊的管理技能、在资本市场上的便利及受专利制度保护的技术差异等原因造成的；(3)规模经济引起的市场不完全；(4)由于政府的有关税收、关税、利率和汇率等政策原因造成的市场不完全。

垄断优势：(1)市场垄断优势。如产品性能差别、特殊销售技巧、控制市场价格的能力等。(2)生产垄断优势。如经营管理技能、融通资金的能力优势、掌握的技术专利与专有技术。(3)规模经济优势。即通过横向一体化或纵向一体化，在供、产、销各环节的衔接上提高效率。(4)政府的课税、关税等贸易限制措施产生的市场进入或退出障碍，导致跨国公司通过对外直接投资利用其垄断优势。

垄断优势理论的结论：(1)原因分析：在东道国市场不完全的条件下，跨国公司可利用其垄断优势排斥自由竞争，维持垄断高价以获得超额利润。(2)结论：对外直接投资是具有某种优势的寡头垄断企业为追求控制不完全市场而采取的一种行为方式。

对于不同国家之间直接投资的解释：(1)对发展中国家直接投资可以绕过东道国的关税壁垒；同时技术等资产可以获得全部收益。(2)对发达国家之间的交叉直接投资寡占反应现象，通过在竞争对手的领土上建立企业来互相牵制和加强自身能力行为的综合表现。

2. 在区位选择上，边际产业扩张理论认为应该选择与该国生产技术相近的国家，这样容易在海外，特别是在发展中国家找到立足点，占领当地市场。按照这一理论，中国资本输出的最佳地区应该是那些在经济发展程度上与中国差距较小的国家和地区。一般来说，东欧和中亚比较符合这一条件。东欧和独联体国家正处于经济改革之中，急需外国在那里开展直接投资。这些国家和地区工业基础好，资源丰富，具有经济发展潜力和广阔的市场。我们应该积极关注和投资开拓这一领域，通过直接投资进入这些地区相对落后的轻工业、加工业和制造业。发展中国家丰富的劳动力资源和生产要素，为我国的产品和技术（尤其成熟产品和技术、劳动密集型生产技术）和机器设备等提供发挥相对优势的广阔市场。通过对这些国家和地区的直接投资，可以推动我国产业结构调整，并转移到发展水平相对较低的国家和地区。我国要提高国际竞争力，对发达国家的投资必须注意。通过对发达国家直接投资，一方面可以获取我国经济现代化急需的先进技术和管理经验，以及经济发展短缺的资金、技术、设备，信息和其他经营资源；另一方面可以抓住发达国家产品周期变化和产业结构调整转移带来的机会，使我国具有一定相对优势的技术、产品进入发达国家市场，向发达国家直接投资所获得的区位优势和比较利益最大，因此应成为今后我国跨国直接投资的主导方向。总之，我国的对外直接投资应以巩固和扩大对发展中国家和地区的直接投资为基本取向，以加快发展对发达国家直接投资为主导方向。

我国中小企业跨国经营的产业选择应该按照边际产业扩张理论的内涵，主要发展那些在国内处于边际产业位置的公司，以传统制造业和手工业等加工产业为主。如我国有一定声誉的特色行业，丝绸、瓷器、航运、餐饮、中国特色的食品加工、中成药等。制造业目前仍是国际直接投资中机会最多的热点行业，也是我国产业结构中行业门类最多、规模最大的行业。我国在机械加工、纺织、轻工、化工业已具有一定优势，产品和技术的国际竞争力比较强。通过对外直接投资，我国实用性中间技术和传统技术可以在发展中国家的制造业发挥优势。不仅如此，我国制造业的一些技术也具有相对优势，可以在发达国家产品周期变化和产业结构调整转移中发挥其优势。

3. (1)弗农的产品生命周期理论将产品演进分为创新、成熟和标准化三个阶段。创新阶段由技术领先国家主导研发与生产，满足国内市场需求；成熟阶段产品技术趋于稳定，生产向其他发达国家转移以贴近市场；标准化阶段技术完全成熟，生产迁至低成本国家，产品返销至发达国家。该理论动态解释了国际贸易与直接投资的区位选择，强调技术优势与成本差异的阶段性变化对企业国际化战略的影响。

（2）对苹果全球供应链及销售模式的解释力分析

① 理论适用性。产品生命周期理论对苹果供应链的解释体现在阶段化布局特征上。创新阶段，核心技术研发与产品设计集中于技术领先国家；成熟阶段，零部件生产向具有技术基础的国家扩散；标准化阶段，组装环节布局于低成本国家。这种从研发到生产的全球梯度布局，与理论描述的“创新国–发达国家–发展中国家”的阶段转移逻辑存在一定契合性。

② 理论局限性。理论假设标准化阶段技术全面扩散，而苹果通过专利保护、核心零部件自研和生态系统封闭维持技术垄断，未遵循技术梯度转移路径。理论强调线性生产区位转移，而苹果供应链呈现网络化全球整合特征，各环节在不同国家并行展开，通过实时协同实现全球价值链控制，突破了阶段式转移框架。理论中生产转移与市场需求存在滞后性，而苹果通过全球预售、柔性生产和数字化渠道实现生产与需求的实时对接，销售模式不再依赖传统的阶段性选择，与静态阶段划分不符。

（3）结论

产品生命周期理论能够部分解释苹果供应链的阶段化布局，但基于技术线性扩散和成本驱动的框架难以涵盖其通过技术垄断、网络协同和数字化模式实现的全球价值链控制。该理论对传统制造业解释力较强，但在解释技术密集型企业全球化战略时，需结合知识经济时代的技术控制、生态系统构建等新特征拓展。

4.（1）风险分散理论核心观点

风险分散理论主张企业通过跨国投资将经营活动分散到不同国家和地区，利用区域经济差异降低单一市场波动带来的风险。该理论认为，不同国家的经济周期、政策环境和市场需求存在差异，地理多元化可减少对特定市场的依赖，从而降低整体经营风险。

（2）福耀玻璃海外投资的风险分散动机

① 市场风险分散。福耀玻璃通过在北美、欧洲、俄罗斯等地设厂，构建全球化生产网络。海外工厂分布于不同经济发展阶段的区域，服务当地主流汽车厂商，避免对单一市场的过度依赖。当某一地区市场需求下滑时，其他区域市场可通过订单调配维持整体产能利用率，实现市场风险的跨区域对冲。

② 政策风险对冲。面对全球贸易保护主义抬头，福耀玻璃通过海外设厂规避关税壁垒和贸易限制。在主要目标市场本地化生产，可有效应对进口关税提升、配额限制等政策风险，确保对核心客户的稳定供应，维持长期合作关系。

③ 成本波动控制。玻璃制造业受能源和原材料价格波动影响显著。福耀玻璃海外工厂布局充分利用区域成本优势，如部分地区能源价格较低、原材料供应便利等。通过全球产能调配，当某一地区成本上升时，可将生产任务转移至成本优势更明显的工厂，实现整体成本控制。

（3）风险分散理论对福耀玻璃投资行为的解释力

① 理论适用性

第一，地理多元化降低市场风险：海外生产基地覆盖不同经济周期区域，当部分市场需求波动时，其他区域市场可发挥平衡作用，减少单一市场冲击对整体经营的影响。

第二，产业链垂直整合分散供应风险：通过在海外收购上游原材料企业、布局配套产业，实现核心生产要素自给，减少对外部供应商的依赖，降低供应链中断风险。

第三，汇率风险自然对冲：海外收入与当地支出形成自然对冲，减少汇率波动对利润的影响，提升财务稳定性。

② 理论局限性

第一，文化整合风险：跨国经营面临不同国家的文化差异和劳资关系挑战，可能导致管理成本上升和生产效率损失，这是风险分散理论未充分考虑的非经济因素。

第二，地缘政治风险：部分地区地缘政治冲突可能对海外工厂运营造成冲击，此类系统性风险难以通过地理分散完全规避。

第三，管理协调成本：全球多地运营需要复杂的协同管理体系，随着海外业务扩张，管理成本可能上升，部分抵消风险分散带来的收益。

5. 国际生产折中理论（OLI 模型）认为，企业对外直接投资的动因源于所有权优势（O）、区位优势（L）和内部化优势（I）的协同作用。“一带一路”作为跨国创新合作平台，其成功实践可通过 OLI 框架解析：

（1）所有权优势（O）：创新要素的互补与叠加。共建国家在技术、知识、资源等方面的所有权优势形成互补。中国在基础设施建设、数字技术等领域的技术积累，与沿线国家的特色资源（如传统知识、自然资源）结合，形成创新合力。创新共同体的构建促进技术共享机制，使各国分散的技术优势转化为协同创新能力，推动基础研究与应用技术的融合。

（2）区位优势（L）：创新场景的多样化与适配性。沿线国家在资源禀赋、市场需求、产业基础上的差异，为创新提供多样化应用场景。部分国家的低成本研发环境、新兴市场需求，与技术输出方的创新能力形成区位互补，推动技术的本地化适配与再创新。政策支持（如税收优惠、产业园区建设）进一步强化区位吸引力，促进创新资源向潜力区域集聚。

（3）内部化优势（I）：创新要素的跨境流动与转化。通过共建联合实验室、科技园区等平台，“一带一路”降低了技术转移的交易成本，实现创新要素的内部化整合。制度协调（如知识产权保护协议、标准化对接）减少知识溢出风险，保障创新成果的跨境转化。“五通”框架（政策沟通、设施联通等）进一步优化内部化条件，如设施联通缩短技术扩散距离，政策沟通提升创新合作的稳定性。

（4）OLI 要素的协同效应。所有权优势为创新提供技术基础，区位优势创造应用场景，内部化优势保障成果转化，三者形成闭环。“一带一路”通过强化创新要素的跨境流动，使分散的创新资源在区域内优化配置，推动“发展理念相通、要素流动畅通、创新链条融通”的创新共同体建设，最终实现从技术共享到协同创新的跃升。

第 6 章　企业对外直接投资的战略决策

本章是对外直接投资理论的一个具体运用，主要包含区位选择战略和进入模式战略。其中，进入模式战略是命题的重点，经常会结合具体案例进行考查。

知识脉络

- 企业对外直接投资的战略决策
  - 区位选择战略
    - 市场导向
    - 成本导向
    - 资源导向
    - 战略资产导向
  - 进入模式战略
    - 非股权安排
      - 出口
      - 交钥匙工程
      - 技术授权
      - 特许经营
    - 股权安排
      - 合资公司
      - 全资子公司
      - （手段：绿地、并购）

大纲解析

知识点一　对外直接投资的区位选择战略

一、核心影响因素

(1) 市场因素：市场规模、增长潜力、消费能力及进入壁垒(如关税、非关税壁垒)。

(2) 成本因素：生产要素成本(劳动力、土地、能源)、物流成本及政策优惠(税收减免、产业补贴)。

(3) 制度因素：政治稳定性、法律体系(知识产权保护、合同执行效率)、政府治理水平及双边投资协定。

(4) 集聚因素：产业集群(上下游配套能力)、基础设施(交通、通讯)及知识溢出效应(研发资源、人才池)。

【例 1】海外市场进入壁垒有哪些？(上海财大 2025 年)

【解析】(1) 规模经济壁垒

规模经济壁垒源于现有企业通过大规模生产实现的成本优势。新进入企业由于产量有限，无法分摊固定成本(如设备、研发)，导致单位生产成本高于在位企业。壁垒高低取决于市场容量：当市场规模较大且持续扩张时(如经济高速增长期或产业初创期)，新企业可通过逐步扩大产能分摊成本，进入壁垒相对较低；反之，在饱和市场中，新企业需承担巨额初始投资以达到最低有效规模(MES)，成本劣势显著，进入难度大。

(2) 必要资本量壁垒

必要资本量指企业进入特定市场所需的最低初始投资，其规模因产业特性(技术复杂度、生产流程、销售网络)而异。重化工业、半导体等资本密集型产业，必要资本量极高，不仅增加新企业的融资难度(如银行信贷审批严格)，还可能因融资成本上升(如较高的利率)进一步扩大成本劣势。这种壁垒在资金依赖型产业中尤为突出，常成为限制新企业进入的核心障碍。

(3) 产品差异化壁垒

在位企业通过长期的品牌建设、广告投入、质量控制和客户服务，积累了消费者偏好优势，这种优势随时间推移形成“累积效应”(如品牌忠诚度)。新进入企业需通过巨额营销费用(如广告宣传、促销活动)改变消费者认知，短期内难以突破在位企业的差异化壁垒。即使产品同质，消费者对在位品牌的信任也可能导致新企业陷入“柠檬市场”困境，被迫接受更低的定价。

(4) 绝对费用壁垒

绝对费用壁垒指在位企业在任一产量水平下的平均成本均低于新进入者，即使新企业选择最优生产规模(MES)，仍无法消除成本劣势。这种壁垒源于在位企业对关键资源的控制(如专利技术、稀缺原材料、核心分销渠道)，或通过长期经验积累形成的“干中学”效应(如生产效率提升)。新企业需支付更高成本获取资源(如专利许可费、溢价采购原材料)，导致成本始终高于在位企业。

(5) 制度壁垒

制度壁垒由国家法律或政府政策直接形成，表现为复杂的行政许可(如行业准入审批)、严格的环保标准(如排污限额)、贸易限制(如关税配额)等。这类壁垒具有强制性，新企业需投入额外资源满足合规要求(如环保设备改造、法律合规咨询)，不仅增加进入成本，还可能因审批延迟错失市场机遇。在某些敏感行业(如能源、通信)，制度壁垒甚至可能完全排斥新企业进入。

二、主要区位战略类型

(1) 市场导向型战略

聚焦高收入或高增长市场，通过本地化生产贴近客户需求，降低贸易成本。例如，消费电子企业在欧美成熟市场设厂以快速响应高端需求，或在东南亚新兴市场布局以抢占增长红利。该战略适用于市场需求差异化大、运输成本高的行业(如汽车、家电)。

(2) 成本导向型战略

布局低成本生产要素区域，利用劳动力、土地或能源成本优势优化全球产能。典型如纺织企业向东南亚转移产能，电子组装厂在墨西哥设厂服务北美市场(近岸外包)。需平衡成本优势与供应链稳定性，避免过度依赖单一低成本地区。

(3) 资源导向型战略

靠近自然资源产地或战略资源富集区，保障原材料供应并降低运输成本。例如，能源企业投资中东油田，冶金企业在澳大利亚设厂以获取铁矿资源。该战略常见于资源密集型行业，需关注资源国政治风险及环保政策。

(4) 战略资产导向型战略

选择技术密集区或创新生态完善地区，通过并购或研发中心布局获取技术、品牌或人才。例如，科技企业在硅谷设立研发中心以接入创新网络，汽车厂商收购欧洲豪华品牌以提升品牌溢价。此战略注重知识溢出效应和创新协同。

三、动态调整机制

区位选择需随企业生命周期和全球环境动态优化：

(1) 企业层面：初创期侧重低成本或资源地，成熟期转向市场扩张和技术获取。

(2) 环境层面：地缘政治冲突推动“近岸化”(如美国企业从亚洲转向墨西哥)，数字技术降低部分区位约束(远程研发协作)。

(3) 政策层面：东道国产业政策(如税收优惠、产业园区)和双边协定(如中欧投资协定)显著影响区位吸引力。

知识点二　对外直接投资的进入模式决策

一、进入外国市场的模式

1. 出口(Exporting)

出口是企业将国内生产的产品直接销往海外市场的模式，分为直接出口(企业自主经营)和间接出口(通过中间商)。适用于标准化产品、运输成本低或目标市场规模有限的场景，如消费电子、纺织业。其优点是低风险、低成本试错，无须海外实体投资；缺点是受关税和非关税壁垒影响显著，运输成本高，对终端市场控制力弱。当目标市场需求增长或贸易壁垒加剧时，企业可能转向更高控制度的进入模式。

2. 交钥匙工程(Turnkey Projects)

交钥匙工程是企业为东道国客户设计、建造并移交完整设施(如工厂、电站)的模式，通常包含技术转让和人员培训。主要应用于大型基础设施和重工业领域，如石化、电力行业。优点是短期收益高，规避长期运营风险，技术溢价显著；缺点是可能培养潜在竞争对手，项目周期长，受东道国政治风险和政策变动影响大。该模式适合缺乏长期运营意愿但具备高端工程能力的企业。

3. 技术授权(Licensing)

技术授权是企业将专利、技术或商标使用权授予东道国企业，收取许可费的进入模式。适用于技术密集型行业(制药、化工)或存在严格市场准入限制的场景。优点是低投入、低风险，可快速进入受限市场；缺点是对技术和品牌控制力弱，易发生技术溢出，可能培育竞争对手。当技术生命周期短或目标市场风险过高时，授权模式成为平衡收益与风险的选择。

4. 特许经营(Franchising)

特许经营是企业向被特许方转让品牌、运营模式和管理经验，收取特许费并监督标准执行的模式。广泛应用于标准化服务行业，如快餐、酒店、零售(如麦当劳、星巴克)。优点是快速扩张，本地化运营由被特许方负责，品牌控制力强；缺点是跨文化管理难度大，标准执行易受文化差异影响，利润分成比例受限。该模式依赖标准化体系和严格的质量控制，适合品牌驱动型企业。

5. 合资企业(Joint Venture)

合资企业是与东道国企业共同出资成立新公司，共享资源和风险的模式。适用于需本地化资源(如政策支持、渠道网络)或高风险市场，如汽车、能源行业。优点是共享成本和风险，利用本地伙伴资源降低政治风险；缺点是控制权分散，文化和管理冲突可能导致决策效率低下，利益分配易引发矛盾。当企业缺乏本地资源或面临高政策不确定性时，合资是平衡风险与市场准入的折中选择。

6. 全资子公司(Wholly Owned Subsidiary)

全资子公司是企业通过绿地投资或并购设立100%控股海外子公司的模式。适用于核心技术保护、规模经济显著或目标市场潜力大的场景，如科技、汽车行业。优点是完全控制战略决策，技术保密性强，整合效率高；缺点是初始投入高、风险大，需承担全部运营责任，对管理能力要求严苛。当企业追求长期战略布局或拥有强竞争力时，全资模式成为掌控核心价值环节的首选。

【例2】在国际市场进入方式中，容易培养潜在的竞争对手的是(　　)。

A. 出口进入模式　　　　　　　　B. 契约进入模式

C. 投资进入模式　　　　　　　　D. 契约进入模式和出口进入模式

【解析】B。契约进入模式(如技术授权、特许经营、交钥匙工程)需向东道国企业转让技术、品牌或管理经验，核心能力外溢风险最高。而出口模式不涉及技术转移，投资进入模式通过股权控制降低技术外溢风险，均不易培养潜在对手。

二、对外直接投资的方式

1. 绿地投资

(1) 概念

绿地投资是企业在海外目标市场通过新建实体(如工厂、子公司)开展经营的直接投资模式。企业从零开始主导选址、建设、设备采购及团队组建，完全掌控组织架构、技术标准和运营流程的设计，强调对海外业务的绝对控制权和战略自主性。该模式需经历项目审批、工程建设、市场培育等完整周期，适用于长期布局且注重技术保密与标准化运营的企业。

(2) 优点和缺点

① 优点：绿地投资能够让企业完全掌控海外实体的战略布局和运营管理，确保与母公司整体战略的高度契合。企业可根据目标市场需求和自身技术特点，定制化设计生产流程、组织架构和企业文化，避免现有资产或管理模式的束缚。此外，新建项目可享受东道国政府针对新投资的政策优惠，如税收减免、土地补贴等，同时有助于逐步建立本地化的客户基础和品牌认知。

② 缺点：绿地投资需要承担较长的项目周期，从选址、建设到投产运营，可能面临审批延迟、建设成本超支等风险。前期资金投入巨大，包括固定资产投资、市场调研和初期营销费用，对企业的资金实力和融资能力要求较高。此外，在陌生市场从零开始培育客户和渠道，面临市场接受度不确定、竞争格局难以快速突破等挑战，短期内难以实现盈利。

(3) 投资决策选择

当企业追求长期战略布局、注重技术保密和控制权，且目标市场具有持续增长潜力时，绿地投资更为适宜。同时，需评估自身资源充裕度、东道国政策稳定性及产业配套成熟度，确保有足够的耐心和能力承担前期投入和市场培育风险。

2. 跨国并购

(1) 概念

跨国并购是企业通过收购或合并海外现有企业股权(通常取得≥10%投票权以实现控制)的直接投资模式。核心是通过获取目标企业的存量资产(生产设施、品牌、渠道、技术专利等)快速进入市场，缩短投资回报周期。并购后需整合双方资源、文化和管理体系，面临估值谈判、法律合规及组织融合等挑战，适用于需迅速突破市场壁垒或获取战略资产的企业。

(2) 优点和缺点

① 优点：跨国并购能够帮助企业快速进入目标市场，借助被并购企业的现有生产设施、销售渠道和客户资源，缩短市场渗透周期。通过收购可直接获取被并购方的技术专利、品牌资产、管理经验等战略资源，弥补自身短板，实现跨越式发展。此外，并购有助于消除潜在竞争对手，提高市场集中度，增强行业话语权。

② 缺点：跨国并购面临较高的整合风险，包括文化差异、管理风格冲突、组织架构融合等问题，可能导致协同效应难以实现。被并购企业的估值难度较大，容易出现溢价过高的情况，增加财务压力。此外，并购交易需经过严格的法律审查和反垄断审批，过程复杂且不确定性高，可能因监管障碍导致交易失败。

(3) 投资决策选择

当企业需要迅速获取市场份额或战略资源、目标市场竞争激烈且现有企业估值合理时，跨国并购是更优选择。决策时需重点评估目标企业的资产质量、财务状况、文化兼容性及整合难度，确保具备强大的整合能力和风险应对机制。

三、影响进入外国市场模式决策的因素

1. 企业内部因素

(1) 战略目标。长期战略聚焦全球布局的企业倾向于高控制模式(全资子公司或并购)，以保障技术保密和品牌统一(如苹果海外研发中心)；短期财务目标驱动的企业偏好低投入模式(技术授权、交钥匙工程)，快速回收资金(如工程企业承接海外电站项目)。

(2) 资源与能力。资金充裕的跨国公司可通过并购(如亚马逊收购 Whole Foods)快速获取渠道；技术领先但资金有限的企业选择授权(如生物制药公司专利授权)；管理能力薄弱的企业依赖合资(如新兴市场车企与国际品牌合资)。

(3) 风险偏好。风险厌恶型企业规避股权投入，采用出口(如中小企业出口服装)或特许经营；风险承受型企业在高增长市场(如印度)采取绿地投资，赌长期回报。

2. 外部环境因素

(1) 市场特征。超大规模市场(如中国、印度)吸引直接投资以分摊固定成本；碎片化市场(如东南亚小国)适合区域出口中心模式。竞争激烈的红海市场(如智能手机)通过差异化合资(技术+渠道互补)突围；垄断市场(如公用事业)需与东道国政府合资以获取特许经营权。

（2）制度与政策。法律限制（如沙特阿拉伯规定零售须本地控股）迫使企业选择合资；自贸协定（如USMCA）降低区域内投资壁垒，推动近岸外包（墨西哥工厂供应美国市场）。政治高风险地区（如中东战乱国）采用非股权模式（出口+技术服务），避免资产损失。

（3）文化与成本。文化距离显著时（如中国企业进入中东），合资可借助本地伙伴处理宗教习俗问题；文化同源地区（如澳大利亚与英国）可独资。要素成本洼地（如越南）吸引劳动密集型产业绿地投资；高成本地区（如日本）推动企业采用资本密集型独资模式（自动化生产线）。

3. 产业与产品特性

技术密集型产业（芯片、航空）为保护知识产权，倾向独资；劳动密集型产业（纺织）依赖低成本，选择出口或OEM。标准化产品（可乐、家电）适合全球统一生产+出口；定制化产品（工业设备）需本地化生产以适配客户需求。服务型产业中，标准化服务（快餐）用特许经营，高端服务（投行）必须直营以保障声誉。

习题精编

一、名词解释

1. 绿地投资（上海外国语 2019 年）
2. 跨国购并（中央财大 2016 年）
3. 交钥匙工程（上海大学 2018 年）
4. 非股权安排（上海财大 2019 年）

二、简答题

1. 在贸易进入、合约进入与投资进入三种国际市场进入模式中，你认为哪种模式更适合现阶段我国中小企业？为什么？（四川大学 2012 年）

2. 企业进入外国市场时选择最佳的进入模式是投资成功的关键之一。请简要分析“交钥匙工程”的优点和缺点。（中央财大 2017 年）

3. 请解释各种海外市场的进入模式。

4. 简述跨国公司对外直接投资的动因。（西南财大 2017 年）

5. 跨国公司技术转让的特点。（中国海洋 2018 年）

三、论述题

1. 决定企业对外直接投资的关键因素有哪些？
2. 对绿地投资和跨国并购的优点和缺点进行比较。（复旦大学 2019 年）

习题参考答案

一、名词解释

1. 绿地投资是企业在海外目标市场通过新建实体（如工厂、子公司）开展经营的直接投资模式。企业从零开始主导选址、建设、设备采购及团队组建，完全掌控组织架构、技术标准和运营流程的设计，强调对海外业务的绝对控制权和战略自主性。该模式需经历项目审批、工程建设、市场培育等完整周期，适用于长期布局且注重技术保密与标准化运营的企业。

2. 跨国并购是企业通过收购或合并海外现有企业股权（通常取得≥10%投票权以实现控制）的直接投资

模式。核心是通过获取目标企业的存量资产(生产设施、品牌、渠道、技术专利等)快速进入市场，缩短投资回报周期。并购后需整合双方资源、文化和管理体系，面临估值谈判、法律合规及组织融合等挑战，适用于需迅速突破市场壁垒或获取战略资产的企业。

3. 交钥匙工程指跨国公司为东道国建造工厂或其他工程项目，一旦设计与建造工程完成，包括设备安装、试车及初步操作顺利运转后，将该工厂或项目所有权和管理权的“钥匙”依合同完整地“交”给对方，由对方开始经营。因而，交钥匙工程也可以看成是一种特殊形式的管理合同。

4. 非股权安排是20世纪70年代以来被广泛采用的形式，主要是指跨国公司在东道国中不参与股份，而是通过与股权没有直接联系的技术、管理、销售等为东道国提供各种服务，与东道国公司保持着密切联系，并从中获取各种利益。目前，非股权安排的主要形式有许可证合同、管理合同、产品分成合同、写作生产合同、销售合同、“交钥匙”合同、咨询服务合同、联合投标合同等。

二、简答题

1. (1)国际市场进入模式是指国际营销企业进入并参与国外市场进行产品销售可供选择的方式。归纳起来，具体包括三大类。

① 贸易进入，即国内生产，国外销售，这是一种传统，简单，风险最低的进入方式；

② 合约进入，又称非股权进入，它有多种具体的形式，而且富有较大的灵活性和实用性；

③ 投资进入，又称股权进入，即企业直接在目标市场国投资，就地生产，就近销售。

从历史经验来看，各种进入方式各有利弊，也各有其不同的风险，所要求的资本投入和管理能力等也各不相同。各种进入方式的长短优劣，只有在给定的具体条件下才能比较。因此企业要开拓国际市场时，到底选择何种进入方式，必须结合本企业的全球发展战略以及企业拥有的资源条件，针对不同的目标市场国环境综合考虑，科学决策。

(2) 我认为合资更适合我国现阶段中小企业。合资是指与目标国家的企业联合投资，共同经营、共同分享股权及管理权，共担风险。我国中小企业产品主要是要素的密集度高、价值低和技术含量低的产品。劳动密集型和资源密集型产品主要以具有丰富自然资源的国家为生产基地，如果目标国家具备这些条件，那么可以采取投资模式，就地设厂，以节省出口的中间费用。合资企业可以利用合作伙伴的成熟营销网络，而且由于当地企业的参与，企业容易被东道国所接受。但是也应看到由于股权和管理权的分散，公司经营的协调有时候比较困难，而且公司的技术秘密和商业秘密有可能流失到对方手里，将其培养成将来的竞争对手。

2. (1)优点：

① 短期收益高：一次性交付项目获大额收入，资金回收快。

② 规避长期风险：无须参与后期运营，避免东道国政治、经济波动对经营的影响。

③ 技术溢价显著：凭借高端工程技术和定制化方案，可获得高于普通贸易的利润。

④ 突破市场壁垒：在股权限制严格的国家，通过非股权模式实现市场准入。

(2) 缺点：

① 培育竞争对手：技术转让可能使东道国企业掌握核心能力，成为未来竞争者。

② 项目周期风险：跨国项目审批复杂、建设周期长，易面临成本超支、工期延误。

③ 缺乏长期控制：项目移交后与东道国市场关联度低，难以获取持续收益或建立品牌影响力。

3. 海外市场进入模式是指“使企业的产品、技术、人力资源、管理或者其他资源进入某一特定海外国家的制度安排”。

企业通常运用六种不同的模式进入海外市场：出口、交钥匙工程、技术授权、特许经营、与东道国企业成立合资企业以及在东道国成立全资子公司。

① 出口。许多制造企业在刚开始进行全球扩张时采取了出口的形式，而在以后才转向其他的模式以服务于外国市场。通过在一个中心区域制造产品，然后把它出口到其他国家市场，企业可以从它的全球销量中实现巨大的规模经济。

② 交钥匙工程。交钥匙工程是指承包商同意把工程所有的细节都移交给外国客户，其中包括对经营人员的培训。一旦合同期满，外国客户就得到了已经可以全面经营的工厂“钥匙”，故而也称之为“交钥匙”。

这是向其他国家出口连续性技术的手段。交钥匙工程在化工、医药、炼油和金属加工行业十分普遍，所有这些行业都需采用复杂、昂贵的生产技术。这个战略在对外直接投资受东道国政府的管制时尤为有用。

③ 技术授权协议。技术授权协议是指在协议中规定在某一特定时间内，许可方把无形资产授予另一个实体(接受方)，反过来，许可方从接受方收取一定的许可使用费。在典型的跨国技术授权交易中，技术接受方为保证海外经营的开展而必然倾注所需的大多数资金。因此技术授权使企业不必承担开发一个外国市场所需的开发费用和风险。技术授权对那些缺乏资金去发展海外经营的企业十分有吸引力。此外，当企业不愿对一个不熟悉的或政局动荡的外国市场投入巨大的财务资源时，技术授权也相当诱人。当企业希望参与到一个外国市场中去，但是由于投资壁垒而不能这么做时，通常也采用技术授权。

④ 特许经营。特许经营与技术授权很相似，尽管特许经营往往比技术授权涉及的期限更长。特许经营从根本上讲，是技术授权的一种特殊形式，在特许经营中，特许人不但向被特许人出售无形资产(通常为商标)，而且坚持要求被特许人同意遵守严格的有关如何经营企业的规则。特许人还将经常帮助被特许人经营业务以求得不断的发展。与技术授权一样，特许人通常收取特许使用费，其数量等于被特许人收入的一定百分比。技术授权主要用于制造企业，而特许经营却主要被服务企业所采用。企业可以免除许多自己开发外国市场所必须承担的成本和风险。相反，由被特许人承担了这些费用和风险。这对被特许人也是个极好的刺激，激励它尽快建立起盈利性的经营活动。因此，运用特许经营的战略，服务企业可以以相对低的成本和风险很快地树立起全球形象。

⑤ 合资企业。合资企业是指由两个或两个以上的独立企业共同出资而成立的企业。长期以来，与外国企业成立合资企业是进入一个新市场的通用模式。企业可以通过从当地合资者处获得有关东道国竞争状况、文化、语言、政治体制和经营体制等知识而受益。如果进入一个外国市场的开发成本或风险很高，企业可以与当地的合资伙伴分摊这些费用或风险。在许多国家，出于政治上的考虑，合资企业往往是唯一可行的进入模式。

⑥ 全资子公司。在一家全资子公司中，企业拥有100%的股权。要在一个外国市场中建立一家全资子公司可以通过两种方式。企业可以在那个国家建立新的经营活动——创办新企业；也可以并购现有的企业，利用这家企业推销其产品。当一家企业的竞争优势建立在技术能力基础上时，全资子公司常常是最合适的进入模式，因为它可以降低对这种能力失去控制的风险。如果企业想要实现区位和经验曲线经济时，就必须设立全资子公司。

4. 跨国公司对外直接投资的动因主要包括以下几个方面：

(1) 发达国家资本的高度集中及垄断和资本过剩。战后，主要发达国家的资本高度积聚和集中，垄断程度进一步加强，在垄断资本控制了国内主要工业领域和市场后，形成了过剩资本，于是，将这些过剩资本输出到国外进行投资，谋取垄断的高额利润，由此，垄断企业变成了国际性垄断组织，导致了对外直接投资的迅速增加。

(2) 获取生产资源。生产资源重要包括自然资源、廉价劳动力、技术和管理技能。发达国家或资源贫乏的发展中国家企业、劳动力成本比较高的发达国家企业及发展中国家或新型工业化国家企业都会为了获得相对较低成本的生产资源而进行对外直接投资。

(3) 开拓新市场。各国对国际市场的激烈争夺推动了对外直接投资的迅速发展。为了占领当地市场，美、日在发达国家对制造业进行投资，主要通过“出口替代”的办法，缓和他们之间的贸易摩擦。此外，通过在当地投资建厂，带动了出口，继续控制已取得的市场。同时，为突破贸易壁垒，争夺国际市场，发展中国家的一些有实力的大型企业也采取了对外直接投资的策略。

(4) 运输成本或贸易壁垒。运输成本或贸易壁垒使得出口丧失吸引力，企业偏好对外直接投资。此外，如果企业希望保持对技术和技能或业务运作和商务战的控制，或者一种经常发生的情况是，企业的能力根本不能通过转让协议明确，那么，与技术授权相比，企业也会偏好对外直接投资。

5. 跨国公司技术转让的特点具体体现于转让条件、转让活动、转让战略、转让时机以及转让效果等几个方面。

(1) 以全球领先技术为基础创造技术转让条件。技术优势是跨国公司拥有的最重要的垄断优势，其中核心技术能力是跨国公司维持其垄断地位的保障，技术创新能力是跨国公司维持其垄断地位的手段。

（2）以全球研发网络为基础展开技术转让活动。跨国公司研发机构正在由一个中心向多个中心转化，形成了全球技术研发网络，这样可以充分利用当地研发资源，突出重点项目研究，互通有无，为跨国公司进行转让提供了有力保障。

（3）以内部化为基础实施技术转让战略。在技术交易过程中，市场交易存在成本，包括寻找交易对象的搜寻成本、签订合同的谈判成本以及监督合同执行的监督成本等。但是如果能够进行内部交易，并且能够比外部交易节约成本，那么企业就会想方设法将外部交易转化为内部交易。另外，内部交易还可以克服各种技术、专利、管理技能等与技术相关的中间产品外部交易的不完全性。

（4）以生命周期为基础选择技术转让时机。创新阶段时，任何地位的跨国公司都会选择不转让技术。发展阶段时，只有微弱地位的跨国公司会选择主动寻找机会转让技术；支配地位和优势地位的跨国公司不转让技术；有利地位的跨国公司可能会考虑选择转让技术；维持地位的跨国公司开始考虑技术转让。成熟阶段时，各种地位的跨国公司都会选择技术转让，但迫切程度和条件要求不尽相同。其中微弱地位的跨国公司最为急切，支配地位的跨国公司条件最为苛刻。衰老阶段时，各种地位的跨国公司都会选择技术转让。

（5）以扩张国际生产为基础彰显技术转让效果。纵观跨国公司发展历史，就是一部跨国公司以扩张国际生产为基础彰显技术转让效果的历史，即技术转让效果是否理想，从一定程度上可以将国际生产扩张程度作为衡量标准。

三、论述题

1. 决定企业对外直接投资的关键因素

① 发达国家资本的高度集中及垄断和资本过剩

战后，主要发达国家的资本高度积聚和集中，垄断程度进一步加强，在垄断资本控制了国内主要工业领域和市场后，形成了过剩资本，于是，将这些过剩资本输出到国外进行投资，谋取垄断的高额利润，由此，垄断企业变成了国际性垄断组织，导致了对外直接投资的迅速增加。

② 获取生产资源

生产资源重要包括自然资源、廉价劳动力、技术和管理技能。发达国家或资源贫乏的发展中国家企业、劳动力成本比较高的发达国家企业及发展中国家或新型工业化国家企业都会为了获得相对较低成本的生产资源而进行对外直接投资。

③ 开拓新市场

各国对国际市场的激烈争夺推动了对外直接投资的迅速发展。为了占领当地市场，美、日在发达国家对制造业进行投资，主要通过“出口替代”的办法，缓和他们之间的贸易摩擦。此外，通过在当地投资建厂，带动了出口，继续控制已取得的市场。同时，为突破贸易壁垒，争夺国际市场，发展中国家的一些有实力的大型企业也采取了对外直接投资的策略。

④ 运输成本或贸易壁垒

运输成本或贸易壁垒使得出口丧失吸引力，企业偏好对外直接投资。此外，如果企业希望保持对技术和技能或业务运作和商务战的控制，或者一种经常发生的情况是，企业的能力根本不能通过转让协议明确，那么，与技术授权相比，企业也会偏好对外直接投资。

2. 跨国公司进行对外直接投资有两种基本方式：一是绿地投资，即外商在东道国，按照东道国的法律，建立合资企业或独资企业；二是跨国并购，即跨国公司通过收购目标企业的部分或全部股份，取得对目标企业控制权的产权交易行为。

（1）绿地投资的优点

① 拥有较强的自主性，而且能够在较大程度上把握风险。

② 较少受到东道国产业保护政策的限制。

③ 企业能更大程度维持公司在技术和管理方面的垄断优势。

④ 有利于选择符合跨国公司全球战略目标的生产规模和投资区位。

（2）绿地投资的缺点

① 绿地投资需要大量的筹建工作，因而建设周期长，速度慢，缺乏灵活性。

② 在企业的创建过程中，跨国公司完全承担其风险，不确定性较大。

③ 跨国公司要在东道国拓宽自己的市场，往往与东道国的管理方式以及东道国管理不适应，而在东道国符合其管理、生产要求的技术人员相对缺乏。

(3) 跨国并购的优点

① 速度快。跨国兼并收购进入的一个重要追求动机就是谋求最快速度进入东道国市场。

② 获取战略资产。战略资产，如研发或技术诀窍、专利、商标、当地特许权以及供应与分销网络等无法在其他市场上获得，而自己开发又需要时间。

③ 寻求新市场。寻求新的市场和市场力量是企业长期关注的目标。

④ 协同效应。预期通过协同效应提高效率可能是最经常提到的并购动机。

⑤ 规模经济效应。在经济全球化的形势下，较大的规模可以成为一个关键因素，特别是在需要规模经济、巨额研发开支和扩大分销网络的经营活动中更是如此。

⑥ 多样化。产品和地域市场的多样化，可以降低经营风险。

(4) 跨国并购的缺点

① 国际会计标准差异、信息不对称导致无形资产评估等问题的存在，使得评估企业价值难度大，造成跨国公司决策困难，从而影响跨国并购的成功率。

② 东道国的政策限制和地方保护主义的抵制。为了保护本国产业，东道国政府和公民有时会对某些特殊行业的并购进行限制。

③ 容易受到企业规模、选址上的约束。由于被收购的企业规模、行业和地点都是固定的，所以跨国公司很难找到一个符合自己全球战略所要求的地点进行跨国并购，从而影响自己的战略实施以及经营管理。

第 7 章　对外直接投资的母国和东道国效应

本章主要阐述对外直接投资效应、对外直接投资中的政府行为、国际企业与政府的议价能力等三个知识点，其中第一个知识点非常重要，各大高校命题不断。

知识脉络

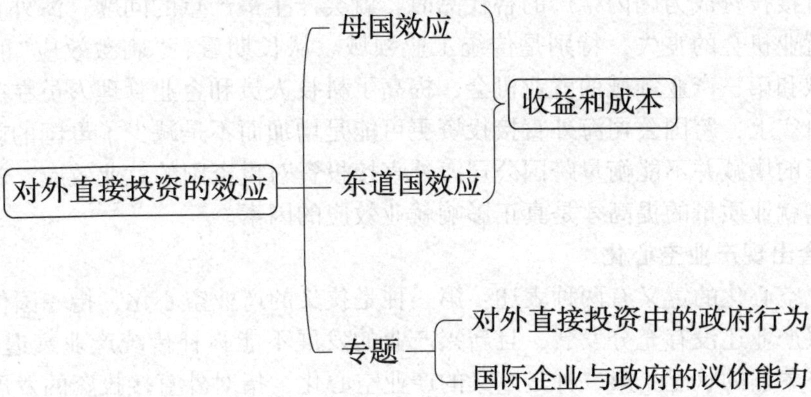

大纲解析

知识点一　对外直接投资与母国的利益和代价

一、母国的利益

国际直接投资对母国(投资国)有以下三方面的好处：

首先，母国国际收支的经常项目将因对外直接投资收益的流入得到改善。除此之外，如果在国外的子公司形成对母国的生产设备、中间产品和辅助产品等类似产品的需求，对外直接投资也能够改善母国国际收支的经常项目。

其次，与国际收支一样，当在国外的子公司形成对母国的生产设备、中间产品和辅助产品等类似产品的需求时，就会产生有利的就业效应。除此之外，对外的直接投资也会产生对投资咨询和国际化管理人才的需求。

最后，通过对外直接投资从海外业务中学习。当母国的跨国公司因为身处外国市场学到了有价值的技能之后，就可以将这种技能转移回母国。这就相当于逆向的资源转移效应。通过接触外国市场，跨国公司能够学习到更先进的管理技术和更先进的产品和流程工艺，这些资源都可能流回母国，有利于母国的经济增长。

二、母国的代价

1. 国际收支受到损害

母国的国际收支可能会从以下三个方面受到损害：

（1）在最初为国际直接投资提供资金从而导致资本流出时，母国的国际收支会受到损害。然而，这个效应通常要小于后来对外投资收益流入的数额。

（2）如果对外直接投资的目的是为母国市场寻找一个低成本的生产地点，那么国际收支的经常项目也会受到损害。

（3）在对外直接投资替代直接出口的情况下，国际收支的经常项目也会受到损害。

2. 就业效应

当对外直接投资成为国内生产的替代品时，就会产生最严重的问题。海外直接投资可能会造成母国就业机会的丧失，特别是传统工业领域。从长期看，“刺激效应”的作用增加了新兴工业领域和第三产业领域的就业机会，提高了科技人员和企业管理人员在就业人数中所占的比重。事实上，跨国公司海外直接投资更可能是增加而不是减少了母国的就业机会。因此，就业数量的增减并不能衡量跨国公司海外直接投资对投资国的就业效应，就业结构的改进以及相应的就业质量的提高才是真正影响就业效应的因素。

3. 可能会出现产业空心化

关于产业空心化的定义有两种表述：第一种是狭义的产业空心化，指一国传统产业已经衰退，而新兴产业还没有充分发展，且新兴产业的发展不能弥补传统产业衰退造成的损失，而导致的经济萎缩的状况；第二种是广义的产业空心化，指对外直接投资的发展导致国内第一产业和第二产业比重迅速下降，第三产业比重迅速上升。产业空心化的原因主要有两个方面：首先是无序产业外移，削弱原有产业基础；其次是忽视技术创新，优势产业被赶超。

知识点二　对外直接投资与东道国效应

作为资本、技术、管理以及(某些情况下)工作岗位的输出者，母国经常会承担与对外直接投资东道国完全相反的收益和成本。

一、东道国的收益

对东道国来说，外来直接投资主要的收益是资源转移效应、就业效应、国际收支效应以及对竞争和经济增长的影响。

1. 资源转移效应

国际直接投资对东道国的经济有积极的贡献，它可以提供东道国所缺乏的资本、技术和管理经验，从而提高该国的经济增长速度。

2. 就业效应

就业效应是指其能为东道国带来原先没有的就业机会。国际直接投资的就业效应可以是直接的，也可以是间接的。外国跨国公司雇用了一定数量的东道国居民，这就形成了直接效应。而作为这项投资的结果，当地供应商创造的就业机会以及跨国公司员工在当地增加消费所创造的就业机会则是间接效应。当然，对外直接投资也可能导致东道国就业机会的减少。

3. 国际收支效应

如果国际直接投资取代了商品和服务的进口，它就可以改善东道国国际收支的经常项目，使得东道国国际收支的经常项目在一定程度上得到了改善。另外，当跨国公司利用其国外子公司向其他国家出口商品和服务时，也有助于改善东道国国际收支状况。

4. 对竞争和经济增长的影响

当国际直接投资采取新设投资的方式时，市场参与者的数量增加，从而使消费者的选择也增加了。这又转而提高了国内市场的竞争水平，从而降低价格，提高消费者的经济福利。竞争的加剧往往能够刺激企业在工厂、设备以及研发方面加大资本投入，以求在与对手的竞争中占据优势地位。由此导致的长期结果包括劳动生产率的提高、产品和生产过程的革新以及更快的经济增长速度。

二、东道国的成本

东道国在吸引外来直接投资方面面临三种成本，分别是东道国国内竞争可能出现的负面效应、国际收支的负面效应以及国家主权与独立性的丧失。

1. 竞争的负面效应

外国跨国公司可能会利用自身优势将东道国本国的企业赶出市场，从而垄断该市场。外国跨国公司一旦在该市场获得垄断地位，就会提高价格，使之高于竞争市场条件下的价格，对于东道国的经济福利产生不利影响。

2. 国际收支的负面效应

国际直接投资对于东道国国际收支可能产生两个方面的负面效应：首先，国际直接投资带来的最初的资本流入会导致随后的国外子公司向母公司的利润流出。这种流出将表现为国际收支账户的资本流出。其次，若国外子公司从国外进口大量用于投入的产品，结果就须记入东道国国际收支经常项目的借方。

3. 国家主权与独立

一些东道国政府担心外来直接投资会使其丧失部分经济独立性。这种忧虑来自对东道国并没有作出实际承诺的外国母公司作出的重大决策会影响东道国的经济，而东道国政府对此却没有实际的控制能力。

【例1】改革开放以来外国直接投资对中国经济发展有何积极作用？存在哪些问题？（江西财大2013年）

【解析】(1) 自改革开放以来，我国吸收了大量的国际直接投资，成了世界上主要的也是发展中国家中最大的国际直接投资流入国。外国直接投资对中国的经济增长、就业、技术进步、外贸进出口、企业管理、体制转换、产业结构调整乃至国人观念的更新与变化等各个方面都起到了极其重要的作用：

① 国际资本的注入，改善了改革开放初期国内资金不足的状况，促进了中国劳动密集型产品的生产和出口，为中国资本的良性运转提供了启动资金，从而在一定程度上刺激了中国经济的增长；

② 国际资本流动往往伴随着知识和技术的转移和外溢，从而带动资金流入国的技术变革。作为发达国家对华投资主体的跨国公司，拥有先进的科学技术和现代化的管理手段，它们到中国投资，兴办合资、合作或独资企业(即三资企业)，从直接和间接两个渠道提高了中国企业的技术水平。

(2) 跨国公司在华投资已经深入到了中国经济的每个领域，在有些行业已经建立了垄断地位，对国内相关行业的厂商构成了现实的生存威胁。因此，利用外资给中国经济发展也带来了一些不容忽视的问题：

① 我国整体技术开发能力在一定程度上受到削弱。跨国公司来华投资一般都把技术与设备带进来，并不注重合营企业本身技术能力的开发和培养，这种趋势削弱了中国自主进行技术开发的能力，形成对国外技术的依赖，从而给中国经济的长期稳定发展与安全带来威胁；

② 外商投资高度集中在沿海地区，一定程度上影响了我国经济的平衡发展；

③ 外资集中在劳动密集型加工业，与我国产业政策导向不太一致，不利于我国产业结构调整；

④ 各地对外商投资政策不一、管理混乱。审批与管理脱节，重复引进，重引进、轻管理、轻效益，特别是有些地方为了吸引外资，对外资的待遇有些过于优惠，实际上是超国民待遇，带来了很多负面影响。同时，有些项目根本不适合本地区或本部门，或者有些外资项目在没有经过严密论证或可行性研究报告也只流于形式的情况下匆忙上马，造成引资项目的失败，结果是造成重大损失，也有损于中国的信誉。

知识点三　对外直接投资中的政府行为

一、意识形态与国际直接投资

从历史上看，一个国家对于国际直接投资的意识形态的范围中的一个极端是对所有的外来直接投资都存有敌意的激进观点，另一个极端是信奉自由市场经济学原理的自由市场观点。在这两个极端之间，有一种态度被称作实用民族主义。

1. 激进观点

激进派人士认为跨国公司是帝国主义统治的工具。他们把跨国公司看作只为资本主义和帝国主义母国带来利益的剥削东道国的工具。他们认为，跨国公司从东道国榨取利润并返还母国，没有给予东道国任何有价值的东西作为交换。根据激进观点，先进资本主义国家通过跨国公司对外直接投资使世界上的不发达国家相对落后，并使之对先进资本主义国家的投资、就业机会和技术具有依赖性。因此，按照这种极端观点，任何国家都不应该允许外国公司在本国从事国际直接投资活动，因为它们绝不会促进本国的经济发展，只能成为本国经济的主宰。如果一国已经存在跨国公司，该国就应该立即将其国有化。

到 20 世纪 80 年代末，这种激进观点几乎在所有地区全面消退。究其原因有三个：

(1) 东欧国家的制度剧变；

(2) 持有这种激进观点的国家的经济普遍衰退，许多国家越来越相信外来直接投资是技术和就业的重要源泉，能够刺激经济增长；

(3) 一些奉行资本主义而不是激进观点的发展中国家和地区的经济取得长足进步。

2. 自由市场观点

自由市场观点认为，国际化的生产应该根据比较优势的原理在各国之间进行分工。各个国家应该专门从事某种能以最高效率进行生产的产品或服务。在这个框架中，跨国公司是在全球范围内将产品和服务分配到最有效率的生产地点的工具。从这个角度来说，跨国公司的国际直接投资提高了世界经济的整体效率。

自由市场观点在全球范围内的影响力呈上升趋势，促使全球对待国际直接投资的态度向解除对内对外两方面的限制转变。然而，实际上没有一个国家会采纳纯粹的自由市场观点。英国和美国等一些国家对待国际直接投资持有最开放的态度，但是这两个国家的政府也都保留了干预的权力。

3. 实用民族主义

实用民族主义者认为，国际直接投资利弊兼有。国际直接投资可以为东道国带来资金、技能、技术和就业机会，但是这些利益的获取须付出一定的代价。如果某种产品是由外国公司而不是本国公司所制造，那么这项投资的利润将流往境外。许多国家还担心，那些外资工厂会从其母国进口许多零部件，这对于东道国的国际收支有负面影响。

由于意识到这种情况，采纳实用主义立场的国家就采取一套旨在使其国家利益达到最大而成本降到最低的政策。根据这一观点，只有当效益大于成本时，才能允许国际直接投资。实用民族主义的另一个方面是，在外来直接投资对本国有利的情况下倾向于积极地吸引外来直接投资。

4. 意识形态的转变

近年来，坚持激进观点的国家急剧减少。虽然采取完全的自由市场立场的国家极为罕见，但转向自由市场观点并放松对国际直接投资管制的国家越来越多。

一种相反的情况是，最近开始出现了对国际直接投资更加敌视的现象。迄今为止，这些不利于国际直接投资的事件还只是孤立的个案，但如果进一步蔓延，30 年来减少跨境投资壁垒的变化趋势可能遭到破坏。

二、东道国的政策

东道国和母国政府对于对外直接投资都会采取一系列鼓励或限制的方法。政府采取这些措施的原因有很多，其中包括改善收支平衡状况、获取资源、防止资本外流和保护本国就业等。

1. 鼓励外来直接投资

政府鼓励外国企业在本国投资已成为普遍现象。最常见的形式是税收减免、低息贷款、资助或补贴。这种鼓励的动机是希望从外来直接投资的资源转移和就业效应中得到好处，另一个动机是希望将国际直接投资从其他潜在的东道国那里争夺过来。

2. 限制外来直接投资

东道国还可以使用很多的控制手段从各方面限制外来直接投资。最常见的两种方式是所有权限制和运作限制。

(1) 所有权限制可以采用多种形式。在一些国家，外国公司被排除在某些特定的领域之外。所有权限制的理由有两点：第一，出于国家安全和竞争的原因，外国企业经常被排除在某些特定的行业之外。尤其在那些较不发达的国家，人们的感觉是，除非通过征收进口关税和控制外来直接投资，对来自外国的竞争予以限制，否则当地企业就不能得到发展；第二，当地资本的参与有助于对东道国的直接投资所带来的资源转移和就业效应的最大化。

(2) 运作限制也可以采取多种形式。运作限制是对跨国公司在东道国的子公司行为的控制。最常见的运作限制涉及产品的国产化程度、出口量、技术转移以及当地居民参与高层管理等方面。其实施的逻辑是，这些措施能够帮助东道国实现外来直接投资效益的最大化和成本的最小化。

【例 2】名词解释：投资促进(暨南大学 2024 年)

【解析】投资促进是政府或专业机构为吸引资本流入而采取的系统性举措，其核心在于构建具有竞争力的投资环境。现代投资促进包含三大关键要素：一是营商环境优化，通过简化审批、税收优惠等政策降低投资壁垒；二是产业精准对接，基于区域优势产业定向吸引配套投资；三是全周期服务，从项目洽谈到落地运营提供一站式支持。典型措施包括建立投资促进机构、举办招商活动、提供信息服务等。有效的投资促进能显著提升资本配置效率，但需注意避免过度政策竞争导致的资源浪费。

三、母国的政策

1. 鼓励对外直接投资

(1) 风险保险：许多投资国现在都有政府支持的保险计划，用于涵盖各种主要的对外投资风险。这些计划中可投保的风险类型包括征用(国有化)、战争损失以及无法将利润转移回国。

(2) 资金支持：一些发达国家还设有专项基金和银行向愿意在发展中国家投资的企业提供政府贷款。

(3) 税收优惠：为了进一步鼓励国内企业从事国际直接投资，许多国家已经取消了对国外收入的双重征税(即在东道国和母国对收入都征税)。

(4) 政治压力：有些投资国利用其政治影响力说服东道国对外来直接投资放松管制。

2. 限制对外直接投资

所有投资国对于对外直接投资都曾不时实施一定的限制。一种政策是为了本国的国际收支而限制资本的流出。另外，政府有时会操纵税收政策以鼓励企业在本国投资，这种政策的目的是在本国而不是在其他国家创造就业机会。最后，有些国家出于政治上的原因而限制本国企业投资于某些特定的国家。这种限制可以采取正式的方式，也可以是非正式的。

知识点四　国际企业与政府的议价能力

东道国政府对待国际直接投资的态度是决定国外生产和直接投资地点的一个重要变量。由于许多国家对待国际直接投资采取实用主义的立场，因此考虑从事国际直接投资的企业通常必须与该国政府就投资的具体条件展开谈判。

1. 谈判的主题

谈判的内容往往围绕两个主题：

第一，如果东道国政府试图吸引外来直接投资，中心问题就可能是东道国政府准备向跨国公司提供优惠措施的类型和作为交换条件的跨国公司应该承诺的义务。

第二，如果东道国政府对外来直接投资的收益并不确定，并有可能限制外来投资，中心议题则可能是跨国公司所作出的让步，以便计划中的投资项目能取得进展。

2. 谈判实力取决的因素

任何谈判的结果都在很大程度上取决于双方讨价还价的相对实力。

(1) 影响跨国公司谈判能力的因素分析

跨国公司的优势取决于它在东道国从事生产经营活动可以给东道国政府带来的好处，即各种溢出效应。跨国公司的谈判能力主要由三方面因素决定：

① 跨国公司所具有的所有权优势，即跨国公司所拥有的专利技术、先进管理经验和市场营销能力，以及跨国公司所带来的巨额投资有助于东道国资金问题的解决。跨国公司的这些所有权优势同其谈判能力存在着正相关关系，跨国公司的所有权优势越明显，其在同东道国政府合作谈判中议价的能力就愈强，从而就能从谈判中获取更大的收益。

② 跨国公司对改善东道国国际收支所起的作用。具体而言，跨国公司可以帮助东道国政府从国外获取廉价的中间产品和特殊的原材料及技术设备等，东道国政府在这方面对跨国

公司的依赖性越强，跨国公司在同政府合作谈判中的谈判能力也就越强。同时，跨国公司还有助于改善东道国的进出口状况。它既可以通过生产的前后关联带动东道国商品的出口，又可以通过在东道国组织生产进口替代品，减少东道国的进口支出，从而改善国际收支。跨国公司对改善东道国国际收支的影响越大，东道国政府对其依赖性就越强，其谈判能力也就越强。

③ 跨国公司海外子公司的存在还有助于东道国政府实现其制订的非经济目标，如给有关政治社会团体提供就业机会和额外收益，增强东道国政府与跨国公司母国政府进行谈判时的筹码（因为东道国政府便于采取报复性措施）等。跨国公司在这方面对东道国政府的帮助越大，其在同东道国政府的合作谈判中就越处于有利地位，谈判能力就越强。

（2）影响东道国政府谈判能力的因素分析

东道国政府的优势在于它提供给跨国公司的具有吸引力的条件，其谈判能力的高低主要取决于以下两方面的因素：

① 东道国政府可以通过各种规章政策来限制跨国公司的进入和进入后的经营活动，从而影响其经营效率。如东道国政府可对其产品的国产化率、实际返销比例、人员培训等指标做严格的合同规定，如达不到所规定的指标，则限制其国内产品销售网络的建立和销售规模。这对于市场容量大的东道国（如中国）来说，这些限制性政策足以影响到跨国公司的经营业绩。因此，东道国国内市场需求越大，或者从动态观点来考察，其市场潜力越大，对跨国公司就越具有吸引力，因而东道国政府采取限制措施的效果就越明显，其谈判能力也就越强。同时，市场经济越发达的国家，其政府能采取限制措施的空间就越有限，因而发展中国家的政府比发达国家的政府在这一方面谈判的能力可能要强一些。

② 东道国政府能够限制跨国公司利用本国的生产要素，如限制跨国公司利用本国独有的自然资源（如矿物、土地等），而这种自然资源的稀缺程度越大，东道国政府的谈判能力就越强。另外，东道国政府还可以限制跨国公司使用本国低成本的投入品和劳动力，限制跨国公司利用东道国的国内金融市场融通资金和进行投资，这种优势越明显，其东道国政府的谈判能力就越强。

以上两方面决定了东道国政府在同跨国公司博弈时优势的大小，从而决定了东道国政府在同跨国公司进行合作谈判中议价的能力。政府谈判能力越强，跨国公司的投资收益中归属于东道国的部分就越多，跨国公司所得就会减少。极端的情况就是东道国政府占有全部收益，但此时跨国公司显然不会投资东道国，而会退出谈判。

习题精编

一、简答题

1. 国际直接投资给母国带来的积极和消极影响。

2. 跨国公司母国政府为何鼓励本国企业对外直接投资？

3. 东道国鼓励或限制对外直接投资的措施有哪些？（南开大学 2014 年）

二、论述题

1. 跨国公司对外直接投资对东道国正面影响和负面影响有哪些？“溢出效应”的途径有哪些？（复旦大学 2013 年）

2. 改革开放以来外国直接投资对中国经济发展有何积极作用？存在哪些问题？

习题参考答案

一、简答题

1. 国际直接投资，又称外国直接投资(foreign direct investment，FDI)，是指投资者以获得国外公司的控制权为目的而购买该公司资产，或者在外国设立全资子公司而发生的资本流动。

国际直接投资给母国带来的影响如下：

(1) 积极影响

① 母国国际收支的经常项目将因对外直接投资收益的流入得到改善。除此之外，如果在国外的子公司形成对母国的生产设备、中间产品和辅助产品等类似产品的需求，可导致母国出口的增加，从而改善母国国际收支的经常项目。

② 与国际收支一样，当在国外的子公司形成对母国的生产设备、中间产品和辅助产品等类似产品的需求时，就会产生有利的就业效应。除此之外，对外的直接投资也会产生对投资咨询和国际化管理人才的需求。

③ 通过对外直接投资从海外业务中学习。当母国的跨国公司因为身处外国市场学到了有价值的技能之后，就可以将这种技能转移回母国。这就相当于逆向的资源转移效应。通过接触外国市场，跨国公司能够学习到更先进的管理技术和更先进的产品和流程工艺，这些资源都可能流回母国，有利于母国的经济增长。

(2) 消极影响

对外直接投资对母国最重要的不利影响集中在国际收支和就业效应。

① 母国的国际收支可能从以下三个方面受到损害。

a. 国际收支的资本项目在最初为对外直接投资提供资金从而导致资本流出时受到损害。然而，这个效应通常要小于后来对外投资收益流入的数额。

b. 如果对外直接投资的目的是为母国市场寻找一个低成本的生产地点，那么国际收支的经常项目也会因为产品对母国的返销而受到损害。

c. 在对外直接投资替代直接出口的情况下，国际收支的经常项目也会受到损害。

② 潜在的失业问题。

当对外直接投资成为国内生产的替代品时，这种对外直接投资的一个明显的结果是减少了母国的就业岗位。如果母国的劳动力已经非常紧俏，几乎没有失业，那么这个问题还不严重。但是，如果母国正承受着高失业的困扰，人们就会对就业岗位的外流产生忧虑。

2. (1)对外直接投资是指企业以跨国经营的方式所形成的国际间资本转移。一般认为对外直接投资是一国投资者为取得国外企业经营管理上的有效控制权而输出资本，设备，技术和管理技能等无形资产的经济行为。最新的国际直接投资的形式是以利润进行再投资，其就是指投资者把通过直接投资所获得的利润的一部分或全部用于对原企业的追加投资。

(2) 一般认为，跨国公司母国政府鼓励本国企业对外直接投资是基于以下两种动机：

① 收入动机

a. 吸引新的需求来源。一个公司经常会发展到其增长在本国受到限制的阶段，可能的原因是激烈的竞争。即使没有太大的竞争，它在本国的市场份额也许已接近潜力顶峰。因此一种可能的解决途径就是考虑有需求潜力的国外市场。

b. 进入有超额利润的市场。假如行业内的其他企业证实在其他市场可以取得超额收益，跨国公司也许会决定到那些市场上销售。它也许会打算降低目前过高的价格。

c. 利用垄断优势。如果企业拥有其竞争对手所不具有的各种资源和技能，就有可能变得国际化。如果一个特定企业拥有先进的技术并将这一优势成功地在本国市场上加以利用，它也可能试图在其他国家市场上加以利用。

d. 对贸易限制做出反应。由于过多出口商品到其他国家会损害当地就业形势，当地政府往往对进口做出限制。而对外直接投资能够促进就业，因此也能规避政府对于贸易的限制。

② 成本动机

a. 从规模经济中充分受益。试图为其主导产品拓展新的市场领域的公司因规模经济而提高其收益和股东财富。

b. 利用国外的生产要素。各国间的劳动力和土地成本会有很大的不同，跨国公司常试图在劳动力和土地价格相对便宜的地方设立生产点。

c. 利用国外的原材料。基于物流成本的考虑，公司总是避免进口某一国家的原材料，尤其是当其计划再将生产加工好的产品返销给该国的消费者时，更可行的方法是在这些原材料所在国进行生产加工。

d. 利用外国技术。各公司都竞相在国外建厂或购买国外已建成的工厂来学习国外的技术，这些技术接着又会在全球子公司普及以完善生产程序。

e. 对汇率变动做出反应。当企业觉察到某种外币会贬值时，它也许会考虑对该国进行直接投资，因为原先的费用支出相对降低了。这和对外间接投资不同，因为对外直接投资需要较长的周期。因此，判断某种外币会升值时，常会采取对外间接投资策略。

3. (1) 东道国鼓励对外直接投资的措施有：

① 财政激励，主要表现在各种税收规定上，例如降低所得税率、提供免税期、加速折旧、投资与再投资补贴以及进口税减免等，总体目标是降低外国投资者的税收负担。

② 金融激励，涉及优惠信贷和金融市场，主要包括东道国政府对外国投资项目提供货币赠与、以低于竞争性市场利率提供贷款、提供贷款担保以及股权参与等政策。

(2) 东道国限制对外直接投资的措施：

① 审批管理，大多数国家设立了专门机构负责外国投资项目的审批管理，依据相关规定对投资项目进行事先逐项审查和批准，例如澳大利亚曾建立的外国投资委员会。

② 外资进入领域和参股比例限制，世界上大多数国家均对外资进入领域有一定限制，它们为了维护本国利益，限制或禁止外资进入某些战略性和敏感性领域。有的发展中国家还规定，在合资经营企业中，外国资本最高只能占 49%。

③ 对外国资本和利润汇回的限制

投资于发达国家的外国投资者普遍享有国民待遇，有权将公司资金和利润等自由汇出国境，但金额超出一定数额时要向东道国银行部门申报。

二、论述题

1. (1) 跨国公司对外直接投资对东道国的正面影响

对东道国来说，外来直接投资主要的收益是资源转移效应、就业效应、国际收支效应以及对竞争和经济增长的影响。

① 资源转移效应。国际直接投资对东道国的经济有积极的贡献，它可以提供东道国所缺乏的资本、技术和管理经验，从而提高该国的经济增长速度。

② 就业效应。就业效应是指其能为东道国带来原先没有的就业机会。国际直接投资的就业效应可以是直接的，也可以是间接的。外国跨国公司雇用了一定数量的东道国居民，这就形成了直接效应。而作为这项投资的结果，当地供应商创造的就业机会以及跨国公司员工在当地增加消费所创造的就业机会则是间接效应。当然，对外直接投资也可能导致东道国就业机会的减少。

③ 国际收支效应。如果国际直接投资取代了商品和服务的进口，它就可以改善东道国国际收支的经常项目，使得东道国国际收支的经常项目在一定程度上得到了改善。另外，当跨国公司利用其国外子公司向其他国家出口商品和服务时，也有助于改善东道国国际收支状况。

④ 对竞争和经济增长的影响。当国际直接投资采取新设投资的方式时，市场参与者的数量增加，从而使消费者的选择也增加了。这又转而提高了国内市场的竞争水平，从而降低价格，提高消费者的经济福利。竞争的加剧往往能够刺激企业在工厂、设备以及研发方面加大资本投入，以求在与对手的竞争中占据优势地位。由此导致的长期结果包括劳动生产率的提高、产品和生产过程的革新以及更快的经济增长速度。

(2) 跨国公司对外直接投资对东道国的负面影响

东道国在吸引外来直接投资方面面临三种成本，分别是东道国国内竞争可能出现的负面效应、国际收支的负面效应以及国家主权与独立性的丧失。

① 竞争的负面效应。外国跨国公司可能会利用自身优势将东道国本国的企业赶出市场，从而垄断该市场。外国跨国公司一旦在该市场获得垄断地位，就会提高价格，使之高于竞争市场条件下的价格，对东道国的经济福利产生不利影响。

② 国际收支的负面效应。国际直接投资对于东道国国际收支可能产生两个方面的负面效应：首先，国际直接投资带来的最初的资本流入会导致随后的国外子公司向母公司的利润流出。这种流出将表现为国际收支账户的资本流出。其次，若国外子公司从国外进口大量用于投入的产品，结果就须记入东道国国际收支经常项目的借方。

③ 国家主权与独立。一些东道国政府担心外来直接投资会使其丧失部分经济独立性。这种忧虑来自对东道国并没有作出实际承诺的外国母公司作出的重大决策会影响东道国的经济，而东道国政府对此却没有实际的控制能力。

(3) "溢出效应"的途径

① 跨国公司对投资东道国技术环境的影响。这一影响主要通过示范效应来实现行业管理水平的提高，跨国公司对东道国本土企业产生了显著的管理知识溢出，从而提高了后者的生产率。

② 跨国公司对投资东道国竞争强度的影响。跨国公司进入东道国市场后，将不可避免地同东道国本土企业进行竞争，争夺市场，给东道国企业带来压力，为了争取生存和发展的机会，就会努力提高经营效率，提高技术含量增强自身生存竞争能力。

③ 跨国公司对投资东道国产业链发展的影响。为了降低成本，当东道国企业能够提供同质量的原材料和服务时，跨国企业会倾向于从东道国企业采购，跨国公司的产品技术和管理标准会提高其上下游企业的生产率，促进产业链整体技术水平的提高。

④ 跨国公司对投资东道国劳动力素质的影响。随着人力资源的流出，人力资本水平较低的发展中国家因此受益。跨国公司的技能培训投资对提高当地企业的生产率有显著提高。

2. (1) 自改革开放以来，我国吸收了大量的国际直接投资，成为世界上主要的也是发展中国家中最大的国际直接投资流入国。外国直接投资对中国的经济增长、就业、技术进步、外贸进出口、企业管理、体制转换、产业结构调整乃至国人观念的更新与变化等各个方面都起到了极其重要的作用：

① 国际资本的注入，改善了改革开放初期国内资金不足的状况，促进了中国劳动密集型产品的生产和出口，为中国资本的良性运转提供了启动资金，从而在一定程度上刺激了中国经济的增长；

② 国际资本流动往往伴随着知识和技术的转移和外溢，从而带动资金流入国的技术变革。作为发达国家对华投资主体的跨国公司，拥有先进的科学技术和现代化的管理手段，它们到中国投资，兴办合资、合作或独资企业(即三资企业)，从直接和间接两个渠道提高了中国企业的技术水平。

(2) 跨国公司在华投资已经深入到了中国经济的每个领域，在有些行业已经建立了垄断地位，对国内相关行业的厂商构成了现实的生存威胁。因此，利用外资给中国经济发展也带来了一些不容忽视的问题：

① 我国整体技术开发能力在一定程度上受到削弱。跨国公司来华投资一般都把技术与设备带进来，并不注重合营企业本身技术能力的开发和培养，这种趋势削弱了中国自主进行技术开发的能力，形成对国外技术的依赖，从而给中国经济的长期稳定发展与安全带来威胁；

② 外商投资高度集中在沿海地区，一定程度上影响了我国经济的平衡发展；

③ 外资集中在劳动密集型加工业，与我国产业政策导向不太一致，不利于我国产业结构调整；

④ 各地对外商投资政策不一、管理混乱。审批与管理脱节，重复引进，重引进、轻管理、轻效益，特别是有些地方为了吸引外资，对外资的待遇有些过于优惠，实际上是超国民待遇，带来了很多负面影响。同时，有些项目根本不适合本地区或本部门，或者有些外资项目在没有经过严密论证或可行性研究报告也只流于形式的情况下匆忙上马，造成引资项目的失败，结果是造成重大损失，也有损于中国的信誉。

第三篇　国际金融

第8章　国际货币体系与汇率制度

本章主要阐述国际货币体系和汇率制度。国际货币体系规范货币关系，汇率制度确定汇率形成与调节方式。这两个知识点都是命题的重要知识点，尤其是前者经常结合人民币国际化进行考查。

知识脉络

- 国际货币体系与汇率制度
  - 国际货币体系
    - 国际金本位制
      - 金币本位制
      - 金块本位制
      - 金汇兑制
    - 布雷顿森林体系
    - 牙买加体系
  - 汇率制度
    - 固定汇率
    - 浮动汇率制度

大纲解析

知识点一　金本位制度

一、国际金本位制度的产生背景

货币盯住黄金，以保证货币与黄金的可兑换性就是金本位制度。国际金本位制是历史上第一个国际货币制度，它形成了19世纪80年代末期，到第一次世界大战爆发时结束。早在1816年，英国率先实行了金本位制。此后，德国在1871年，法国、意大利、瑞士等在1874年，美国在1879年分别实行了金本位制，到19世纪后期，金本位制已在各主要资本主义国一般采用。由于当时英国在世界经济中处于中心地位，伦敦是国际金融中心，国际贸易大多以英镑来计价和支付。因此，国际金本位制实际上是一种以英镑为中心，以黄金为基础的国际货币制度。

保证国际金本位制度有效运行的三项基本规则：

(1) 所有参加国的货币均以一定数量的黄金定值，本国货币当局随时准备以本国货币固定的价值买卖黄金；

(2) 黄金能够自由出口和进口；

(3) 本国的货币供应量受本国黄金储备的制约，黄金流入，则货币供应增加；黄金流出，则货币供应下降。

二、国际金本位制度的主要内容

(1) 用黄金来规定货币所代表的价值，各国货币按照其所含的黄金价值而有一定的比价。

(2) 金币可以自由铸造，任何人都可以把自己手中的金块拿到国家铸币厂铸造成金币，也可以把金币铸造成金块。

(3) 金币是无限法偿的货币，拥有无限制支付的权利。

(4) 各国的货币储备是黄金，国际结算也使用黄金，黄金可以自由输出入。

三、国际金本位制度的划分

根据货币与黄金的联系程度，金本位制度可细分为金币本位制度、金块本位制度和金汇兑本位制度。

1. 金币本位制

金币本位制(Gold Specie Standard)是典型的金本位制度，它以黄金作为本位货币，实行以金币流通为主的货币制度。金币本位制的主要特点是：金币可以自由铸造，银行券可以自由兑换黄金，黄金可以自由输出入，货币储备全部使用黄金，用黄金进行国际结算等。

金币本位制有三个特色：自由铸造、自由兑换和自由输出入。

2. 金块本位制

随着经济的发展，黄金产量日益落后于货币的需求，银行券等纸质价值符号对金币自由兑换的可能性日益缩小，黄金本身参与流通和支付的程度下降，于是出现了金块本位制。金块本位制(Gold Bullion Standard)是一种以金块办理国际结算的变相金本位制，亦称金条本位制。金块本位制的主要特点是：不铸造金币，而只发行纸币，用以代表一定重量的黄金用于流通，纸币不能自由兑换黄金，只能按一定的条件向发行银行兑换金块(兑换条件往往是较高的数额，这就避免了日常生活中银行券向黄金的兑换)。

3. 金汇兑本位制

金汇兑本位制(Gold Exchange Standard)又称“虚金本位制”，特点是：国内不铸造和使用金币，而只使用银行券，银行券只能兑换外汇，而不能直接兑换黄金，外汇也只能在国外兑换黄金；该国货币一般与另一个实行金本位制或金块本位制国家的货币保持固定的比价，并在后者存放外汇或黄金作为平准基金，从而间接实行了金本位制。

随着各国经济的进一步发展，对货币的需求也进一步增加。银行券与黄金之间的法定比价被一再打破，最终银行券(即纸币)脱离黄金而独立流通，于是广义的金本位制被纸币本位所代替，纸币成了独立于黄金的流通和支付手段。

【例1】自由铸造、自由兑换及黄金自由输出是(　　)制度的三大特点。

A. 金块本位　　B. 金币本位　　C. 金条本位　　D. 金汇兑本位

【解析】B。金币本位制的特点是：自由铸造、自由兑换及黄金自由输出；而金块本位制下不允许自由铸造，实际流通的是银行券，达到一定金额才能兑换金块；金汇兑本位制下，国内不铸造和使用金币，而只使用银行券，银行券只能兑换外汇，而不能直接兑换黄金，外汇也只能在国外兑换黄金。

四、国际金本位制度的基本特征

在国际金本位制下，黄金具有货币的全部职能，即价值尺度、流通手段、贮藏手段、支付手段和世界货币。这种国际货币制度的主要特点有：

（1）黄金作为国际货币，成为各国之间的最后清偿手段，是国际货币制度的基础。

（2）各国货币之间的汇率由它们各自的含金量比例决定，汇率波动受黄金输送点的限制。

（3）黄金可以自由铸造。由于可以自由铸造和融化，就能使金币数量自发地满足流通的需要，保证金币的价值与其所含黄金价值的一致性。

（4）黄金可以自由输出输入。这样就保证了外汇市场的稳定与国际金融市场的统一。

五、国际金本位制度的崩溃

1914年第一次世界大战爆发，各参加国均实行黄金禁运和纸币停止兑换黄金，于是国际金本位制暂时终止运行。尽管战后各国先后着手恢复金本位制，但各国面临的世界黄金存量绝对不足与相对不均的现状，此时的国际金本位制比过去大大削弱，实际上只有美国实行的是完整的金本位制。英法两国实行金块本位制，德国、意大利、奥地利和丹麦等三十几个国家实行以美元、英镑和法郎为中心的金汇兑本位制，将本国货币与另一实行金本位制国家（美国、英国或法国）的货币保持固定比价，并在该国存放大量外汇或黄金，以便随时干预外汇市场。与此同时，各国越来越重视国内均衡目标，使自动调节机制的作用进一步受到限制，国际金本位制度的可信性也大大下降了。而可信性的下降使国际资本流动也日益成为破坏金本位制稳定的威胁。最终在1929年的世界性经济危机和1931年国际资本流动冲击引起的金融危机中彻底崩溃。

知识点二　布雷顿森林体系

布雷顿森林体系（Bretton Woods System）是指第二次世界大战后以美元为中心的国际货币体系协定。布雷顿森林体系是该协定对各国货币的兑换、国际收支的调节、国际储备资产的构成等问题共同作出的安排、所确定的规则、采取的措施及相应的组织机构形式的总和。

一、布雷顿森林体系的建立

布雷顿森林体系是1944年7月，在美国新罕布什尔州的布雷顿森林，44个国家参加会议并商定建立的以美元为中心的国际货币制度。该会议通过了《国际货币基金组织协定》和《国际复兴开发银行协定》，确立了新的国际货币制度的基本内容。

1. 国际货币基金组织的作用

布雷顿森林协议的目标是以国际货币基金组织作为主要的监管机构，通过约束和灵活性这两方面的结合来努力避免混乱局面的重现。

(1) 约束

固定汇率制度从两个方面形成了约束：①维持固定汇率制度的要求为竞相贬值配备了一个“刹车装置”，给世界贸易环境带来了稳定；②固定汇率制度向各个国家施加了货币约束，从而抑制了通货膨胀。

(2) 灵活性

布雷顿森林协定的设计者希望避免高失业率，于是他们在该体系中构建了一些有限的灵活性。国际货币基金组织协议的两个主要特征形成了这一灵活性：基金组织贷款机制和可调整的平价。

当一国紧缩性的货币政策或财政政策伤害到该国的就业时，国际货币基金组织随时准备向其成员国出借外币，帮助这些国家克服短期国际收支逆差。国际货币基金组织成员国认缴的黄金和货币为这种贷款提供了资金。持续的国际收支逆差会耗尽一国的外汇储备，迫使其货币贬值。国际货币基金组织通过向这些面临巨额逆差的国家提供短期外币贷款，能够为这些国家降低通货膨胀率和减少国际收支逆差赢得时间。这种做法所依据的信念是，这种贷款将缓解贬值的压力，允许一国采取更有条理、阵痛更轻微的调节方案。

各国可从国际货币基金组织那里借到一定数量的资金而无须事先达成任何特定的协定。然而，一国若从国际货币基金组织大量提款，就需要接受国际货币基金组织对该国宏观经济政策实行日趋严厉的监管。大量借款的国家必须接受由国际货币基金组织提出的货币和财政方面的条件，通常包括由该组织规定的国内货币供应量的增长速度、汇率政策、税收政策和政府支出等。

可调整的平价制度允许一国在国际货币基金组织认定该国的国际收支处于“根本性不平衡”时实施幅度可以超过10%的货币贬值。所谓根本性不平衡，在国际货币基金组织协议的条款中并没有定义，但一般认为适用于那些对该国商品的需求出现长时期不利变化的国家。如果不贬值，这样的国家将出现高失业率和持续的贸易逆差，直到国内的价格水平大幅度下降到足以恢复国际收支平衡的程度。按照这种观点，在这种情况下，货币贬值有助于回避这一痛苦的调节过程。

2. 世界银行的作用

世界银行最初的任务是提供低息贷款为欧洲经济的重建融通资金。但是后来的情况表明，世界银行的这一作用被马歇尔计划掩盖了，美国根据马歇尔计划直接向欧洲国家贷款以帮助其恢复经济。于是，世界银行将其注意力转向“经济发展”，并开始向第三世界国家提供贷款。20世纪50年代，该银行将重点放在公共项目上，发电站项目、公路建设和其他交通运输投资尤其受到关注。60年代，世界银行开始贷放大量资金以支持农业、教育、人口控制和城市发展。

世界银行根据两种安排来提供贷款：第一种是通过国际复兴开发银行在国际资本市场上发行债券筹集资金。第二种安排由国际开发协会(IDA)管理，它的贷款资金来源是经济较发达的成员国，如美国、日本和德国的认缴款项。国际开发协会的贷款只面向最贫穷的国家。贷款期限为50年，年利率仅为1%。最贫穷国家可以获得拨款和无息贷款。

二、布雷顿森林体系的内容

1. 本位制度

以黄金为基础，以美元作为最主要的国际储备货币。美元直接与黄金挂钩，其他国家货币与美元挂钩，即以美元为中心的汇兑平价体系，即所谓的“双挂钩”体系。

2. 汇率制度

实行可调整的固定汇率制，称为可调整的钉住汇率，即各国货币与美元保持可调整的固定比价，一般规定波动幅度为上下各1%，各国当局有义务在外汇市场上进行干预以保持汇率的稳定。只有当一国发生“根本性国际收支不平衡”时，才允许升值或贬值。

3. 储备制度

在储备制度方面，美元取得了与黄金具有同等地位的国际储备资产的地位。

4. 国际收支调整制度

国际货币基金组织会员国份额的25%以黄金或可兑换成黄金的货币缴纳，其余则以本国货币缴纳。会员国发生国际收支逆差时，可用本国货币向国际货币基金组织按规定程序购买(即借贷)一定数额的外汇，并在规定时间内以购回本国货币的方式偿还借款。会员国所认缴的份额越大，得到的贷款也越多。贷款只限于会员国用于弥补国际收支赤字，即用于经常项目的支付。会员国对于国际收支经常项目的外汇交易不得加以限制，不得施行歧视性的货币措施或多种货币汇率制度。

5. 组织形式

为了保证上述货币制度的贯彻执行，建立了国际货币基金组织和世界银行两大国际组织。

【例2】布雷顿森林体系实际上是一种国际(　　)。

A. 金本位制　　B. 金汇兑本位制　　C. 银本位制　　D. 纸币本位制

【解析】B。布雷顿森林体系是一种国际金汇兑本位制，实际上美元充当了国际储备货币。

三、布雷顿森林体系的崩溃

在布雷顿森林建立的固定汇率制度一直运行良好，但是在20世纪60年代末，它开始出现问题。这种制度在1973年最终崩溃，由管理浮动的体系所取代。固定汇率制度的崩溃与美元在该制度中的特殊作用紧密相关。美元作为唯一能够兑换成黄金的货币，以及作为其他货币的参照点，它在布雷顿森林体系中处于中心地位。任何对美元贬值的压力都会严重破坏这个制度。

布雷顿森林体系有一个致命的弱点：如果关键货币——美元受到投机性攻击，这个体系将无法运作。布雷顿森林体系只有在美国保持较低的通货膨胀率和没有国际收支逆差的情况下才能运行。否则，整个体系很快就会破裂。

四、对布雷顿森林体系的评价

1. 布雷顿森林体系的作用

(1) 布雷顿森林体系的形成，暂时结束了战前货币金融领域里的混乱局面，维持了战后世界货币体系的正常运转。固定汇率制是布雷顿森林体系的支柱之一。资本主义世界经济危机引起了货币制度危机，导致金本位制崩溃，国际货币金融关系呈现出一片混乱局面。而以美元为中心的布雷顿森林体系的建立，使国际货币金融关系又有了统一的标准和基础，混乱局面暂时得以稳定。

（2）布雷顿森林体系的形成，在相对稳定的情况下扩大了世界贸易。美国通过赠与、信贷、购买外国商品和劳务等形式，向世界散发了大量美元，客观上起到扩大世界购买力的作用。同时，固定汇率制在很大程度上消除了由于汇率波动而引起的动荡，在一定程度上稳定了主要国家的货币汇率，有利于国际贸易的发展。

（3）布雷顿森林体系形成后，国际货币基金组织和世界银行的活动对世界经济的恢复和发展起了一定的积极作用。一方面，国际货币基金组织提供的短期贷款暂时缓和了战后许多国家的收支危机，也促进了支付办法上的稳步自由化，国际货币基金组织的贷款业务迅速增加，重点也由欧洲转至亚、非、拉第三世界。另一方面，世界银行对发展中国家经济发展中所急需的资金方面提供便利，以协助成员国的复兴与开发。此外，国际货币基金组织和世界银行在提供技术援助、建立国际经济货币的研究资料及交换资料信息等方面对世界经济的恢复与发展也起到了一定作用。

（4）布雷顿森林体系的形成有助于生产和资本的国际化，由于汇率的相对稳定，避免了国际资本流动中引发的汇率风险，这有利于国际资本的输入与输出。同时也为国际融资创造了良好环境，有助于金融业和国际金融市场的发展，也为跨国公司的生产国际化创造了良好的条件。

2. 布雷顿森林体系的局限性

布雷顿森林体系虽然有助于国际金融市场的稳定，对战后的经济复苏也起到了一定的作用，但布雷顿森林体系存在着自己无法克服的缺陷。其致命的一点是：它以一国货币(美元)作为主要储备资产，具有内在的不稳定性。因为只有靠美国的长期贸易逆差，才能使美元流散到世界各地，使其他国家获得美元供应。但这样一来，必然会影响人们对美元的信心，引起美元危机。而美国如果保持国际收支平衡，就会断绝国际储备的供应，引起国际清偿能力的不足。这是一个不可克服的矛盾，这也就是“特里芬两难”(Triffin Dilemma)。

（1）以美元为中心的国际货币制度能在一个较长的时期内顺利运行，是与美国雄厚的经济实力和充足的黄金储备分不开的。但若美国国际收支持续性逆差，美元对外价值长期不稳，美元则会丧失其中心地位，危及布雷顿森林体系存在的基础。

（2）美国要履行35美元兑换一盎司黄金的义务，必须拥有充足的黄金储备。若美国黄金储备流失过多，储备不足，则难以履行兑换义务，从而使得布雷顿森林体系难以维持。

（3）若美国黄金储备不足，无力进行市场操作和平抑金价，则美元比价就会下降，国际货币制度的基础也就会随之动摇。

（4）该制度规定汇率浮动幅度需保持在1%以内，汇率缺乏弹性，限制了汇率对国际收支的调节作用，而且它实际上仅着重于国内政策的单方面调节。

在全球经济一体化进程中，过去美元在国际金融的一统天下，正在向多极化发展，国际货币体系将向各国汇率自由浮动、国际储备多元化、金融自由化和国际化的趋势发展。随着世界经济的多元化趋势不断加强，单一的货币制度越来越难以满足经济飞速发展的需要，也就难怪像布雷顿森林体系这样的国际货币体系走向了崩溃。布雷顿森林体系崩溃以后，国际货币基金组织和世界银行作为重要的国际组织仍得以存在，并发挥重要作用。

【知识拓展】布雷顿森林体系 2.0

新布雷顿森林体系由3位德意志银行的经济学家共同提出，它指的是这样一个美元循环系统：一方面，美国大量印刷钞票，从以亚洲国家为首的地区购入大量消费品，致使中国、日本等国的美元外汇储备急剧增加，同时美国的贸易赤字不断扩大，美国继续印刷美元填补赤字。另一方面，美国发行大量的债券，中国、日本等国大量购买此类美元资产，从而使美元源源不断地流回美国。

知识点三　浮动汇率制度(牙买加体系)

1976年1月，国际货币基金组织成员国在牙买加的会议上对固定汇率制度崩溃之后形成的浮动汇率制度予以正式承认。这次会议还就国际货币体系的规则达成了协议，这些规则至今仍有效。

浮动汇率是指一国货币当局不再规定本国货币与外国货币比价和汇率波动的幅度，货币当局也不承担维持汇率波动界限的义务，而听任汇率随外汇市场供求变化自由波动的一种汇率制度。

一、牙买加体系

1.《牙买加协议》的主要内容

(1) 实行浮动汇率制度的改革

《牙买加协议》正式确认了浮动汇率制的合法化，承认固定汇率制与浮动汇率制并存的局面，成员国可自由选择汇率制度。同时国际货币基金组织继续对各国货币汇率政策实行严格监督，并协调成员国的经济政策，促进金融稳定，缩小汇率波动范围。

(2) 推行黄金非货币化

协议做出了逐步使黄金退出国际货币的决定，并规定：废除黄金条款，取消黄金官价，成员国中央银行可按市价自由进行黄金交易；取消成员国相互之间以及成员国与国际货币基金组织之间须用黄金清算债权债务的规定，国际货币基金组织逐步处理其持有的黄金。

(3) 增强特别提款权的作用

主要是提高特别提款权的国际储备地位，扩大其在国际货币基金组织一般业务中的使用范围，并适时修订特别提款权的有关条款。

【例3】SDR是(　　)。(北京邮电2018年)

A. 欧洲经济货币联盟创设的货币

B. 欧洲货币体系的中心货币

C. IMF创设的储备资产和记账资产

D. 世界银行创设的一种特别使用资金的权利

【解析】C。SDR是国际货币基金组织根据会员国认缴的份额分配的，可用于偿还国际货币基金组织债务、弥补会员国政府之间国际收支逆差的一种账面资产。

(4) 增加成员国基金份额

成员国的基金份额从原来的292亿特别提款权增加至390亿特别提款权，增幅达到33.6%。同时，扩大信贷额度，以增加对发展中国家的融资。

2. 牙买加体系的运行特征

(1) 储备货币多元化

与布雷顿森林体系下国际储备结构单一、美元地位十分突出的情形相比，在牙买加体系下，国际储备呈现多元化局面，美元虽然仍是主导的国际货币，但美元地位明显削弱了，由美元垄断外汇储备的情形不复存在。欧元、日元、英镑脱颖而出，成为重要的国际储备货币。目前，国际储备货币已日趋多元化，特别是欧元很可能成为与美元相抗衡的新的国际储备货币。

(2) 汇率安排多样化

在牙买加体系下，浮动汇率制与固定汇率制并存。一般而言，发达工业国家多数采取单独浮动或联合浮动，但有的也采取钉住自选的货币篮子。对发展中国家而言，多数是钉住某种国际货币或货币篮子，单独浮动的很少。不同汇率制度各有优劣，浮动汇率制度可以为国内经济政策提供更大的活动空间与独立性，而固定汇率制则减少了本国企业可能面临的汇率风险，方便生产与核算。各国可根据自身的经济实力、开放程度、经济结构等一系列相关因素以权衡得失利弊。

(3) 多种渠道调节国际收支

① 运用国内经济政策

一国往往运用国内经济政策，改变国内的需求与供给，从而消除国际收支不平衡。比如在资本项目逆差的情况下，可提高利率，减少货币发行量，以此吸引外资流入，弥补缺口。需要注意的是：在运用财政或货币政策调节外部均衡时，往往会受到“米德冲突”的限制，在实现国际收支平衡的同时，牺牲了其他的政策目标，如经济增长、财政平衡等，因而内部政策应与汇率政策相协调，才不至于顾此失彼。

② 运用汇率政策

在浮动汇率制或可调整的钉住汇率制下，汇率是调节国际收支的一个重要工具，其原理是：经常项目赤字时本币趋于下跌，本币贬值有利于刺激出口，抑制进口，从而促使经常项目赤字减少或消失。在实际经济运行中，汇率的调节作用受到马歇尔—勒纳条件以及“J”曲线效应的制约，其效果往往并不理想。

③ 国际融资

在布雷顿森林体系下，这一功能主要由国际货币基金组织完成。在牙买加体系下，国际货币基金组织的贷款能力有所提高。更重要的是，伴随石油危机的爆发和欧洲货币市场的迅猛发展，各国逐渐转向欧洲货币市场，利用该市场比较优惠的贷款条件融通资金，调节国际收支中的顺逆差。

④ 加强国际协调

这主要体现在：第一，以国际货币基金组织为桥梁，各国政府通过磋商，就国际金融问题达成共识与谅解，共同维护国际金融形势的稳定与繁荣；第二，新兴的八国首脑会议的作用。八国集团通过多次会议，达成共识，多次合力干预国际金融市场，主观上是为了各自的利益，但客观上也促进了国际金融与经济的稳定与发展。

3. 对牙买加体系的评价

(1) 牙买加体系的积极作用

① 多元化的储备结构摆脱了布雷顿森林体系下各国货币间的僵硬关系，为国际经济提供了多种清偿货币，在较大程度上解决了储备货币供不应求的矛盾。

② 多样化的汇率安排适应了多样化的、不同发展水平的各国经济，为各国维持经济发展与稳定提供了灵活性与独立性，同时有助于保持国内经济政策的连续性与稳定性。

③ 多种渠道并行，使国际收支的调节更为有效与及时。各国既可动用本国储备，又可借入国外资金或国际货币基金组织的贷款，也可以调整汇率，所以在新的国际货币体系下，会员国具有国际收支调节的较大灵活性。

(2) 牙买加体系的缺陷

① 在多元化国际储备格局下，储备货币发行国仍享有"铸币税"等多种好处。同时，在多元化国际储备下，缺乏统一的稳定的货币标准，这本身就可能造成国际金融的不稳定。

② 汇率大起大落，变动不定，汇率体系极不稳定。其消极影响之一是增大了外汇风险，从而在一定程度上抑制了国际贸易与国际投资活动，对发展中国家而言，这种负面影响尤为突出。

③ 国际收支调节机制并不健全，各种现有的渠道都有各自的局限，牙买加体系并没有消除全球性的国际收支失衡问题。

【例 4】 承认浮动汇率合法化的国际货币体系是(　　)。(中央财大 2012 年)

A. 国际金本位制　　B. 布雷顿森林体系

C. 牙买加体系　　D. 国际美元金汇兑体系

【解析】 C。牙买加协议正式确认了浮动汇率制的合法化，承认固定汇率制与浮动汇率制并存的局面，成员国可自由选择汇率制度。

二、浮动汇率制度的特点

1. 汇率波动频繁且幅度变化剧烈

在浮动汇率制度下，由于各国政府不再规定货币的法定比价和汇率界限，也不承担维持汇率稳定的义务，汇率完全由市场供求决定。其波动之频繁、波幅之大是固定汇率制度下所远不能比的。有时一天波动幅度高达 5%以上，一周波动竟能达 10%以上。一遇政治、经济形势变动，其波幅更大。汇率的频繁剧烈波动，对国际经济秩序带来了不稳定的影响。

2. 有管理的浮动是共性

在浮动汇率制度下，完全自由浮动的汇率是不存在的。各国货币当局出于各种动机和考虑，都采取措施不同程度地对汇率的浮动进行干预，实际上都是管理浮动。只不过干预力度、干预频率大小有别。

3. 单独浮动是主体

国际货币基金组织的统计资料表明，在各种汇率安排中，单独浮动是主体，1994 年已达 58 个国家，占 IMF178 个成员国的 32. 6%，形成三分天下有其一的局面。由于大多数工业化国家都实行单独浮动方式，且它们对外贸易总额占整个世界贸易总额的 70%左右，因此，它们在国际金融领域中占有举足轻重的地位。故单独浮动是当前各种浮动汇率方式的主体。联合浮动的国家有 10 个，与单独浮动的国家一起，占 IMF 成员国的 38. 2%。这两种浮动方式的货币种类包括了当今世界上的多数主要货币和全部主要国际储备货币，故以上两种制度构成浮动汇率制度的主流。较灵活的管理浮动方式有 32 个国家，占 18%，也是应予以充分重视的一种浮动制度。

4. 国际储备货币的多元化

在国际金本位制度时期，英镑是各国的主要国际储备；实行以美元为中心的固定汇率制度后，英镑被美元取而代之。在当前的浮动汇率制度下，各国的国际储备除了美元、马克、日元外，还有英镑、法国法郎、瑞士法郎、荷兰盾等，出现了储备货币多元化的格局。

三、固定汇率制与浮动汇率制的优缺点

1. 固定汇率制的优点

（1）汇率波动的不确定性将降低；

（2）汇率可以看作一个名义锚，促进物价水平和通货膨胀预期的稳定。

2. 固定汇率制度的缺陷

（1）容易导致本币币值高估，削弱本地出口商品竞争力，引起难以维系的长期经常项目收支失衡。

（2）僵化的汇率安排可能被认为是暗含的汇率担保，从而鼓励短期资本流入和没有套期保值的对外借债，损害本国金融体系的健康。在固定汇率制度下，一国必须要么牺牲本国货币政策的独立性，要么限制资本的自由流动，否则易引发货币和金融危机。

3. 浮动汇率制的优点

（1）防止外汇储备大量流失，节省国际储备

在浮动汇率制度下，各国货币当局没有义务维持货币的固定比价。当本币汇率下跌时，不必动用外汇储备去购进被抛售的本币，这样可以避免这个国家外汇储备的大量流失。而且，在浮动汇率制度下，汇率随着外汇供求的涨落而自动达到平衡，政府在很大程度上听任汇率由外汇市场支配，减少干预行动，国家需要的外汇储备的需求量自然可以减少。这就有助于节省国际储备，使更多的外汇能用于本国的经济建设。

（2）自动调节国际收支

根据市场供求，汇率不断调整，可以使一国的国际收支自动达到均衡，从而免除长期不平衡的严重后果。当一国国际收支逆差，本国通货就会开始贬值，这样就会促进本国产品的出口，从而改善国际收支。

（3）有利于国内经济政策的独立性

浮动汇率制度使各国可以独立地实行自己的货币政策、财政政策和汇率政策。在固定汇率制度下，各国政府为了维持汇率的上下限，必须尽力保持其外部的平衡。如一国的国际收支出现逆差时，往往采取紧缩性政策措施，减少进口和国内开支，使生产下降，失业增加。这样国内经济有时还要服从于国外的平衡。在浮动汇率制度下，通过汇率杠杆对国际收支进行自动调节，在一国发生暂时性或周期性失衡时，一定时期内的汇率波动不会立即影响国内的货币流通，一国政府不必急于使用破坏国内经济平衡的货币政策和财政政策来调节国际收支。

（4）使经济周期和通货膨胀的国际传递减少到最低限度

在浮动汇率制度下，若一国国内物价普遍上升，通货膨胀严重，则会造成该国货币对外货币汇率下浮，该国出口商品的本币价格上涨便会被汇率下浮抵消，出口商品折成外币的价格因而变化不大，从而贸易伙伴国就少受国外物价上涨压力。但在固定汇率制度下，为了维持固定汇率，各国不得不经受相同的通货膨胀。

（5）缓解国际游资的冲击

在固定汇率制度下，由于要维持货币的固定比价，会使汇率与货币币值严重背离，各种国际游资竞相追逐可以用来保值或用来谋求汇率变动利润的硬货币，这会导致国际游资的大

规模单方面转移。在浮动汇率制下，汇率因国际收支、币值的变动等频繁调整，不会使币值与汇率严重背离，某些硬通货受到巨大冲击的可能性减少。

4. 浮动汇率制的缺点

(1) 助长投机，加剧外汇市场的动荡

在这种制度下，汇率变动频繁且幅度大，为低买高抛的外汇投机提供了可乘之机。不仅一般投机者参与投机活动，连银行和企业也加入了这一行列。这种为牟取投机暴利而进行的巨额的、频繁的投机活动，加剧了国际金融市场的动荡。

(2) 内在的不稳定性不利于国际贸易和国际投资的发展

汇率波动导致国际市场价格波动，使人们普遍产生不安全感。外贸成本和对外投资损益的不确定性加大，风险加大，使人们不愿意缔结长期贸易契约和进行长期国际投资，使国际商品流通和资金借贷受到严重影响。

(3) 易引发货币战，增加国际协调难度

浮动汇率可能导致竞争性贬值，各国都以货币贬值为手段，输出本国失业，或以他国经济利益为代价扩大本国就业和产出，这就是以邻为壑的政策。实行汇率贬值政策的主要目的是为了刺激出口，减少进口，改善贸易收支，进而扩张国内经济，增加生产和就业。而实行汇率升值政策，则主要是为了减少国际收支顺差，减少国内通货膨胀压力。当然，高汇率也不利于一国的出口，这又迫使该国加强贸易保护措施，使其与其他国家的矛盾和摩擦加剧，引发贸易战、货币战。

浮动汇率制度助长各国在汇率上的利己主义或各自为政，削弱金融领域的国际合作，加剧国际经济关系的矛盾。

(4) 具有通货膨胀倾向

浮动汇率有其内在的通货膨胀倾向，可使一国长期推行通货膨胀政策，而不必担心国际收支问题，因为其汇率的贬值可在一定程度上自动调节国际收支。

(5) 对发展中国家不利

外汇汇率上升时，使得发展中国家进口工业制成品价格上涨，而这些产品又是发展中国家经济建设所必需，故进口成本上升。外汇汇率下跌时，出口初级产品价格下跌，而初级产品需求弹性小，不会在价格下跌时使外贸收入增加，贸易收支得不到改善。浮动汇率还加剧了外债管理的难度，增大了风险。

四、影响一国汇率制度选择的主要因素

(1) 本国经济的结构性特征

如果一国是小国，那么它就较适宜采用固定性较高的汇率制度，因为这种国家一般与少数几个大国的贸易依存度较高，汇率的浮动会给它的国际贸易带来不便；同时，小国经济内部价格调整的成本较低。相反，如果一国是大国，则一般以实行浮动性较强的汇率制度为宜，因为大国的对外贸易多元化，很难选择一种基准货币实施固定汇率；同时，大国经济内部调整的成本较高，倾向于追求独立的经济政策。

(2) 特定的政策目的

这方面最突出的例子之一就是固定汇率有利于控制国内的通货膨胀。在政府面临着高通胀问题时，如果采用浮动汇率制往往会产生恶性循环。例如，本国高通胀使本国货币不断贬值，本国货币贬值通过成本机制、收入工资机制等因素反过来进一步加剧了本国的通货膨

胀。而在固定汇率制下，政府政策的可信性增强，在此基础上的宏观政策调整比较容易收到效果。又如，一国为防止从外国输入通货膨胀而往往选择浮动汇率政策，因为浮动汇率制下一国的货币政策自主权较强，从而赋予了一国抵御通货膨胀于国门之外、同时选择适合本国的通胀率的权利。可见，政策意图在汇率制度选择上也发挥着重要的作用。再例如，出口导向型与进口替代型国家对汇率制度的选择也是不一样的。

(3) 地区性经济合作情况

一国与其他国家的经济合作情况也对汇率制度的选择有着重要影响。例如，当两国存在非常密切的贸易往来时，两国间货币保持固定汇率比较有利于相互间经济关系的发展。尤其是在区域内的各个国家，其经济往来的特点往往对它们的汇率制度选择有着非常重要的影响。

(4) 国际国内经济条件的制约

一国在选择汇率制度时还必须考虑国际条件的制约。例如，在国际资金流动数量非常庞大的背景下。对于一国内部金融市场与外界联系非常紧密的国家来说，如果本国对汇率市场干预的实力因各种条件限制而不是非常强的话，那么采用固定性较强的汇率制度的难度无疑是相当大的。

知识点四　人民币汇率改革

一、人民币汇率改革

1. 现行汇率制度

我国的外汇体制改革经历了一个由高度集中的计划管理模式，转变为在外汇留成和外汇上缴体制基础上的计划与市场结合的管理模式，然后再转变为建立在结售汇制上的以供求关系为基础、以市场调节为主的管理模式。自 2005 年 7 月 21 日起，我国开始实行以市场供求为基础、参考一篮子货币进行调节、有管理的浮动汇率制度。本次汇率机制改革的主要内容包括三个方面：一是以市场供求为基础的汇率浮动，发挥汇率的价格信号作用；二是根据经常项目主要是贸易平衡状况动态调节汇率浮动幅度，发挥“有管理”的优势；三是参考一篮子货币，即从一篮子货币的角度看汇率，不片面地关注人民币与某个单一货币的双边汇率。

2. 人民币汇率形成机制改革的目标

人民币汇率改革的总体目标是，建立健全以市场供求为基础的、有管理的浮动汇率体制，保持人民币汇率在合理、均衡水平上的基本稳定。

完善人民币汇率形成机制改革，是为适应建立和完善社会主义市场经济体制、充分发挥市场在资源配置中的基础性作用的内在要求，也是深化经济金融体制改革、健全宏观调控体系的重要内容。改革要符合党中央和国务院关于建立以市场为基础的有管理的浮动汇率制度、完善人民币汇率形成机制、保持人民币汇率在合理均衡水平上基本稳定的要求，符合我国的长远利益和根本利益，有利于贯彻落实科学发展观，促进经济社会全面、协调和可持续发展。

推进人民币汇率形成机制改革，应有利于缓解对外贸易不平衡、扩大内需以及提升企业国际竞争力、提高对外开放的水平。近年来，我国经常项目和资本项目双顺差持续扩大，加剧了国际收支失衡。适当调整人民币汇率水平，改革汇率形成机制，有利于贯彻以内需为主的经济可持续发展战略，优化资源配置；有利于增强货币政策的独立性，提高金融调控的主动性和有效性；有利于保持进出口基本平衡，改善贸易条件；有利于保持物价稳定，降低企业成本；有利于促使企业转变经营机制，增强自主创新能力，加快转变外贸增长方式，提高国际竞争力和抗风险能力；有利于优化利用外资结构，提高利用外资质量；有利于充分利用“两种资源”和“两个市场”，提高对外开放的水平。

3. 进一步完善人民币汇率机制及其配套措施展望

随着中国金融开放的日渐推进，我国需要对人民币汇率稳定机制进行改革和完善，如何在实行有管理的浮动汇率制度的过程中避免货币错配风险的失控，避免汇率的大幅度波动，要有一个与之相应的经济政策作为保障，我们也应当从多方面采取措施，逐步推进改革，以实现真正的有管理的浮动汇率制。

（1）保持较高的外汇储备水平，加强外汇储备的管理和运用

较高水平的外汇储备水平有助于控制货币错配风险。首先，较高水平的外汇储备是有管理的浮动汇率制度抵御国际投机资本冲击的重要保证。自20世纪90年代以来，货币危机的威胁促使发展中国家迅速增加了国际储备。从“保持信心”看，国际储备水平越高，其“引而不发”的“威胁”作用就越大，国际投机资本对该国的汇率制度就越不敢造次。其次，较高水平的国际储备可以保证政府有能力接手私人部门的货币错配，通过政府承担货币错配损失来避免对微观经济主体的全面冲击。

（2）积极参与和构筑区域货币合作

亚洲地区经济与贸易联系的不断加深为区域金融合作奠定了坚实的基础，巨额的外汇储备加强了亚洲资金自我循环和抵御外部冲击的实力。中国作为亚洲的经济发展大国，应积极参与和构筑亚洲货币合作。

① 以积极的姿态进一步开放金融业，支持区内贸易的发展。

② 发挥香港国际金融中心的优势，并积极推进上海金融中心的建设，使其与香港国际金融中心的优势和功能互补，由此进一步发挥香港国际金融中心的综合功能。

③ 在东亚货币合作中发挥主导作用，提升人民币的国际地位。

④ 积极加强亚洲各国和各地区中央银行的合作。

⑤ 积极推进国内金融体系改革，建立健康的金融体系，并与亚洲各国及时交流降低不良贷款和处置高风险金融机构的经验与教训，共同建立亚洲地区金融风险早期预警机制，加强各国各地区金融监管当局的合作，共同防范和化解金融风险。

（3）通过营造稳定的宏观经济环境和完善的微观制度来促进资本市场发展

货币错配的起因之一是发展中国家的资本市场不发达。从这一角度来看，发展资本市场应在管理货币错配的战略中居于重要地位。从根本上说，稳定的经济环境是资本市场发展的前提。在货币政策方面，中国应当逐步过渡到通货膨胀目标制度，而不是简单地从控制货币供应转向调控利率。在财政政策方面，通过审慎的财政政策来稳定公众与企业绝对有必要。对资本市场发展而言，仅有稳定的宏观经济环境还不够，加强微观制度层面的建设同样重要。同时，中国在微观制度的许多方面都存在阻碍资本市场发展的因素，都需要通过改革来加以完善。

（4）加强资本跨境流动管理

汇率改革后，国际资本流动管理面临新的压力：短期资本流动更频繁；资本流动均衡管理的重要性更突出；外汇管理的有效性难以保证。针对国际资本的非均衡流动，现阶段应采取的措施是建立“以不变应万变”、能应对“升值”和“贬值”压力交替出现的、均衡管理的新

机制：合理调整外汇储备规模；利用利率和汇率的变动来影响宏观经济；灵活利用政策，在制度设计上体现流出入并重，根据实际情况相机抉择，有效应对“升值”和“贬值”预期的转换。同时，一方面，加强资本跨境流动管理是加强外债管理和外汇储备管理，抵御国际投机资本冲击汇率的一项重要措施；另一方面，通过针对性的安排，可以限制因国内资本市场发展滞后带来的“过度”国际借贷和“过度”国际投资。

（5）加强宏观政策的搭配

改革开放以来，我国宏观政策的搭配基本突出财政政策和货币政策，而汇率政策几乎缺失，随着人民币汇率制度将由中间道路向浮动汇率制度演进，汇率政策对经济的调节作用也将日益突出。因此，应加强财政政策和货币政策与汇率政策的相互协调，合理搭配。

① 明确汇率政策是货币政策的重要组成部分，通过一系列的制度安排，将汇率纳入货币政策的框架之中，并使汇率政策发挥其市场调节的作用。

② 运用创新政策工具。当货币政策与汇率政策不协调时，特别是面临严重困境时，可及时采用创新政策工具，以摆脱困境。

③ 妥善处理好汇率稳定与汇率失调的关系。稳步、深入推进结构改革，实现各类市场的良好衔接。

总而言之，在今后的人民币汇率改革中，要稳步推进利率市场化和人民币汇率形成机制改革，密切关注国际主要货币的汇率变化，继续按照主动性、可控性和渐进性原则，完善人民币汇率形成机制，增强汇率弹性，保持人民币汇率在合理均衡水平上的基本稳定。

二、人民币国际化

货币国际化是指国别货币越过国界，在世界范围内发挥媒介作用、支付工具和国际储备工具的一个动态运动过程和由此运动过程所形成的一个相对稳定状态。一国货币要作为国际货币，必须具备两个基本特征：货币实现自由兑换、在国际交往中被作为媒介货币普遍认可。

1. 影响一国货币国际化的因素

（1）雄厚的经济实力——决定因素

从总体上看，一国货币国际化的过程，总是伴随着该国经济对外联系的加强以及参与经济全球化程度的提高。

（2）全球化的经济发展——支撑因素

一国货币的国际化需要一个开放的经济环境，经济全球化的发展为货币的国际化奠定了重要的国际基础。

（3）币值的稳定——保障因素

在现代信用纸币条件下，在国际货币的竞争中，“良币”驱逐“劣币”的能力是靠自身的币值稳定保证的，即“良币”的同义语是币值稳定。要保持币值稳定，必然要抑制通货膨胀，并且实现低通货膨胀率约束下持续平稳的经济增长。

（4）政府的积极推动——促进因素

虽然货币在国际上的接受性归根结底取决于货币发行国的经济实力，但政府对本国货币国际化进程的态度是积极还是消极，将对这一过程产生推动或阻碍的作用。

2. 人民币国际化的可行性分析

（1）人民币国际化的有利因素

① 我国具有支撑人民币国际化的综合实力（迅速增强的经济基础，加上我国对外贸易和

国际收支的多年顺差，使得人民币长期处于硬通货地位)。

② 金融业国际化的趋势为人民币国际化创造了一定的外在条件。

③ 人民币良好的信誉和国际清偿力(至2012年12月份，我国外汇储备为3.3万亿美元)。

④ 人民币自由兑换进程推动其国际化。自中国正式加入WTO，人民币在资本项目下的可自由兑换已拉开帷幕，主要体现在：第一，非居民的直接投资流入和流出(清算)基本上是自由的，资本收益可以自由汇出；第二，非居民可以在我国证券市场投资B股，居民企业可到境外发债和上市；第三，居民可以在国内持有外币存款和金融资产；第四，除对短期资本的流动有严格限制外，资本账户交易的许多限制主要采用审批制。

(2) 人民币国际化的制约因素

① 我国金融市场还不完全成熟。人民币国际化必须以一个发达的、与世界有密切联系的金融市场为基础。目前，我国金融市场还存在许多制约人民币国际化的因素。

② 在国际贸易和国际投资领域的影响力不足。强有力的国际贸易和国际投资地位对本币的国际化起到直接的推动作用。改革开放以来，我国的国际贸易保持了较快的增长，但无论总量还是国际分工地位，都还缺乏足够的影响力。

③ 政府防范金融风险能力薄弱。货币国际化要求该国政府有很强的防范金融风险的能力，但我国的金融监管体系还远不能够承担人民币作为国际货币所带来的风险防范问题。

④ 微观经济主体发展还处于初级阶段。

3. 推进人民币国际化的对策建议

(1) 完善金融市场：①建立多层次的市场结构，完善金融市场的总体功能；②放开各种信用形式，发展多种金融工具；③进一步促进利率的市场化改革，强化利率的调控作用；④规范发展资本市场，稳步提高直接融资的比重；⑤加强法制建设，使金融市场管理规范化。

(2) 积极构建自由贸易区。

(3) 加强金融监管建设。我国要进一步改进和加强金融监管，全面提高金融监管水平，完善金融监管体系，提高监管机构的权威性，并继续整顿和规范金融环境秩序，加快社会信用体系建设，为加快人民币国际化提供良好的金融环境支持。

(4) 提高微观经济主体的竞争实力。我国要全面推进以市场为导向的经济体制改革，建立、完善社会主义市场经济体制。加快建立现代企业制度的进程，对国有大中型企业实行全面改造，转换企业经营机制，把政府干预降到最低限度，提高微观经济主体的竞争实力。

习题精编

一、名词解释

1. 固定汇率制
2. 浮动汇率制
3. 特里芬难题
4. 金本位制
5. 布雷顿森林货币体系

二、简答题

1. 简述一国汇率制度选择需要考虑的主要因素。(中央财大2013年)
2. 简述金本位制度的三种形式。

3. 布雷顿森林体系的主要内容包括哪些，有什么缺陷？（中央财大 2018 年）

4. 简述布雷顿森林体系崩溃的原因。（上海财大 2025 年）

5. 在金本位制度下，两种货币的含金量及黄金运输费用如下：

1 英镑的法定含金量为 113.0016 格令（纯金）；

1 美元的法定含金量为 23.22 格令（纯金）；

运输 113.0016 格令黄金（即 1 英镑含金量）的费用为 0.025 美元。

要求：

（1）计算英镑与美元的金铸币平价。

（2）计算黄金输出点。

（3）计算黄金输入点。

三、论述题

1. 金融危机背景下，当代国际货币体系遭遇了怎样的挑战？对于推动人民币国际化的意义何在？中国能否通过区域经济合作推动人民币的国际使用？

2. 自 19 世纪以来，国际货币体系经历了金本位制、布雷顿森林体系、牙买加体系等重要阶段的演变。请结合历史背景和经济理论，分析各阶段国际货币体系的形成原因、主要特征及其对全球经济的影响，并探讨当前国际货币体系面临的主要挑战及未来改革的可能方向。

习题参考答案

一、名词解释

1. 固定汇率制度是以某些相对稳定的标准或尺度，如货币的含金量作为依据，以确定汇率水平的一种制度。由于据此确定的汇率水平一般不会轻易发生大幅度变动，故称为固定汇率制度。

2. 浮动汇率制度是指汇率完全由市场的供求决定，政府不加任何干预的汇率制度。鉴于各国对浮动汇率的管理方式和宽松程度不一样，该制度又有诸多分类。按政府是否干预，可以分为自由浮动和管理浮动。按浮动形式，可分为单独浮动和联合浮动。按被盯住的货币不同，可分为盯住单一货币浮动以及盯住合成货币浮动。

3. 特里芬难题由美国经济学家罗伯特·特里芬于 1960 年提出，揭示了布雷顿森林体系的内在矛盾：美元作为国际储备货币，需同时满足两个冲突目标——为全球贸易提供流动性（需持续输出美元）与维持美元-黄金固定兑换承诺（需保持美元价值稳定）。这一矛盾最终引发 1971 年美元与黄金脱钩，布雷顿森林体系崩溃。该理论揭示了主权货币充当国际储备货币的根本性困境，为后来的国际货币体系改革提供了理论依据。

4. 金本位制就是以黄金为本位币的货币制度。在金本位制下，每单位的货币价值等同于若干重量的黄金（即货币含金量）；当不同国家使用金本位时，国家之间的汇率由它们各自货币的含金量之比——金平价（Gold Parity）来决定。金本位制于 19 世纪中期开始盛行。在历史上，曾有过三种形式的金本位制：金币本位制、金块本位制、金汇兑本位制。其中金币本位制是最典型的形式，就狭义来说，金本位制即指该种货币制度。

5. 布雷顿森林货币体系是指战后以美元为中心的国际货币体系。关税总协定作为 1944 年布雷顿森林会议的补充，连同布雷顿森林会议通过的各项协定，统称为“布雷顿森林体系”，即以外汇自由化、资本自由化和贸易自由化为主要内容的多边经济制度，构成资本主义集团的核心内容，是按照美国制定的原则，实现美国经济霸权的体制。布雷顿森林体系的建立，促进了战后资本主义世界经济的恢复和发展。因美元危机与美国经济危机的频繁爆发，以及制度本身不可解脱的矛盾性，该体系于 1973 年宣告结束。

二、简答题

1. 汇率制度是指一国货币当局对本国汇率水平的确定、汇率变动方式等问题所做的一系列安排或规定。汇率制度的基本类型主要包括固定汇率制和浮动汇率制。一国汇率制度选择所需要考虑的因素繁多，根据国际货币基金组织的观点，影响一国汇率制度选择的因素主要包括以下5点：

(1) 经济规模和开放程度。如果外贸占GDP的比重较大，汇率不稳定的代价就偏高。因此，经济规模小、开放程度较大的国家最好实行固定汇率制度。

(2) 通货膨胀率。如果一国的通货膨胀率明显高于其贸易伙伴，为防止其商品在国际市场竞争力下降，汇率需要有一定的灵活性，采用浮动汇率制度为佳；相反，如果通货膨胀差别不大，则实行固定汇率制度的影响较小。

(3) 劳工市场的灵活性。工资制度越僵硬，就越需要灵活的汇率来适应外部经济环境的巨大冲击。

(4) 金融市场发展程度。金融市场尚未成熟的发展中国家，不适合实行浮动汇率制度。

(5) 资本的流动性。对国际资本开放程度越高，维持固定汇率制度的难度就越大，因而浮动汇率制度是最佳选择。

2. 根据货币与黄金的联系程度，金本位制度可细分为金币本位制度、金块本位制度和金汇兑本位制度。

(1)金币本位制

金币本位制(Gold Specie Standard)是典型的金本位制度，它以黄金作为本位货币，实行以金币流通为主的货币制度。金币本位制的主要特点是：金币可以自由铸造，银行券可以自由兑换黄金，黄金可以自由输出入，货币储备全部使用黄金，用黄金进行国际结算等。

金币本位制有三个特色：自由铸造、自由兑换和自由输出入。

(2) 金块本位制

随着经济的发展，黄金产量日益落后于货币的需求，银行券等纸质价值符号对金币自由兑换的可能性日益缩小，黄金本身参与流通和支付的程度下降，于是出现了金块本位制。金块本位制(Gold Bullion Standard)是一种以金块办理国际结算的变相金本位制，亦称金条本位制。金块本位制的主要特点是：不铸造金币，而只发行纸币，用以代表一定重量的黄金用于流通，纸币不能自由兑换黄金，只能按一定的条件向发行银行兑换金块(兑换条件往往是较高的数额，这就避免了日常生活中银行券向黄金的兑换)。

(3) 金汇兑本位制

金汇兑本位制(Gold Exchange Standard)又称“虚金本位制”，特点是：国内不铸造和使用金币，而只使用银行券，银行券只能兑换外汇，而不能直接兑换黄金，外汇也只能在国外兑换黄金；该国货币一般与另一个实行金本位制或金块本位制国家的货币保持固定的比价，并在后者存放外汇或黄金作为平准基金，从而间接实行了金本位制。

3. (1)布雷顿森林体系的内容

① 美元与黄金挂钩。各国政府或中央银行可按官价用美元向美国兑换黄金。为使黄金官价不受自由市场金价冲击，各国政府需协同美国政府在国际金融市场上维持这一黄金官价。

② 其他国家货币与美元挂钩。其他国家政府规定各自货币的含金量，通过含金量的比例确定同美元的汇率。

③ 实行可调整的固定汇率。各国货币对美元的汇率，只能在法定汇率上下各1%的幅度内波动。若市场汇率超过法定汇率1%的波动幅度，各国政府有义务在外汇市场上进行干预，以维持汇率的稳定。若会员国法定汇率的变动超过10%，就必须得到国际货币基金组织的批准。布雷顿森林体系的这种汇率制度被称为“可调整的钉住汇率制度”。

④ 确定国际储备资产。《协定》中关于货币平价的规定，使美元处于等同黄金的地位，成为各国外汇储备中最主要的国际储备货币。

⑤ 国际收支的调节。短期的失衡由IMF提供信贷来解决，长期的失衡则通过调整汇率平价来调节。

(2) 布雷顿森林体系的缺陷

布雷顿森林体系保证了二战后世界金融秩序的稳定，为经济复苏奠定了基础。但是布雷顿森林体系也存在种种缺陷：①美国利用美元的特殊地位，操纵国际金融活动。②国际清偿能力供应与美元信誉二者不可兼得，即所谓的特里芬难题。③固定汇率有利于美国输出通货膨胀，加剧世界性通货膨胀，而不利于各国利用汇率的变动调节国际收支平衡。

4. 布雷顿森林体系崩溃根源在于内在矛盾与外部冲击的叠加：

(1) 特里芬难题的不可调和。该体系要求美元同时承担国际储备货币和黄金兑换承诺双重角色。随着全球贸易扩张，美元供应需持续增加以满足需求，导致美国黄金储备与美元发行量失衡。至 1971 年，美国黄金储备仅能覆盖对外短期债务的 1/4，兑换承诺难以为继。

(2) 美国经济竞争力下滑。20 世纪 60 年代，越南战争加剧财政赤字，约翰逊"伟大社会"计划扩大政府支出，导致美元超发与通胀高企。同时，西欧、日本经济复苏，美国贸易顺差转为逆差，削弱美元信用基础。

(3) 固定汇率制的僵化性。体系缺乏汇率弹性调整机制。1960—1971 年，美元经历三次危机，多国央行被迫抛售美元，抢购黄金。1971 年，尼克松政府宣布"新经济政策"，暂停美元兑换黄金，标志体系实质崩溃。

(4) 国际投机资本冲击。随着欧洲美元市场兴起，投机资本规模膨胀。1971 年，马克、日元等货币面临升值压力，央行干预成本剧增，最终被迫浮动汇率，加速体系解体。

5. (1) 金铸币平价：1 英镑 = 4.8666 美元（113.0016÷23.22）

(2) 黄金输出点（对美国）：1 英镑 = 4.8916 美元（4.8666+0.025）。当汇率高于 4.8916 美元，美国债务人不会在市场上购买英镑来还债，而是用美元兑换成黄金运往英国。

(3) 黄金输入点（对美国）：1 英镑 = 4.8416 美元（4.8666−0.025）。当汇率低于 4.8416 美元，英国债务人不会在市场上购买美元来还债，而是用英镑兑换成黄金运往美国。

三、论述题

1. (1) 金融危机背景下，当代国际货币体系遭遇了一定的挑战。从此次金融危机可以看出，以美元为本位的国际货币体系存在着固有弊端，这种弊端是全球经济不稳定的根源所在。这次金融危机让中国深切体会到了当前国际货币体系对中国金融发展的掣肘，以及中国在当前的国际货币体系下相对被动的地位，而人民币程度极低的国际化，更是使得这种相对被动的地位的回旋余地降低。为维护每一个国家的经济利益与安全，促进全球经济的稳定和发展，应当推进国际货币体系的改革，改变以美国利益为中心的不平等国际交往状态。

(2) 在当前金融危机背景下，为维护我国的经济利益与安全，我国应积极推动人民币国际化进程。推动人民币国际化的意义体现在以下几个方面：

① 对中国集体经济而言，人民币成为国际货币，可以为中国产生大量的铸币税收入；

② 人民币国际化可以促进国际贸易，且降低国际贸易交易成本。国际化的人民币可以为外国交易对手企业提供可替代的清算货币，便利国际贸易的价格和结算，可促进与中国有关的双边贸易和区域贸易规模扩大；

③ 人民币国际化有利于优化中国的经济结构，改善国际收支失衡。

④ 人民币国际化会伴随中国金融市场效率的提高。人民币国际化会以一种"外力"的形式促进建立一个高效、安全、开放的金融市场；

⑤ 人民币国际化有利于中国在一个多元化国际货币体系中发挥影响力。人民币作为主要国际货币之一，会缓解目前的全球经济失衡，提高中国在全球经济中的发言权；

⑥ 人民币国际化有利于企业规避汇率风险、缓解货币错配，企业抵抗汇率风险和国际金融市场波动的能力增强；

⑦ 人民币国际化有利于增强中国企业的对外投资能力，同时人民币升值预期也给投资者使用人民币进行对外直接投资提供了更好的机遇。

(3) 应该承认，加强区域经济合作，通过双边或多边贸易协定，发挥人民币在区域中提供流动性和稳定区域经济的核心货币作用，有助于推动人民币的国际使用，区域经济合作是人民币国际化的一个非常重要的途径。但是，也应该看到，由于现实问题的存在，我国区域经济合作方面尚有待于进一步的努力，区域经济合作的现状也在一定程度上制约了人民币国际化的进程。

2.（1）历史演变

① 金本位制（19 世纪—1914 年）。金本位制下各国货币与黄金挂钩形成固定汇率机制。黄金作为“锚货币”呈现双重属性：一方面降低跨境交易成本，另一方面黄金产量滞后于经济扩张导致通缩压力。1929 年大萧条暴露其刚性缺陷，各国无法通过货币政策应对危机，最终体系崩溃。

② 布雷顿森林体系（1944—1971 年）。该体系确立美元与黄金挂钩、其他货币与美元挂钩的“双挂钩”机制，奠定美元霸权基础。但其内在的“特里芬难题”——美元储备货币职能与清偿力供给的根本冲突——引发 1971 年尼克松政府停止美元兑换黄金，体系终结。

③ 牙买加体系（1976 年至今）。牙买加以“非制度化”为核心特征，形成无统一汇率安排的国际货币格局。其灵活性适应了全球化分工需求，但缺乏有效调节机制导致国际收支失衡常态化、汇率波动加剧，成为全球经济不稳定的潜在风险源。

（2）当前国际货币体系面临的挑战

① 美元霸权的负面影响。美元占全球外汇储备 60%以上，其“特权与责任失衡”加剧全球金融脆弱性。美国货币政策外溢效应引发新兴市场危机，形成“美国感冒、全球吃药”的传导机制，凸显货币主权与全球责任的矛盾。

② 汇率波动与全球经济失衡。浮动汇率制下跨境资本流动加剧汇率波动，短期引发金融风险传染；长期全球贸易失衡常态化，美国持续逆差与东亚顺差并存，调节机制缺失导致失衡不断累积，形成系统性风险。

（3）未来改革方向与展望

① 多元化储备货币体系。多元化是降低单一货币依赖的必然选择。欧元作为区域整合成果、人民币作为新兴经济体代表，共同推动货币格局多极化演进，缓解单一储备货币的内在风险。

② 强化 SDR 的国际储备地位。特别提款权（SDR）需通过完善分配机制与增强流动性提升储备功能。当前 IMF 治理结构改革滞后制约其代表性，需推动 SDR 在国际贸易结算与危机救援中的实际应用。

③ 数字货币对体系的潜在影响。数字货币通过技术优化提升跨境支付效率，但各国标准不一可能加剧金融碎片化。国际清算银行（BIS）主导的数字货币标准制定，成为平衡创新与稳定的核心治理路径。

第9章　外汇市场、外汇业务与风险

本章主要阐述外汇和汇率两个主要知识点：外汇是国际结算的支付手段，汇率是两种货币的兑换比率。外汇交易和汇率决定理论是重难点考点，各种题型都可以命题，甚至是计算题。

知识脉络

- 外汇市场、外汇业务与风险
  - 外汇
    - 外汇业务
      - 即期外汇交易
      - 远期外汇交易
      - 掉期外汇交易
      - 外汇期权期货交易
    - 外汇风险
      - 交易风险
      - 营运风险
      - 折算风险
  - 汇率
    - 标价法
      - 直接标价法
      - 间接标价法
    - 汇率决定理论
      - 购买力平价
      - 利率平价
      - 货币分析法

大纲解析

知识点一　外汇市场与外汇业务

一、外汇和汇率的基本内涵

1. 外汇的概念和种类

外汇这一概念有动态和静态两种表述形式，而静态的外汇又有广义和狭义之分。

（1）动态外汇

动态外汇是指一国货币兑换或折算为另一种货币的运动过程。

（2）静态外汇

静态外汇指外国货币当局发行的，各国政府和居民普遍接受的，能够在外汇市场上自由交易的货币资产。

广义的静态外汇是指一切符合上述条件的资产。这种含义的外汇概念通常用于国家的外汇管理法令之中。如我国的《外汇管理条例》中定义：外汇是指下列以外币表示的可以用作国际清偿的支付手段和资产，具体包括：①外国货币，包括钞票、铸币；②外币支付凭证，包括票据、银行存款凭证、邮政储蓄凭证；③外币有价证券，包括政府债券、公司债券、股票等；④特别提款权，欧洲货币单位；⑤其他外汇资产。

狭义的静态外汇概念是指以外币表示的可直接用于进行国际间结算的支付手段。具体包括以外币表示的银行汇票、支票、银行存款等。人们通常所说的外汇就是指这一狭义的概念。由于外币现钞一般不能直接用于国际结算，因此不能算作狭义外汇。

2. 外汇的种类

(1) 根据是否可自由兑换，分为自由外汇和记账外汇

自由外汇是指无须货币发行国批准便可以随时动用，或可以自由兑换为其他货币，向第三国办理支付的外汇。自由外汇的根本特征是可兑换货币，我们一般意义上所指的外汇都是自由外汇。

与自由外汇相对的是记账外汇，也称协定外汇或者清算外汇，是指未经货币发行国批准不能自由兑换成其他货币或者对第三国进行支付的外汇。这种外汇的产生，是由于两个友好国家为了节省自由外汇(如美元)的使用，在双边贸易中签订协议，开设账户彼此记录债权债务，并在一定时期内冲销。如当年的顺差可以在以后的双边贸易中被当作“货币”来使用，购买对方的产品。因此这种外汇是支付协定的产物，只能用于协定国之间，不能兑换成其他货币，也不能向第三方支付。

(2) 根据外汇的来源不同，分为贸易外汇和非贸易外汇

贸易外汇指通过商品进出口取得的外汇，非贸易外汇指通过对外提供劳务(运输、保险、旅游等)、汇回投资收益(利息、股息、利润等)和侨汇等途径取得的外汇。

(3) 根据外汇交割日期不同，分为即期外汇(现汇)和远期外汇(期汇)

即期外汇是指买卖成交后两个营业日内办理交割手续的外汇。远期外汇是指买卖双方先按协定的汇率和数量签订协议，约定到将来办理交割手续的外汇。

二、汇率的概念和种类

1. 汇率的概念

汇率是指两种不同货币之间的折算比价，也就是以一国货币表示的另一国货币的价格，也称汇价、外汇牌价或外汇行市。

2. 汇率的标价方法

习惯上，人们将各种标价法下数量固定不变(即取作一定单位)的货币称为基准货币，把数量(随外汇行市)变化的货币叫作标价货币。

(1) 直接标价法和间接标价法

直接标价法以外国货币作为基准货币，本国货币作为标价货币，即用一定单位的外国货币折算应付若干单位的本国货币的汇率标价法，又称应付标价法。间接标价法以本国货币作为基准货币，外国货币作为标价货币，即用一定单位的本国货币折算应收若干单位的外国货币的标价法，又称应收标价法。世界上大多数国家的货币以 1 作为基本单位，而日元和欧元一般以 100 作为基本单位。

例如，现在外汇市场中1USD可以兑换6.9RMB，则在直接标价法下，我们称RMB汇率为6.9，即为取得1USD，需要支付6.9RMB；而在间接标价法下，我们称RMB汇率为$\frac{1}{6.9}=0.1449$，即支付1RMB，可以取得0.1449USD。

目前世界上除英国和美国外，各国都采用直接标价法表示自己货币的汇率，当美元兑英镑时，仍对英镑采用间接标价法。一般情况下，不作特殊说明而单独提到汇率的上升和下降，指的都是直接标价法汇率的上升和下降。

在直接标价法下，汇率的数值越大，意味着一定单位的外国货币可以兑换越多的本国货币，也就是本国货币的币值越低；在间接标价法下，与此相反。

（2）美元标价法

美元标价法以美元作为基准货币，其他货币作为标价货币，即用1单位美元折算成若干其他货币的标价法。由于美元在国际贸易中应用广泛，在外汇市场交易量大，因此外汇市场中各种货币一般都采用美元标价法。

3. 法定升值与升值、法定贬值与贬值的含义

法定升值（Revaluation）是指政府通过提高货币含金量或者明文宣布提高本国货币对外的汇价。升值（Appreciation）是指由于外汇市场供求关系变化造成的货币对外汇价的上升。两者区别在于其动因，但是表现却是一致的，即直接标价法汇率的降低，因此一般笼统地称为"升值"或者"上浮"。

法定贬值（Devaluation）是指政府通过降低货币含金量或者明文宣布降低本国货币对外汇价。贬值（Depreciation）是指由于外汇市场上供求关系的变化造成的货币对外汇价的下降。同理，二者均表现为直接标价法汇率的升高，一般笼统称为"贬值"或者"下浮"。

当某种货币的汇价持续上升时，我们习惯称之为"硬通货"，反之将汇价持续下降的货币称为"软通货"。

【科兴点评】以下说法是等价的：本币贬值、本币汇率贬值、本币汇价下降，意思都是一单位外国货币可以兑换更多本国货币，即直接标价法的汇率上升；反之，本币升值、本币汇率升值、本币汇价升高，都是指直接标价法的汇率下降。

【例1】2005年7月21日，中国人民银行宣布人民币对美元的汇率从8.2765一次性调整到8.11。这意味着人民币汇率（　　）。

A. 升值2.01%　　B. 贬值2.01%　　C. 升值2.05%　　D. 贬值2.05%

【解析】C。人民币汇率变化率：

$$\rho=\frac{\frac{1}{8.11}-\frac{1}{8.2765}}{\frac{1}{8.2765}}=2.05\%$$

所以人民币汇率升值2.05%。

4. 汇率的种类

（1）按制定汇率的方法不同，划分为基本汇率和套算汇率

外国货币种类很多，标出本币与每种货币的汇率以及各种外国货币之间的汇率非常的不方便。因此一般选择出一种与本国对外往来最为密切的货币，作为"关键货币"，以关键货币为基准货币，本国货币为标价货币报出汇率，这样得到的汇率称为基本汇率，显然对每个国家基

本汇率只有一种。大多数国家将美元作为关键货币，由此形成了外汇市场中的美元标价法。

通过各种基本汇率，我们可以套算出本币与非关键货币之间的汇率，以及各种外国货币之间的汇率，这种汇率称为套算汇率或交叉汇率。

例如人民币基准汇率为 USD1 = RMB6.9，德国马克基准汇率为 USD1 = DEM1.8，瑞士法郎基准汇率为 USD1 = CHF1.5，则人民币与德国马克的套算汇率为 DEM1 = RMB6.9/1.8 = RMB3.83，瑞士法郎与德国马克的套算汇率为 CHF1 = DEM1.8/1.5 = DEM1.2。在计算交叉汇率时，可以将汇率看作等式，例如由 USD1 = DEM1.8 和 USD1 = CHF1.5 得出 DEM1.8 = CHF1.5，这样就可以按照等式的计算法则求 CHF1 = DEM1.2，不容易出错。

【例 2】名词解释：cross exchange rate

【解析】交叉汇率，又称套算汇率，主要有两种含义：①它是指各国在制定出基本汇率后，再参考主要外汇市场行情，推算出的本国货币与非关键货币之间的汇率。②由于西方外汇银行报价时采用美元标价法，为了换算出各种货币之间的汇率，必须通过各种货币对美元的汇率进行套算，称为交叉汇率。

(2) 从银行买卖外汇的角度，划分为买入汇率、卖出汇率和中间汇率

站在银行的角度，银行用本币从客户手中买入外汇时银行报出的汇率称为买入汇率，银行卖出外汇换取客户手中的本币时报出的汇率称为卖出汇率。卖出汇率要高于买入汇率，差价一般为1‰~5‰，作为银行从事货币兑换业务的报酬。将买入汇率和卖出汇率取算数平均，得到中间汇率，一般用于经济报道和理论研究。

银行在报出外汇汇率时，一般都采用双向报价法，即同时报出买入价和卖出价。在书写方式上，无论直接标价法还是间接标价法，都是前小后大。例如，在巴黎的外汇银行，直接标价法 USD1 = FRF7.2785 ~ 7.2895，根据定义和银行要取得报酬的原则，前面的数字是银行买入价，后面的数字是卖出价。而在伦敦的外汇银行，间接标价法 GBP1 = USD1.4405 ~ 1.4420，根据定义和银行要取得报酬的原则，前面的数字是银行卖出价，后面的数字是银行买入价。

【例 3】有以下报价行(做市商)的 USD/GHF 报价：报价行 A：1.1539/44，报价行 B：1.1540/45，报价行 C：1.1538/46，报价行 D：1.1541/46。问：从哪一个报价行那里买入 USD 的成本最低？

A. 报价行 A　　B. 报价行 B　　C. 报价行 C　　D. 报价行 D

【解析】A。客户买入 USD 要按照银行的 USD 卖出价，四个报价行分别为 1.1544、1.1445、1.1546、1.1546，因此报价行 A 最低。

【科兴点评】由本题可知题干中采取的是直接标价法，报价行买入价在前，卖出价在后，作为投资者购买美元的价格是报价行的卖出价，很容易比较得出 A 报价行卖出价更低一点，所以选 A。

(3) 按照外汇付汇方式不同，划分为电汇汇率、信汇汇率和票汇汇率

电汇汇率(T/T)是汇款人在本国银行支付本币后，银行以电讯方式通知外国分行或代理行付外汇给收款人的汇款方式。由于付款速度快，银行不能占用客户的资金，而且电讯方式成本较高，因此电汇汇率较高。但由于电汇能够尽可能减少汇率波动的风险，因此在国际支付中最经常使用，外汇市场中公布的一般都是电汇汇率

信汇汇率(M/T)是汇款人在本国银行支付本币后，银行以信函方式通知外国分行或代理行付外汇给收款人的汇款方式。由于从汇款到收款有一段时间间隔，银行可以占用客户资

金，而且信汇成本低，因此信汇汇率要低于电汇汇率。

票汇汇率(Draft)是汇款人在本国银行支付本币后，银行开具一张命令其外国分行或代理行付外汇给收款人的汇票，将其交给汇款人自行携带或寄往国外的汇款方式。与信汇汇率类似，银行可以占用客户资金，且成本较低，因此票汇汇率也要低于电汇汇率。

(4) 按外汇交割日不同，划分为即期汇率和远期汇率(现汇汇率和期汇汇率)

即期汇率(现汇汇率)是交易现汇时使用的汇率，远期汇率(期汇汇率)是交易期汇时使用的汇率。

(5) 按照汇率决定方式，划分为固定汇率和浮动汇率

固定汇率指一国央行通过买卖外汇，干预外汇市场，使汇率始终保持在一个特定范围内。浮动汇率指一国央行不干预外汇市场，任由外汇供求自动平衡，汇率随之变化。

(6) 按照汇率管制情况，划分为单一汇率和复汇率

单一汇率指在一国只存在一种汇率，进出口贸易结算及资本输出入的结算全部采用这一汇率。复汇率是外汇管制的结果，指一国存在多种不同的汇率，如对外贸易中使用贸易汇率，资本输出入采用金融汇率，甚至进口与出口的汇率、不同行业的出口汇率也可以不相同，以实现一国政府管理经济的目的。

(7) 按计算方式不同，划分为实际汇率、名义汇率和有效汇率

名义汇率就是现实中两国货币兑换的比率，可以由市场决定，也可以由官方制定。实际汇率是将名义汇率用价格水平调整后得到的汇率，反映了两国商品的兑换比率，如表示一个外国面包可以换多少个本国面包，因此实际汇率可以表示商品的国际竞争力，实际汇率越高，则产品竞争力越强。用 P 和 P_f 分别表示本国和外国的物价水平，E 为名义汇率，则实际汇率 $e=E\cdot\dfrac{P_f}{P}$。

有效汇率是一种加权平均汇率。将本币与其他货币的直接标价法汇率，以本国与该国经济往来的密切程度(如本国与该国贸易额占本国对外贸易总额的比例)为权重，进行加权平均，又称为汇率指数，可以综合反映本国货币汇率的基本走势。

【例 4】美元指数是综合反映美元在国际外汇市场汇率情况的指标，用来衡量美元兑一揽子货币的汇率变化程度。据此判断美元指数是(　　)。

A. 双边汇率　　B. 实际汇率　　C. 有效汇率　　D. 基础汇率

【解析】C。根据题意可知美元汇率是多边汇率平均值，因而是有效汇率。其他几个汇率均为双边汇率。

(8) 按外币种类的不同，划分为现钞汇率和现汇汇率

银行从客户手中买入外币存款、支票等形式的狭义外汇时，可以直接用于国际支付，此时的买入汇率称为现汇汇率，也叫汇买入价。而银行从客户手中买入外币钞票时，由于外币钞票既不能在本国流通，也不能直接对外支付，必须积攒到一定数量后统一运往发行国转换为存款才能使用，这要花费保险费、运输费等费用及途中的利息损失，因此这种买入汇率较现汇汇率要低，称为现钞汇率，也叫现钞买入价。

需要注意的是，只有买入价有现汇、现钞之分，银行向客户卖出外汇时的价格只有一个，即卖出价。

5. 远期汇率的升水、贴水和平价

银行一般直接报出即期汇率，而远期汇率的报价则有两种方式：一是直接报价，即直接

将各种不同期限的远期汇率买入价和卖出价表示出来，与现汇表示方法相同，如日本、瑞士等国采用这种方法。二是采用远期差价法。远期差价指远期汇率与即期汇率的汇价之差，分为升水(该货币远期升值)、贴水(该货币远期贬值)和平价(远期汇率和即期汇率相同)。银行报出的差价一般用点数表示，1 点表示 0.0001。无论采用直接标价法还是使用间接标价法，升水、贴水、平价表示的含义相同，而且由远期差价换算远期汇率的方法也相同。远期差价一般用两个数字分别表示买入价的差价和卖出价的差价，分别对应即期汇率的买入价和卖出价。

如何区分远期升水还是贴水，可按照远期买卖差价大于即期买卖差价的原则，因为远期交易的风险更大，远期买卖差价高于即期买卖差价的部分是对银行承担风险的一种补偿。例如，即期汇率 USD1 = DEM1.8410 ~ 1.8420，三个月 200 ~ 300 点，即表示 0.02 ~ 0.03，因为即期汇率前小后大，远期差价也是前小后大，我们用加，因为小数加小数，大数加大数，才能使差价更大，表示德国马克远期贴水，远期汇率为 USD1 = DEM1.8410 + 0.02 ~ 1.8420 + 0.03 = DEM1.8610 ~ 1.8720。再例如，即期汇率 USD1 = FRF7.2220 ~ 7.2240，三个月 200 ~ 140 点，即表示 0.02 ~ 0.014，因为即期汇率前小后大，远期差价前大后小，我们用减，因为小数减大数，大数减小数，才能使差价更大，表示法国法郎远期升水，远期汇率为 USD1 = FRF7.2220 - 0.02 ~ 7.2240 - 0.014 = FRF7.2020 ~ 7.2100。

【科兴点评】“前小后大往上加，前大后小往下减”

三、外汇市场

1. 外汇市场是外币供求双方互相买卖不同货币的交易网络、交易设施及其组织结构和制度规则的总和。

2. 外汇市场可分为

按组织形态划分——有形外汇市场，无形外汇市场；

按交易主体划分——外汇零售市场，外汇批发市场；

按交割时间划分——即期外汇市场，远期外汇市场；

按管理制度划分——自由市场，平行市场，外汇黑市；

按市场地位划分——全球性市场，区域性市场。

3. 外汇市场的参与者

(1) 商业银行——是外汇市场的主体和外汇交易的中心，几乎外汇市场的所有大额交易都是由商业银行完成的；

(2) 外汇经纪商——协助外汇交易双方进行交易的中介机构，向顾客提供服务，收取佣金；

(3) 进行商业或投资活动的企业和个人——进出口商、跨国证券投资者、跨国公司和个人，都可以利用外汇市场进行商业和投资活动，管理和规避国际交易中的汇率风险；

(4) 中央银行——央行一般不直接参与外汇市场活动，而是通过经纪商进行外汇交易，增加外汇储备或卖出多余的外汇资产，以此影响本国货币的币值。

4. 外汇市场主要特征

(1) 交易规模巨大；

(2) 交易币种集中；

(3) 交易地域分布集中；

(4) 全球一体化运作，全天候交易；

(5) 汇率波动频繁，不同市场间的汇率差日益缩小；

(6) 外汇衍生工具不断增多，交易规模不断扩大。

5. 外汇市场的基本职能

(1) 实现购买力的国际转移

国际贸易和国际资金融通至少涉及两种货币，而不同的货币对不同的国家形成购买力，这就要求将本国货币兑换成外币来清理债权债务关系，使购买行为得以实现。而这种兑换就是在外汇市场上进行的。外汇市场所提供的就是这种购买力转移交易得以顺利进行的经济机制，它的存在使各种潜在的外汇售出者和外汇购买者的意愿能联系起来。当外汇市场汇率变动使外汇供应量正好等于外汇需求量时，所有潜在的出售和购买愿望都得到了满足，外汇市场处于平衡状态之中。这样，外汇市场提供了一种购买力国际转移机制。同时，由于发达的通信工具已将外汇市场在世界范围内连成一个整体，使得货币兑换和资金汇付能够在极短时间内完成，购买力的这种转移变得迅速和方便。

(2) 提供资金融通

外汇市场向国际间的交易者提供了资金融通的便利。外汇的存贷款业务集中了各国的社会闲置资金，从而能够调剂余缺，加快资本周转。外汇市场为国际贸易的顺利进行提供了保证，当进口商没有足够的现款提货时，出口商可以向进口商开出汇票，允许延期付款，同时以贴现票据的方式将汇票出售，拿回货款。外汇市场便利的资金融通功能也促进了国际借贷和国际投资活动的顺利进行。

(3) 提供套期保值的机制

进出口商从签订进出口合同到实际支付或收款，通常都要经过一段时间。由于外汇市场中汇率的易变性与波动频繁，因此，外币债权人和债务人都要承担一定的风险，例如计价货币汇率贬值会使收款人遭受损失，而计价货币汇率升值则会使付款人蒙受损失。他们若不愿投机，只想免受损失，那么就需要对这些货币资产进行套期保值，以确保该项资产保值不受损失。具体地说，套期保值就是通过卖出或买入等值远期外汇，轧平外汇头寸来保值的一种外汇业务。例如，收款人可以卖出远期外汇，而付款人则可以买入远期外汇来进行套期保值。

(4) 提供投机交易的机制

外汇投机是指根据对汇率变动的预期，有意保持某种外汇的多头或空头，希望从汇率变动中赚取利润的行为。它的主要特征是，投机者进行外汇交易，并没有商业或金融交易与之相对应。外汇投机利润具有不确定性，当投机者预期准确时，可以赚取利润，但如预期失误则要蒙受损失。例如，若某投机商预期两个月以后某种货币汇率会下跌，就在期货市场上卖出该种货币的两个月期汇。两个月后，该货币汇率若果真下跌，则投机商可以利用低价补进现汇以交割期汇，获得利润；但如果该货币汇率不降反升，则要蒙受损失。

四、外汇业务

1. 即期外汇交易

即期外汇交易又称现汇买卖，是交易双方以当时外汇市场的价格成交，并在成交后的两个营业日内办理有关货币收付交割的外汇交易。

(1) 报价惯例

按照即期外汇市场的报价惯例，通常用五位数字来表示买卖价，同时报出买入价和卖出价。报价的最小单位(市场称基本点)是标价货币的最小价值单位的1%。如纽约市场2000年6月30日的汇价为：USD1 = DEM1.8778 ~ 1.8788。此外，各银行的交易员在报价时通常只取最末两位数，因为前面几位数只有在外汇市场发生剧烈动荡时才会变化，一般情况下，频繁变动的只是最末两位数，如汇率为138.6~138.80时，他就报60/80。

(2) 交易程序

即期外汇交易程序包括：①自报家门：询价者必须首先说明自己的单位名称，以便让报价者知道交易对方是谁，并决定交易对策。②询价：询价内容一般包括交易货币、起息日和交易金额。③报价：一般只报汇率的最后两位数，并同时报出买价和卖价。④成交：询价银行首先表示买或卖的金额，然后由报价银行承诺。⑤证实：交易双方互相证实买或卖的汇率、金额、交割日期以及资金结算。

(3) 交叉汇率的计算

当同时考虑买入价和卖出价时，交叉汇率的计算变得有些复杂。由于外汇市场中一般采用美元标价法，因此交叉汇率的计算原理就是按美元标价法的价格完成顾客所需的交易。例如外汇市场报USD1 = RMB6.8 ~ 6.9，USD1 = DEM1.6 ~ 1.7，客户想用人民币换德国马克，则他要用人民币向银行兑换美元，采用卖出价6.9，RMB6.9兑换USD1，然后要用美元兑换德国马克，采用买入价1.6，USD1兑换DEM1.6，完成交易，最终结果RMB6.9兑换DEM1.6，得到银行的德国马克兑人民币的卖出价为DEM1 = RMB6.9/1.6 = RMB4.31。同理，可以算出德国马克兑人民币的买入价为DEM1 = RMB4.00，这样就将交叉汇率写为DEM1 = RMB4.00 ~ 4.31。

交叉汇率的计算规则如下：

① 如果两种货币的即期汇率都以美元作为基准货币(如上例)或者都以美元作为计价货币，那么计算这两种货币比价的方法是交叉相除，用大的除小的，小的除以大的。

② 如果一种货币的即期汇率以美元作为计价货币，另一种货币的即期汇率以美元为基准货币，那么，此两种货币间的汇率套算应为同边相乘，用大的乘大的，小的乘小的。

【例5】假定目前外汇市场上的汇率是：USD1 = DEM1.8100 ~ 1.8110，USD1 = JPY127.10 ~ 127.20，此时马克与日元的汇价为(　　)。

A. DEM1 = JPY230.05 ~ 230.36　　B. DEM1 = JPY70.024 ~ 70.221

C. DEM1 = JPY70.182 ~ 70.276　　D. DEM1 = JPY230.18 ~ 230.23

【解析】C。$\text{DEM1} = \text{JPY}\ \frac{127.10}{1.8110} \sim \frac{127.20}{1.8100} = \text{JPY}70.182 \sim 70.276$

2. 远期外汇交易

远期外汇交易，又称期汇交易，是指买卖外汇双方先签订合同，规定买卖外汇的数量、汇率和未来交割外汇的时间，到了规定的交割日期买卖双方再按合同规定办理货币收付的外汇交易。

(1) 分类

① 固定交割日的远期交易是指交易双方事先约定在未来某个确定的日期办理货币收付的远期外汇交易。

② 择期外汇远期交易是指客户可以在某一段时间内任意选择交割日的远期外汇交易。

择期交易可以使客户在不能确定付汇或收汇确切时间的情况下规避外汇风险。一般来说，客户拥有交易时间的选择权，而银行具有选择汇率的权利。因此，银行会向客户提供最有利于自己的汇率。

例如，即期汇率 DEM1 = USD1.8100/10，三个月为 590/580，六个月为 340/360，得到三个德国马克买入价 1.8100、1.7510、1.8440，选择 1.7510 作为择期买入价。同时，得到三个德国马克卖出价 1.8110、1.7530、1.8470，选择 1.8470 作为择期卖出价。则择期交易汇率为 DEM1 = USD1.7150 ~ 1.8470。

(2) 远期外汇交易的作用

① 为进出口商和资金借贷者避免汇率变动的风险。

② 为外汇银行平衡期汇头寸。

③ 为投资者谋取汇率变动的差价。

3. 掉期外汇交易

掉期交易，又称时间套汇，是指同时买进和卖出相同金额的某种外汇但买与卖的交割期限不同的一种外汇交易，进行掉期交易的目的也在于避免汇率变动的风险。

(1) 掉期交易的形式

① 即期对远期，是指在买进或卖出一笔现汇的同时，卖出或买进相同金额该种货币的期汇。这是掉期交易中最常见的一种形式。

② 明日对次日，是指在买进或卖出一笔现汇的同时，卖出或买进同种货币的另一笔即期交易，但两笔即期交易交割日不同，一笔是在成交后的第二个营业日(明日)交割，另一笔反向交易是在成交后第三个营业日(次日)交割。这种掉期交易主要用于银行同业的隔夜资金拆借。

③ 远期对远期，是指同时买进并卖出两笔相同金额、同种货币不同交割期限的远期外汇。这种掉期形式多为转口贸易中的中间商所使用。

(2) 掉期交易与一般套期保值的区别

本质上，掉期交易也是一种套期保值的做法。但是与一般的套期保值区别在于：①掉期的第二笔交易必须与第一笔交易同时进行，而一般套期保值发生于第一笔交易之后。②掉期的两笔交易金额完全相同，而一般套期保值交易金额可以小于或大于第一笔，即做不完全的套期保值。

4. 外汇期货与期权

外汇期货是指交易双方在外汇期货市场上买卖标准化的远期外汇合约后，承诺在将来某一日期，以约定的价格交付标准数量的某种外汇的交易。这种交易一般是在有形的交易市场通过清算所的成员清算公司或经纪人来进行的。

外汇期权是指交易双方按协定价格就将来是否买进或卖出某种货币或外汇的选择权达成的合约，即它是规定期权的购买方在未来某时期行使合约按协议价格买进或卖出一种远期外汇的权利而非义务的契约。期权的买方在合约的有效期内，或在规定的合约到期日，可以按照合约规定的汇价行使自己购买或出售某种货币或外汇的权利，与期权的卖方进行交割，也可以根据市场汇率的实际情况放弃这种权利，期权合约过期而自动作废，期权买方的损失是预付的期权保费或权利金。

期权交易的主要特点是：

(1) 作为期权的买方(无论是看涨期权还是看跌期权)只有权利而无义务，他的风险是有限的(亏损最大值为权利金)，但在理论上获利是无限的。

(2) 作为期权的卖方(无论是看涨期权还是看跌期权)只有义务而无权利，在理论上他的风险是无限的，但收益是有限的(收益最大值为权利金)。

(3) 期权的买方无须付出保证金，卖方则必须支付保证金以作为必须履行义务的财务担保。

知识点二　汇率决定

一、汇率的概念

汇率是指两种不同货币之间的折算比价，也就是以一国货币表示的另一国货币的价格，也称汇价、外汇牌价或外汇行市。

二、影响汇率变化的主要因素

1. 国际收支状况

国际收支状况是影响汇率变化的一个最直接最主要的因素，顺差时外汇供大于求，本币有升值趋势；反之逆差时本币有贬值趋势。官方储备是维持固定汇率制的保证，如果一国国际收支逆差过大，官方储备损失严重，则政府可能被迫放弃固定汇率制，本币大幅贬值，产生货币危机。

2. 通货膨胀率差异

通货膨胀率的大小反映了货币对内价值的大小，而汇率是货币对外价值的度量。在其他情况不变时，货币对内贬值必然引起对外贬值。然而，通货膨胀率的差异对汇率的影响不是直接表现出来的，而是通过影响实际汇率从而影响产品竞争力，通过影响人们预期从而产生跨国资本流动，这是从经常账户和资本账户两方面表现出来的，其作用需要一段时间，因此通货膨胀率差异是决定汇率长期趋势的主要因素。

3. 利率差异

利率是资本的价格，其高低直接决定金融资产的供求。如果一国利率升高，就会刺激国外资金流入增加，本国资金流出减少，资本账户顺差，本国货币有升值趋势；反之如果一国利率降低，本国货币有贬值趋势。由于许多发达国家资本项目已开放，资本在国际间转移已比较方便、迅速，因此利率对汇率的影响快速而直接，往往是决定汇率短期趋势的主要因素。

4. 经济增长率差异

一方面，一国经济增长率升高时，意味着需求升高，从而进口需求增加，本币有贬值趋势。但是另一方面，经济增长率的提高往往伴随劳动生产率的提高，使生产成本降低从而使本国产品的竞争力增强，有利于出口，本币有升值趋势。净影响要看两方面因素的对比。一般来说，高的经济增长率伴随着对资本的巨大需求，能够吸引外商投资，使外国资本大量流入，因此从根本上说，高的经济增长率对本币汇率具有支持作用。

5. 外汇市场投机

外汇投机者总是按照自己对汇率的预期进行低买高卖，希望赚取差价。全球各外汇市场投机者的不间断买入卖出是导致汇率随时波动的重要因素。

6. 中央银行干预

各国央行出于各种政策目的，可能进入外汇市场买卖外汇，影响外汇市场供求，从而干预汇率，这虽然无法改变汇率变动的长期趋势，但是却对汇率短期走势产生了重大影响。20世纪80年代以来，西方各国货币当局对外汇市场联合干预已成为影响汇率的一个不可忽视的因素。

7. 其他因素

除上述因素外，预期、财政政策等也能对汇率产生影响。

如果投机者预期本币将贬值，他们将抛售本币购买外币，希望在本币贬值之后再做相反交易，卖出外币买回本币而获得利润。众多持有这种预期的人的行为将改变外汇市场的供求状况，使外币供小于求，结果本币真的贬值。反之，如果众多投机者预期本币升值，则最终本币真的会升值，这称为“预期的自我实现”。因此预期是能影响汇率的。

紧缩性财政政策能够减少总需求，使本币升值，扩张性货币政策能增加总需求，使本币贬值。

【例6】汇率变动对宏观经济的影响有哪些？

【解析】①国际贸易条件。汇率变动对贸易条件的影响与进出口的供给、需求弹性有关，更具体地说，与本国在世界经济体系中属于大国经济(价格制定者)还是小国经济(价格接受者)有关。一般而言，货币贬值或多或少会恶化本国的贸易条件，当本国属于小国经济时，贸易条件恶化的可能性更大。

② 物价水平。本国汇率变动通过货币工资机制、生产成本机制、货币供应机制和收入机制，有可能导致国内工资和物价水平的变动。

③ 总需求。传统理论认为，成功的货币贬值对经济的影响是扩张性的。在乘数作用下，它通过增加出口，增加进口替代品的生产，使国民收入得到多倍增长。但在特定的产品需求弹性、工资水平下，可能也会对总需求造成紧缩性的影响。

④ 就业。就业率往往与总需求具有同向变动的关系。当本币贬值带来总需求扩张时，企业就会通过增加生产要素投入和增加雇员来扩大生产规模，社会就业率就能提高。一般而言，本币贬值能够对总需求起到扩张作用，所以本币贬值一般也会带来就业提高。

⑤ 对民族工业的影响。汇率变动对民族工业的影响，与民族工业的发展战略有关。本币贬值无论从理论上还是在实践中，都可以被看成是一种赋税行为。它是对出口的一种补贴，对进口的一种征税。当一国采取进口替代性战略，希望通过从国外进口基础设施，迅速建立起本国的工业体系时，本币贬值就会增加建设工业体系的进口成本，不利于民族工业发展，因此，采取进口替代性战略的国家大多会将本币币值高估。当一国希望发挥本国比较优势，采取出口导向型战略时，本币贬值就能降低本国出口产品的价格，提高本国出口商品的竞争力，有利于民族工业的发展，但也会造成本国工业偏消费品生产的结构。

⑥ 对劳动生产率和经济结构的影响。从短期来说，本币贬值对企业经营一般是有利的，但未必能够带来劳动生产率的提高和经济结构的改善。如果本币贬值后，企业利用销售增加获得的资金来改善生产技术、更新生产设备、研发新产品和向新产品转移，那么从长期看，本国的劳动生产率和经济结构都会改善。否则，贬值就会在客观上保护那些以高成本低效益生产出口产品和进口替代品的落后企业，甚至使落后企业仍然有能力扩大生产规模，重复原来的生产方式。那样，贬值就会不利于本国劳动生产率的提高和经济结构的改善。

三、汇率决定理论

（一）购买力平价说（PPP）

1. 开放经济下的一价定律

某一商品在不同地区的价格存在差异时，就有可能引起套利活动的发生。套利活动是否存在则取决于商品本身的性质及交易成本的高低。对于不可移动的商品以及套利交易成本无限高的商品，即不可贸易商品，它在不同地区间的价格差异不可能通过套利活动消除。对于可贸易商品，套利活动将使它的地区间价格差异保持在较小范围内。如果不考虑交易成本等因素，则同种可贸易商品在各地的价格都是一致的，将可贸易商品在不同地区的价格之间存在的这种关系称为“一价定律”。

当研究的对象是开放经济时，某一可贸易商品在不同国家的价格之间的联系与上述分析存在区别。首先，不同的国家使用不同的货币，因此商品价格的比较必须折算成统一的货币再进行。其次，在进行套利活动时，除商品的买卖外，还必须进行不同货币间的买卖活动。最后，跨国间的套利活动还存在着许多特殊的障碍。例如，一国可能对商品的进出口征收关税或采取各种非关税壁垒加以限制。与一国内部情况相比，各国间的套利活动更加困难，套利的交易成本也更为昂贵。

同样，如果不考虑交易成本等因素，则以同一货币衡量的不同国家的某种可贸易商品的价格是一致的，即：

$$p_i = e \times p_i^*$$

这就是开放经济下的一价定律，p_i 表示国内商品的价格，p_i^* 表示国外商品的价格，e 表示直接标价的汇率。

2. 购买力平价说的基本形式

（1）绝对购买力平价

绝对购买力平价的前提包括：

第一，对于任何一种可贸易商品，一价定律都成立。

第二，在两国物价指数的编制中，各种可贸易商品所占的权重相等。

这样，两国由可贸易商品构成的物价水平之间存在着下列关系：

$$\sum_{i=1}^{n} \alpha_i p_i = e \times \sum_{i=1}^{n} \alpha_i p_i^* \tag{9-1}$$

式(9-1)中，α 表示权数。如果将这一物价指数分别用 P、P^* 表示，则有：

$$P = e \times P^* \tag{9-2}$$

式(9-2)的含义是：不同国家的可贸易商品的物价水平以同一种货币计量时是相等的。

式(9-2)变形可得：

$$e = \frac{P}{P^*} \tag{9-3}$$

这就是绝对购买力平价的一般形式，它意味着汇率取决于不同货币衡量的可贸易商品的价格水平之比，即取决于不同货币对可贸易商品的购买力之比。

在现代分析中，有的学者认为，一国的贸易品和不可贸易品之间、各国不可贸易品之间存在种种联系，这些联系使得一价定律对于不可贸易品也成立。因此，上式中的物价指数应包括一国经济中的所有商品，也就是所有国家的一般物价水平以同一种货币计算时是相等的，汇率取决于货币的价值(一般物价水平的倒数)之比。

(2) 相对购买力平价

相对购买力平价是对绝对购买力平价假定的放松而得出的。它认为交易成本的存在使一价定律并不能完全成立，同时各国一般物价水平的计算中商品及其相应权数都是存在差异的，因此各国的一般物价水平以同一种货币计算时并不完全相等，而是存在一定的、较为稳定的偏离(只要这些因素不发生变动)，即：

$$e=\theta\times\frac{P}{P^*} \tag{9-4}$$

式中 θ 即为偏离系数。将式(9-4)写成对数形式，再取变动率可得：

$$e=\theta\times\frac{P}{P^*}\Rightarrow \ln e=\ln\theta+\ln P-\ln P^*\Rightarrow\frac{\frac{\mathrm{d}e}{\mathrm{d}t}}{e}=\frac{\frac{\mathrm{d}P}{\mathrm{d}t}}{P}-\frac{\frac{\mathrm{d}P^*}{\mathrm{d}t}}{P^*}\Rightarrow\Delta e=\Delta P-\Delta P^*$$

可见，汇率变动率等于两国通胀率之差。如果本国通货膨胀率高于外国，则本国货币相对外国货币的价值下降，反之亦然。

相对购买力平价还反映了计算期与基期汇率之比。

$$\frac{e_1}{e_0}=\frac{\frac{P_1}{P_1^*}}{\frac{P_0}{P_0^*}}=\frac{P_1}{P_1^*}\times\frac{P_0^*}{P_0}\Rightarrow e_1=e_0\times\frac{P_1}{P_1^*}\times\frac{P_0^*}{P_0}=e_0\times\frac{\frac{P_1+P_0-P_0}{P_0}}{\frac{P_1^*+P_0^*-P_0^*}{P_0^*}}=e_0\times\frac{1+\pi}{1+\pi^*}$$

令 $\theta=e_0\times\frac{P_0^*}{P_0}$，则：$e_1=\theta\times\frac{P_1}{P_1^*}$

【例 7】假定美国某一年期间通货膨胀率达到6%，而英国同期的通货膨胀率是13%。请根据购买力平价理论计算汇率(英镑/美元)的变化。

【解析】要求的是英镑/美元汇率(即1英镑可以兑换多少美元)的变化，可以看出在直接标价法下，美元是本币，英镑是外币。

采用近似计算可知：

$$\Delta e\approx\Delta P-\Delta P^*=6\%-13\%=-7\%$$

可见，单位货币(英镑)预期将会贬值7%。

但是这种近似算法误差较大，因为通货膨胀率大于10%，应采用精确的算法：

$$\frac{e_1}{e_0}=\frac{1+\pi}{1+\pi^*}\Rightarrow\frac{e_1-e_0}{e_0}=\frac{\pi-\pi^*}{1+\pi^*}=\frac{6\%-13\%}{1+13\%}=-6.2\%$$

【科兴提示】要用 P 和 P^*，必须要确定哪一个是本币，哪一个是外币。我国的教材中的公式都是直接标价法下给出的，因此要在直接标价法下的规则下考虑本币和外币。

另外需要指出的是：

第一，购买力平价的理论基础是货币数量说。在购买力平价中，一般假设单位货币的购买力是由货币的发行数量决定的。在社会可供商品总量一定的情况下，货币的供应量越多，单位货币的购买力就越低；由于货币购买力的倒数是物价水平，因此，货币供应量越多，物价水平就越高。因此，在购买力平价理论看来，货币数量决定货币购买力和物价水平，从而决定汇率，所以汇率完全是一种货币现象。

第二，正因为购买力平价理论认为汇率完全是一种货币现象，所以无论绝对购买力平价还是相对购买力平价都认为，名义汇率在剔除货币因素后所得的实际汇率是始终不变的。结合前面的实际汇率 E 的概念可以得出：

在绝对购买力下：

$$E=e\times\frac{P^*}{P}=\frac{P}{P^*}\times\frac{P^*}{P}=1$$

在相对购买力下，计算期的实际汇率为：

$$E=e_1\times\frac{P_1^*}{P_1}=e_0\times\frac{P_1}{P_1^*}\times\frac{P_0^*}{P_0}\times\frac{P_1^*}{P_1}=e_0\times\frac{P_0^*}{P_0}=\theta$$

3. 对购买力平价说的评价

购买力平价说提出已有 80 多年了，到目前为止，它仍然有相当强的生命力。它的重要之处在于揭示了汇率变动的长期原因，认为一国货币对内在价值的变化必然引起对外价值的变化，并以国内外物价对比作为汇率决定的依据。对内贬值必然引起对外贬值，有其合理性。

但是，购买力平价说也存在一定缺陷，主要表现为：

① 购买力平价并不是一个完整的汇率决定理论，并未对汇率与价格水平之间的因果关系进行明确的分析，即究竟是相对价格水平决定了汇率，还是汇率决定了相对价格水平，或两者同时被其他变量所外生决定。

② 购买力平价说是建立在一价定律的基础之上的，而一价定律本身也存在着巨大争议。

③ 购买力平价说认为汇率变动完全取决于两国货币的购买力，只有物价影响汇率，其他因素的变化对汇率没有直接影响，而实际情况并非如此。许多宏观经济因素的变化都将导致汇率波动，如货币供给、利率、财政政策、国际收支等。因此，将物价作为决定汇率的唯一因素是不完整的。

④ 商品价格对外部冲击的反应程度，相对于金融市场价格来说要慢得多。因此，实际中经常出现汇率和价格变化方向相背离的现象。

（二） 利率平价说

从金融市场角度分析汇率和利率所存在的关系，就是汇率的利率平价说。与购买力平价相比，利率平价说是一种短期的分析，这两者之间的关系如下所示：

中长期：货币数量→购买力(商品价格)→汇率

短期：货币(资金)供求数量→利率(资金价格)→汇率

利率平价说分为抛补利率平价和无抛补利率平价。所谓抛补利率平价，指的是在即期将本币兑换为外币的同时，在远期外汇市场上，卖出远期外汇，以锁定将来的汇率。而无抛补的利率平价，指的是在即期将本币兑换成外币的同时，并没有在远期外汇市场上做一笔相反的交易。

1. 抛补利率平价

为了便于说明，不妨假设自己是一个甲国投资者，手中握有一笔可自由支配的资金，可自由进出本国与乙国金融市场。假设资金在国家间流动不存在任何限制和交易成本。

假定甲国金融市场上一年期存款利率为 r，乙国金融市场上同种利率为 r^*，即期汇率为 e(基于直接标价法)。

如果投资于本国金融市场，则每一单位本国货币到期可增值为：$1+r$。

如果投资于乙国金融市场，则这一投资行为势必分为三个步骤：首先，将本国货币在外汇市场上兑换成乙国货币；其次，用所获得的乙国货币在乙国金融市场上进行为期一年的存款；最后，在存款到期后，将这一以乙国货币为面值的资金在外汇市场上兑换成本国货币。具体分析如下：

首先，对于每一单位本国货币，可在外汇市场上即期兑换为 $1/e$ 单位的乙国货币。将这 $1/e$ 单位的乙国货币用于一年期存款，期满时可增值为：

$$\frac{1}{e}+\frac{1}{e}\times r^{*}=\frac{1}{e}(1+r^{*})$$

在一年后期满之时，假定此时的汇率为e_{f}，则这笔乙国货币可兑换成的本国货币数为：

$$\frac{1}{e}(1+r^{*})\times e_{\mathrm{f}}=\frac{e_{\mathrm{f}}}{e}(1+r^{*})$$

可以看出，由于一年后的即期汇率e_{f}是不确定的，因此这种投资方式的最终收益是很难确定的，或者说汇率变动因素使这笔投资的收益具有非常大的风险。为了消除这种不确定性，可以在即期购买一年后交割的远期合约，这一远期汇率记为f。这样，这笔投资就不存在任何风险，届时一单位的本国货币可增值为：

$$\frac{f}{e}(1+r^{*})$$

显然，选择哪种投资方式取决于这两种方式收益率的高低。如果 $1+r>\frac{f}{e}(1+r^{*})$，则将投资于本国金融市场；如果 $1+r<\frac{f}{e}(1+r^{*})$，则将投资于乙国金融市场；如果 $1+r=\frac{f}{e}(1+r^{*})$，此时投资于两国金融市场是没有区别的。

在市场上的其他投资者也面临着同样的决策选择。因此，如果 $1+r<\frac{f}{e}(1+r^{*})$，则众多的投资者都会将资金投入乙国金融市场，这导致外汇市场即期购入乙国货币以及远期卖出乙国货币行为，从而使本币即期贬值（e 变大）、远期升值（f 变小），投资于乙国金融市场的收益率下降。只有当这两种投资方式的收益率完全相同时，市场上才处于平衡状态。所以，当投资者采取持有远期合约的抛补方式交易时，市场最终会使利率与汇率间形成如下关系：

$$1+r=\frac{f}{e}(1+r^{*})\Rightarrow\frac{f}{e}=\frac{1+r}{1+r^{*}}$$

记即期汇率与远期汇率之间的升贴水率为 ρ，即：

$$\rho=\frac{f-e}{e}$$

可得：

$$\rho=\frac{f-e}{e}=\frac{1+r-(1+r^{*})}{1+r^{*}}=\frac{r-r^{*}}{1+r^{*}}\Rightarrow\rho+\rho r^{*}=r-r^{*}$$

由于 ρ 和r^{*}均是很小的数值，所以它们的乘积 ρr^{*} 近似为零，则：

$$\rho=r-r^{*}$$

这就是抛补利率平价的一般形式。它的经济含义是：汇率的远期升（贴）水率等于两国货币利率之差。如果本国利率高于外国利率，则本币在远期将贬值；如果本国利率低于外国利率，则本币在远期将升值。也就是说，汇率的变动会抵消两国间的利率差异，从而使金融市场处于平衡状态。

【例 8】假定某日市场上美元对人民币的即期汇率为 1 美元=8.2 人民币，美元 6 个月利率为年利率 4%，12 个月利率为 4.5%；人民币 6 个月利率为年利率 1.5%，12 个月利率为 2%。请根据上述资料计算美元/人民币 6 个月和 12 个月的远期汇率。

【解析】根据利率平价公式有：

$$\frac{f}{e}=\frac{1+r}{1+r^*}\Longrightarrow f=e\times\frac{1+r}{1+r^*}$$

1 美元=8.2 人民币，在直接标价法下，美元是外币，人民币是本币，代入具体数字有：

6 个月：$f=8.2\times\frac{1+1.5\%\times0.5}{1+4\%\times0.5}=8.10$

12 个月：$f=8.2\times\frac{1+2\%}{1+4.5\%}=8.00$

2. 无抛补利率平价

抛补利率平价假定投资者的投资策略是进行远期交易以规避风险。实际上，还存在着另外一种交易策略，即根据自己对未来汇率变动的预期而计算预期的收益，在承担一定的汇率风险情况下进行投资活动。

假定投资者是风险中性。在不进行远期交易时，投资者是通过对未来汇率的预期来计算投资活动的收益的，如果投资者预期一年后的汇率为 Ee_f，则在乙国金融市场投资活动的最终收入为$\frac{Ee_f}{e}(1+r^*)$。如果这一收入与投资本国金融市场的收入存在差异，则投资者会在市场进行相应的操作以使两者相同。这样，在市场处于平衡状态时，下式成立：

$$1+r=\frac{Ee_f}{e}(1+r^*)$$

同理，整理可得：

$$E_\rho=r-r^*$$

这就是无抛补利率平价的一般形式，它的经济含义是：预期的未来汇率变动率等于两国货币利率之差。在无抛补利率平价成立时，如果本国利率高于外国利率，则意味着市场预期本国货币在远期将贬值。

3. 从利率平价说角度对远期外汇市场的分析

在外汇市场上，还存在投机者，它们的投机活动使得以上两种利率平价统一起来，对远期汇率的形成起到了决定性的作用。

投机者总是试图在汇率的变动中谋利，当预期的未来汇率与相应的远期汇率不一致时，投机者就认为有利可图了。假定 $Ee_f>f$，这意味着投机者认为远期汇率对未来的货币价值高估了，因此他将购买远期外汇，这样在期满后，汇率变动到预期水平时，将远期合约进行交割时获得的外币这一预期汇率水平卖出，从而获得这一差价所形成的利润。投机者在远期市场的交易将会使得 f 增大，直至与预期的未来汇率水平 Ee_f 相等时为止。可见，投机者的活动将使远期汇率完全由预期的未来汇率所确定，此时抛补利率平价和无抛补利率平价同时成立，即：

$$f=Ee_f,\quad E_\rho=r-r^*$$

4. 对利率平价说的简单评价

利率平价说阐明了外汇市场上即期汇率、远期汇率以及相关国家利率变动之间的相互关系，把汇率决定因素扩展到了货币资本领域，从而填补了20世纪30年代以来传统的购买力平价说衰落后的汇率决定理论的空白，反映了20世纪70年代以后货币资产因素在国际金融领域内起着日益重要的作用的必然趋势。但是，利率平价说也存在缺陷，主要表现在以下几个方面：

① 从实际的角度来看，远期汇率的决定除了取决于利差外，还受到预期通货膨胀率、货币供给量、国民收入水平、国际储备水平、资本流动、进出口贸易、心理预期等因素的影响。单纯从利差角度讨论汇率决定的利率平价说无法为错综复杂的远期汇率决定机制提供完美解释。

② 依据利率平价说的观点，外汇市场上的汇率波动与各国货币市场上的利差有密切的关系，因此要实现汇率稳定，应依靠各国中央银行进行相互配合的公开市场业务操作或采取协调的利率政策。而现实中，各国经济利益、发展水平上的差距，必然导致其政策上的差异，协调的货币政策难以付诸实践。所以利率平价说在其政策含义上也存在着难以克服的局限性。

③ 在利率平价关系式中，并没有能够说明到底是利率决定汇率，还是远期汇率和即期汇率决定利率。也就是说，在利率平价关系式中，并没有说明即期汇率、远期汇率和利率三个变量谁是内生的，谁是外生的，利率平价说是一个汇率决定理论还是一个利率决定理论。虽然大多数人认为利差是引起资本流动和外汇供求的重要原因，所以利差决定远期汇率。但是，当发生货币危机时，货币的预期贬值反过来就决定了本国金融资产的收益率。

④ 忽略了利率结构问题。一国的利率是多样的且错综复杂。如果两国之间的金融资产不具有完全替代性，利率结构就会出现差异，利率平价就不可能成立。而且人们很难凭借名义利率变动来迅速判断市场利率的变动是由实际利率的变化引起的，还是由通货膨胀预期因素引起的。

（三）汇率决定的货币分析法

货币分析法依对价格弹性的假定不同，分为弹性价格货币分析法（货币模型）和黏性价格分析法（超调模型）。

1. 弹性价格货币分析法

与国际收支的货币分析法相同，对汇率的弹性价格货币分析法也是建立在三个基础上的，即垂直的总供给曲线、稳定的货币需求、购买力平价的成立。与对国际收支的货币分析法不同的是，此处货币供给是政府可以控制的外生变量，分析的中心是汇率可以自由调整后各种因素对汇率水平决定的影响。对于这些假定，需要特别指出的是，在弹性价格假定下，利率与实际国民收入都是与货币供给无关的。货币供给只能引起价格水平的迅速调整，并不能带来利率的降低而进一步影响产出。

在这些假定下，货币需求等于货币供给这一本国货币市场均衡的条件可以写成：

$$M_S-P=\alpha Y-\beta r \quad \alpha>0,\ \beta>0$$

式中除利率 r 外，其他变量均为对数形式，表示增长率的变化。α、β 均为某一常数，分别表示货币需求的收入弹性和利率弹性。

调整后，可得本国价格水平表达式：

$$P=M_S-\alpha Y+\beta r$$

为简便起见，设外国的货币需求函数的形式与本国的相同，同样可以得到外国价格水平的表达式：

$$P^*=M_S^*-\alpha Y^*+\beta r^*$$

相对购买力平价提供了本国价格水平与外国价格水平之间的联系，即：

$$e=P-P^*$$

代入可得：

$$e=\alpha(Y^*-Y)+\beta(r-r^*)+(M_S-M_S^*)$$

这就是弹性价格货币分析法的基本模型。从中可以看出，本国与外国之间实际国民收入水平、利率水平和货币供给水平通过对各自物价水平的影响而决定了汇率水平。这样，弹性价格货币分析法就将货币市场上的一系列因素引入汇率水平的决定之中。

以下分析这些因素变动对汇率水平的影响。

第一，本国货币供给水平一次性增加的影响。在其他因素保持不变时，本国货币供给水平的一次性增加，会造成现有价格水平上的超额货币供给，公众将会增加支出以减少他们持有的货币余额。由于产出不变，额外的支出会使价格水平上升，直到实际货币余额M_S/P恢复正常位置。也就是说，本国货币供给的一次性增加，会迅速带来本国价格水平相应的提高。由于购买力平价的成立，本国价格水平的提高将会带来本币的相应贬值。

第二，本国国民收入增加的影响。当其他因素保持不变时，本国国民收入的增加，意味着货币需求的增加。在现有的价格水平上，由于货币供给没有相应的增加，因此居民实际持有的货币余额降低，支出将减少。这一支出减少会造成本国价格水平的下降，直至实际货币余额恢复到原有水平为止。同样，本国价格水平的下降会通过购买力平价关系而造成本国汇率的相应升值。

第三，本国利率上升的影响。在货币模型中，本国利率的上升会降低货币需求，同样在原有的价格水平与货币供给水平上，这会造成支出的增加、物价的上升，从而通过购买力平价关系造成本国货币的贬值。

【例 9】在其他条件不变的情况下，根据汇率理论的弹性价格货币分析法，以下哪一项变化会导致本国货币对外升值？(　　)

A. 本国的货币供应量相对于其他国家增加　B. 本国的国民收入相对于其他国家增加

C. 本国的利率相对于其他国家增加　D. 本国的物价相对于其他国家上升

【解析】B。运用弹性价格货币分析法公式分析，$e=\alpha(Y^*-Y)+\beta(r-r^*)+(M_S-M_S^*)$：

选项 A，$(M_S-M_S^*)>0$，则 e 变大，本币贬值；选项 B，$\alpha(Y^*-Y)<0$，则 e 变小，本币升值；选线 C，$\beta(r-r^*)>0$，则 e 变大，本币贬值；选项 D，根据 $e=P-P^*>0$，e 变大，本币贬值。

【科兴提示】汇率决定的各种理论由于前提假设不同，很多理论的结论并不相同，甚至互相冲突。宏观经济学是凯恩斯创立的，国际金融学作为宏观经济学的深化，在没有特殊说明的情况下，默认采用凯恩斯的国际收支理论进行分析，比如：利率降低，外汇流出，外汇需求上升，本币贬值。这与弹性价格货币论的结论完全相反。

2. 黏性价格货币分析法

汇率的黏性价格货币分析法简称“汇率超调”，是由美国经济学家多恩布什于 20 世纪 70 年代提出的。与货币模型相比，这一模型的最大特点在于：它认为商品市场价格与资产市场价格的调整速度是不同的，商品市场上的价格水平具有黏性的特点，而资产市场的价格则没有黏性，这就使得购买力平价在短期内不能成立，经济存在着由短期不平衡向长期平衡的过渡过程。这里所说的短期不平衡，是指价格还来不及发生变动时的状况。由于一段时期后价格开始调整，所以长期平衡就是价格充分调整后的经济平衡。此外，与货币模型相比，超调模型还释放了总供给不变这一假设，认为总供给会随货币供给的变动、价格的变动以及利率的变动而发生相应变动，即货币非中性。

在超调模型中，其货币需求和货币供给的基本公式与货币模型中的公式是相同的。但是，货币供给的一次性增加(即冲击)会使汇率立即发生同比例的贬值和利率同比率的下降，见图9-1(a)、(c)、(d)。由于价格黏性的存在，商品价格的上升则相对缓慢，见图9-1(b)。由于汇率和商品价格的调整速度不一致，造成汇率的超调，此时，购买力平价不成立。随着时间的推移，商品价格会随货币供给增加而缓慢上升。商品价格缓慢上升会使产出增加，利率的一次性下降会刺激投资从而也会使产出增加，而汇率的超调(超额贬值)通过刺激出口也会使产出增加。由于产出增加会吸纳部分新增的货币，因此，商品价格的最终上升幅度要小于货币供应量增加的幅度，最终只能达到并稳定在图9-1(b)中箭头所示的位置，该位置与图中虚线有一段距离。出口的增加使汇率上升，并最终在图9-1(b)箭头所对应的位置稳定下来，该位置对应的就是长期购买力平价，反映在图9-1(d)中，新的汇率水平与原来的汇率水平 e_0 也有一定的距离。利率的变动也同样如此，货币供给一次性增加使作为资产价格的利率一次性同比例下降，然后又随产出增加而缓慢回升到图9-1(c)箭头所示的位置。这样，货币供给的一次性增加，最终表现在：产出增加、价格上升、本币汇率先降后升、利率先降后升。

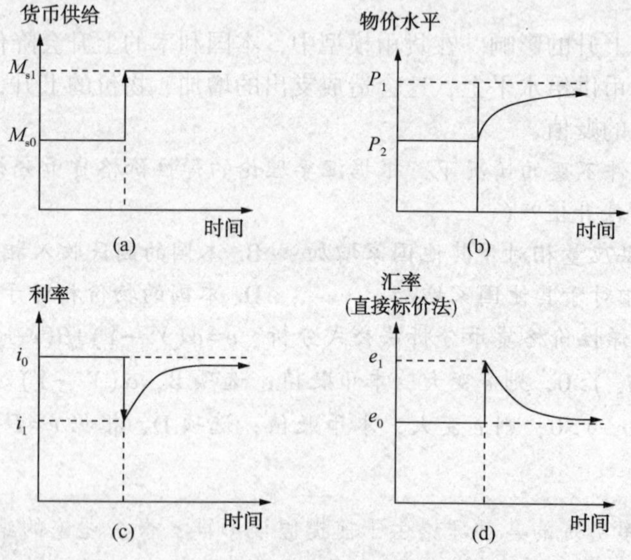

图9-1 汇率超调模型动态调整过程

【例10】根据多恩布什(Dornbusch)的汇率超调论，汇率之所以在受到货币冲击后会做出过度反应，是因为(　　)。

A. 购买力平价不成立　　　　B. 利率平价不成立

C. 商品市场的调整快于金融市场的调整　　　　D. 金融市场的调整快于商品市场的调整

【解析】D。根据多恩布什的汇率超调理论，当经济受到冲击时，由于金融市场的调整速度快于商品市场的调整速度，所以利率会超调，进而汇率会超调。

知识点三　外汇风险

一、外汇风险概述

1. 外汇风险的概念

外汇风险，又称汇率风险。是指国际经济、贸易、金融等活动中，以外币定价或衡量的资产、负债、收入或支出以及未来经营活动中可能产生的净现金流量，在用本币表示其价值时因汇率波动而产生损失或收益的不确定性。外汇风险并非仅仅表现为损失，即使有收益也存在风险，即收益可能明显低于原先的预期。

2. 外汇风险的类型

（1）交易风险

指已经签订的以外币标价的合同，由于当前汇率与将来结算时的汇率存在差异，从而导致相同金额的外币合约按现时汇率和未来汇率折算为本币金额时的不同而产生的风险。

导致交易风险的情况主要有：①已经签订的以外币计价的进出口合同，在未来的某一时间里履行和结算；②以延期付款为结算方式的进出口业务，将要付出或收到的货款用外币结算；③以外币计价的国际借贷业务；④其他以外币计价的资产和负债等。

（2）营运风险

也称"经济风险"。指由于无法预料的汇率变化引起企业未来营运现金流变化，进而导致企业价值发生变化的风险。企业价格变化程度取决于汇率变动对其未来销售额、销售价格和生产成本的影响程度。

（3）折算风险

又称"会计风险"，指跨国公司的母公司采用本币编制母公司和国外子公司的合并财务报表时，因汇率变动而使财务报表的数字发生变化的可能性。

3. 外汇风险管理

（1）风险转移

① 尽可能以本币收付。用本币不涉及外汇和汇兑，就可以避免汇率风险，因为不论汇率如何变化，公司的收入和支出的本币金额都是确定的。这样就把风险从本公司转移到了外国公司。

② 收取硬货币，付出软货币。这种做法要对货币进行判断，如果判断错误反而不好。尽管这样的风险转移是一种零和博弈，但这种做法还是很普遍的。

（2）风险对冲

即以同种货币收付。例如：20 世纪 90 年代初，日元对美元一直走强，日本丰田公司出口到美国的汽车以美元标价，价格上升，销量下降。日元升值以后，公司开始考虑用美元筹集资金。这样，尽管日元升值造成丰田出口到美国的汽车销售收入兑换成日元后下降，但同样使丰田公司可以用比原来少的日元偿还美元借款。

（3）外汇风险分担

指交易双方可以在合同中通过一系列贸易安排，共担外汇风险。例如，可以约定在即期汇率和支付发生时的汇率的中间汇率进行结算。

（4）提前和错后

通过提前收取以软货币计价的应收款、推迟收取以硬货币计价的应收款，或者推迟支付以软货币计价的应付款、提前支付以硬货币计价的应付款的方法，来规避风险。

习题精编

一、名词解释

1. 外汇
2. 间接标价法
3. 即期汇率
4. 远期汇率(山东大学 2017 年)
5. 汇率超调(中央财大 2023 年)
6. 有效汇率(上海财大 2021 年)
7. 套期保值
8. 外汇期权(上海对外经贸 2018 年)
9. 购买力平价
10. 绝对购买力平价
11. 相对购买力平价

二、简答题

1. 相对购买力平价的内容，在实际生活中有何现实意义？(复旦大学 2012 年)
2. 简述外汇风险的主要种类。

三、计算题

1. 与美国贸易量最多的国家是加拿大、墨西哥、中国和日本(按贸易额计算)。为了简化分析，假设美国只与这四个国家进行贸易，这四个国家占美国的贸易份额以及与美元汇率如下表所示：(中央财大 2022 年)

国家(货币)	贸易份额	2009 年(美元/外币)	2010 年(美元/外币)
加拿大(美元)	36%	0. 9225	0. 9643
墨西哥(比索)	28%	0. 0756	0. 0788
中国(人民币)	20%	0. 1464	0. 1473
日本(日元)	16%	0. 0105	0. 0112

(1) 分别计算 2009 年至 2010 年间四个国家与美国之间双边汇率的百分比变化，并判断美元相较于其他国家货币是升值还是贬值。

(2) 以贸易份额为权重，请计算美国 2009 年至 2010 年间美国名义有效汇率的百分比变化。

(3) 基于第 2 个问题的计算结果，请问 2009 年至 2010 年间美元相对于一篮子货币的价值是升值还是贬值？

2. 已知 2015 年 10 月 30 日美元兑人民币汇率为 6. 3495，当日欧元兑人民币汇率为 6. 9771。2008 年 10 月 30 日美元兑人民币汇率为 6. 8270，当日欧元兑人民币汇率为 8. 9297。

(1) 计算 2008 年 10 月 30 日至 2015 年 10 月 30 日期间兑美元的汇率变动率和人民币兑欧元的汇率变动率。

(2) 计算欧元兑美元在 2008 年 10 月 30 日至 2015 年 10 月 30 日期间的汇率变动率，欧元相对美元是升值了还是贬值了？

3. 假定美元对日元的即期汇率 USD/JPY = 153.30/40，美元 3 个月定期利率为 8.3125%，日元同期利率为 7.25%，计算美元兑日元的远期汇水和三个月远期汇率。

4. 设纽约市场上年利率是 8%，伦敦市场上年利率为 6%，即期汇率为：GBP1 = USD2.0125~2.0135；3 个月掉期率为 30~50 点。求：

(1) 3 个月的远期汇率。

(2) 若某投资者拥有 10 万英镑，他应投放在哪个市场上有利？说明投资过程以及获利情况。

(3) 若投资者采用掉期交易来规避外汇风险，应如何操作？其掉期价格为多少？

5. 英国某公司从美国进口一批货物，合同约定 3 个月后交货付款。为防止汇率变动造成损失，该公司购入 3 个月的远期美元以备到期支付。已知伦敦外汇市场即期汇率为 1 英镑 = 1.5744 美元，伦敦市场英镑利率为 6%，纽约市场美元利率为 4%，问：

(1) 3 个月后美元远期汇率是升水还是贴水，为什么？升贴水值是多少？实际远期汇率是多少？

(2) 英国公司的进口因外汇(美元)的汇率变动是受益还是受损？升贴水率是多少？(湖南大学 2022 年)

6. 已知伦敦外汇市场的外汇牌价为：即期汇率：1 英镑 = 1.5800~1.5820 美元，三个月远期英镑升水为 70~90 点。试问：

(1) 三个月的远期汇率是多少？

(2) 某商人如卖出 3 个月远期美元 10000，届时可以换回多少英镑？(保留小数点后两位)

(3) 我机械公司三个月后出口一批机床，原报价每台 18000 英镑，现英商要求我改用美元报价，则应报多少美元？

7. 当前的即期汇率为 1 英镑 = 1.50 美元，3 个月远期汇率是 1 英镑 = 1.52 美元。美国 3 个月的年利率是 8%，英国 3 个月的年利率是 5.8%。假设你能够贷款 1500000 美元或者 1000000 英镑。

(1) 判断利率平价现在是否成立。

(2) 如果利率平价不成立，如何进行抛补套利？列出所有步骤，并计算套利收益。

(3) 解释作为抛补套利的结果，利率平价是如何重建的？

8. 假设今年美国的通货膨胀率为 3%，同期泰国的通货膨胀率为 15%，6 月底泰铢对美元汇率为 38.40。问：

(1) 如果购买力平价能成立，则到今年年底泰铢的汇率为多少？

(2) 如果泰铢市场汇率到年底仍然保持 38.40，请问为什么？

(3) 如果将购买力平价汇率作为基准汇率，那么年底 38.40 的汇率是高估还是低估？

四、论述题

1. 根据 wind 数据，2023 年 11 月 11 日，纽约市场尾盘显示，美元指数跌 0.08%，非美货币涨跌不一：欧元兑美元涨 0.17%，英镑兑美元涨 0.01%，澳元兑美元跌 0.08%，美元兑日元涨 0.12%，美元兑加元跌 0.09%，美元兑瑞士法郎涨 0.01%，离岸人民币兑美元跌 87 个基点。试根据国际商务理论解释：(首都经贸 2024 年)

(1) 汇率变化的原因。

(2) 预测汇率的方法。

(3) 从事国际商务的企业如何规避外汇风险。

2. 简要论述一价定律在购买力平价理论中的作用。

习题参考答案

一、名词解释

1. 外汇指以外币表示的可用于国际结算的支付手段，包括外国货币(纸币、铸币)、外币支付凭证(票据、银行存款凭证)、外币有价证券(债券、股票)等。其核心功能是实现跨国贸易、投资和债务清偿，是国际经济交往的基础。外汇需具备可自由兑换性和普遍接受性，汇率波动受供求关系、利率、通胀等多重因素影响。在国际贸易中，外汇既是结算工具，也是规避汇率风险的金融资产。

2. 间接标价法又称“应收标价法”或“数量标价法”，指以一定单位(1 或 100、10000 个单位)的本国货币为标准，折成若干单位的外国货币来表示汇率的标价方法。它是与直接标价法相对应的汇率标价方法。在此标价法之下，汇率是以外国货币表示的单位本国货币的价格。汇率越高，表示单位本币所能换取的外国货币越多，表明本国货币的币值越高、外国货币的币值越低。目前只有英国和美国采用间接标价法，但美元对英镑汇率保持了过去习惯用的直接标价法。

3. 即期汇率也称现汇汇率，是交易双方达成外汇买卖协议后，在两个工作日以内办理交割的汇率。这一汇率一般就是现时外汇市场的汇率水平。即期汇率是指某货币目前在现货市场上进行交易的价格。即期汇率是由当场交货时货币的供求关系情况决定的。一般在外汇市场上挂牌的汇率，除特别标明远期汇率以外，一般指即期汇率。

4. 远期汇率，指外汇交易双方约定在未来特定日期(通常为 1—12 个月)交割时使用的汇率，与即期汇率相对。其核心功能是帮助交易者锁定未来汇率，规避汇率波动风险，满足国际贸易、投资中的远期支付需求。定价主要基于利率平价理论，受两国利差、市场预期、通胀差异等因素影响，通常以即期汇率加/减远期点表示。远期汇率可分为升水(远期汇率高于即期)、贴水(低于即期)或平价(相等)，是外汇市场重要的风险管理工具。

5. 汇率超调，指货币冲击后汇率短期波动幅度超过长期均衡值的现象。其核心逻辑是：商品市场价格具有黏性(短期难以调整)，而金融市场反应迅速。当央行采取扩张性货币政策时，利率立即下降，引发资本外流，导致本币短期过度贬值。随后，商品价格逐渐上涨，实际汇率向长期均衡值回调，最终汇率收敛至购买力平价水平。这一理论解释了为何汇率短期波动远大于物价波动，为理解外汇市场剧烈震荡提供了重要视角。

6. 有效汇率是一国货币对一篮子货币经过加权平均计算后得出的汇率。因此，有效汇率不是反映两种货币之间的汇率，即双边汇率的指标，而是综合反映一种货币兑多种货币的多边汇率平均值，利用有效汇率指数，即不同时期的有效汇率比值，还可以考察一国货币在不同时期的变动幅度。

根据有效汇率是否反映了价格变动的情况，可以将其分为名义有效汇率和实际有效汇率，前者是不考虑价格对比的多边汇率，后者是纳入了相对价格变动因素的多边汇率，也就是多边实际汇率。

7. 套期保值，指经济主体通过金融工具(如期货、远期合约、期权等)对冲现有资产或负债的价格/汇率风险，以锁定未来收益或成本的风险管理行为。其核心机制是通过与标的资产方向相反的金融交易，抵消价格波动带来的不确定性。套期保值的目的是降低风险而非盈利，是企业和投资者应对市场波动的重要工具。

8. 外汇期权是指交易双方按协定价格就将来是否买进或卖出某种货币或外汇的选择权达成的合约，即它是规定期权的购买方在未来某时期行使合约按协议价格买进或卖出一种远期外汇的权利而非义务的契约。期权的买方在合约的有效期内，或在规定的合约到期日，可以按照合约规定的汇价行使自己购买或出售某种货币或外汇的权利，与期权的卖方进行交割，也可以根据市场汇率的实际情况放弃这种权利，期权合约过期而自动作废，期权买方的损失是预付的期权保费或权利金。

9. 购买力平价(PPP)，认为两国货币汇率由其购买力之比决定，即“一价定律”——相同商品在不同国家经汇率折算后价格应相等。分为绝对 PPP(直接比较两国价格水平)和相对 PPP(通过通胀率差异预测汇率变化)。广泛用于国际经济比较(如调整 GDP 数据),但忽略贸易壁垒、非贸易品及运输成本等因素,实际汇率常偏离 PPP。

10. 绝对购买力平价,认为汇率由两国货币的购买力之比决定,即汇率 = 本国物价水平/外国物价水平。其核心是"一价定律":相同商品在不同国家以同种货币计价时价格相等。用于判断汇率是否均衡(偏离则货币高估/低估),但假设商品同质、无贸易壁垒及运输成本,现实中因存在非贸易品等因素常不成立。

11. 相对购买力平价,认为汇率变动由两国通胀率差异决定。核心公式为:汇率变化率 ≈ 本国通胀率 - 外国通胀率。与绝对 PPP 不同,相对 PPP 聚焦价格变化对汇率的长期影响:若 A 国通胀率高于 B 国,A 国货币将按通胀差幅度贬值。广泛用于预测长期汇率趋势,但忽略资本流动、贸易政策等短期扰动因素,实际汇率可能短期偏离理论值。

二、简答题

1. (1) 相对购买力平价理论的内容

按照相对购买力平价理论,即期与远期之间的通货膨胀率差别必须等同于这个期限内汇率的差别。如果不一致,就会出现套利情况,直到汇率调整到两者一致为止。在实际应用中,计算购买力平价可以用消费者物价指数、批发物价指数或国民生产总值缩减指数表示物价水平。如果中国通胀率大于美国通胀率,则人民币应该贬值,反之则人民币应该升值。

(2) 相对购买力平价理论的现实意义

① 它是换算各国有关经济指标的一个较好的工具,即以购买力平价为基础的汇率来换算各国有关同一经济指标(如国民生产总值、国内生产总值等等),可以避免按现行国际市场的实际汇率来换算对实际经济水平的歪曲。用购买力平价的汇率来换算比用实际汇率来换算更为科学、可靠。

② 它可以作为国家衡量和调节一国货币的现行实际汇率的重要尺度和依据。因为购买力平价的汇率既然反映了两国货币的购买力水平,实际便确定了两国货币的均衡汇率,现行的市场实际汇率乃是以此均衡汇率为中心而上下波动的,因此,以购买力平价汇率为尺度去与现行实际汇率进行比较,便可发现后者偏离正常均衡汇率的程度,从而采取相应的对策。

2. 外汇风险又称汇率风险,是指一定时期的国际经济交易当中,以外币计价的资产(或债权)与负债(或债务),由于汇率的波动而引起其价值涨跌的可能性。

(1) 外汇风险有狭义和广义之分。狭义的外汇风险是指汇率风险和利率风险。广义的外汇风险既包括利率风险和汇率风险,也包括信用风险、会计风险、国家风险等。

(2) 从国际商务企业的角度来看,外汇风险可以概括为三个主要类型,即交易风险、折算风险和经济风险。

① 交易风险

汇率变动对单笔交易收入的影响称作交易风险。这种风险包括按以前确定的价格购买或销售商品和服务的义务,以及用外币借款或放贷。

② 折算风险

折算风险是汇率变动对公司发布的财务报告的影响。折算风险涉及以当前汇率计算以往的事项。由此造成的收益或损失是未实现的,是"账面"收益或损失,但仍然很重要。

③ 经济风险

经济风险是公司未来的国际盈利能力因汇率变动而受到的影响。经济风险涉及汇率变动对未来价格、销售和成本的长期影响。这与交易风险有明显的差异。交易风险涉及汇率变动对单笔交易的影响,其中大部分是在几周或几个月内就需完成的短期事项。

(3) 从一国所拥有的国家外汇储备角度来看,外汇风险主要包括国家外汇库存风险和国家外汇储备投资风险

自 1973 年国际社会实行浮动汇率制以来,世界各国外汇储备都面临同样的一种运营环境,即储备货币多元化,储备货币以美元为主,包括美元在内的储备货币汇率波动很大。这样,就使各国的外汇储备面临极大的风险。由于外汇储备是国际清偿力的最主要构成,是一国对外资信状况的一个重要指标,因此外汇

储备面临的风险一旦变成现实，其造成的后果是十分严重的。

(4) 从其产生的领域看，外汇风险大致可分为商业性汇率风险和金融性汇率风险两大类。商业性汇率风险主要是指人们在国际贸易中因汇率变动而遭受损失的可能性，是外汇风险中最常见且最重要的风险。金融性汇率风险包括债权债务风险和储备风险。

三、计算题

1.(1)双边汇率百分比变化

加拿大(加元)：2009—2010 年汇率从 0.9225 升至 0.9643，变化率为[(0.9643-0.9225)/0.9225]×100%≈4.53%，美元贬值。

墨西哥(比索)：汇率从 0.0756 升至 0.0788，变化率为[(0.0788-0.0756)/0.0756]×100%≈4.23%，美元贬值。

中国(人民币)：汇率从 0.1464 升至 0.1473，变化率为[(0.1473-0.1464)/0.1464]×100%≈0.62%，美元贬值。

日本(日元)：汇率从 0.0105 升至 0.0112，变化率为[(0.0112-0.0105)/0.0105]×100%≈6.67%，美元贬值。

(2) 由于汇率标价为“美元/外币”，外币升值对应美元贬值，故名义有效汇率变化率需取负值。以贸易份额为权重(加拿大 36%、墨西哥 28%、中国 20%、日本 16%)计算：

$$NEER=0.36\times4.53\%+0.28\times4.23\%+0.20\times0.62\%+0.16\times6.67\%=4.00\%$$

因此，美元名义有效汇率百分比变化为-4.00%(负号表示美元贬值)。

(3) 根据名义有效汇率变化率-4.00%，2009—2010 年间美元相对于一篮子货币贬值。

2.(1)人民币对美元的汇率变动率为：

$$\frac{\dfrac{1}{6.3495}-\dfrac{1}{6.8270}}{\dfrac{1}{6.8270}}=\frac{6.8270-6.3495}{6.3495}\approx7.5\%$$

人民币对欧元的汇率变动率为：

$$\frac{\dfrac{1}{6.9771}-\dfrac{1}{8.9297}}{\dfrac{1}{8.9297}}=\frac{8.9297-6.9771}{6.9771}\approx28\%$$

即在 2008—2015 年间，人民币对美元升值 7.5%，人民币对欧元升值 28%。

(2) 2008 年 10 月 30 日，欧元对美元的汇率为：

$$\frac{8.9297\text{ 人民币}}{6.8270\text{ 人民币}}\approx1.31$$

20015 年 10 月 30 日，欧元对美元的汇率为：

$$\frac{6.9771\text{ 人民币}}{6.3495\text{ 人民币}}\approx1.10$$

则 2008—2015 年，欧元对美元的汇率变动率为：

$$\frac{1.10-1.31}{1.31}\approx-16\%$$

即在 2008—2015 年间，欧元对美元贬值 16%。

3. 根据利率平价理论公式 $\frac{f-e}{e}=r-r^*$，结合题中已知条件可得美元兑日元的远期汇水为：

$$153.30\times(8.3125\%-7.25\%)\times90/360=0.41$$

$$153.40\times(8.3125\%-7.25\%)\times90/360=0.41$$

因为美元利率高于日元利率，所以美元远期汇率贴水，3 个月美元兑日元的汇率为：

$$153.30-0.41=152.89$$

$$153.40-0.41=152.99$$

三个月远期汇率 USD/JPY=152.89/99。

4.(1)由于掉期率是小点在前，大点在后，所以应为加法。

3个月的远期汇率为：GBP1=USD(2.0125+0.0030)-(2.0135+0.0050)，即 GBP1=USD2.0155-2.0185。

(2)若投放在伦敦市场上，则投资者3个月后，可以得到：10×(1+6%×3/12)=10.15(万英镑)；若投放在纽约市场上，则投资者需要先将英镑兑换成美元，再做3个月的掉期，则投资者3个月后，可以得到：10×2.0125×(1+8%×3/12)÷2.0185=10.17(万英镑)。所以，投资者应在纽约市场投资。投资过程为，在即期将手中的英镑兑换成美元投放到纽约市场中，同时做3个月的掉期，将美元兑换成英镑。3个月后，投资者将会得到10.17万英镑。

(3)操作为：以GBP1=USD2.0125的汇率卖即期英镑，买即期美元；同时以GBP1=USD2.0185的汇率卖远期美元，买远期英镑。掉期成本为10×(2.0125-2.0185)=-0.06(万英镑)。

5.(1)根据利率平价理论可知，利率低的货币远期升值，即美元将会升水。

升水值=即期汇率×利差×月数/12=1.5744×(6%-4%)×3/12=0.0079

GBP1=USD(1.5744-0.0079)=USD1.5665

(2)英国公司的进口因美元的升水而受损。美元升贴水率为=升贴水/即期汇率×12/月数×100%=0.0079/1.5744×3/12×100%=1.51%。

6.(1)三个月远期英镑升水，则银行愿意以1.5870(1.5800+0.0070)美元的价格买入三个月期远期英镑，以1.5910(1.5820+0.0090)的价格卖出三个月期远期英镑。即三个月的远期汇率为1.5870/1.5910。

(2)商人卖出美元用银行买入美元价，则可换回英镑数为：$10000\times\frac{1}{1.5910}\approx6285.36$(英镑)。

(3)应以伦敦为本国市场，所以为本币改外币报价，用买入价1.5870，所以应改为1.5870×18000=28566(美元)。

7.(1)当前的GBP/USD即期汇率是1.5，3个月远期汇率是1.52。根据利率平价原理，期初金额等价的两个币种，按各自的利率投资后，到期时的本息也等价，两个货币的本息比价就是对应期限的远期汇率。

假设起初10000英镑，对应的美元是15000美元。

三个月后，英镑存款可得本息=10000×(1+5.8%/4)=10145英镑

三个月后，美元存款可得本息=15000×(1+8%/4)=15300美元

利率平价下对应的远期汇率=15300/10145=1.5081

市场给出的3个月远期利率高于即期汇率，远期卖出英镑有利可图。

因此，市场远期汇率不满足利率平价，存在套利空间。

(2)①借入1500000美元，到期归还1500000×(1+2%)=1530000美元。

② 把所借的1500000美元在即期市场上兑换成1500000/1.5=1000000英镑。

③ 在英国市场上投资1000000英镑，到期值为1000000×(1+1.45%)=1014500英镑。

④ 在远期市场上卖出1014500英镑，得到1014500×1.52=1542040美元。

于是，1542040-1530000=12040美元。

(3)套利后，客户即期买入英镑和远期卖出英镑的交易都会增加，会导致汇率增加，远期汇率下降，即远期价差缩小，直至到达平价水平。

8.(1)根据相对购买力平价理论，有：

$$\frac{e_1}{e_0}=\frac{P_1/P_0}{P_1^*/P_0^*}=\frac{1+\pi}{1+\pi^*}$$

则：

$$e_1=\frac{1+\pi}{1+\pi^*}e_0=\frac{107.5\%}{101.5\%}\times38.40\approx40.67$$

故年底泰铢兑美元的汇率为40.67。

(2) 40.67是根据购买力平价理论计算出的汇率，即年底泰铢兑美元的理论汇率，可作为评价汇率的基础。而影响市场汇率变动的因素很多，物价只是因素之一，因此，市场汇率可能不等于购买力平价计算而得的理论值。

(3) 如果将购买力平价汇率作为基准汇率，那么年底38.40的汇率说明泰铢被高估了。

四、论述题

1. (1)汇率变化的原因分析

① 宏观经济政策差异：各国央行货币政策分化是主要驱动因素。美联储加息周期放缓预期导致美元指数承压，而欧洲央行相对鹰派立场支撑欧元汇率。

② 国际贸易收支变化：商品货币澳元下跌反映中国等主要贸易伙伴需求减弱，而日元波动与日本持续贸易逆差密切相关。

③ 市场风险偏好转换：避险情绪变化影响美元/日元和瑞郎走势，当日数据显示风险资产偏好回升。

④ 利率平价短期偏离：跨境资本流动导致即期汇率与利率差出现暂时性偏离，尤其体现在英镑和加元走势上。

(2) 预测汇率的方法主要有：

① 基本面分析。通过分析经济指标(如贸易差额、物价水平、资本流动)来预测汇率走势。例如，当中国对西非贸易顺差扩大时，人民币对西非法郎可能升值。

② 技术分析。利用图表分析(如趋势线、支撑位)和历史数据预测未来汇率波动。例如，通过分析西非法郎兑人民币的日间波动规律，可短期预测汇率变化。

③ 即期汇率预测法。认为当期即期汇率可直接作为下一期预测值，适用于外汇市场平稳的短期场景。

(3) 企业在签订涉外经济合同时防范外汇风险的主要措施包括：

① 选择有利的计价货币：优先使用本币或汇率稳定的“硬币”作为结算货币，降低汇率波动风险。

② 保值条款：在合同中加入汇率联动调整条款或挂钩一篮子货币，确保合同价值相对稳定。

③ 金融衍生工具：通过远期合约锁定未来汇率，利用期权对冲风险(支付期权费以保留获利机会)，或通过互换协议转换货币现金流。

④ 时间策略：根据汇率预测提前收汇(预期本币贬值时)或延后付汇(预期本币升值时)，优化资金流动。

⑤ 货币多样化：采用多币种结算，分散单一货币波动的影响。

综合上述措施，企业可通过合同条款设计及金融工具组合有效降低外汇风险。

2. (1)一价定律

一价定律简而言之就是指在自由贸易条件下，世界上商品无论在什么地方出售，扣除运输费用后，价格都相同。如果不考虑交易成本等因素，则以同一货币衡量的不同国家的某种可贸易商品的价格应是一致的，这就是开放条件下的“一价定律”，用公式可以表示为：

$$p=e\times p*\ (e\text{为直接标价的汇率})$$

上式中，p为本国某可贸易产品的价格；$p*$为外国某可贸易产品的价格。在固定汇率制下，套利活动会带来两国物价水平的调整；而在浮动汇率制下，套利活动引起的外汇市场供求变化将迅速引起汇率的调整，从而通过汇率调整而不是价格水平调整实现平衡。

(2) 一价定律与绝对购买力平价的关系

绝对购买力平价说的是某一时点上汇率的决定。应该说购买力平价就是一价定律的国际表现。现在可以通过上面导出的一价定律的国际表现的数学表达式推导出绝对购买力平价：

$$e=\frac{p}{p^*}$$

通过上式的推导，我们可以看出，一价定律对于绝对购买力平价理论的作用是非常明显的。绝对购买力平价理论的得出就是根据一价定律推导出来的，因此，没有一价定律就没有绝对购买力平价理论的出现。反之则不然，这是因为一价定律一开始是通过国内一价定律来体现的，一旦贸易的进行超过了一国的范畴，贸易的主体变成了几个国家，这个时候一价定律就可以表现为绝对购买力平价了。

(3) 一价定律与相对购买力平价的关系

相对购买力平价指两国货币间汇率在两个时期的变化，反映着两国在两个时期物价指数的变化。相对购买力平价认为各国间存在交易成本，同时各国的贸易商品和不可贸易商品的权重存在差异，因此各国的一般物价水平以同一种货币计算时并不完全相等，而是存在一定的偏离，即：

$$e=\theta\frac{p}{p^*}$$

对上式取变动率，即可得到下式：

$$\Delta e=\Delta p-\Delta p^*$$

上式就是相对购买力平价的公式。从上面的公式可以看出，如果 $\theta=1$ 的时候，则相对购买力平价就是通过绝对购买力平价推导出来的，因此，相对购买力平价就是一价定律的变形。但是如果 $\theta\neq1$ 的时候，则此时一价定律与相对购买力平价就没有任何的关系，只能说如果一价定律能够成立的话，相对购买力平价就能成立；相对购买力平价成立的话，则不能保证一价定律是一定成立的。

第 10 章　国际收支与国际储备(超纲)

本章包括国际收支和国际储备两个知识点。国际收支中，国际收支平衡表和国际收支理论是命题重点。国际储备一般会结合我国外汇储备管理命制论述题。

知识脉络

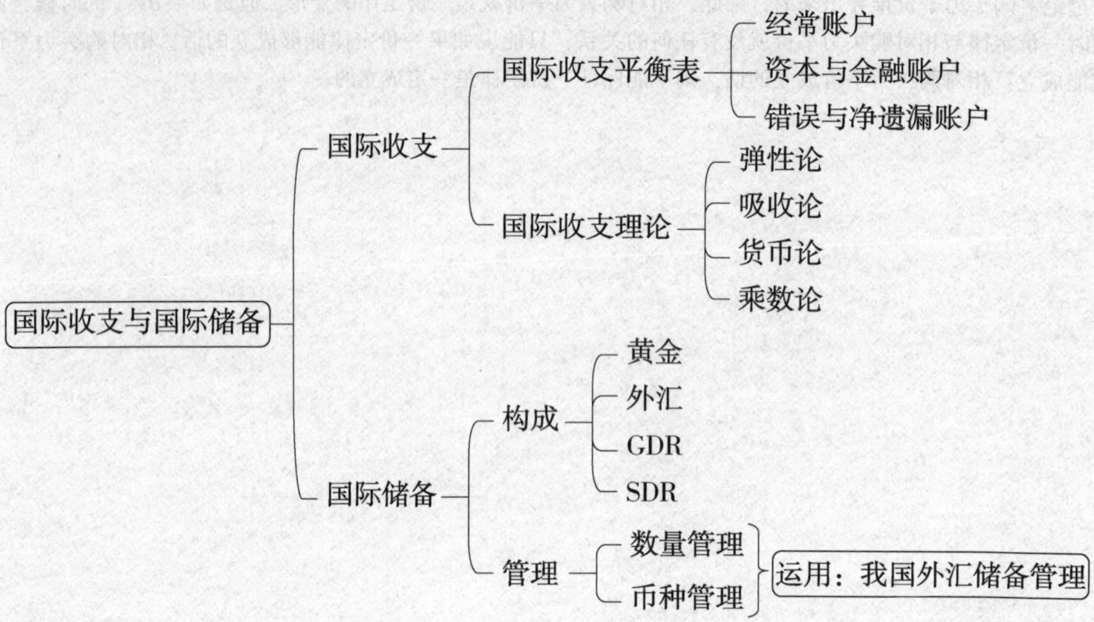

大纲解析

知识点一　国际收支

一、国际收支的概念与解释

1. 国际收支概念

国际收支的概念是随着国际经济交往的内容和范围的扩大而不断发展变化的。17 世纪晚期的重商主义者认为，对外贸易是增加国家财富的主要途径，提倡和鼓励出口，保证贸易顺差。所以，这时的国际收支是指一个国家的对外贸易差额。在国际金本位制崩溃前后，国际经济交往主要是指进、出口贸易和劳务收支，而且都要用黄金、外汇来结算。因此，当时的国际收支是指一国在一定时期内外汇收支的总和。二次世界大战以后，由于国际经济的发展，要求如实反映国际经济交易的全部内容，国际经济收支就包括了一个国家在一定时期内的全部国际经济交往，即除涉及外汇收支部分外，把不涉及外汇收支的各种经济交易，如易货交易、清算支付协定下的记账等都包括在内。

国际货币基金组织将国际收支定义为：一个国家(或地区)一定时期内居民和非居民之间所产生的全部国际经济交易的系统的货币的记录。

2. 国际收支定义的解释

① 国际收支是一个时期内的记录，指的是流量。根据统计学的定义，流量是一定时期内发生的变量变动的数值。国际收支一般是对一年的交易进行总结，所以它是一个流量的概念。

② 居民与非居民。国际收支反映的是居民和非居民之间的交易，居民与非居民是一个经济概念而不是法律概念。居民指在一个国家长期从事(至少1年)经济活动的个人、政府、非营利团体和企业，因为无论这些单位来自哪国，他们的活动对本国经济产生了重要影响。按照这一定义，居民包括长期居住在本国的公民、逗留时间超过一年的外国留学生、营业时间超过一年的外国企业和机构等，但是外交使节、驻外部队算作母国的居民，所在国的非居民，国际性机构如联合国算作所有国家的非居民。例如，跨国公司的母公司和子公司分别属于所在国的居民，他们之间的交易将被记入各自国家的国际收支。

③ 以交易为基础。国际收支虽然以货币形式记录，但其对行为的确认却是以交易为基础，即只要发生了交易，无论是否以货币为媒介，都应该计入国际收支。因此国际收支包括以货币为媒介的商品劳务交换、物物交换、金融资产之间的交换、无偿的单方面商品劳务的转移和无偿的单方面金融资产转移。

【例1】以下哪一项应记入国际收支平衡表？(　　)

A. 在本国驻外国使馆工作的本国工作人员的工资收入

B. 本国在外国投资建厂，该厂产品在本国市场销售

C. 在国外读博士的本国学生获得该大学颁发的奖学金

D. 甲国向乙国出口商品，将本国作为转口口岸

【解析】C。选项A，根据国际法，驻外使馆属于本国领土延伸，工作人员工资属于国内经济交易，不涉及跨境资金流动。选项B，跨国公司内部交易(如子公司向母公司销售)，可能被视为关联方交易而非独立跨境贸易，通常不单独记入国际收支。选项C，学生(本国居民)从外国大学(非居民)获得奖学金，属于经常账户中的“二次收入”(单方面转移)，符合国际收支记录标准。选项D，转口贸易中，货物所有权直接在甲国与乙国之间转移，本国仅为中转地，未发生实际进出口，故不记入本国国际收支。

二、国际收支平衡表

1. 国际收支平衡表的基本原理

国际收支平衡表是指系统记录一国在一定时期内(通常为1年)各种国际收支项目及其金额的一种统计表。国际收支平衡表是对国际收支行为的记录和统计，编制这种国际收支平衡表的目的，在于反映一国在一定时期内对外经济交易的全部情况，以便分析、预测、调节国民经济和制定本国对外经济和金融政策。

2. 特定账户分类

(1) 经常账户(Current Account)

经常账户是国际收支平衡表中最基本和最重要的往来项目，它反映一国在一定时期内真实资源(包括产品和资本品)的转移。经常项目细分为以下四个子项目：

货物(Goods)，又称有形贸易收支，指商品货物的进出口。它是国际收支中一个重要的项目，出口记入贷方，进口记入借方。按照国际货币基金组织的规定，在国际收支统计时，一律采用离岸价格计算进出口价值。

服务(Services)，又称无形贸易收支。包括运输、旅游、银行和保险业务收支、投资收益收支、军事收支、政府往来等。居民对非居民提供服务记入贷方，非居民为居民提供服务记为借方。

收入(Income)，又称初次收入，收入是记录因生产要素在国际间流动而引起的要素报酬收支。分为雇员报酬和投资收益两个项目。前者指一国居民在另一国(不足1年)工作而得到的工资、薪水和福利，后者指一国资本在另一国投资而获得的利息、股息等。

经常转移(Current Transfers)，又称二次收入，是指不发生偿还或收益报酬的单方面支付，是无对等的交易，所以又称单方面转移。由于这种交易只包括单方面的收入或者支出，无法按照复式记账法记账，因此为了保证报表借贷平衡，符合会计法则，需要增加这样一个账户。这样，在本国向外国捐赠粮食时，本国贷记了出口粮食，但没有收到外汇收入，就应该在经常转移项目中借记一笔政府赠予，使整个报表借贷平衡。民间方面，经常转移包括侨民汇款，养老金，宗教团体、教育机构、财团法人捐赠钱款物资，各种资金及奖学金等；在政府方面，包括对外经济和军事援助，战争赔款，没收走私商品，政府间的赠予、捐款及税款等。注意与生产相关的资本品的单方面转移不记入经常转移，而应记入资本转移。

上述四个项目差额的总和就是经常项目差额。正号为顺差，负号为逆差。经常项目顺差是一国外汇收入的主要来源，保持经常项目顺差，可以增加一国外汇储备。

(2)资本与金融账户(Capital and Financial Account)

资本与金融账户有时简称资本账户，记录了一国在一定时期内金融资产的转移情况，分为资本项目和金融项目。资本项目包括资本转移(固定资产所有权转移、同固定资产收买/放弃相联系的或以其为条件的资产转移、私人部门债权人不索取任何回报而取消债务，注意政府之间的免除债务属于经常转移)和非生产、非金融资产的收买或放弃(指各种无形资产如专利、版权、商标、经销权等的转让合同)。金融项目又分为以下子项目：

“直接投资”(Direct Investment)项目，其特征是对非居民企业的经营管理拥有有效的控制权，可以通过直接在外国投资建厂或者持有外国公司一定比例以上的股票(IMF规定为10%，我国规定为25%)实现。

“证券投资”(Portfolio Investment)项目，记录本国居民对外国债券投资和不包括在直接投资内的股票投资，以及外国居民对本国债券投资和不包括在直接投资内的股票投资。

“其他投资”(Other Investment)项目，记录不包括在直接投资、证券投资和官方储备中的其他一切资本交易，如贷款、货币、存款、短期票据等。

“储备资产”(Reserve Assets)项目，指一国货币当局所拥有的、可用于满足国际收支平衡需要的对外资产，包括货币性黄金、特别提款权、在IMF的储备头寸和外汇储备等官方对外资产。官方储备增加记入借方，官方储备减少记入贷方。

(3) 错误和遗漏账户(Error and Omissions Account)

根据会计记账原理，最后借贷必相等，净额为零。但是，实际记账过程中，很难做到借贷相等，所以人为设置一个项目，以抵消某些偏差和遗漏，使账簿借贷相等，即“净误差和遗漏”。如果借方总额大于贷方总额，“净误差和遗漏”应记入贷方，反之应记入借方。

【例2 投资收益应记入一国国际收支平衡表的(　　)。

A. 贸易账户　　　B. 转移账户　　　C. 经常账户　　　D. 资本账户

【解析】C。经常账户包括商品、劳务、收益、经常转移四个科目，投资收益即记入第三个科目。注意，本题容易错选 D，一个记忆的方法是：本金（即直接投资或在金融市场进行投资等）记入资本和金融账户，而利息和红利则记入经常账户。

3. 复式记账法

国际收支平衡表是按照复式簿记原理编制的，并采取“借贷记账法”：

① 一切资产减少或负债增加，比如商品出口、劳务输出、出售外国资产等，导致外汇的流入，均记在贷方，称为正号项目，用“+”表示。

② 一切资产增加或负债减少，比如商品进口、劳务输入、购买债券等，导致外汇的流出，记在借方，称为负号项目，用“-”表示。每一笔交易同时以相同金额进行借方记录和贷方记录，“有借必有贷、借贷必相等”。具体编制方法为：反映进口实际资源的经常项目、反映资产增加或负债减少的金融项目计入借方；反映出口实际资源的经常项目、反映资产减少或负债增加的金融项目计入贷方。

【例 3】上海某玩具厂出口 50 万美元毛绒玩具到泰国，泰国用其在中国银行的贷款支付，则中国国际收支平衡表的变动是（　　）。

A. 经常账户借方、资本账户贷方同时记入 50 万美元

B. 经常账户和资本账户贷方同时记入 50 万美元

C. 经常账户和资本账户借方同时记入 50 万美元

D. 经常账户贷方、资本账户借方同时记入 50 万美元

【解析】D。经常账户：出口毛绒玩具属于货物出口，带来外汇收入，记入经常账户贷方（+50 万美元）。资本账户：泰国用中国银行贷款支付，相当于中国银行收回对泰国企业的债权（对外金融资产减少），记入资本账户借方（-50 万美元）。

4. 记账货币

由于国际经济交流是用多种货币进行的，因此，为了使各种交易间具有记录和比较的基础，需要在记账时将其折算成同一种货币，这种货币就称为记账货币（Recording Currency）。大多数国家都把美元作为记账货币。在国际收支平衡表记账时，以不同货币结算的对外交易需要按记账货币和具体交易货币的汇率折算为记账货币。

三、国际收支的不平衡问题

1. 国际收支中的自主性交易和补偿性交易

自主性交易（Autonomous Transactions）是指个人和企业为某种自主性目的而从事的交易；补偿性交易（Compensatory Transactions）是指为弥补国际收支不平衡而发生的交易，比如为弥补国际收支逆差而动用官方储备等。

国际收支平衡表是按照复式簿记原理编制的，其借方总额和贷方总额总是相等，但这种相等只是会计意义上的平衡，并不具有经济意义，所以国际收支差额，就是指自主性交易的差额。国际收支平衡是指平衡表中某些项目的借贷差额为 0，收支相等，按照层次不同分为贸易收支平衡、经常账户平衡等。当平衡表中某些项目的借贷差额不为 0 时，如果贷方大于借方，出现贷方余额时，称为顺差；反之，如果借方余额大于贷方，出现借方余额时，称为逆差。

【例 4】属于补偿性交易的是（　　）。

A. 美国一公司从中国进口 100 万美元的纺织品

B. 德国的高利率吸引了欧洲许多国家的资本流入

C. 旅居美国的张先生每年向留在中国的双亲汇去一笔赡养费

D. 随着 A 国贸易顺差的不断增加，A 国货币当局大幅度增加外汇储备

【解析】D。补偿性交易是指为调节国际收支失衡而进行的官方交易，如外汇储备变动、官方借贷等。选项 A/B/C 均为企业或个人自主进行的自主性交易(贸易、资本流动、单方面转移)，非官方调节行为。

2. 国际收支不平衡的口径

① 贸易收支差额，指经常账户中贸易子项目的借贷差额，反映一国一定时期内的商品进出口情况。虽然它仅是国际收支的一个组成部分，不代表整体，但是对某些国家来说贸易占全部国际收支的比重相当大，可以将贸易差额作为国际收支差额的近似。此外，商品进出口状况综合反映了一国的经济结构、劳动生产率和产品的国际竞争力，是衡量一国经济实力的重要指标。

② 经常账户收支差额，指经常账户的借贷差额，反映一国一定时期内实际资源的转移情况。它综合反映了一个国家第一、二、三产业的综合竞争能力，被各国广为使用。如果经常账户为顺差，表示该国实际资源流出大于流入，即外汇的收入大于支出，需要通过资本的净流出或者官方储备的增加来抵消；如果经常账户为逆差，就要通过资本账户的融资或者官方储备减少来抵消。

③ 基本账户差额，指经常账户与长期资本账户(包括直接投资、证券投资与其他投资账户中偿还期限在一年以上的金融资产)所形成的余额。

④ 综合账户差额，指经常账户与资本和金融账户中的资本转移、直接投资、证券投资、其他投资账户所构成的余额，也就是将国际收支账户中的官方储备账户剔除后的余额(如果考虑基本账户差额的话，综合账户差额可以理解为基本账户差额加上短期资本流动)。

⑤ 外汇收支差额。一国对外往来交易中，有些活动涉及货币支付，构成外汇市场上外汇的供给和需求。外汇供求关系直接影响到官方储备的变动和汇率水平的变动，因此外汇收支被当成衡量一国国际收支状况的重要指标。

贸易收支差额、经常账户收支差额、基本账户差额和综合账户差额之间的关系可以归纳为图 10-1。

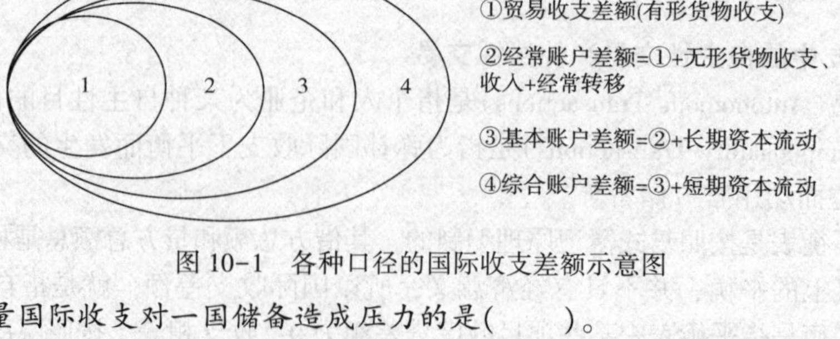

图 10-1　各种口径的国际收支差额示意图

【例 5】衡量国际收支对一国储备造成压力的是(　　)。

A. 贸易收支差额　　B. 经常项目收支差额

C. 资本和金融账户差额　　D. 综合账户差额

【解析】D。综合账户差额等于经常账户差额与资本金融账户差额(不含官方储备)之和，直接体现国际收支对官方储备的影响(顺差增加储备，逆差消耗储备)，是衡量储备压力的

核心指标。

3. 国际收支不平衡的原因

① 临时性失衡。临时性不平衡，是指短期的、由非确定或偶然因素引起的国际收支失衡。这种性质的国际收支失衡，程度一般较轻，持续时间不长，带有可逆性，因此我们可以认为这是一种正常现象。

② 结构性失衡。结构性失衡是指国内经济、产业结构不能适应世界市场的变化而发生的国际收支失衡，结构性失衡通常反映在贸易账户或经常账户上。结构性失衡具有长期的性质，扭转起来相当困难。

③ 货币性失衡。货币性失衡，是指一定汇率水平下国内货币成本与一般物价上升而引起出口货物价格相对高昂、进口货物价格相对便宜，从而导致的国际收支失衡。货币性失衡可以是短期的，也可以是中期或长期的。

④ 周期性失衡。周期性失衡是指一国经济周期波动所引起的国际收支失衡。当一国经济处于衰退期时，社会总需求下降，进口需求也相应下降，国际收支发生盈余。反之，如果一国经济处于扩张和繁荣时期，国内投资和消费需求旺盛，对进口的需求也相应增加，国际收支便出现逆差。

⑤ 收入性失衡。收入性失衡指一国国民收入相对快速增长而导致进口需求的增长超过出口增长所引起的国际收支失衡。

⑥ 预期性失衡。预期因素从实物流量和金融流量两方面对国际收支产生重要影响。从实物角度而言，当预期一国经济将快速增长时，本国居民和外国投资者都会增加在本国的实物投资；当本国的资本品供给不能满足需求时，投资就通过进口资本品来实现，出现资本品进口的增加和经常账户逆差。从金融角度而言，一方面，经常账户的逆差要由资本和金融账户的顺差来融资；另一方面，在资金自由流动的情况下，对本国经济增长和证券价格上升的预期会吸引国外资金直接投资于本国的证券市场，带来资本和金融市场的顺差。

⑦ 币值扭曲。币值扭曲是指本国货币与外国货币的名义比价持续背离了与外国货币的实际比价，从而造成本国商品实际价格持续较高进而导致出口持续相对下降、进口持续相对增加和国际收支逆差，或者造成本国商品实际价格持续较低进而导致出口持续相对增加、进口持续相对减少和国际收支顺差。币值扭曲通常是由僵硬的汇率政策和汇率制度引起的。

4. 国际收支不平衡的自动调节机制

国际收支失衡后，有时并不需要政府当局立即采取措施来加以消除。经济体系中存在的某些机制，往往能够使国际收支失衡至少在某种程度上得到缓和，乃至自动恢复均衡。在不同的国际货币制度下，存在不同的国际收支自动调节机制。

（1）国际金本位制度下的国际收支自动调节机制(大卫·休谟的“价格-铸币机制”)

国际金本位制度下的国际收支自动调节机制，又称大卫·休谟的“价格-铸币机制”。在国际金本位制度下，一国国际收支出现赤字，就意味着本国黄金净输出，由于黄金外流，国内黄金存量下降，货币供给减少，从而引起国内物价降低，与此同时，本国商品在国际市场上的价格优势增强，于是，出口增加，进口减少，国际收支失衡改善。

（2）纸币本位的固定汇率制度下的国际收支自动调节机制

① 利率效应分析。当一国国际收支赤字时，外汇需求大于供给，为了维持固定汇率，一国货币当局必须投放外汇，购入本币，外汇储备下降，本国货币供应量减少，利率上升，进而导致外国资本流入增加，结果资本账户盈余，从而，国际收支失衡得到改善。

② 现金余额效应(收入效应)。当一国国际收支赤字时，本国货币供给减少，实际现金余额(实际收入)下降，必然减少支出，由于支出的一部分是用于进口消费的，故此，进口需求下降，从而国际收支失衡改善。

③ 相对价格效应。当一国国际收支赤字时，为了维持固定汇率制度，本国货币供给减少，导致支出下降、物价下降。因此，本国商品相对价格下降(实际汇率升高)，从而，出口增加、进口减少，国际收支失衡改善。

(3) 浮动汇率制度下的国际收支自动调节机制

当一国国际收支赤字时，外汇需求大于外汇供给，在浮动汇率制度下，汇率会上升。根据弹性论，汇率上升造成本国商品相对价格下降，外国商品相对价格上升(实际汇率升高)，进而导致进口量下降，出口量增加，只要满足马歇尔-勒纳条件，国际收支赤字将会得到改善，甚至消除。

四、国际收支理论

1. 弹性论

国际收支弹性论是20世纪30年代由马歇尔提出，经勒纳、罗宾逊等学者发展的国际收支调节理论。其核心研究汇率变动对贸易收支的影响机制，即通过分析进出口商品的需求弹性和供给弹性，判断货币贬值能否改善国际收支。该理论是凯恩斯主义宏观经济学在国际收支领域的应用，奠定了汇率政策与贸易收支关系的理论基础。弹性论假设价格、收入等其他变量不变，仅聚焦汇率单一因素，因此属于短期静态分析框架，主要适用于解释汇率波动对贸易差额的短期调节效应。

弹性论的核心内容包括马歇尔-勒纳条件和J曲线效应两大机制：

① 马歇尔-勒纳条件：当一国出口需求弹性(E_x)与进口需求弹性(E_m)之和大于1($E_x+E_m>1$)时，本币贬值可改善贸易收支。其逻辑为：贬值使出口商品外币价格下降(若$E_x>1$则出口收入增加)，进口商品本币价格上升(若$E_m>0$则进口支出减少)，二者共同作用实现收支改善。

【例6】以X表示本币计值的出口量，M表示外币计值的进口量，E表示单位外币的本币价格，A表示本币计值的贸易收支余额。假定本国最初贸易收支保持均衡。(暨南大学2013年)

(1) 用$\eta_m=-d(\ln M)/d(\ln E)$表示进口需求弹性，$\eta_x=-d(\ln X)/d(\ln E)$表示出口需求弹性，推导本币贬值改善本币计值的贸易收支$A-ME$的条件(用η_m，η_x表示)。

(2) 若本国进、出口量均为1万单位，进出口需求弹性分别为0.7和0.8，本币贬值5%，贸易收支将如何变动?

(3) 若贬值初贸易收支存在顺差，贬值改善本币贸易收支的条件是否更易满足?

【解析】(1)根据题意可知：$X=A-ME$，对上式求偏导可得：

$$dA=\frac{X}{E}\cdot\eta_x\cdot dE+M\cdot\eta_m\cdot dE-M\cdot dE$$

由于$X=EM$，代入进出口需求弹性定义式可得：

$$\frac{dA}{dE}=M(\eta_x+\eta_m-1)$$

显然，要使本币贬值能够改善国际收支，$\eta_x+\eta_m$必须大于1。

(2) 由题意可知：$(1-0.7-0.8)\times M=\frac{\Delta A}{\Delta E}$，代入数据$M=10000$，$\Delta E=-0.05$，可得：

$$\Delta A=(1-1.5)\times 10000\times(-0.05)=250$$

即汇率下降5%，贸易收支增加250。

（3）初始顺差 $A>0\Rightarrow X>E\cdot M\Rightarrow\dfrac{X}{E\cdot M}=k>1$，此时贸易变动：

$$\mathrm{d}A=\frac{X}{E}\cdot\eta_x\cdot \mathrm{d}E+M\cdot\eta_m\cdot\mathrm{d}E-M\cdot\mathrm{d}E$$

即：

$$\frac{\mathrm{d}A}{\mathrm{d}E}=M(k\cdot\eta_x+\eta_m-1)$$

由于 $k>1$，$k\cdot\eta_x+\eta_m>\eta_x+\eta_m$，贬值改善本币贸易收支的条件显然更容易满足了。

② J曲线效应。J曲线效应是指一国货币贬值后，贸易收支先短期恶化，随后逐渐改善的趋势。成因：贬值初期合同已定，价格弹性较低，进口成本上升致逆差扩大；经过6—12个月，出口价格竞争力显现、进口替代效应增强，满足马歇尔-勒纳条件（$E_x+E_m>1$）时，贸易收支开始改善，整体呈"J"形轨迹（如图10-2所示）。揭示了汇率政策对国际收支调节的时滞效应。

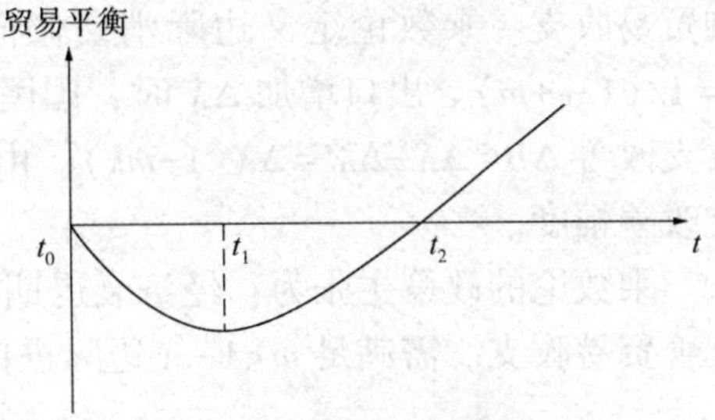

图10-2　J曲线效应

2. 吸收论

20世纪50年代西德尼·亚历山大基于凯恩斯宏观经济理论提出，将国际收支与国民收入平衡直接关联，弥补了弹性分析法仅关注价格效应的局限。吸收论从国民收入恒等式 $Y=C+I+G+(X-M)$ 出发，定义贸易收支 $B=X-M$，总吸收 $A=C+I+G$（国内总支出），推导出 $B=Y-A$。该公式表明：国际收支逆差本质是国内总吸收超过总收入（$A>Y$），即总需求大于总供给；顺差则是总吸收不足（$A<Y$）。

吸收论的调节政策：

① 支出转换：通过货币贬值改变进出口相对价格，减少进口、增加出口，但需配合紧缩政策抑制通胀抵消贬值效果。

② 支出增减：逆差时削减政府开支、提高利率以抑制消费投资（减少 A）；顺差时扩大财政支出刺激需求。

3. 货币论

20世纪70年代蒙代尔、约翰逊等货币主义学者提出，将国际收支视为货币供求失衡的结果，突破传统贸易收支分析框架。货币论认为，货币需求 M_d 由收入、价格等实际变量决定（$M_d=kPY$），货币供给 $M_s=D+R$（D 为国内信贷，R 为国际储备）。长期均衡时 $M_d=M_s$，故 $R=M_d-D$。若国内信贷扩张（$D\uparrow$）导致 $M_s>M_d$，超额货币将通过进口增加或资本外流形成逆差（$R\downarrow$），直至货币供求恢复平衡。

货币论的政策含义：

① 固定汇率制：货币政策失效，国内信贷扩张必然导致储备流失。

② 浮动汇率制：逆差时货币贬值→出口增加→外汇储备回升→M_s 恢复平衡，无须政策干预。

【例 7】按照货币论，一国面临长期国际收支逆差，减少其国际收支赤字的最佳方案是(　　)。

A. 货币升值　　　　　　　　　　　B. 货币贬值

C. 提高国内货币供给的扩张速度　　D. 降低国内货币供给的扩张速度

【解析】D。根据货币分析法，长期国际收支逆差的根源是货币供给增长超过货币需求增长($M_s>M_d$)。要减少逆差，需通过调节货币供求实现 $\Delta M_s<\Delta M_d$，使国际储备增加($\Delta R=\Delta M_d-\Delta M_s>0$)。货币论强调“国际收支逆差是货币发行过多的结果”，因此需通过紧缩性货币政策(降低货币供给增速)从根本上平衡货币供求，而非依赖汇率调整。

4. 乘数论

凯恩斯对外贸易乘数理论的延伸，解释开放经济中收入变动如何通过消费和进口传导影响贸易收支。乘数论定义边际消费倾向 $c=\Delta C/\Delta Y$，边际进口倾向 $m=\Delta M/\Delta Y$，外贸乘数 $k=1/(1-c+m)$。出口增加 ΔX 时，国民收入增量 $\Delta Y=k\cdot\Delta X$，进口增量 $\Delta M=m\cdot\Delta Y$，贸易收支改善 $\Delta B=\Delta X-\Delta M=\Delta X(1-mk)$。由于 $1-mk=c$，故 $\Delta B=c\cdot\Delta X$，即边际消费倾向决定收支改善幅度。

乘数论的政策主张为：经济衰退期可通过扩大出口或增加政府支出拉动收入增长，同时改善贸易收支。需满足 $m<1-c$(边际进口倾向小于储蓄倾向)，否则进口激增可能恶化收支。

五、内外均衡

封闭经济中，政府追求的主要经济目标是经济增长、充分就业和物价稳定，开放经济中，政府除了要追求以上三个目标之外，还需注重国际收支平衡。内外均衡是相互影响的，当为实现某一均衡目标而采取措施时，这一措施可能会同时造成另一均衡目标的改善和破坏，前者称为内外均衡的一致，后者称为内外均衡的矛盾。

1. 丁伯根法则与米德冲突

荷兰经济学家丁伯根最早提出了将政策目标与工具联系在一起的正式模型，指出要实现若干个独立的政策目标，至少需要相互独立的若干个有效的政策工具。这一理论被称为丁伯根法则。

英国经济学家米德最早提出了在固定汇率制下，内部均衡与外部均衡难以同时达到的问题。固定汇率制下无法使用汇率政策，只能使用财政政策与货币政策来实现内外均衡，但这时内外均衡往往存在矛盾的情形。例如，国际收支发生赤字，外部均衡要求实行紧缩性政策；如果这时的国内经济处于疲软、萧条状态，从国内角度则需要实行扩张性政策。这种矛盾的情形即为“米德冲突”。

2. 政策搭配理论

蒙代尔认为，在固定汇率制度下，一国也存在两种独立的政策工具来实现内、外两方面的经济目标。这就是蒙代尔的“政策搭配理论”，具体内容如表 10-1 所示。

表 10-1　不同失衡状态下的最佳政策配合

经济失衡状态	通货膨胀 国际收支盈余	失业 国际收支盈余	通货膨胀 国际收支赤字	失业 国际收支赤字
最佳政策配合	紧缩性财政政策 扩张性货币政策	扩张性财政政策 扩张性货币政策	紧缩性财政政策 紧缩性货币政策	扩张性财政政策 紧缩性货币政策

3. 三元冲突

保罗·克鲁格曼认为，一个国家的金融政策有三个基本目标，即本国货币政策的独立性、汇率的稳定性和资本自由流动，而这三个目标是不可能同时实现的，用一个三角形来表示这三个目标之间的关系，如图 10-3 所示。

三角形的三个角代表金融政策的三个基本目标。如果某一国家或地区的金融政策选定了某一条边，则意味着它也选定了该边两端的政策目标，而与该边相对的角所表示的政策目标则无法实现。这一表述被称为克鲁格曼三角形或“三元冲突”。

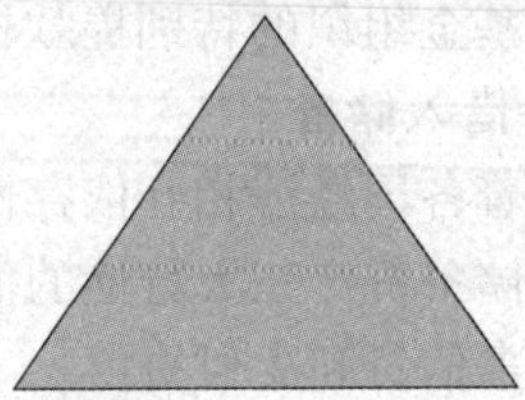

图 10-3 克鲁格曼不可能三角

(4) 开放经济条件下的财政政策与货币政策——蒙代尔-弗莱明模型

蒙代尔-弗莱明模型是开放经济宏观经济学的核心框架，将凯恩斯 IS-LM 模型与国际收支分析结合，聚焦汇率制度对政策效果的影响。其假设资本完全流动(利率平价成立)和短期价格黏性，核心结论是政策有效性取决于汇率制度：固定汇率制下，货币政策因资本流动和汇率稳定压力而失效——扩张性货币政策会引发资本外流，央行需抛售储备维持汇率，最终货币供给回到初始水平；财政政策则因资本流入和货币供给扩张而效果显著。浮动汇率制下结果相反：货币政策通过汇率贬值增强出口和产出，效果显著；财政政策因本币升值挤出出口而失效。该模型为开放经济政策制定提供基准，如固定汇率国家更依赖财政刺激，浮动汇率国家则侧重货币政策调节。

知识点二 国际储备

一、国际储备的定义和作用

国际储备是指一国货币当局能随时用来干预外汇市场，支付国际收支差额的资产。国际储备具有三个特征：可得性、流动性和普遍接受性。

各国持有国际储备的主要目的是：

第一，清算国际收支差额，维持对外支付能力。

第二，干预外汇市场，调节本国货币的汇率。

第三，信用保证。国际储备一方面可以作为政府向外借款的保证，另一方面也可以用来支持对本国货币价值稳定性的信心。

【例 8】一国持有国际储备的首要用途是(　　)。

A. 支持本国货币汇率　　B. 维护本国的国际信誉

C. 保持国际支付能力　　D. 赢得竞争利益

【解析】C。融通国际收支赤字是持有国际储备的首要作用。当一国发生国际收支困难，通过动用外汇储备，减少在基金组织的储备头寸和特别提款权持有额，在国际市场上变卖黄金来弥补国际收支赤字所造成的外汇供求缺口，能够使国内经济免受采取调整政策产生的不利影响，有助于国内经济目标的实现。

二、国际储备的构成

1. 自有储备

自有储备就是通常所说的国际储备，这类储备的所有权归一国货币当局，因而是严格意义上的国际储备，它包括黄金储备、外汇储备、在国际货币基金组织的储备头寸，以及在国际货币基金组织的特别提款权(SDR)。在当今世界，外汇储备成为国际储备的主体。

2. 借入储备

随着各国经济相互依存性的提高和金融往来的日益密切，国际货币基金组织现在已把具有国际储备资产三大特性的借入储备统计在国际清偿力的范围内。借入储备主要包括备用信贷、互惠信贷和支付协议。

国际储备有广义和狭义之分。广义的国际储备既包括一国货币当局自有的国际储备，也包括一国货币当局已借入但还未使用的储备。广义的国际储备又称国际清偿力，而通常所说的国际储备是指狭义的或自有的国际储备。20 世纪 80 年代，有些学术研究把本国商业银行富有流动性的短期外汇资产也计入国际清偿力的范畴。其理由是：一国货币当局很容易通过各种强制或者诱导性措施获得这些外汇资产。按照这个口径，国际清偿力的统计口径就有了进一步的扩大，如表 10-2 所示。

表 10-2　国际清偿力分解

<table>
<tr><td rowspan="3">国际清偿力的构成要素</td><td>自有储备</td><td>黄金储备
外汇储备
在 IMF 的储备头寸
SDR</td><td>国际储备</td></tr>
<tr><td>借入储备</td><td colspan="2">备用信贷
互惠信贷
支付协议</td></tr>
<tr><td>诱导储备</td><td colspan="2">商业银行的对外短期可兑换资产</td></tr>
</table>

【例 9】与国际储备相比，国际清偿力的范畴(　　)。

A. 更大　　B. 更小　　C. 相等　　D. 两者无法比较

【解析】A。国际清偿力是指广义的国际储备，包括自有储备、借入储备和诱导储备，因此是一个更大的概念。

3. 特别提款权(SDR)

特别提款权(Special Drawing Right，SDR)，亦称“纸黄金”(Paper Gold)，最早发行于 1969 年，是国际货币基金组织根据会员国认缴的份额分配的，可用于偿还国际货币基金组织债务、弥补会员国政府之间国际收支逆差的一种账面资产。其价值目前由美元、欧元、人民币、日元和英镑组成的一篮子储备货币决定。会员国在发生国际收支逆差时，可用它向基金组织指定的其他会员国换取外汇，以偿付国际收支逆差或偿还基金组织的贷款，还可与黄金、自由兑换货币一样充当国际储备。因为它是国际货币基金组织原有的普通提款权以外的一种补充，所以称为特别提款权。

SDR(特别提款权)货币篮子是 IMF 用于定值和储备的货币组合，2022 年调整后含美元(43.38%)、欧元(29.31%)、人民币(12.28%)、日元(7.59%)、英镑(7.44%)五种货币，权重反映贸易额与储备占比。每5年评估调整一次，人民币2016年加入，成为首个新兴市场货币，提升了篮子代表性。SDR作为超主权储备资产，助力国际货币体系多元化。

【例10】SDR不具备(　　)职能。(暨南大学2013年)

A. 价值尺度　　B. 支付手段　　C. 储藏手段　　D. 流通手段

【解析】D。流通手段需在日常商品交易中充当媒介，而SDR仅限各国官方层面使用，不用于民间经济活动，因此不具备该职能。

三、国际储备管理

从一国的角度来看，国际储备的管理主要涉及两个方面：第一是数量管理；第二是币种管理。数量管理讲的是一国应保持多少储备才算合理；币种管理讲的是怎样搭配不同种类的储备货币，才能使风险最小或收益最大。

1. 储备需求的数量管理

罗伯特·特里芬教授在1960年出版的《黄金和美元危机》一书中，通过大量的数据分析得出这样的结论：一国国际储备的合理数量，约为该国年进口额的20%—50%。他认为影响一国适度国际储备量的因素主要有以下几个方面：

① 对外贸易状况。对外贸易规模大，对外贸易依存度高的国家，对外贸易在国民经济中所处的地位和发挥的作用大，就需要较多的国际储备；相反，较少的国际储备就可以满足需求。

② 汇率制度。储备需求与汇率制度有着密切的关系。如果一国实行的是固定汇率制度，并且政府不愿意经常性地改变汇率水平，则该国的储备规模就应该相对高些。如果该国实行的是浮动汇率制度，其国际储备的保有量可相对较低。

③ 外汇管制程度。管制越严，需要的储备就越少；反之，需要的储备就越多。

④ 货币的国际地位。一国货币如果处于储备货币的地位，那么它可以通过输出本国货币的办法来弥补国际收支逆差，不需要较多的国际储备；相反，则需要较多的国际储备。

⑤ 持有储备货币的机会成本。持有储备的相对成本越高，则储备的保有量就应越低。

⑥ 金融市场的发育程度。一国的金融市场发达程度越高，其国际储备水平就可以低一些，因为发达的金融市场能够提供较多的诱导性储备，这些储备对利率和汇率等调节政策的反应比较灵敏；相反，则需要较高的国际储备规模。

【例11】与一国国际储备需求正相关的因素是(　　)。

A. 持有国际储备的成本　　B. 一国经济的对外开放程度

C. 货币的国际地位　　D. 外汇管制的程度

【解析】B。开放程度越高(对外贸易、资本流动规模大)，国际收支波动风险越大，需更多储备应对支付需求和汇率稳定，呈正相关。

2. 储备资产的币种管理

储备资产币种管理应遵循的主要原则是：

第一，币值的稳定性。以什么储备货币来保有储备资产，首先要考虑币值的稳定性。在这里，主要考虑不同储备货币之间的汇率以及相对通货膨胀率。一种储备货币的贬值，必然对应另外一种储备货币的升值。其次，不同储备货币的通货膨胀率也是不一样的。管理的任务就是要根据汇率和通货膨胀率的实际走势和预期走势，经常地转换货币，搭配货币，以达到收益最大或损失最小。

第二，盈利性。不同储备货币资产的收益率高低不同，它们的名义利率减去通货膨胀率再减去汇率的变化，即为实际收益率。币种管理的任务不仅仅是要研究过去，更重要的是预测未来，观测利率、通货膨胀率、汇率的变化趋势，以决定自己的币种选择。另外，同一币种的不同投资方式，也会导致不同的收益率。有的投资工具，看上去收益率较高，但风险较大；有的看上去收益较低，但风险较小。盈利性要求适当地搭配币种和投资方式，以求得较高的收益率或较低的风险。

第三，国际经贸往来的方便性。方便性管理是指在储备货币币种的搭配上，要考虑对外经贸和债务往来的地区结构和经常使用清算货币的币种。

习题精编

一、名词解释

1. 国际收支(中国海洋 2018 年)
2. J 曲线效应(中央财大 2018 年)
3. 马歇尔-勒纳条件(南京大学 2019 年)
4. 三元悖论(华东师大 2020 年)
5. 特别提款权(南开大学 2019 年)
6. 丁伯根原则
7. 米德冲突

二、简答题

1. 说明国际收支平衡表包含哪些项目。(南京大学 2017 年)
2. 简述国际收支不平衡的原因。(上海财大 2018 年)
3. 简述国际收支自动调节机制。(复旦大学 2018 年)
4. 简述蒙代尔-弗莱明模型的基本内容，并指出其局限性。(中国人大 2014 年)
5. 简述国际储备与国际清偿力的区别。(中央财大 2016 年)
6. 假设某国 2025 年国际收支数据如下(单位：亿美元)：

(1) 经常账户

货物贸易：出口 2500，进口 1800

服务贸易：出口 800，进口 600

初次收入：收益收入 300，收益支出 400

二次收入：转移收入 100，转移支出 50

(2) 金融账户

直接投资：净流入 500

证券投资：净流出 200

其他投资：净流入 150

储备资产变动：-120

假设资本账户没有变动。

试回答：

(1) 计算经常账户差额、综合账户差额(经常账户+金融账户不含储备资产)。

(2) 分析储备资产变动(-120)的经济含义。

（3）若官方统计的国际收支总差额为 0，求净误差和遗漏值，并推测两种可能的漏记原因。

三、论述题

1. 分析资本外逃的动因、途径、经济影响。如何通过观察国际收支平衡表对资本外逃进行评估？

2. 试分析中国人民银行持有 3 万多亿美元的外汇储备对中国产生了哪些负面影响？中国该如何应对官方外汇储备过多的问题？

习题参考答案

一、名词解释

1. 国际收支定指一个国家（或地区）一定时期内居民和非居民之间所产生的全部国际经济交易的系统的货币的记录。国际收支状况通常是通过国际收支平衡表来反映，它是系统地记录该国在一定时期内国际收支项目及金融的统计表，这一统计表是各国全面掌握该国对外经济往来状况的基本资料，是该国政府制定对外经济政策的主要依据，亦是国际营销者制定营销决策必须考虑的经济环境。

2. J 曲线效应的含义是：当一国货币贬值后，最初会使贸易收支状况进一步恶化而不是改善，只有经过一段时间以后，贸易收支状况的恶化才会得到控制并趋好转，最终使贸易收支状况得到改善。这个过程用曲线描述出来，与英文字母“J”相似，所以贬值对贸易收支改善的时滞效应被称为 J 曲线效应。

3. 马歇尔-勒纳条件这是西方汇率理论中的一项重要内容，它所要表明的是：本币贬值会改善贸易逆差，但需要的具体条件是进出口需求弹性之和必须大于 1。马歇尔-勒纳条件是弹性分析法的核心，也是一国是否采用货币贬值政策改善国际收支状况的理论依据，具有重要的理论价值和实用价值。但马歇尔-勒纳条件是以进出口商品供给弹性无穷大为前提，在充分就业条件下，这一假设显然并不存在。

4. 三元悖论是由美国经济学家保罗·克鲁格曼就开放经济下的政策选择问题所提出的，其含义是：在开放经济条件下，本国货币政策的独立性，汇率政策，资本的自由流通不能同时实现，最多只能同时满足两个目标，而放弃另外一个目标来实现调控的目的。

5. 特别提款权（Special Drawing Right，SDR），亦称“纸黄金”（Paper Gold），最早发行于 1969 年，是国际货币基金组织根据会员国认缴的份额分配的，可用于偿还国际货币基金组织债务、弥补会员国政府之间国际收支逆差的一种账面资产。其价值目前由美元、欧元、人民币、日元和英镑组成的一篮子储备货币决定。会员国在发生国际收支逆差时，可用它向基金组织指定的其他会员国换取外汇，以偿付国际收支逆差或偿还基金组织的贷款，还可与黄金、自由兑换货币一样充当国际储备。因为它是国际货币基金组织原有的普通提款权以外的一种补充，所以称为特别提款权。

6. 丁伯根原则是简·丁伯根 1952 年提出的政策设计理论：要实现 N 个独立经济目标，至少需要 N 种独立政策工具，且工具与目标需一一对应。例如，同时实现内部均衡（充分就业）和外部均衡（国际收支平衡），需财政政策（调控内部）和货币政策（调控外部）配合。为开放经济政策搭配奠定基础，强调政策工具数量与目标匹配的重要性。

7. 米德冲突是詹姆斯·米德 1951 年提出的开放经济政策困境：在固定汇率制下，若一国同时追求内部均衡（如充分就业）与外部均衡（如国际收支平衡），单一宏观政策可能引发冲突。例如，失业与逆差并存时，扩张政策刺激就业却加剧逆差，紧缩政策改善逆差却恶化失业。揭示了固定汇率制下政策协调的必要性，为蒙代尔政策搭配理论奠定基础。

二、简答题

1. 根据 IMF《国际收支和国际投资头寸手册（第六版）》，国际收支平衡表包括经常账户、资本账户和金融账户、错误和遗漏账户等三个一级账户。具体账户的含义如下：

（1）经常账户是国际收支平衡表中最基本和最重要的往来项目，它反映一国在一定时期内真实资源

(包括产品和资本品)的转移。经常账户细分为货物和服务、初次收入、二次收入等三个子项目。

(2) 资本与金融账户。资本与金融账户是指对资产所有权在国际间流动行为进行记录的账户，包括资本账户和金融账户两个二级账户。资本账户包括资本转移和非生产、非金融资产的收买或放弃。金融账户包括引起一个经济体对外资产和负债所有权变更的所有权交易。金融项目细分为非储备性质的金融账户和国际储备资产。非储备性质的金融账户包括直接投资、证券投资、金融衍生工具和其他投资。储备资产指我国中央银行拥有的对外资产，包括外汇、货币黄金、特别提款权、在基金组织的储备头寸。

(3) 错误和遗漏账户。根据会计记账原理，最后借贷必相等，净额为零。但是，在实际的记账过程中，很难做到借贷相等，所以人为设置一个项目，以抵消某些偏差和遗漏，使账簿借贷相等，即“净误差与遗漏”。如果借方总额大于贷方总额，“净误差和遗漏”应计入贷方，反之应计入借方。

2. 国际收支失衡是指一国经常账户、金融与资本账户的余额出现问题，即出现了不同程度的顺差或逆差。按照国际收支失衡的原因，我们知道国际收支失衡的原因：

① 临时性失衡。临时性不平衡，是指短期的、由非确定或偶然因素引起的国际收支失衡。这种性质的国际收支失衡，程度一般较轻，持续时间不长，带有可逆性，因此我们可以认为这是一种正常现象。

② 结构性失衡。结构性失衡是指国内经济、产业结构不能适应世界市场的变化而发生的国际收支失衡，结构性失衡通常反映在贸易账户或经常账户上。结构性失衡具有长期的性质，扭转起来相当困难。

③ 货币性失衡。货币性失衡，是指一定汇率水平下国内货币成本与一般物价上升而引起出口货物价格相对高昂、进口货物价格相对便宜，从而导致的国际收支失衡。货币性失衡可以是短期的，也可以是中期或长期的。

④ 周期性失衡。周期性失衡是指一国经济周期波动所引起的国际收支失衡。当一国经济处于衰退期时，社会总需求下降，进口需求也相应下降，国际收支发生盈余。反之，如果一国经济处于扩张和繁荣时期，国内投资和消费需求旺盛，对进口的需求也相应增加，国际收支便出现逆差。

⑤ 收入性失衡。收入性失衡指一国国民收入相对快速增长而导致进口需求的增长超过出口增长所引起的国际收支失衡。

⑥ 预期性失衡。预期因素从实物流量和金融流量两方面对国际收支产生重要影响。从实物角度而言，当预期一国经济将快速增长时，本国居民和外国投资者都会增加在本国的实物投资；当本国的资本品供给不能满足需求时，投资就通过进口资本品来实现，出现资本品进口的增加和经常账户逆差。从金融角度而言，一方面，经常账户的逆差要由资本和金融账户的顺差来融资；另一方面，在资金自由流动的情况下，对本国经济增长和证券价格上升的预期会吸引国外资金直接投资于本国的证券市场，带来资本和金融市场的顺差。

⑦ 币值扭曲。币值扭曲是指本国货币与外国货币的名义比价持续背离了与外国货币的实际比价，从而造成本国商品实际价格持续较高进而导致出口持续相对下降、进口持续相对增加和国际收支逆差，或者造成本国商品实际价格持续较低进而导致出口持续相对增加、进口持续相对减少和国际收支顺差。币值扭曲通常是由僵硬的汇率政策和汇率制度引起的。

3. (1)国际金本位制度下的国际收支自动调节机制

国际金本位制度下的国际收支自动调节机制，又称大卫·休谟的“价格—铸币机制”。在国际金本位制度下，一国国际收支出现赤字，就意味着本国黄金净输出，由于黄金外流，国内黄金存量下降，货币供给减少，从而引起国内物价降低，与此同时，本国商品在国际市场上的价格优势增强，于是，出口增加，进口减少，国际收支失衡改善。

(2) 纸币本位的固定汇率制度下的国际收支自动调节机制

① 利率效应分析。当一国国际收支赤字时，外汇需求大于供给，为了维持固定汇率，一国货币当局必须投放外汇，购入本币，外汇储备下降，本国货币供应量减少，利率上升，进而导致外国资本流入增加，结果资本账户盈余，从而，国际收支失衡得到改善。

② 现金余额效应(收入效应)。当一国国际收支赤字时，本国货币供给减少，实际现金余额(实际收入)下降，必然减少支出，由于支出的一部分是用于进口消费的，故此，进口需求下降，从而国际收支失衡改善。

③ 相对价格效应。当一国国际收支赤字时，为了维持固定汇率制度，本国货币供给减少，导致支出下降、物价下降。因此，本国商品相对价格下降(实际汇率升高)，从而，出口增加、进口减少，国际收支失衡改善。

(3) 浮动汇率制度下的国际收支自动调节机制

当一国国际收支赤字时，外汇需求大于外汇供给，在浮动汇率制度下，汇率会上升。根据弹性论，汇率上升造成本国商品相对价格下降，外国商品相对价格上升(实际汇率升高)，进而导致进口量下降，出口量增加，只要满足马歇尔—勒纳条件，国际收支赤字将会得到改善，甚至消除。

4. (1)蒙代尔-弗莱明模型是开放经济宏观经济学的核心框架，将凯恩斯 IS-LM 模型与国际收支分析结合，聚焦汇率制度对政策效果的影响。其假设资本完全流动(利率平价成立)和短期价格黏性，核心结论是政策有效性取决于汇率制度：固定汇率制下，货币政策因资本流动和汇率稳定压力而失效——扩张性货币政策会引发资本外流，央行需抛售储备维持汇率，最终货币供给回到初始水平；财政政策则因资本流入和货币供给扩张而效果显著。浮动汇率制下结果相反：货币政策通过汇率贬值增强出口和产出，效果显著；财政政策因本币升值挤出出口而失效。该模型为开放经济政策制定提供基准，如固定汇率国家更依赖财政刺激，浮动汇率国家则侧重货币政策调节。

(2) 蒙代尔-弗莱明模型的局限性源于严格假设与现实的偏差：

① 资本完全流动假设不成立：现实存在资本管制、交易成本，利差不会引发无限资本流动，政策效果被高估。

② 价格黏性与短期框架：长期价格具有弹性，模型无法解释通胀与汇率的动态关系。

③ 汇率制度简化：忽略管理浮动等中间制度，现实中多数国家采用混合汇率安排。

④ 忽略金融摩擦与预期：未考虑信贷约束、汇率预期对资本流动的影响，难以解释危机中的异常波动。

⑤ 小国假设局限：未纳入大国经济对全球利率的外溢效应(如美联储政策影响)。

5. 国际储备是一国货币当局者为弥补国际收支逆差、维持本国货币汇率的稳定以及应付各种紧急支付而持有的、为世界各国所普遍接受的资产。一个国家的国际清偿力是指该国无须采取任何影响本国经济正常运行的特别调节措施即能平衡国际收支逆差和维护其汇率的总体能力。它们的区别是：

(1) 从内容上看，国际清偿力除了包括该国货币当局直接掌握的国际储备资产外，还包括国际金融机构向该国提供的国际信贷以及该国商业银行和个人所持有的外汇和借款能力。因此，国际清偿力的范围要比国际储备大。

(2) 从性质上看，国际储备是一个国家货币当局直接掌握持有的，其使用是无条件的。而对于其他的国际清偿力的构成部分的使用，通常是有条件的。因此，从总体来讲，可以认为一个国家国际清偿力的使用是有条件的。

(3) 从两者数量关系上看，一个国家的国际清偿力是该国政府在国际经济活动中能动用的一切外汇资源和总和，而国际储备只是其中的一部分。

6. (1)经常账户差额=1559-4258-1104+194=-3609 亿美元(经常账户逆差)。

(2) 国际收支平衡表采用复式记账法，储备资产作为资产项目，其增加记入借方(负号)，减少记入贷方(正号)。储备增加(-120 亿美元)：反映国际收支整体顺差(如贸易顺差、资本净流入)，央行将盈余外汇转化为储备资产。

(3) 净误差和遗漏=-(综合差额+储备变动)=-(1300-120)=-1180。

漏记原因：未记录的短期资本外逃(如地下钱庄)；服务贸易隐性支付(如跨境数字平台费用)。

三、论述题

1. (1)资本外逃的核心动因是风险规避与收益最大化的权衡：

① 经济风险：高通胀、汇率贬值预期(如阿根廷比索危机前的贬值恐慌)或资产价格暴跌，推动资本转向稳定货币资产。

② 政治与政策不确定性：政权更迭、资本管制加强(如委内瑞拉外汇管制)、税收政策突变，引发投资者避险动机。

③ 收益率差异：国内外利差逆转(如美联储加息导致新兴市场资本回流美国)或海外投资回报率更高。

④ 制度缺陷：法治不健全、产权保护薄弱，促使资本寻求安全港(如发展中国家权贵资本外逃)。

(2) 资本外逃通过合法与非法渠道交织进行：

① 经常项目伪装：贸易发票造假(高报进口/低报出口)、服务贸易项下虚构支出(如培训费、咨询费)。

② 资本项目违规：虚假对外直接投资、证券投资项下的离岸账户转移。

③ 地下金融渠道：地下钱庄(资金跨境划转不通过正规银行)、加密货币(利用比特币等规避外汇监管)。

④ 贸易信贷与预付款：超额预付进口款或延迟收回出口货款，形成隐性资本外流。

(3) 资本外逃对经济具有显著破坏性：

① 国际收支失衡：外汇储备流失，削弱汇率稳定能力。

② 货币与金融动荡：本币贬值压力加剧，央行被迫加息。

③ 实体经济冲击：国内投资下降，失业率上升，长期增长潜力受损。

④ 债务风险恶化：外币债务负担加重，主权评级下调。

(4) 通过国际收支平衡表识别资本外逃需关注三大信号：

① 净误差与遗漏项：若长期为大额负数，可能反映未记录的资本外逃。

② 短期资本流动异常：证券投资、其他投资项下的短期负债快速下降。

③ 贸易相关项目扭曲：出口收汇比例骤降、进口付汇比例激增，或贸易信贷项下预付款项异常增长。

2. (1)我国外汇储备过多的负面影响

① 持有过多外汇储备会加剧国内的通货膨胀。由于我国货币不是国际货币，无法进行自由兑换，同时鉴于我国存在着外汇管制，所以国内以引进外资及对外贸易等方式获得外汇后中央银行要将其用本币购回，最终形成我国的外汇储备。央行收购外汇时所相应抛售的人民币将扩大我国基础货币的投放量。原本扩增的货币供应量再通过货币乘数作用被进一步放大，会使得国内流通的货币数倍增加。迅速增长的外汇储备最终将导致流动性过剩，加剧国内通货膨胀的压力。过高的通货膨胀率会扭曲我国经济资源的配置，给我国国民经济造成极大的破坏。

② 持有过多外汇储备会面临更高的汇率风险。持有的外汇储备越多意味着要面对的汇率变动风险就越大。在我国所有的国际储备资产中，外汇储备资产占有极大的比重，而在这所有的外汇储备资产中，一半以上都是美元资产，欧元、日元等其他币种的外汇储备仅占小部分。在如此单一的外汇储备币种结构下，我国外汇储备资产的价值极易受美元币值的影响。如果美元发生贬值，我国的巨额外汇储备资产会因此极大程度地缩水，最终遭受重大损失。同时面对外汇储备资产缩水，我国将进入两难境地。一方面，如果我国继续增持美元外汇，那么美元贬值必然会使我国承担更大的经济损失。另一方面，如果我国减少美元外汇，实行外汇币种多元化，在外汇市场上抛售美元。此时抛售美元会增加外汇市场上美元的供给，如果这时市场对美元的需求没有同步增加引起美元进一步贬值，最终将导致我国的外汇储备资产价值进一步被侵蚀。

③ 持有过多的外汇储备需承担高昂的机会成本。过多的持有外汇储备将存在高昂的机会成本。持有外汇储备不仅会牺牲将其用于生产投资等带来的收益，也会牺牲将其直接用于当期消费所带来的效用。我国不断积累的外汇储备通常是存于银行或者购买债券，但不管是其中哪种，其到期收益率都是极低的。如果我国放弃持有外汇储备把它用于购买生产性资源、石油及矿产等可储备型的资源或是投资于海外股权等，如此产生的收益会大大超过储备的存款收益和债券投资收益。总体而言，我国持有的外汇储备数额越大，我国需要放弃的投资机会就越多，这也就意味着我国持有外汇的机会成本在相应加大。

④ 持有过多外汇储备会削弱我国货币政策的独立性与有效性。高额外汇储备不仅将削弱我国货币政策的独立性，也会降低政策最终的实施效果。过大规模的外汇储备会造成人民币供应过多，流动性过剩，引起国内通货膨胀。因此，此时央行必须采取相关措施如发行央行票据、公开市场操作、提高法定存款准备金率等来对冲这部分过剩的流动性以缓解对经济发展带来的消极影响。但是采取这些相关措施的同时也对我国央行制定和实施货币政策产生了不利影响，最终使得货币政策的独立性和有效性被极大削弱。

⑤ 持有过多外汇储备会推动人民币升值。根据市场中最基本的供求规律，持有过多的外汇储备必定会

推动人民币逐步升值。过大规模的外汇储备使得国内市场对外汇的供应增多，人民币的市场需求会随之增加，从而推动人民币升值。此时，中央银行为了稳定人民币汇率避免其升值，就必须从外汇市场上抛售人民币而购入外汇。如此而来外汇储备规模再次扩张，这种难以掌控的恶性循环，最终将增加人民币升值的压力。人民币升值意味着本国对外出口产品在国外市场上的价格上涨，我国出口产品将失去国际市场竞争优势，最终将削减我国的出口额。与此同时，人民币升值将会吸引大量国际游资和热钱涌入我国，对我国经济产生冲击，更严重的将引发经济危机。

(2) 外汇过多应对策略

① 加快贸易增长方式的改变。第一，要转变政府外贸管理方式，坚持以人为本，全面协调可持续发展，减轻就业压力，造福于民，保护国家经济安全，节约资源，保护环境。第二，在出口中要坚持以质量取胜，提高产品各项质量。

② 调整现行结售汇制度。对于强化结售汇制度，国家在控制企业和个人的同时，也给自己的发展带来一定的阻碍，在我国进行出口和个人赚取外汇的同时，也增加了一些外汇储备，近几年，我们就会发现我国成了外汇储备过剩的国家，但是结售汇制度依然保持原先的状态，对于这项制度，我国不应该要求过高，国际不一定要掌握大量的外汇，应该将外汇分散给老百姓，让老百姓自由分配手中的外汇以促进国家经济的发展。

③ 优化外汇储备结构，规避汇率风险。导致我国高额外汇储备形成的原因有多种。要解决我国外汇储备居高不下的根本途径是，积极促进我国在国际产业分工中的结构调整，对外汇管理以及对外投资管理体制要进行改革，目前中国企业要尝试“走出去”的战略目标来推进我国开放性经济国际化的进程。鼓励急需设备的技术进口、研发国际化和国外大宗商品的投资。

第 11 章　国际金融市场

本章介绍国际金融市场的一些常识，除了欧洲债券与外国债券辨析、欧洲货币市场这两个知识点，其他内容都很少命题。

知识脉络

- 国际金融市场
  - 国际货币市场
    - 短期信贷市场
    - 短期证券市场
    - 贴现市场
    - （运用：欧洲货币市场）
  - 国际资本市场
    - 债券市场
      - 欧洲债券
      - 外国债券
    - 股票市场
      - 一级市场
      - 二级市场

大纲解析

知识点一　国际金融市场概述

一、国际金融市场的概念

1. 国际金融市场的概念

狭义的国际金融市场是指国际间资金融通和借贷交易的场所。

广义的国际金融市场是指包括所有国际金融资产的交易及其供求关系、既包括国际货币市场、国际资本市场，还包括国际外汇市场、国际黄金市场和国际衍生工具市场。

2. 国际金融市场的构成

（1）按资金融通期限长短，划分为国际货币市场和国际资本市场。前者指从事 1 年或 1 年以下短期资金借贷的场所，后者指从事 1 年以上中长期资金借贷的场所。

（2）按经营业务类型，划分为资金市场、外汇市场、证券市场和黄金市场。其中资金市场即狭义的国际金融市场。外汇市场是从事外汇买卖的场所，伦敦是世界外汇交易的中心，此外纽约、苏黎世、法兰克福、东京和新加坡也是著名的外汇交易市场。证券市场是进行直接融资的市场，可以分为外国债券市场、欧洲债券市场和国际股票市场。黄金市场是从事黄金实物及黄金衍生品交易的场所。

（3）按金融资产交割方式不同，划分为现货市场、期货市场、期权市场。

（4）按交易对象与交易币种的不同，划分为在岸市场和离岸市场。目前离岸市场已成为最主要的国际金融市场。

3. 国际金融市场的作用

具体而言，国际金融市场的作用主要表现为：

（1）作为国际结算的枢纽，它为国际间债权债务的清理结算提供了有效的服务，促进了各国之间商品贸易和经济往来的发展。

（2）作为国际垄断资本激烈竞争的场所，它为各国垄断资本对外扩张提供了大量机会。

（3）作为国际资本流动的重要渠道，它为国际资本的借贷投资和调拨转移提供了便利条件，从而促进了世界经济的发展。

（4）作为国际间政治经济动态的晴雨表，它为有关方面了解研究国际金融局势的变化和国际政治经济关系的发展提供了重要的信息。

二、在岸国际金融市场和离岸国际金融市场

1. 在岸国际金融市场

（1）在岸市场的含义

在岸国际金融市场是指居民与非居民之间进行资金融通及相关金融业务的场所。比较典型的在岸国际市场是外国债券市场和国际股票市场。

（2）典型的在岸市场：外国债券市场和国际股票市场

① 外国债券市场是指外国借款人在某国发行的，以该国货币标示面值的债券。例如，扬基债券市场和武士债券市场是两种典型的外国债券市场。扬基债券是指在美国发行的以美元标价的外国债券。武士债券是指在日本发行的以日元标价的外国债券。

② 国际股票市场是指筹措国际股票的国际金融市场。所谓国际股票是指由国际辛迪加承销，对发行公司所在国家以外的投资者销售的股票。

（3）公募和私募

外国债券和国际股票的发行都可以分为公募和私募两种发行方式。公募指不定向地对全部社会公众发售证券，要求发行者有很高的资信级别，如国家政府、著名国际金融机构和大型跨国公司等，并有严格的信息披露规定，二级市场交易活跃。私募指向特定的投资者发售证券，对发行人资信及信息披露要求低，但证券的收益率要求高，而且一般会附加特殊条件，二级市场流动性较低。

2. 离岸国际金融市场

（1）离岸市场的含义

离岸市场是指非居民的境外货币融通及相关金融业务的场所。

（2）离岸市场的特点

① 市场参与者是市场所在国的非居民。

② 交易的货币是市场所在国以外的货币。

③ 资金融通基本不受市场所在国及其他国家的政策法规约束。

④ 市场范围广，可供交易的币种多、规模大，资金实力雄厚。

⑤ 市场有相对独立的利率体系。

（3）离岸市场的类型

① 功能中心：是指集中诸多外资银行和金融机构，从事具体存贮、贷放、投资和融资业务的区域或城市。又进一步分为一体化中心和隔离性中心。前者是指内外投融资业务混在一起的一种形式，金融市场同时对居民和非居民开放，如伦敦和香港。后者是指限制外资银行和金融机构与居民往来，是一种内外分离的形式，即只准非居民参与离岸市场业务，如新加坡。

② 名义中心：是指纯粹是记载金融交易的场所，这些中心不经营具体的金融业务，只是从事借贷投资业务的转账或注册等手续，因此又称为“记账中心”，如开曼、巴林等。

三、当代国际金融市场的新发展

（1）国际金融市场日益全球化和一体化

主要表现为遍及全球的金融中心和金融机构正在形成一个全时区、全方位的一体化国际金融市场，尤其是欧元的出现，直接推动了欧洲统一的金融市场的形成。

（2）金融资产证券化

资产证券化是指把流动性较差的资产，如金融机构的一些长期固定利率放款或企业的应收账款等通过商业银行或投资银行的集中及重新组合，再以这些资产做抵押来发行证券，从而实现相关资产的流动性。资产证券化的目的在于将缺乏流动性的资产提前变现，解决流动性风险。传统的通过商业银行筹资的方式也开始让位于通过金融市场发行长短期债券的方式，商业银行在吸收存款、发放贷款方面的优势逐渐削弱的趋势，也称为非中介化或“脱媒”趋势。

（3）金融创新的趋势

创新化主要体现在新的金融市场的创新、新的金融工具的创新、新的交易技术的创新和新的金融机构的创新。金融工具的创新又可分为：信用创新型；风险转移创新型，如利率互换；增加流动性型创新，如长期贷款的证券化；股权创造型创新，如认股权证。

四、国际金融市场形成的作用

1. 国际金融市场的积极作用

（1）推动世界经济全球化的巨大发展

首先，国际金融市场能在国际范围内把大量闲散资金聚集起来，从而满足了国际经济贸易发展的需要，同时通过金融市场的职能作用，把“死钱”变为“活钱”，由此推动了生产与资本的国际化。

其次，国际金融市场的形成与发展，为跨国公司在国际间进行资金储存与借贷、资本的频繁调动创造了条件，促进了跨国公司经营资本的循环与周转，由此推动世界经济全球化的巨大发展。

（2）为各国经济发展提供资金

国际金融市场是世界各国资金的集散中心。各国可以充分利用这一国际性的蓄水池，获取发展经济所需的资金。

（3）有利于调节各国的国际收支

国际金融市场的产生与发展，为国际收支逆差国提供了一条调节国际收支的渠道，即逆差国可到国际金融市场上举债或筹资，从而能更灵活地规划经济发展，也能在更大程度上缓和国际收支失衡的压力。

(4) 促进金融业的国际化

国际金融市场的发达，吸引着无数的跨国金融组织，银行业更是汇集于此。国际金融市场成了国际大银行的集散地。金融市场通过各种活动把这些银行有机地结合在一起，使世界各国的银行信用突破空间制约而成为国际间的银行信用，在更大程度上推动诸多金融业务国际化。

(5) 导致大规模的国际资本流动

国际金融市场会导致国际资本在国际间充分流动，使当前的国际资本流动达到了空前的规模。

2. 国际金融市场的消极作用

(1) 为国际投机活动提供了便利条件和场所。当然，国际投机活动是一把双刃剑，既有积极作用，亦有消极作用。

(2) 大量资本在国家间流动，不利于有关国家执行自己制定的货币政策，造成外汇市场不稳定。同时，规模巨大的短期资金通过外汇市场及整个国际金融市场对一些国家的经济形成强大的冲击。

(3) 加剧世界性通货膨胀或经济危机。一国经济出现物价上涨或下跌，通过国际金融市场迅速传递到其他国家，出现连锁反应，导致其他国家亦发生通货膨胀或通货紧缩。一国出现金融或经济危机，通过国际金融市场迅速传导到世界各国，引起全球性金融或经济危机。

知识点二　国际货币市场

一、国际货币市场的概念和构成

1. 国际货币市场的概念

国际货币市场主要指期限在一年以内的银行短期信贷、短期证券及票据贴现市场，其中介机构包括商业银行、证券交易商和证券经纪人。

2. 国际货币市场的构成

(1) 短期信贷市场

主要是指银行间的市场。该市场提供1年或1年以内的短期贷款，目的在于解决临时性的资金需要和头寸调剂。贷款的期限最短为天，最长为1年，也提供3天、1周、1月、3月、半年等期限的资金；利率通常以伦敦银行同业拆放利率(LIBOR)为基准，交易通常以批发形式进行，少则几十万，多则几百万、几千万美元；交易简便，不需担保和抵押，完全凭信誉和电话、电传进行。

【知识拓展】LIBOR

伦敦银行间同业拆放利率是伦敦的顶级国际银行间相互借款的利率。英国银行家协会每日会从它认定的顶级国际银行间收集报价，计算和发布LIBOR，它反映的是银行从市场上筹集资金进行转贷的融资成本。由于欧洲货币市场在国际金融市场中的核心位置，LIBOR已经被用作国际金融市场中大多数浮动利率贷款的基础利率，并被企业用于筹资成本的核算。浮动贷款协议中所规定的利率大多数是在同期LIBOR利率基础上加上一定百分点得到的。

(2) 短期证券市场

这是国际间进行短期证券交易的场所，期限不超过1年。交易对象有短期国库券、可转让的银行定期存单、银行承兑汇票和商业承兑汇票。

(3) 贴现市场

贴现市场就是对未到期的票据按贴现方式进行融资的场所。贴现的票据主要有国库券、银行债券、公司债券、银行承兑票据和商业承兑票据，贴现率一般高于银行利率。

二、国际货币市场的作用

国际货币市场是国际短期资金进行交换的场所。在这个市场上，资金暂时盈余的单位可以与资金暂时赤字的单位相互满足需求：一方面，该市场为短期资金的需求单位提供了从隔夜到1年的各种短期资金；另一方面，一些希望利用暂时闲置的资金获取收益的资金持有人获得了投资的渠道。由于该市场跨越国界，可以在世界范围内进行短期资金的配置，增强了货币资金的效率。但是，由于该市场上的资金数额巨大且流动性强，因而易对国际秩序造成猛烈的冲击，引发货币、金融危机并对一国经济的外部平衡造成影响。

知识点三　国际债券市场

一、国际债券市场的概念

国际债券市场(International bond markets)是指由国际债券的发行人和投资人所形成的金融市场，具体可分为发行市场和流通市场。发行市场组织国际债券的发行和认购，流通市场安排国际债券的上市和买卖。这两个市场相互联系，相辅相成构成统一的国际债券市场。

【知识拓展】SUKUK

SUKUK(伊斯兰债券)是伊斯兰金融体系中的核心融资工具，遵循伊斯兰教法原则。其基本运作方式为：发行方将实体资产(如基础设施、房地产)注入特殊目的载体(SPV)，投资者购买SUKUK份额后，通过资产产生的现金流(如租金、项目收益)获得定期分配，到期后由发行方回购资产或分配残值实现本金回收。

SUKUK主要用于政府和企业的项目融资，尤其在基础设施、能源等实体经济领域应用广泛，是伊斯兰国家吸引本土及全球伊斯兰资本的重要渠道，目前全球市场规模超6000亿美元，马来西亚、沙特等为主要发行地区。

SUKUK的特征有：

(1) 伊斯兰教法合规性。严格遵循“禁止利息”和“禁止投机”原则，收益完全来自实体资产现金流(如租金、项目利润)，而非传统债券的固定利息，从根本上区别于利息驱动的金融工具。

(2) 资产支持本质。必须绑定真实资产，投资者通过SUKUK持有资产所有权份额，到期分享资产残值或回购收益，与发行方共担资产风险；传统债券是纯粹债权凭证，不涉及资产所有权。

(3) 独特法律与合约结构。通过特殊目的载体(SPV)和伊斯兰合约实现合规，交易结构虽较传统债券复杂，但透明度高，确保符合伊斯兰商业伦理。

二、外国债务与欧洲债券

1. 外国债券和欧洲债券的概念

国际债券（International bonds）是一国政府、金融机构、工商企业或国家组织为筹措和融通资金，在国外金融市场上发行的，以外国货币为面值的债券。按照是否以发行地当地货币为面值划分，国际债券有两种形式：外国债券和欧洲债券。

（1）外国债券

外国债券（foreign bonds）是在借款者的国外发行并以发行地所在国的货币标价的债券。根据债券发行的市场的和发行币种的不同，外国债券可以分为扬基债券、武士债券和猛犬债券等。

【知识拓展】熊猫债券

"熊猫债券"是指国际多边金融机构在华发行的人民币债券。根据国际惯例，国外金融机构在一国发行债券时，一般以该国最具特征的吉祥物命名。据此，2005年时任财政部部长金人庆将国际多边金融机构首次在华发行的人民币债券命名为"熊猫债券"。

（2）欧洲债券

欧洲债券（Eurobonds）通常由国际银团承销，在标价货币国之外的其他国家发行。欧洲债券的发行人、发行地以及面值货币分别属于三个不同的国家。欧洲债券一般由跨国公司、大型的国内公司、享有主权的政府以及国际机构等发行。它们通常在几个国家的资本市场上同时发售，而不是在标价货币国的资本市场上发售，对象也不是标价货币国的投资者。在历史上，欧洲债券的发行量在国际债券市场上占有最大的比重，但这种地位正在被外国债券所取代。

2. 外国债券和欧洲债券的区别

（1）外国债券的面值货币限定为发行地国家货币；欧洲债券发行人可根据具体因素，选择用某种第三国货币标明债券面值。

（2）外国债券由债券发行地所在国的证券公司或投资银行承销；欧洲债券通常由国际性证券公司或投资银行组织不同国家的分销商共同承销。

（3）外国债券的发行必须受发行地国家法律的支配，履行特定的申请和注册程序；而欧洲债券的发行一般不受债券发行地国家法令的管制，通常也无须向发行地国家履行申请和注册程序。

（4）外国债券发行人须按照市场所在国法律接受预扣证券发行税；欧洲债券采取不记名方式发行，发行人无须交税，投资者利息收入免征所得税。

【例1】中国某公司在新加坡发行美元债券，此种债券属于（　　）。（中央财大2015年）

A. 欧洲债券　　B. 外国债券　　C. 武士债券　　D. 扬基债券

【解析】A。欧洲债券是一国政府、金融机构、工商企业或国际组织在国外债券市场上以第三国货币为面值发行的债券。例如，法国一家机构在英国债券市场上发行的以美元为面值的债券即是欧洲债券，欧洲债券的发行人、发行地以及面值货币分别属于三个不同的国家。B项，外国债券是指外国借款人（政府、私人公司或国际金融机构）所在国与发行市场所在国具有不同的国籍并以发行市场所在国的货币为面值货币发行的债券；C项，武士债券是在日本债券市场上发行的外国债券；D项，扬基债券是在美国债券市场上发行的外国债券。

知识点四　国际股票市场

一、国际股票

1. 国际股票的概念

国际股票是指在股票的发行和交易过程，不是只发生在一国内，而通常是跨国进行的，即股票的发行者和交易者，发行地和交易地，发行币种和发行者所属本币等有至少一种和其他的不属于同一国度内。这个概念揭示了国际股票的本质特征，即它的整个融资过程的跨国性。

2. 国际股票的类型

(1) 在外国发行的直接以当地货币为面值并在当地上市交易的股票。如我国在香港发行上市交易的H股，在新加坡发行的S股，在纽约发行上市的N股。

(2) 以外国货币为面值发行的，但在国内上市流通的，以供境内外国投资者以外币交易买卖的股票。我国上市公司发行上市的B股就是这类股票。

(3) 存托凭证(DR)是指在一国证券市场流通的代表外国公司有价证券的可转让凭证。主要以美国存托凭证(ADR)形式存在。

【知识拓展】中国存托凭证(CDR)

DR，即 Depository Receipts，存托凭证，是指在一国流通的代表外国公司有价证券的可转让凭证。按其发行或交易地点之不同，被冠以不同的名称，比如美国(America)的存托凭证就叫 ADR，欧洲(European)的叫 EDR，中国(Chinese)的叫 CDR。

CDR 比较学术的定义是：中国存托凭证(Chinese Depository Receipt，CDR)，是指在境外(和中国香港)上市公司将部分已发行上市的股票托管在当地保管银行，由中国境内的存托银行发行、在境内 A 股市场上市、以人民币交易结算、供国内投资者买卖的投资凭证，从而实现股票的异地买卖。

CDR 可以在基本不改变现行法律框架的基础上，实现境外上市公司回归 A 股。第一批入围 CDR 名单已出炉，共有 8 家企业，除了 BAT，还有京东、携程、微博、网易以及香港上市的舜宇光学。

(4) 欧洲股票是指在股票面值货币所在国以外的国家发行上市交易的股票。欧洲股票是20世纪80年代产生于欧洲的国际股票形式。与直接海外上市的国际股票相比，欧洲股权的发行具有自己的特点：直接海外上市的企业往往先在国内上市；欧洲股权则是在多个国家市场上同时发行。另外，它采用国际市场竞价发行的方式。

二、国际股票市场

1. 国际股票市场的概念

国际股票市场是国际间通过发行股票来筹集资金的场所。它与国内股票市场不同之处，在于国际股票的发行是跨国界的。在国际股票市场中，股票的发行和买卖交易是分别通过一级市场和二级市场实现的。

一级市场即股票发行市场，二级市场即对已发行的股票进行买卖的市场。另外，根据二级市场的结构，它又可以分为证券交易所市场和场外交易市场两部分。

2. 国际股票的发行市场

(1) 一级市场

一级市场是指进行证券募集，以筹集资金的市场，实际上是指新证券的发行人从策划到由投资银行等中介机构承销，直至全部由投资人认购完毕的全过程。它是一个无形市场，不存在具体的固定场所。在这一过程中，涉及的当事人有：发行人，证券监管机构，公证机构，承销机构，投资人。

① 发行方式

股票发行是指发行者在一级市场按照法律规定的条件和程序，通过股票承销商向投资者发行股票的行为。按发行对象的不同，可分为私募发行与公募发行；按发行过程可分为直接发行和间接发行。

② 发行条件

发行条件指股票发行者在一级市场上发行股票筹集资金时所必须考虑的各种要求和条件。它通常包括初始发行条件，增资发行条件和配股发行条件等，但会因各国证券市场的要求不同而不同。

(2) 二级市场

二级市场是指将股票在证券交易所登记注册，并有权在交易所挂牌买卖，是买卖，转让已发行股票的市场，由证券交易所，经纪人，证券商和证券管理机构等组成，通常可分为场内和场外交易市场。

3. 国际股票的交易市场

(1) 股票交易所

股票交易所是进行股票买卖交易的场所。主要国际股票交易所的上市制度：

① 纽约证券交易所的上市制度

纽约证券交易所的上市标准：在世界范围内至少拥有 5000 名股东，公众持有股份数额超过 250 万股，总市值和有形资产分别达到 1 亿美元以上，过去三年税前收入的总和达到 1 亿美元，并且 3 年中任何一年的税前收入不低于 2500 万美元；必须有证券交易所会员公司的保荐；非美国公司必须按 1934 年《证券交易法》的规定进行注册登记；应有保荐的美国存托凭证。

纽约证券交易所的上市程序：保密资格审查，以给出一个正式的上市等级，并逐项列出需要达到的上市条件；递交正式申请；公布正式申请；接受上市。

② 伦敦证券交易所的上市制度

伦敦证券交易所的上市标准：当一家外国公司必须在注册所在国或在大多数股东所在国上市后，伦敦证券交易所才会接受其上市申请；申请公司必须采纳合适的会计标准来保护申请公司的不同投资者的利益；申请公司必须提供详细的报表，以对公司的运作绩效和财务状况进行充分的披露；申请公司利润留做储备的比率必须合适确定；申请公司必须提供资产评估标准的充分信息。

伦敦证券交易所的上市程序：完成伦敦证券交易所的上市程序通常需要 12 周至 24 周，具体为：聘请顾问，编写招股说明书初稿，研究证券定价，初稿递送伦敦证券交易所，评鉴上市说明书，正式递交文件，完成所有文件并由伦敦证券交易所审批通过，正式申请上市，支付上市费用，签署认购协议，获得上市资格。

③ 纳斯达克证券交易市场的上市制度

纳斯达克证券交易市场的上市程序：首次发行新股的上市程序，上市时间通常需要 3 至 6 个月的时间，包括以下程序：决定在纳斯达克市场上市，选择承销商，并进行审查，起草财务报告，填制年度报告，信息披露报告和编制招股说明书，申请预留交易代码，正式申请并向证交会登记，投放初步招股说明书，证交会登记后宣布登记生效，编制正式招股说明书，巡回路演，挂牌交易。

已发行股票的上市程序，通常时间相对较短，包括以下程序：决定在纳斯达克市场上市，选择承销商，填制年度报告，信息披露报告，申请预留交易代码，正式申请并向证交会登记，投放初步招股说明书，证交会登记后宣布登记生效，编制正式招股说明书，巡回路演，挂牌交易。

(2) 场外市场

① 柜台交易是指证券公司，经纪公司、经纪人、投资者等直接在交易柜台上进行面对面的交易，其中不涉及交易所，买卖股票的种类、数量、价格等均由交易双方协商决定。

② 第三市场是场内市场向场外的一种特殊延伸，是指已获得在证券交易所上市资格的股票，由非交易所会员的证券商进行场外交易。

③ 第四市场是场内市场向场外的另一种特殊延伸，是指交易双方不通过证券商而直接进行股票交易。

知识点五　欧洲货币市场

一、欧洲货币市场的概念

欧洲货币市场是指非居民之间以银行等金融机构为中介，在货币发行国国境之外进行的该国货币借贷的短期资金市场。

欧洲货币是指存放在发行国境外银行的任何一种货币。对于国际商务来说，欧洲货币市场是一个重要的、成本相对较低的资金来源。这里的“欧洲”，是指“非国内的”“境外的”“离岸的”，并非地理上的意义。

【例 2】在欧洲货币市场上，银行同业拆借的基准利率是(　　)。(中央财大 2016 年)

A. EURIBOR　　B. NIBOR　　C. LIBOR　　D. SHIBOR

【解析】C。伦敦银行同业拆借利率(LIBOR)是英国银行家协会根据其选定的银行在伦敦市场报出的银行同业拆借利率，进行取样并平均计算成为基准利率，是伦敦金融市场上银行之间相互拆借英镑、欧洲美元及其他欧洲货币资金时计息用的一种利率，已成为全球贷款方及债券发行人的普遍参考利率，是目前国际间最重要和最常用的市场利率基准。

二、欧洲货币市场的特点

欧洲货币市场是一个真正的完全自由的国际资金市场，它与传统的国际金融市场相比，具有许多突出的特点：

(1) 摆脱了任何国家或地区政府法令的管理约束

传统的国际金融市场，必须受所在地政府的政策法令的约束，而欧洲货币市场则不受国家政府管制与税收限制。因为一方面，这个市场本质上是一个为了避免主权国家干预而形成的“超国家”的资金市场，它在货币发行国境外，货币发行国无权施以管制；另一方面，市场所在地的政府为了吸引更多的欧洲货币资金，扩大借贷业务，则采取种种优惠措施。因此，这个市场经营非常自由，不受任何管制。

（2）突破了国际贸易与国际金融业务汇集地的限制

传统的国际金融市场，通常是在国际贸易和金融业务极其发达的中心城市，而且必须是国内资金供应中心，但欧洲货币市场则超越了这一限制，只要某个地方管制较松、税收优惠或地理位置优越，能够吸引投资者和筹资者，即使其本身并没有巨量的资金积累，也能成为一个离岸的金融中心。

（3）建立了独特的利率体系

欧洲货币市场利率较之国内金融市场独特，表现在其存款利率略高于国内金融市场，而放款利率略低于国内金融市场，如图 11–1 所示。存款利率较高，是因为一方面国外存款的风险比国内大，另一方面不受法定准备金和存款利率最高额限制。而贷款利率略低，是因为欧洲银行享有所在国的免税和免缴存款准备金等优惠条件，贷款成本相对较低，故以降低贷款利率来吸引顾客。因此，欧洲货币市场对资金存款人和资金借款人都极具吸引力。

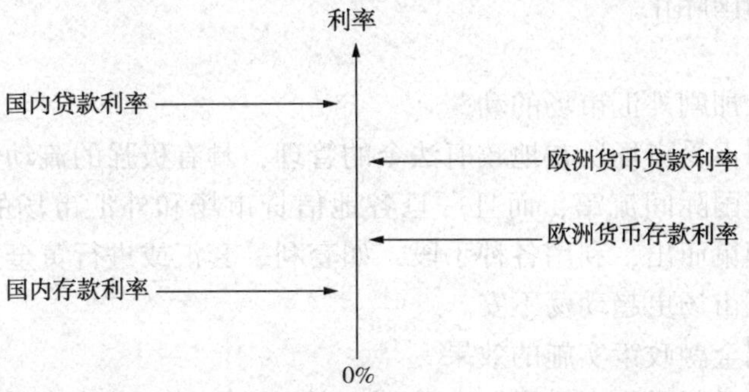

图 11–1　国内市场和欧洲货币市场的利差

（4）完全由非居民交易形成的借贷关系

欧洲货币市场的借贷关系，是外国投资者与外国筹资者的关系，亦即非居民之间的借贷关系。

（5）拥有广泛的银行网络与庞大的资金规模

欧洲货币市场是银行间的市场，具有广泛的经营欧洲货币业务的银行网络，它的业务一般都是在银行间、银行与客户之间进行；欧洲货币市场是以批发交易为主的市场，该市场的资金来自世界各地，数额极其庞大，各种主要可兑换货币应有尽有，充分满足了各国不同类型的银行和企业对不同期限和不同用途的资金的需求。

（6）具有信贷创造机制

欧洲货币市场不仅是信贷中介机制，而且是信贷创造机制。进入该市场的存款，经过银行之间的辗转贷放使信用得到扩大，这些贷款如果存回欧洲货币市场，便构成了货币市场派生的资金来源，把其再贷放出去则形成了欧洲货币市场派生的信用创造。

三、欧洲货币市场的作用

1. 积极作用

（1）为各国经济发展提供资金便利

由于缺乏政府管制，欧洲货币市场对存款人和借款人有极大的吸引力。缺乏管制使得各银行能对欧洲货币存款提供比国内货币存款更高的利率，使得欧洲货币存款对那些拥有可作存款的现金的人来说更有吸引力。缺乏管制同时也使得银行能够向欧洲货币的借款者收取比本币借款更低的利息，使得欧洲货币贷款对那些希望借款的人来说更有吸引力。换句话说，欧洲货币存款利率和贷款利率之间的利差比国内存款和贷款利率之间的利差要小。

（2）有利于平衡国际收支

欧洲货币市场的发展，拓展了金融市场的空间范围，也丰富了国际结算的支付手段。如果一国在国际贸易上出现了逆差，就可以从欧洲货币市场上直接借入欧洲美元或其他欧洲货币来弥补，从而缓和了逆差压力；反之，一国出现贸易顺差，过多的外汇储备也可投入该市场。这样，就达到了平衡国际收支的目的。

（3）推动了跨国公司国际业务的发展

欧洲货币市场作为离岸金融市场，不受各国法律制度的约束，它既可为跨国公司的国际投资提供大量的资金来源，又可为这些资金在国际间进行转移提供便利，从而推动跨国公司的国际经营和业务的国际化。

2. 消极作用

（1）刺激投机，加剧外汇市场的动荡

欧洲货币市场因不受市场所在地政府法令的管理，具有极强的流动性，有可能使上万亿美元的资金容易地在国际间流窜，而且一旦各地信贷市场和外汇市场的利率和汇率稍有变化，货币投机者便倾巢而出，利用各种手段，如套利、套汇或进行黄金投机牟取暴利，使本来已变化不定的外汇市场更趋动荡不安。

（2）会削弱各国金融政策实施的效果

当一些国家为了遏制通胀实施紧缩政策时，商业银行仍可以从欧洲货币市场上借入大批资金；反之，当一些国家为了刺激经济改行宽松的政策时，各国银行也可能把资金调往国外。这样就使政府的宏观金融政策效果被削弱，预期的目标也难以实现。

（3）增加了经营欧洲货币业务的银行所承担的风险

欧洲货币市场经常是国际信贷领域“超级风险”的根源。在欧洲货币市场上，首先，银行发放的长期信贷资金，大部分是从客户那里吸收来的短期存款，一旦银行信用出现问题而引起客户大量挤提，银行就会陷入困境；其次，欧洲货币的贷款，是由许多家银行组成银团联合贷出的，贷款对象又难以集中在一个国家或政府机构，万一贷款对象到期无力偿还，这些银行就会遭受损失；再次，欧洲货币市场没有一个中央机构，使其缺乏最后融资的支持者，且该市场也没有存款保险制度；最后，该市场本身就是一个信用创造机制。因此，在欧洲货币市场上操作，风险是很大的。

（4）增加了在欧洲货币市场中的存款者和贷款者的风险

当存款者使用一个受监管的银行业体系时，银行倒闭从而导致其存款损失的可能性是很小的。政府监管维持着银行系统的流动性。而在一个欧洲货币市场那样无监管的体系中，银行倒闭导致存款者存款损失的可能性就较大。因此，接受本国存款的较低利率反映了确保银行不会倒闭的代价。

借入国际贷款会使一家公司暴露于外汇风险之下。因此，许多公司以本币借入资金以避免外汇风险，尽管欧洲货币市场可以提供更加有吸引力的利率。

习题精编

一、名词解释

1. 国际金融市场（上海财大 2012 年）
2. 欧洲美元市场（上海大学 2018 年）
3. 银团贷款
4. 欧洲货币（上海外国语 2019 年）
5. 欧洲债券（南京大学 2017 年）
6. 美国存托凭证（ADR）
7. LIBOR
8. 石油美元

二、简答题

1. 简述离岸金融市场及其主要特征。
2. 简述欧洲货币市场的主要特点。（中央财大 2012 年）
3. 国际金融中心形成必须具备哪些条件？（中央财大 2018 年）
4. 简述欧洲债券和外国债券的区别。

三、论述题

1. 论述欧洲货币市场对国际金融市场的影响。
2. 什么是 CDR？我国发行 CDR 有什么经济意义？

习题参考答案

一、名词解释

1. 国际金融市场是指由国际性的资金借贷、结算、汇兑以及有价证券、黄金和外汇的买卖活动所组成的市场。国际金融市场超越了地理空间的限制，增强了交易的深度和广度，使世界经济得到前所未有的发展。但与此同时，快速、大额的资本流动也通过资本和金融账户直接或间接地对各国的国际收支和国民经济造成巨大影响，并引发了跨国界的货币金融危机。

2. 欧洲美元市场是经营美国以外美元存款交易的国际资金借贷市场。“欧洲美元”的清算中心在英国伦敦。欧洲美元市场的优势在于不受任何国家法令限制，免税，不缴纳法定储备，流动性强，主要作为银行间同业短期资金批发市场，参与者多为商业银行、各国央行及政府，主要借款人为跨国公司，交易对象多为具有标准期限的定期存款，一般为短期，其余为可转让存单。

3. 银团贷款又称为辛迪加贷款，是由获准经营贷款业务的一家或数家银行牵头，多家银行与非银行金融机构参加而组成的银行集团采用同一贷款协议，按商定的期限和条件向同一借款人提供融资的贷款方式。国际银团是由不同国家的多家银行组成的银行集团。

4. 欧洲货币是指存放在发行国境外银行的任何一种货币。对于国际商务来说，欧洲货币市场是一个重要的、成本相对较低的资金来源。这里的“欧洲”，是指“非国内的”“境外的”“离岸的”，并非地理上的意义。

5. 欧洲债券指长期资本的借款人以欧洲货币为面值在欧洲债券市场上发行的承担到期偿付本息义务的债务凭证。欧洲债券是国际债券的一种。欧洲债券的借款人可以根据其用途自由选择任何一种货币种类和发行市场，自欧洲债券市场产生以来，以欧洲美元为面值发行的欧洲债券始终占有主要地位。欧洲债券的发行人主要是发达国家的企业、政府以及跨国公司和国际组织等。欧洲债券分为固定利率债券和浮动利率债券，期限通常为15年，最长可达30年。

6. 美国存托凭证是美国商业银行为协助外国证券在美国交易而发行的一种可转让证书。通常代表非美国公司可公开交易的股票和债券。股票通过美国存托凭证方式上市有以下优点：① 提高发行公司在国外市场的知名度，拓展境外筹资渠道，为日后直接在美国市场发行证券奠定基础。② 具有比一般股票更高的流动性。不仅存托凭证之间可互换，也可与其他证券互换。③ 降低交易成本。美国存托凭证大多在美国证券交易委员会注册，被看作是一种美国证券，可以在美国的证券交易所市场或柜台交易市场进行自由交易，便于非美国公司进入美国证券市场。

7. LIBOR，是 London Interbank Offered Rate 的缩写，即伦敦银行同业拆放利率，指欧洲货币市场上，银行与银行之间的一年期以下的短期资金借贷利率。LIBOR 已经作为国际金融市场中大多数浮动利率的基础利率，银行从市场上筹集资金进行转贷的融资成本，贷款协议中议定的 LIBOR，通常是几家指定的参考银行在规定的时间报价的平均利率。

8. 石油美元是1973年石油危机后形成的全球石油贸易美元计价结算体系，核心是美国与沙特等 OPEC 国家的协议：OPEC 以美元定价石油，美国则保障其国家安全。石油出口国通过卖油获得大量美元，再将资金投资于美国国债、股票等资产，形成“石油-美元-美债”的闭环循环。这一体系巩固了美元的国际储备货币地位，支撑美国资本市场流动性，深刻影响全球资本流动和国际收支格局。

二、简答题

1.（1）20世纪60年代以后发展起来的以离岸金融业务为主要特征的一些区域性国际金融市场被称为新型的国际金融市场，又称离岸国际金融市场。离岸金融市场是指主要为非居民提供境外货币借贷或投资、贸易结算、外汇黄金买卖、保险服务及证券交易等金融业务和服务的一种国际金融市场，亦称境外金融市场，其特点可简单概括为市场交易以非居民为主，基本不受所在国法规和税制限制。

（2）离岸金融市场的主要特征

① 业务活动很少受法规的管制，手续简便，低税或免税，效率较高。

② 离岸金融市场借贷货币是境外货币，借款人可以自由挑选货币种类。该市场上的借贷关系是外国放款人与外国借款人的关系，这种借贷关系几乎涉及世界上所有国家。

③ 市场有相对独立的利率体系。离岸金融市场利率一般来说，其存款利率略高于国内金融市场，利差很小，更富有吸引力和竞争性。

④ 市场范围广阔、规模巨大、资金实力雄厚。

2. 欧洲货币市场是一个真正的完全自由的国际资金市场，它与传统的国际金融市场相比，具有许多突出的特点：

（1）摆脱了任何国家或地区政府法令的管理约束

传统的国际金融市场，必须受所在地政府的政策法令的约束，而欧洲货币市场则不受国家政府管制与税收限制。因为一方面，这个市场本质上是一个为了避免主权国家干预而形成的“超国家”的资金市场，它在货币发行国境外，货币发行国无权施以管制；另一方面，市场所在地的政府为了吸引更多的欧洲货币资金，扩大借贷业务，则采取种种优惠措施。因此，这个市场经营非常自由，不受任何管制。

（2）突破了国际贸易与国际金融业务汇集地的限制

传统的国际金融市场，通常是在国际贸易和金融业务极其发达的中心城市，而且必须是国内资金供应中心，但欧洲货币市场则超越了这一限制，只要某个地方管制较松、税收优惠或地理位置优越，能够吸引投资者和筹资者，即使其本身并没有巨量的资金积累，也能成为一个离岸的金融中心。

（3）有自己独特的利率体系

欧洲货币市场利率较之国内金融市场独特，表现在其存款利率略高于国内金融市场，而放款利率略低于国内金融市场。存款利率较高，是因为一方面国外存款的风险比国内大，另一方面不受法定准备金和存款利率最高额限制。而贷款利率略低，是因为欧洲银行享有所在国的免税和免缴存款准备金等优惠条件，贷款成本相对较低，故以降低贷款利率来吸引顾客。因此，欧洲货币市场对资金存款人和资金借款人都极具吸引力。

(4) 完全由非居民交易形成的借贷关系

欧洲货币市场的借贷关系，是外国投资者与外国筹资者的关系，亦即非居民之间的借贷关系。非居民之间的交易，又称中转或离岸交易。

(5) 拥有广泛的银行网络与庞大的资金规模

欧洲货币市场是银行间的市场，具有广泛的经营欧洲货币业务的银行网络，它的业务一般都是在银行间、银行与客户之间进行；欧洲货币市场是以批发交易为主的市场，该市场的资金来自世界各地，数额极其庞大，各种主要可兑换货币应有尽有，充分满足了各国不同类型的银行和企业对不同期限和不同用途的资金的需求。

(6) 具有信贷创造机制

欧洲货币市场不仅是信贷中介机制，而且是信贷创造机制。进入该市场的存款，经过银行之间的辗转贷放使信用得到扩大，这些贷款如果存回欧洲货币市场，便构成了货币市场派生的资金来源，把其再贷放出去则形成了欧洲货币市场派生的信用创造。

3. 国际金融市场的形成条件有：

(1) 政局稳定。这是国际金融市场形成的最基本的条件。

(2) 自由开放的经济体制。包括取消外汇管制、对外开放度高、资金自由输出输入等。

(3) 健全的金融制度和发达的金融机构。所谓健全的金融体制指：①具有完善的法律体系。②建立系统、严明、高效并符合国际惯例的金融及经济监督机制。③形成灵活、高效的货币调控体系。④建立能够充分、合理、公平竞争的商业银行体系和证券公司体系。

(4) 经济稳定增长，文化和地理条件适宜。经济稳定增长不仅指本地区，而且指整个国家经济长期稳定增长，甚至指周边国家。一般说来，文化因素包括区域内受教育的程度、道德修养程度、宗教信仰、行为习惯、人才结构——特别是国际化人才所占比重等。这些方面的水平越高，与海外文化的融合性越强，开展国际金融业务的范畴越大。此外，现代化的通信设施与交通便利的地理位置都是形成国际金融市场的极佳要素。

(5) 训练有素的国际金融人才。人才是能否提供优质服务的关键因素，也是国际金融市场形成的关键因素。

(6) 币值稳定。金融中心作为区域乃至世界的资金集散地，虽然外部流入和向外流出的资金所占比重很大，但是本国资金要占有相当的比重。

(7) 一定规模的金融市场。金融市场的规模由两个方面所构成，其一为资金来源规模；其二为资金使用规模，相比之下，前者更为重要。

4. (1) 外国债券和欧洲债券的内涵

① 外国债券是指外国借款人(政府、私人公司或国际金融机构)所在国与发行市场所在国具有不同的国籍并以发行市场所在国的货币为面值货币发行的债券。对于发行方式，现在有两种，其一是公募，另一种就是私募。公募指向社会上不特别指定的广大投资者进行募集资金。

② 欧洲债券是票面金额货币并非发行国家当地货币的债券，是指以外在通货为单位，在本国外在通货市场进行买卖的债券。欧洲债券不受任何国家资本市场的限制，免扣缴税，其面额可以发行者当地的通货或其他通货为计算单位。对多国公司集团及第三世界政府而言，欧洲债券是他们筹措资金的重要渠道。欧洲债券并不是指在欧洲发行的债券，它并非局限于地理概念上的欧洲范围。

(2) 外国债券和欧洲债券的区别

① 主要是发行债券的计价货币不同。外国债券是市场所在地的非居民在一国债券市场上以该国货币为面值发行的国际债券。欧洲债券与传统的外国债券不同，是市场所在地非居民在面值货币国家以外的若干个市场同时发行的国际债券。

② 外国债券一般由市场所在地国家的金融机构为主承销商组成承销辛迪加承销，而欧洲债券则由来自多个国家金融机构组成的国际性承销辛迪加承销。

③ 外国债券受市场所在地国家证券主管机构的监管，公募发行管理比较严格，需要向证券主管机构注册登记，发行后可申请在证券交易所上市；私募发行无须注册登记，但不能上市挂牌交易。欧洲债券发行时不必向债券面值货币国或发行市场所在地的证券主管机构登记，不受任何一国的管制，通常采用公募发行方式。

④ 外国债券的发行和交易必须受当地市场有关金融法律法规的管制和约束；而欧洲债券不受面值货币国或发行市场所在地的法律的限制，因此债券发行协议中必须注明一旦发生纠纷应依据的法律标准。

⑤ 外国债券投资者必须根据市场所在地的法规交纳税金；而欧洲债券采取不记名债券形式，投资者的利息收入是免税的。

⑥ 外国债券付息方式一般与当地国内债券相同，如扬基债券一般每半年付息一次；而欧洲债券通常都是每年付息一次，以减少投资者国际分散化给付息带来的不便。

三、论述题

1. 欧洲货币市场是对离岸金融市场的概括和总称，是当今国际金融市场的核心。欧洲货币又称境外货币、离岸货币，是在货币发行国境外被存储和借贷的各种货币的总称。之所以称为欧洲货币市场，是因为它是由欧洲美元市场发展而来的。欧洲货币市场对国际金融市场的影响阐述如下。

（1）积极影响

① 推动了国际金融市场的一体化，促进了国际资本的流动。欧洲货币市场的产生和发展，打破了传统国际金融市场因国界限制而形成的相互隔绝状态，全球的离岸金融市场通过现代化通信设备与网络相互联系起来，促进了国际间资金的流动和国际金融市场的一体化。

② 欧洲货币市场推动了金融创新的发展。欧洲货币市场本身就是20世纪最重要的金融市场创新，同时欧洲货币市场由于管制较少，交易自由，为金融工具创新提供了良好的外部环境。如欧洲定期存单、欧洲债券、浮动利率票据、票据发行便利、远期利率协议等都出现在欧洲货币市场。

（2）消极影响

① 使国际金融体系变得更加脆弱。欧洲货币市场上国际信贷的主要方式是借短贷长，作为欧洲银行业的主要资金来源，欧洲货币存款绝大部分是一年以下的短期资金。然而20世纪70年代以来，欧洲货币贷款多半是中长期的，金融市场一旦有任何不利消息传出，储户就有可能提存，银行就会面临流动性危机。同时，欧洲货币通过欧洲银行的多次转存，形成复杂的连锁借贷关系，若个别银行发生清偿困难或倒闭时，就会引起连锁反应。因为欧洲货币市场没有一个中央银行作为最后贷款人，所以这对国际银行体系的安全埋下了隐患。

② 欧洲货币市场的外汇投机活动加剧了汇率波动。由于欧洲货币市场资金流动不受限制，有大量短期资金用于套汇、套利活动，导致大规模资金在几种货币之间频繁移动，从而加剧了有关汇率的波动，影响了国际金融市场和各国货币金融的稳定。

③ 加大了国际金融市场的信贷风险。欧洲货币市场的资金来源中，短期资金和同业拆借资金占有相当大的比重，而欧洲货币市场中的很多贷款是中长期的。这种短借长贷的运作方式加大了国际金融市场的信贷风险。

2. 中国存托凭证（Chinese Depository Receipt，CDR），是指在境外（和中国香港）上市公司将部分已发行上市的股票托管在当地保管银行，由中国境内的存托银行发行、在境内A股市场上市、以人民币交易结算、供国内投资者买卖的投资凭证，从而实现股票的异地买卖。

CDR可以在基本不改变现行法律框架的基础上，实现境外上市公司回归A股。我国发行CDR有以下经济意义：

首先，发行CDR可以推进股票市场的发展，加快我国资本市场国际化进程。资本市场是市场经济的重要组成部分，在金融资源配置和引导实物资源配置中有着基础性的作用，其中最为主要的则是股票市场。我国股票市场自从20世纪90年代初建立以来得到了长足的发展，但同时也存在着诸多不容忽视的问题，如上市公司总体素质偏低、投资者市场投资信心不足等。要想改变现存的状态，CDR的发行可作为实现的途径之一。一方面，CDR的发行者一般是业绩相对较好、公司治理及管理水平较高的公司，如香港市场上的“红筹股”公司，将代表这些公司的CDR引入我国的股票市场，并配以完善的上市公司监管及退市制度，促使那些业绩及管理等相对较差的公司自加压力，借鉴先进的管理思维及方法，这样就可以大大提高上市公司的整体素质。另一方面，我国资本市场的国际化将是必然的趋势，其中包括机构、交易品种、交易制度、市场监管等多方面的国际化。CDR作为一种金融创新品种，通过它的发行可以加强我国资本市场与境外市场的交流与合作，提高我国资本市场监管水平及国际知名度，并使之逐步与国际接轨。

其次，发行CDR可以拓宽投资者的投资渠道，优化投资组合。据中国人民银行公布的数据显示，截至2005年底，我国城乡居民储蓄存款达到14.1万亿元，企业存款余额也达到9.6万亿元。造成这种高储蓄率现象的一个重要原因是当前投资渠道的不畅。我国股票市场自2001年急剧下跌以来一直处于低迷状态，加上债券市场规模较小，房产投资面临调控，以及新兴理财投资方式缺乏诚信制度和相关规范，导致投资者只有较小的可选择空间。当前若推出CDR，无疑会扩大投资者的投资范围。同时，发行CDR的公司一般为境外优质的上市公司，有较大投资价值，可以丰富投资者证券投资组合方式，从而分散投资者的风险，恢复投资者的信心。

再次，发行CDR为我国境外上市公司内地融资提供方便。当前境外公司，特别是在境外上市的中国企业，有着较强的内地直接融资需求，而我国现有的法律和制度对这类公司在A股市场上直接融资有着严格的规定。如果推出CDR，这些公司则可以绕开某些限制，实现内地市场的直接融资，优化企业的资本结构，满足它们的融资需求，同时也使他们具有更大的利润空间。

最后，CDR的发行有利于增强我国银行的业务及盈利能力。近年来，为了在外资银行享受“国民待遇”之前做好充分准备，我国银行业发展迅速，各大银行通过各种途径增强自身的竞争能力。银行参与CDR的发行不仅可以扩大其业务范围，而且可以获得可观的发行及服务费用，提高银行的盈利能力。同时，由于CDR和基础股票在两个不同的市场上运行，可以加强银行间的国际协作，加快我国银行业的国际化。

第 12 章　国际金融危机

本章属于冷门专题章节，只有上海财经大学、南京大学、湖南大学这些侧重国际金融考查的高校在命题中才会涉及。

知识脉络

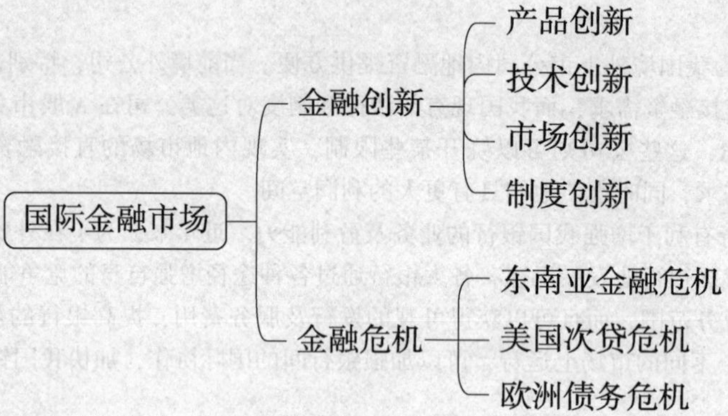

大纲解析

知识点一　20 世纪 90 年代以来的国际金融危机

一、国际金融危机概述

金融危机是货币危机、信用危机、银行危机、债务危机、证券市场和金融衍生产品市场危机等的总称，一般是指一个国家金融领域中出现的剧烈动荡和混乱，对实物经济的运行产生极其不利的影响。

表现为金融领域所有的或绝大部分的金融指标急剧恶化，股市暴跌，资本外逃，信用遭到破坏，银根奇紧，利率上升，银行发生挤兑，金融机构大量破产倒闭，官方储备大量减少，无力偿还到期的债务本息，货币的对内对外大幅度贬值等。

国际金融危机，是指国际金融领域所发生的剧烈动荡和混乱通过支付和金融操作，或通过金融恐慌心理迅速传导到相关的国家或地区，而使有关国家或地区的金融领域出现剧烈动荡和混乱。

二、金融危机的分类

1. 以金融危机的性质、内容来划分

（1）货币市场危机

货币市场危机又称货币危机，是指在实行固定汇率制或带有固定汇率制色彩的钉住汇率安排的国家，由于其国内经济变化没有配合相应的汇率调整，导致其货币内外价值脱节，通常表现为本币价值高估，由此引发的投机冲击加大了外汇市场上本币的抛压，其结果是外汇市场上本币大幅度贬值，或者该国金融当局为捍卫本币币值而动用大量的国际储备干预市场或大幅度提高国内利率。

(2) 资本市场危机

资本市场危机指某些国家的资本市场(主要是股票市场)由于国内外原因，导致价格在短期内大幅度下降。资本市场危机与货币市场危机具有联动作用，资本市场危机可以导致货币市场危机，而货币市场危机同样可以导致资本市场危机。

(3) 金融机构危机

金融机构危机又称银行业危机，指某些商业银行或非银行金融机构由于内部或外部原因，出现大量不良债权或巨额亏损，导致破产倒闭或支付困难。

其影响极易扩散，引发社会对各类金融机构的挤提风潮，从而严重威胁整个金融体系的稳定。

(4) 综合金融危机

表现为上述几种危机的混合体。

2. 以金融危机的影响程度来划分

(1) 系统性金融危机

这类危机源于系统性金融风险，其影响深远且带有明显的全局性特征，如果处理不当将危及一国金融体系乃至世界金融体系的安全与稳定，前面提到的综合金融危机就是系统性金融危机。

系统性金融风险包括：外债风险、制度性风险、国家金融风险、泡沫型风险等。

【知识拓展】明斯基时刻

明斯基时刻是指美国经济学家海曼·明斯基所描述的时刻，即资产价值崩溃的时刻。明斯基观点主要是经济长时期稳定可能导致债务增加、杠杆比率上升，进而从内部滋生爆发金融危机和陷入漫长去杠杆化周期的风险。经济好的时候，投资者倾向于承担更多风险，随着经济向好的时间不断推移，投资者承受的风险水平越高，直到超过收支不平衡点而崩溃。这种投机资产促使放贷人尽快回收借出去的款项。“就像引导到资产价值崩溃时刻”。

(2) 非系统性金融危机

这类危机源于非系统性金融风险，其影响往往局限于某一特定金融机构、金融市场或金融领域，一般不会对他国的金融体系产生直接的威胁。

不排除非系统性金融危机由于处理不当在一定条件下转化为系统性金融危机的可能性。

三、金融危机的成因

金融动荡和危机已成为一种世界性现象。据 IMF 资料表明，自 1980 年以来，该组织 181 个成员中有 133 个成员发生过重大金融动荡，52 个国家的大多数银行多次失去支付能力。进入 20 世纪 90 年代以来，金融动荡和危机频繁发生，主要有：1991 年英国货币危机，1992 年欧洲汇率机制危机，1994 年墨西哥金融危机和全球债券市场危机，1995 年美元狂跌，英国巴林银行破产，1996 年捷克、保加利亚和俄罗斯的银行倒闭，1997 年亚洲金融危机等。

1994年底爆发的墨西哥金融危机，人们在很大程度上将其视为个别国家的偶然现象，而1997年爆发的亚洲金融危机则促使人们不得不从更广阔和深刻的角度来看待这种现象产生的原因和后果、金融动荡和危机在不同国家爆发都有其特有的内在原因，而且内因往往是主要的，但它作为一种世界性现象，却有其值得注意的共同性原因：那就是金融动荡和危机与经济全球化过程特别是金融自由化过程密切相关。由于金融自由化发展迅速，许多发展中国家金融体制尚不健全，政府缺乏有效的调控和管制手段，在条件还不具备的情况下过早地实行金融自由化，这是导致发展中国家产生金融危机的最主要原因。

（1）国际金融市场的规模不断扩大，金融风险增加

20世纪90年代以来，各国金融市场日趋自由化，出现了货币自由兑换和自由输出输入、汇率自由浮动、国际金融资本大量流动、外国金融机构自由活动并与本国金融机构融合，证券交易急剧发展等现象，从而使国际金融市场的规模不断扩大，这不仅表现在外汇市场规模的不断扩大上，同时也表现在国际债券市场规模不断扩大和发展中国家引进外资规模的不断扩大上、国际金融市场规模的不断扩大，必然伴随金融风险的增加。

（2）金融运行与实体经济脱节的现象日益严重，经济泡沫随时可能产生和破灭

泰国的金融危机主要是由经济泡沫的破灭导致的。美国经济学家乔纳森·特南鲍姆在《世界金融与经济秩序的全面大危机》一文中，将泡沫经济形容为“倒金字塔式”的经济体系，它将庞大的金融体系建立在越来越缩小的实体经济基础之上，这种经济体系是不可能持久的。因为：

① 金融体制的信誉和稳定性是建立在货币资产可以转换的物质价值之上的，一旦这种信念动摇了，那么整个金融体制就瓦解了。

② 充满金融气泡的“倒金字塔”体系和其他泡沫一样，要避免破灭的厄运，就要不断地膨胀，而这些虚假的金融价值赖以生存的物质基础是倒金字塔的最底层的物质生产和财富。

③ 在庞大的债务压力和“倒金字塔”上层虚假资本的侵蚀下，实体经济的发展已经陷入停滞或萎缩状态。为了维护债务结构和金融气泡的生存，对物质基础的掠夺将变得更加残酷和肆无忌惮。

④ 当世界物质经济再也无法维持金融泡沫时，“倒金字塔”的崩溃就不可避免了。

⑤ 由于这种金融体制是依赖“杠杆原理”建立起来的，其瓦解的过程也会借助杠杆的力量，产生一系列的连锁反应。

（3）金融衍生工具的迅速发展给国际金融市场的健康与安全带来威胁

20世纪70年代以来，特别是进入90年代以后，国际金融市场日趋活跃，金融资本高速增长，金融衍生工具不断创新。根据初步统计，自80年代以来，经合组织成员国全球金融资本的增长速度比这些国家的国内生产总值的增长速度高2.5倍。一些“国际炒家”与本地投机者相结合，兴风作浪，操作发展中国家的金融市场，造成汇市和股市的剧烈波动，借机大发横财。金融市场开放度和自由度过大的发展中国家更容易成为这些国际炒家的攻击目标。当然，金融危机发生的原因还与一个国家的政治、经济环境以及财政政策和国际收支状况存在密切关系。

四、金融危机的影响

（1）金融危机对金融体系的影响

20世纪30年代的大危机宣告了国际金本位制的灭亡，随后诞生以固定汇率下的“双挂

钩”为特征的布雷顿森林体系。70年代的美元危机后，牙买加体系取代了布雷顿森林体系。进入90年代以来，国际金融危机爆发的频率更高，而原因也更为复杂，浮动汇率制也并没有像设想的那样自动实现内外均衡。2007年爆发的次贷危机不仅对美国银行机构造成重创，对其他各国金融体系也形成了巨大的冲击，国外一些大型银行的旗下基金传出停止赎回、遭受巨额损失的消息。德国的IKB银行、荷兰的NIBC Holding也因为投资于美国次贷市场遭受巨额损失，之后德国银行业已展开对IKB的救援行动，NIBC Holding则传出将被收购的消息。在亚洲，日本的数家大型银行也公布了在美国次贷市场的投资损失。次贷危机不仅给金融机构带来了巨额损失，还导致了市场信心的极度匮乏，为了避免损失，投资者加速赎回或抛售，造成全球股市、汇市动荡。此外，由于人们普遍担心次贷危机会造成美国乃至全球经济增长放缓，致使市场对原油、金属等大宗商品的需求减弱。

（2）金融危机对经济增长的影响

1929—1933年的金融危机对资本主义世界经济的影响无疑是深刻的。整个资本主义世界的工业水平下降37.2%。其中，美国下降40.6%，主要国家的经济状况退回到了19世纪末20世纪初的水平。而爆发在2007年的次贷危机，对全球经济也造成了严重的影响。美国经济总量占全球GDP的28%，同时，美国又是世界最大的消费品市场，次贷危机前美国在全球消费市场中占比42%。次贷危机对世界经济造成消极影响的路径主要有：首先，对外出口下降，以中国为例，由于危机导致美国和欧洲的进口需求疲软，中国出口增长下降；其次，危机引发了全球性的通胀，当前，许多国家面临着通货膨胀和经济增长趋缓的双重压力，无论是处于经济周期由高到低的发达国家，还是在经济周期持续上扬的新兴市场国家，无论是处于降息通道的美国，还是按兵不动的欧盟和日本，甚至在实施从紧货币政策的中国，通货膨胀都随处可见；再者，次贷危机还加大了汇率风险和资本市场风险，进一步对经济构成深层冲击。

（3）金融危机对社会稳定的影响

金融危机的爆发，通常都伴随着居民生活水平的迅速下降和社会问题的急剧恶化，具体体现在通货膨胀率上升、真实工资下降、资产价格缩水、失业率上升、贫困问题恶化、居民生活水平下降、社会发展指标下滑等方面，但是各次危机对社会领域的冲击程度差异十分明显。2001年阿根廷金融危机，使积累多年的社会问题和各项社会发展指标进一步恶化，尤其是劳动力工资的购买力急剧下降，贫困人口大规模增加的问题突出。美国次贷危机发生后，亚洲、非洲、拉丁美洲的一些发展中国家消费物价指数（CPI）出现不同程度的上升，从2007年9月到2009年9月，约旦、土耳其通货膨胀率分别上升37%和18%，导致资产价格缩水、人们财富水平下降，尤其是对穷人的收入影响更大，引发世界贫困人口激增、居民生活水平下降等一系列严重问题。同时，对中国也造成了一系列消极影响：居民财富缩水、消费需求下降、企业大批亏损、失业率增加等社会问题。其中，次贷危机导致财富缩水的影响渠道主要有两个：第一，次贷危机导致中国通货膨胀率上升，2007年11月，我国物价上涨率达到6.19%，创11年来新高，2008年1月和2月，物价上涨率更是高达7.11%和8.17%；第二，次贷危机导致中国股市大跌，金融资产大幅贬值，进一步加剧了财富缩水，2007年11月至2008年11月，上证A股指数由6000多点跌至1700多点，深股指数由20000多点跌至6000多点，虽然从2008年年底至今，中国股市曲折回升，但仍未恢复到金融危机之前的水平。

五、20 世纪 90 年代以来主要的金融危机

1. 东南亚金融危机

(1) 概述

东南亚金融危机发生于 1997 年 7 月至 10 月，由泰国开始，之后进一步影响了邻近亚洲国家的货币、股票市场和其他的资产价值。

(2) 原因

① 直接触发因素包括：

a. 国际金融市场上游资的冲击。在全球范围内大约有 7 万亿美元的流动国际资本。国际炒家一旦发现在哪个国家或地区有利可图，马上会通过炒作冲击该国或地区的货币，以在短期内获取暴利。

b. 亚洲一些国家的外汇政策不当。它们为了吸引外资，一方面保持固定汇率，一方面又扩大金融自由化，给国际炒家提供了可乘之机。

c. 为了维持固定汇率制，这些国家长期动用外汇储备来弥补逆差，导致外债的增加。

d. 这些国家的外债结构不合理。在中期、短期债务较多的情况下，一旦外资流出超过外资流入，而本国的外汇储备又不足以弥补其不足，这个国家的货币贬值便是不可避免的了。

② 内在基础性因素包括：

a. 透支性经济高增长和不良资产的膨胀。保持较高的经济增长速度，是发展中国家的共同愿望。当高速增长的条件变得不够充足时，为了继续保持速度，这些国家转向靠借外债来维护经济增长。但由于经济发展不顺利，到 20 世纪 90 年代中期，亚洲有些国家已不具备还债能力。在东南亚国家，房地产吹起的泡沫换来的只是银行贷款的坏账和呆账。

b. 市场体制发育不成熟。一是政府在资源配置上干预过度，特别是干预金融系统的贷款投向和项目；另一个是金融体制特别是监管体制不完善。

c. “出口替代”型模式的缺陷。“出口替代”型模式是亚洲不少国家经济成功的重要原因。但这种模式也存在着三方面的不足：一是当经济发展到一定的阶段，生产成本会提高，出口会受到抑制，引起这些国家国际收支的不平衡；二是当这一出口导向战略成为众多国家的发展战略时，会形成它们之间的相互挤压；三是产品的阶梯性进步是继续实行出口替代的必备条件，仅靠资源的廉价优势是无法保持竞争力的。亚洲这些国家在实现了高速增长之后，没有解决上述问题。

③ 世界经济因素主要包括：

a. 经济全球化带来的负面影响。经济全球化使世界各地的经济联系越来越密切，但由此而来的负面影响也不可忽视，如民族国家间利益冲撞加剧、资本流动能力增强、防范危机的难度加大等。

b. 不合理的国际分工、贸易和货币体制，对第三世界国家不利。在生产领域，仍然是发达国家生产高技术产品和高新技术本身，产品的技术含量逐级向欠发达、不发达国家下降，最不发达国家只能做装配工作和生产初级产品。在交换领域，发达国家能用低价购买初级产品和垄断高价推销自己的产品。在国际金融和货币领域，整个全球金融体系和制度也有利于金融大国。

【例 1】1997 年东南亚金融危机发源于(　　)。

A. 墨西哥　　B. 韩国　　C. 印度尼西亚　　D. 泰国

【解析】D。东南亚金融危机始于 1997 年 7 月 2 日泰国放弃固定汇率制，泰铢贬值。

2. 美国次贷危机

(1) 概述

美国次贷危机又称次级房贷危机，也译为次债危机。它是指一场发生在美国，因次级抵押贷款机构破产、投资基金被迫关闭、股市剧烈震荡引起的金融风暴。它致使全球主要金融市场出现流动性不足危机。美国"次贷危机"是从 2006 年春季开始逐步显现的。2007 年 8 月开始席卷美国、欧盟和日本等世界主要金融市场。次贷即"次级按揭贷款"，"次"的意思是指：与"高"、"优"相对应的，形容较差的一方，在"次贷危机"一词中指的是信用低、还债能力低。

(2) 原因

对于美国金融危机的发生，一般看法都认为，这场危机主要是金融监管制度的缺失造成的，华尔街投机者钻制度的空子，弄虚作假，欺骗大众。这场危机的一个根本原因在于美国近三十年来加速推行的新自由主义经济政策。

所谓新自由主义，是一套以复兴传统自由主义理想，以减少政府对经济社会的干预为主要经济政策目标的思潮。美国新自由主义经济政策开始于 20 世纪 80 年代初期，其背景是 70 年代的经济滞胀危机，内容主要包括：减少政府对金融、劳动力等市场的干预，打击工会，推行促进消费、以高消费带动高增长的经济政策等。

① 为推动经济增长，鼓励寅吃卯粮、疯狂消费。

自由主义经济学理论历来重视通过消费促进生产和经济发展。亚当·斯密称"消费是所有生产的唯一归宿和目的"。熊彼特认为资本主义生产方式和消费方式"源于一种以城市享乐生活为特征的高度世俗化"，也就是说，他们认为奢侈消费在表面上促进了生产。

② 社会分配关系严重失衡，广大中产阶级收入不升反降。

近 30 年来，美国社会存在着一种很奇怪的现象，一方面是美国老百姓超前消费，另一方面，老百姓的收入却一直呈下降态势。统计表明，这几十年来美国贫富收入差距不断扩大。

美国经济在快速发展，但收入却不见增长，与 20 世纪 80 年代初里根政府执政以来的新自由主义政策密切相关。

③ 金融业严重缺乏监管，引诱普通百姓通过借贷超前消费、入市投机。

新自由主义的一个重要内容是解除管制，其中包括金融管制。自 80 年代初里根政府执政以后，美国一直通过制定和修改法律，放宽对金融业的限制，推进金融自由化和所谓的金融创新。例如，1982 年，美国国会通过《加恩-圣杰曼储蓄机构法》，给予储蓄机构与银行相似的业务范围，但却不受美联储的管制。根据该法，储蓄机构可以购买商业票据和公司债券，发放商业抵押贷款和消费贷款，甚至购买垃圾债券。

另外，美国国会还先后通过了《1987 年公平竞争银行法》、《1989 年金融机构改革、复兴和实施方案》，以及 1999 年《金融服务现代化法》等众多立法，彻底废除了 1933 年《美国银行法》(即格拉斯-斯蒂格尔法)的基本原则，将银行业与证券、保险等投资行业之间的壁垒消除，从而为金融市场的所谓金融创新、金融投机等打开方便之门。

在上述法律改革背景下，美国华尔街的投机气氛日益浓厚。特别是自 20 世纪 90 年代末以来，随着利率不断走低，资产证券化和金融衍生产品创新速度不断加快，加上弥漫全社会的奢侈消费文化和对未来繁荣的盲目乐观，为普通民众的借贷超前消费提供了可能。特别是，通过房地产市场只涨不跌的神话，诱使大量不具备还款能力的消费者纷纷通过按揭手段，借钱涌入住房市场。

引起美国次级抵押贷款市场风暴的直接原因是美国的利率上升和住房市场持续降温。利息上升，导致还款压力增大，很多本来信用不好的用户感觉还款压力大，出现违约的可能，对银行贷款的收回造成影响的危机，对全世界很多国家包括中国也造成严重影响。有学者指出，“技术层面上早该破产的美国，由于欠下世界其他国家过多的债务，而债权国因不愿看到美国破产，不仅不能抛弃美国国债等，甚至必须继续认购更多的美国债务，以确保美国不破产”。

由于之前的房价很高，银行认为尽管贷款给了次级信用借款人，如借款人无法偿还贷款，则可以利用抵押的房屋来还款，拍卖或者出售后收回银行贷款。但由于房价突然走低，借款人无力偿还时，银行把房屋出售，却发现得到的资金不能弥补当时的贷款和利息，甚至都无法弥补贷款额本身，这样银行就会在这笔贷款上出现亏损。

一个两个借款人出现这样的问题还好，但由于分期付款的利息上升，加上这些借款人本身就是次级信用贷款者，这样就导致了大量的无法还贷的借款人。正如上面所说，银行收回房屋，却卖不到高价，大面积亏损，引发了次贷危机。

【知识拓展】量化宽松

量化宽松政策主要是指中央银行在实行零利率或近似零利率政策后，通过购买国债等中长期债券，增加基础货币供给，向市场注入大量流动性资金的干预方式，以鼓励开支和借贷，也被简化地形容为间接增发货币。一般来说，只有在利率等常规工具不再有效的情况下，货币当局才会采取这种极端做法。美联储量化宽松旨在向市场注入流动性，形成通胀预期，刺激消费，拉动投资，重新为金融危机后的美国经济注入活力。

从 2008 年 11 月到 2012 年 12 月，美联储共实施了四轮量化宽松政策：

(1) 2008 年 11 月 25 日，美联储首次公布将购买机构债和 MBS，标志着首轮量化宽松政策的开始。QE1 的主体上是用于购买国家担保的问题金融资产，重建金融机构信用，向信贷市场注入流动性，用意在于稳定信贷市场。值得关注的是，美联储的目的仅仅在于“稳定”市场，而不是“刺激”经济。

(2) 2010 年 11 月 4 日，美联储启动第二轮量化宽松计划。QE2 的内涵是美国国债，实际上是通过增加基础货币投放，解决美国政府的财政危机。同时，美联储再通过向其他国家“出售”国债，套现还原成美元现金，增加了储备的规模，为解决未来的财政危机准备了弹药。

(3) 2012 年 9 月 15 日，推出进一步量化宽松政策。QE3 内容是在 2012 年 6 月底以前买入 4000 亿美元的剩余期限为 6~30 年的美国国债；同时出售等量的剩余期限为 3 年以下的美国国债。这些操作将在年底前使委员会所持有长期证券持仓量每月增加 850 亿美元，将给长期利率带来向下压力，对抵押贷款市场构成支撑，并有助于总体金融市场环境更加宽松。

(4) 2012 年 12 月 13 日，美联储宣布推出第四轮量化宽松，每月采购 450 亿美元国债，替代扭曲操作。

3. 欧洲主权债务危机

（1）概述

欧洲债务危机即欧洲主权债务危机。其是指在2008年金融危机发生后，希腊等欧盟国家所发生的债务危机。欧债危机的导火线源于2009年12月8日全球三大评级公司下调希腊主权评级，随后欧洲多国的问题也随之暴露，最终演变成欧盟都陷入债务危机中。

（2）原因

① 内部原因

a. 产业结构不平衡：实体经济空心化，经济发展脆弱。

总体看来，PIIGS五国属于欧元区中相对落后的国家，他们的经济更多依赖于劳动密集型制造业出口和旅游业。随着全球贸易一体化的深入，新兴市场的劳动力成本优势吸引全球制造业逐步向新兴市场转移，南欧国家的劳动力优势不复存在。而这些国家又不能及时调整产业结构，使得经济在危机冲击下显得异常脆弱。

b. 人口结构不平衡：逐步进入老龄化。

c. 刚性的社会福利制度。

d. 法德等国在救援上的分歧令危机处于胶着状态。

② 外部原因

a. 金融危机中政府加杠杆化使债务负担加重

金融危机使得各国政府纷纷推出刺激经济增长的宽松政策，高福利、低盈余的希腊无法通过公共财政盈余来支撑过度的举债消费。全球金融危机推动私人企业去杠杆化、政府增加杠杆。希腊政府的财政原本处于一种弱平衡的境地，由于国际宏观经济的冲击，恶化了其国家集群产业的盈利能力，公共财政现金流呈现出趋于枯竭的恶性循环，债务负担成为不能承受之重。

b. 评级机构不再受西方国家约束，正确调整评级

全球三大评级机构不断下调上述四国的主权评级。2011年7月末，标普已经将希腊主权评级2009年底的A-下调到了CC级（垃圾级），意大利的评级展望也在2011年5月底被调整为负面，继而在9月份和10月初标普和穆迪又一次下调了意大利的主权债务评级。葡萄牙和西班牙也遭遇了主权评级被频繁下调的风险。主权评级被下调使上述四国借入资金的利息变得相当高，也可成为危机向深度发展的直接原因。

③ 根本原因：欧元区制度缺陷，各国无法有效弥补赤字

a. 货币制度与财政制度不能统一，协调成本过高。根据有效市场分配原则，货币政策服务于外部目标，主要维持低通胀，保持对内币值稳定，财政政策服务于内部目标，主要着力于促进经济增长，解决失业问题，从而实现内外均衡。欧元区一直以来都是世界上区域货币合作最成功的案例，然而2008年美国次贷危机的爆发使得欧元区长期被隐藏的问题凸显出来。欧洲中央银行在制定和实施货币政策时，需要平衡各成员国的利益，导致利率政策调整总是比其他国家慢半拍，调整也不够到位，在统一的货币政策应对危机滞后的情况下，各国政府为了尽早走出危机，只能通过扩张性的财政政策来调节经济，许多欧元区成员国违反了《稳定与增长公约》中公共债务占GDP比重上限60%的标准，但是并没有真正意义上的惩罚措施，由此形成了负向激励机制，加强了成员国的预算赤字冲动，道德风险不断加剧。

b. 欧元区设计上没有退出机制，出现问题后协商成本很高。由于在欧元区建立的时候没有充分考虑退出机制，这给以后欧元区危机处理提出了难题。目前个别成员国在遇到问题

后，就只能通过欧盟的内部开会讨论，来解决成员国出现的问题，市场也随着一次次的讨论而跌宕起伏，也正是一次次的讨论使得危机不能得到及时解决。

【例2】下面哪个组织致力于通过避免类似2010年希腊主权债务危机的发生，而使得全球系统风险可控？（　）

A. 世界银行　　B. 世界贸易组织　　C. 亚洲开发银行　　D. 国际货币基金组织

【解析】D。在今天的世界上，IMF发挥着最后贷款人的作用，对于缓解各国的国际支付危机至关重要，是当前国际上不可或缺的多边安排。在欧洲主权债务危机爆发后，IMF适时介入欧洲，希腊成为历史上第一个正式接受IMF救援的欧元区成员国。公允地说，在希腊危机中IMF起到了积极作用，在希腊是否符合贷款条件的判定方面，采取了务实的灵活标准，为希腊争取了调整时间，IMF也认为它对希腊已足够宽容。然而尴尬的是，希腊人对此似乎并不领情，随着国内萧条的加剧，其官员、媒体、民众对IMF既有冷嘲热讽也有愤怒。

【科兴提示】IMF与世界银行在职能上有明显的区别和分工。IMF的工作主要是解决成员国的国际收支问题，包括国际收支（特别是经常账户下的收支）行为准则的制定、监督及为国际收支不平衡提供融资。而世界银行的主要任务是为发展中国家提供援助。在贷款问题上，IMF提供的贷款期限较短，往往要求受贷国家进行国际收支调节，而世界银行提供的贷款期限较长，往往针对特定领域、特定项目提供，并要求受贷国采取相应措施以确保贷款资金的使用效率。

知识点二　国际金融危机背景下的商务环境

一、全球经济逐步复苏，但时间漫长

1. 复苏的不利因素

金融危机后的全球经济正在逐步走向复苏，但是由于受到诸多不确定性因素的影响，其要完全复苏所需的时间将会是十分漫长的。原因如下：

（1）由于银行等金融机构的资本金在本次金融危机中遭受了巨大的损失，因此会在很大程度上造成其自身流动资金短缺或偿付能力不足的现象；而另一方面，由于在本次金融危机中银行等金融机构剥离了大量的呆账、坏账等不良资产，因此急需重新注入大量的资金以弥补其亏空。

（2）全球经济的复苏还会受到其他不利因素的影响，例如美元的贬值、经济的失衡及失业率的攀升等等。美元的贬值极有可能造成在实体经济或金融市场中出现新的泡沫，严重影响了经济或市场的稳定性；而金融危机所造成的经济失衡会影响全球经济复苏的速度，其要达到再平衡的态势又需经过一个不断调整的过程才能得以实现；此外，失业率的攀升、就业压力的增大等非经济因素则会从另一角度制约和干扰全球经济复苏的过程。

2. 复苏的有利因素

除去上述所提到的不利因素，诸多有利的因素将从正面推动全球经济的复苏，而且从目前的态势来看，其形势还是比较乐观的。

（1）针对日益严重的金融危机，各国都相继出台了一系列积极的财政、货币政策及措施，这对刺激经济的不断增长、恢复当前的市场信心、扭转经济的下滑态势、促进经济的快速复苏发挥了极其重要的作用。例如我国为了应对2008年以来金融危机，刺激本国经济的

增长，从国家财政上对交通基础设施建设领域进行了巨额的投资，并对其他领域也加大了其投入的力度，积极培育未来新的经济增长点，这些政策或措施都将大大推进全球经济复苏的进程，促进全球经济的增长。

（2）科技的创新、技术的进步所带来的劳动生产率和资源配置效率的提高，也将从很大程度上促进全球经济加快复苏，在长期内会决定全球经济增长的总趋势。

由此可见，在上述有利因素的作用下，后金融危机时代的全球经济仍将会在整体上实现复苏，但需经过一个非常漫长的时期。

二、经济增长模式调整，产业转移加速

本次金融危机的爆发实质上是对早先全球经济增长模式的一次强制性的调整，其调整的原因是该模式无法维持全球经济的持续增长。经过这次强制性的调整，可以使全球经济重新回到再增长的良性循环之中，但其调整的成本却是极其高昂的，导致了全球经济的一次重大衰退。

经过本次金融危机，全球产业将加快向具有低成本、市场潜力大等优势的发展中国家或其他新兴市场转移的速度，并在此基础上尽早实现对产业的转型或升级，以应对金融危机所带来的不利影响，实现全球经济的早日复苏以及进一步的发展。

首先，新能源和环保节能产业有望引领全球产业的转型和升级。在本次金融危机过后，西方许多发达国家纷纷加大了其在新能源和环保节能等领域的技术研发投入力度，努力推动其向产业化方向发展，并以此来引领全球产业结构的再调整，使其拉动新一轮的全球经济增长。

其次，作为全球经济的主要载体，西方发达国家在今后很长一段时期内仍将在技术创新、高新技术产业发展和国际分工中处于领先地位，其在大力发展新能源、环保节能等绿色产业和运用低碳技术改造提升传统产业的同时，仍将继续发展金融、保险、信息、科技、法律、咨询等现代服务业，并会在很长一段时间内保持优势。

由此可见，全球产业转移将呈现出多层次、多梯度和多向性，横向与纵向相互交融，从而形成更加复杂的全球产业格局。

三、国际贸易投资加速，但受保护主义制约

1. 国际贸易投资加速

随着全球经济逐渐走向复苏，全球范围内的贸易投资将会再次活跃，并从很大程度上推动全球经济加快复苏。

（1）全球产业转移将在更广范围、更大规模和更深层次上进行，从而大大推动了国际贸易的发展，并且拉动了全球范围内相关服务业的增长，创造出了愈来愈多的就业机会。

（2）国际贸易投资的加速还会对区域经济合作和区域经济一体化的建立和完善起到一定的促进作用，在区域内其产品、资金、技术、人员等要素的流动会更加便捷，其区域内的贸易和投资会有很大的发展潜力和空间。

（3）新能源、环保节能等绿色产业的迅速发展，也会带动国际贸易投资的发展，从而创造出对绿色产品、环保节能技术及设备的更多需求，拉动全球经济和市场的复苏。

2. 保护主义的制约

在全球经济复苏的过程中，各国由于大多是从自身角度出发，为加快本国经济的复苏，

将采取一些对本国经济或市场的保护主义政策及措施，这对于国际贸易的发展起到了一定的制约作用。

(1) 西方发达国家为了尽快恢复经济，保持经济的平衡，将调高存款准备金率、减少超前消费、扩大国内需求、降低进口需求，这对于包括中国在内的发展中国家出口的增长尤为不利，从而在一定程度上限制了国际贸易投资的发展。

(2) 金融危机所带来的就业压力增大的现象，也将会对西方发达国家带来一定的冲击，其必然会采取相关保护主义措施，恢复就业市场，降低失业率。

(3) 为了应对金融危机所带来的企业破产率的增加，各国必然会采取相关保护主义措施，通过设置相关障碍防止过多的本国企业被兼并或控制，尽力降低其投资或兼并活动给本国经济所带来的长期不利影响，从而弱化了国际资本市场的流动性，限制了国际性投资活动的发展。

四、国际货币体系出现新变化，但仍将以美元为主

在本次金融危机之后，随着国际经济形势的深刻变化，国际货币体系也将会发生新的变革及调整，以美元为主导的旧体系将会遇到较大的挑战，但是在短期来看其主导地位并不会发生根本性的改变。

首先，本次金融危机重创了以美国为代表的世界金融体系，其以美国损失最为严重，因此使各国对于美国在恢复世界金融体系稳定性过程中所起的主体作用产生了质疑，其纷纷采取各种措施或手段降低其对美元的依存度，以规避美元贬值所给本国带来的货币风险。由此来看，美元在国际贸易结算、金融市场交易和各国外汇储备中所占的比重会被降低，但就目前来看还没有任何一种货币可以在短期内将其取而代之。

其次，受以中国为代表的发展中国家在全球经济地位提升以及欧洲经济一体化的影响，人民币和欧元将会逐步增加其在国际货币体系中的话语权，从而使美元在全球经济中的地位受到极大的制约。由此看来，多元化将会成为未来国际货币体系中的主要趋势。

但是，虽然美元在国际货币体系中的作用和地位受到了弱化，但是无论是人民币或欧元都无法在短期内将其取而代之，成为全球的“主货币”，因此多元化将成为国际货币体系未来变革或调整的主要方向。就目前的态势来看，国际储备货币将极有可能走向多元化，从而形成以美国、欧洲、中国三大经济体货币共同主导的格局；而从长远来看，未来世界各国极有可能效仿欧元区的做法，探索建立世界中央银行和全球统一货币，彻底打破美元主导国际货币体系和国际金融运行的不合理格局。

知识点三　国际金融创新

一、国际金融创新的概念

金融创新是指金融机构或金融管理当局为适应经济环境的变化，出于对宏观效益和微观利益的考虑而对金融产品、金融技术、金融市场、金融制度等所进行的创造性变革和开发活动的过程。

1. 金融产品创新

金融产品创新指金融业在社会经济和经济体制的发展与变革中适时地创造新的多样化的金融品工具。比如推出在支付方式、期限性、安全性、流动性、利率、收益等方面具有新的

特征的有价证券、汇票、金融期货等交易对象。

2. 金融技术创新

金融技术创新是指在融资过程中各种新的资金营运和管理技术的引入，比如在金融交易中广泛应用科技新成果，或推出新的融资方式，使金融交易成本大幅度降低，有效地规避风险，交易速度大大提高，信息处理技术及网络金融日臻完善等。主要表现在三个方面：

（1）一是以互联网和电子商务为平台的现代通信技术、计算机技术的广泛运用，以及新兴的金融分析理论和新兴的信息处理技术的结合，为金融创新的发展提供了坚实的技术基础。

（2）衍生产品的技术含量和理论含量大大增加。

（3）融资方式的优化组合。

3. 金融市场创新

金融市场创新是指金融业紧跟现代化社会经济的发展，为谋求自身的生存和发展以及实现利润最大化目标，通过金融产品和金融技术的创新积极扩展金融业务范围，创造新的金融市场，不断开拓新的融资空间所做的努力。

4. 金融制度创新

金融制度创新指各国金融当局调整金融政策、放松金融管制、改革金融监管制度和金融业治理结构等所导致的金融创新活动，如推进金融自由化，建立新的组织机构，实行新的管理方法来维持金融体系的稳定等。

二、国际金融创新的诱因

1. 技术进步诱发金融创新

高新技术比如远程通信技术、计算机技术、互联网和电子商务等在金融业的广泛应用，推动了金融业的电子化和网络金融的迅猛发展。其诱因在于这些新技术引入到金融活动的全过程以后，大大缩小了金融交易的时间和空间的距离，加快了资金转移的速度，降低了金融交易的成本，提高了金融市场的效率和金融业经营管理水平。

2. 约束诱发金融创新

约束诱发金融创新的观点认为金融创新是金融机构要摆脱或减轻加于其上的约束而作出的反应。

外部约束来自受支付能力约束的消费者（投资者）所愿承担的金融服务成本、金融业的竞争和政府施加的金融管制等；其内部约束来自金融企业自身制定的流动性资产比例、资本比例、资产收益率、增长率等目标，只要这些约束发生变化，出现了扣除金融创新产品成本之后的利润机会，金融企业就会去创新。

该观点强调政府施加的金融管制这一外部约束是诱发金融创新的重要原因，认为即使是市场经济国家，金融业所受到的政府制定的金融法规的管制相对而言也是最严的，有些法规由于限制了金融业的盈利能力，导致这些金融企业“发掘漏洞”去规避它们，当金融法规的约束大到回避它们便可以增加经营利润时，“发掘漏洞”的金融创新就非常可能发生。这种形式的创新被称为回避法规的金融创新。

3. 需求诱发金融创新

需求诱发金融创新的观点是从投资者的角度来分析金融创新的。该观点认为各种金融产品具有不同的特性（如期限性、收益性、流动性、风险性、安全性等），随着经济环境的变化，投资者的投资偏好会随之改变，产生对新的金融产品的需求。

该观点认为新的金融产品、新的金融技术或新的金融市场得以产生并被广泛应用的根本原因在于投资者对它们的需求，一旦投资者和筹资者双方都发现某种目前没有满足而急需满足的需求，并且能够通过金融创新来满足这种需求时，这种创新将是成功的金融创新。因此，金融市场需求的变化将诱发金融创新。投资者产生对新的金融产品需求的原因有很多，其中最主要的原因有两个：

（1）回避风险的需求。金融市场投资者面临的风险有汇率风险、利率风险和信用风险等，这些风险的大小随着经济环境的变化而变化，诱发投资者产生对能够回避风险的新的金融产品的需求。

（2）对金融产品所具有的流动性和收益性的需求。如20世纪70年代以来西方主要发达国家的通货膨胀率和名义利率上升，提高了投资者持有不附带利息的现金余额的机会成本，使得传统的金融产品的流动性与投资收益性之间的替代越难以接受，导致投资者对能改善流动性和收益性的新金融产品的需求。

4. 管制诱发金融创新

管制诱发金融创新的观点认为金融制度是由金融当局之间的竞争引起的。各国政府或金融当局的目标是在保护自身利益的同时，要使各自顾客的福利极大化，这表现为加强管制和维持主顾关系。当各金融管理当局相互竞争，试图促进和维护各自忠实顾客并期望各自的顾客能利用现有的利润机会时，就会放松管制或引进比以前管制程度低的新的管制措施，从而促进了金融创新。

从根本上说，金融创新是一种与经济制度相互影响，互为因果的制度改革，金融管理当局为稳定金融体系和防止分配不均所采取的措施（如改革金融法规、放松管制等）的本身就是一种金融创新活动，同时它又能诱发金融业的更为广泛的金融创新。

金融管制及由此产生的规避行为是以辩证形式出现的，金融管制阻碍金融业获取利润，因而金融业通过创新来规避金融管理当局的管制。金融企业之所以能够逃避管制，是由于其对各种金融法规的适应能力很强。

三、国际金融创新的发展趋势

1. 证券化趋势

证券化（Securitization）意指信贷流动从银行贷款转向可买卖的债务工具。换言之，证券化是指融资方式从传统的银行贷款转向资本市场的证券融资。原因有：

（1）债务危机。

（2）对流动性偏好。

（3）国际金融市场的创新。

2. 金融一体化趋势

金融一体化趋势：意指金融要素在全球范围内自由流动的不断加深并遵循一定的共同规则。三层含义：一是流动性问题；二是替代性问题；三是规则问题。

金融一体化趋势的促进因素：

（1）先进技术的广泛应用促进了金融一体化。

（2）证券化趋势促进了金融一体化。

（3）新的金融产品的应用促进了金融一体化。

(4) 回避型创新促进了金融一体化。

(5) 金融自由化促进了金融一体化。

(6) 金融的同质化集中化促进了金融一体化。

3. 表外业务扩展趋势

表外业务是指商业银行所从事的不列入资产负债表，也不影响资产负债总额的经营活动。近年来国际金融市场的表外业务发展相当惊人，其原因主要有两方面：一是回避资本比率限制是表外业务扩展的诱因；二是防范风险的需要扩大了表外业务。

四、国际金融创新对国际货币体系的影响

1. 对国际货币体系的影响

各国政府持续推进金融自由化政策、弱化金融管制的结果，一方面大大提高了金融资产的流动性，加速了资本在全球范围内的流动，另一方面大量游资充斥国际金融市场，国际资本流量和流向频繁变化，导致汇率、利率随之大幅波动，使国际金融市场更加的不稳定。

通过金融创新推出的新产品既能防范风险，又能作为投机的手段，因此日益活跃的创新活动使国际金融市场的风险不断增加和扩大，危及国际货币体系和各国国内的经济金融环境。

2. 国际金融创新对中央银行政策的影响

国际金融创新对中央银行政策的影响体现在：

(1) 创新使货币结构管理的难度加大了；

(2) 中央银行金融监管的难度大大增加了。

3. 国际金融创新对商业银行的影响

先进的金融技术、互联网技术和电子商务等在金融业的广泛应用，改善了整个国际金融市场的效率，也使商业银行从中受益。但是创新活动既能防范风险和增加收益，又会增加风险和降低收益。国际金融创新对商业银行的负面影响主要表现在四个方面：

① 流动性风险；

② 利率风险；

③ 表外业务带来的风险；

④ 清偿力风险。

知识点四　国际金融体系改革

一、国际金融体系概述

国际金融体系是指调节各国货币在国际支付、结算、汇兑与转移等方面所确定的规则、惯例、政策、机制和组织机构安排的总称，主要包括国际汇率制度、国际收支调节体系、国际流动性的创造和分配、国际资本流动的管理、国际货币金融政策的合作框架，以及国际金融机构在促进全球金融稳定方面的各种机制。国际金融体系是国际货币关系的集中反映，它构成了国际金融活动的总体框架。在市场经济体制下，各国之间的货币金融交往，都要受到国际金融体系的约束。

国际金融体系的形成既有依靠市场自发的协调机制，也有借助政府间的协调与合作机制。一个理想的国际金融体系能够促进国际金融运行的协调和稳定，促进国际贸易和国际资

本流动的顺利发展，并使各国公平合理地享受国际经济交往的利益；反之，则成为国际经济发展的阻碍因素。

二、现有金融体系存在的问题

2007年金融危机的爆发与蔓延促使国际社会开始更多地关注国际金融体系改革问题，并且主要集中在三个方面的问题讨论上：国际货币体系、国际金融组织、国际金融监管体系。国际货币体系在国际储备资产、汇率制度和国际收支调节等方面的秩序和纪律弱化被认为是危机的深层次原因；国际金融监管乏力直接导致全球金融风险累积和扩散；国际金融组织的决策机制有失公允使其危机应对、救助和管理能力受到质疑。

1. 国际货币体系存在问题

(1) 美元作为主要储备货币的风险

以美元为中心的国际货币体系被认为是金融动荡的根源。虽然近年来美国实体经济地位有所下降，但美元仍然占据了国际支付货币和世界储备资产中的大部分份额，保持着国际主导储备货币的地位。在这种垄断背景下，当美国经济面临衰退风险时，美联储通常会采取降低利率、实行扩张的货币政策，从而扩大消费，刺激美国国内经济增长。同时，美国会向外输出美元资产，输入大量商品和服务，然后通过美元的贬值，使得实际外债减少。这种对外转嫁风险、输出通胀的举措是美国单方面掌握货币主导权的不平等交换。随着美国政府财政赤字的攀升，全球经济的不平衡趋势加剧。事实上，美国的经常账户赤字和财政赤字已造成了美国债务的累积，美元的滥发造成美元流动性的扩张，有可能再次引发新一轮的金融危机。因此，在没有制度和机制约束下的美元所主导的国际货币体系给全球金融环境带来了巨大风险。

(2) 国际金融市场的汇率波动剧烈

目前主要发达国家和储备货币发行国大都实行浮动汇率制度，因此，浮动汇率制度成为国际货币体系中的主导汇率制度。但在现行的国际货币体系下，主要的国际货币汇率经常大起大落，汇率体系存在诸多不确定因素，加剧了外汇风险，与其相伴的是全球大宗商品价格的剧烈波动，阻碍了国际贸易与投资，使发展中国家深受其害。

2. 国际金融机构体系存在问题

(1) 制度设计缺陷

① 投票权分配不合理

布雷顿森林机构投票权是由反映主权平等原则的基本投票权和反映贡献度的加权投票权所组成。基本投票权是每个成员国拥有的固定投票权，而加权投票权则随份额的增加而增加，这种制度安排导致了基本投票权与加权投票权比率严重失调，以“一国一票”为基础的主权平等原则最终被“美元”决定投票权原则所取代。布雷顿森林机构投票权的设定方式使投票权过度集中于少数发达国家导致其拥有了实际否决权。

② 份额分配不合理

份额计算公式的参数及权重的选择缺乏科学依据，尽管份额计算公式包括GDP、储备规模、经常项目收支、开放程度等变量，但份额计算公式中有关参数和权重的调整不仅没有公开程序，而且具有较大的随意性，严重影响份额计算公式作为决定成员国份额客观依据的公平性与合理性。由此得出的投票权夸大了发达国家在国际经济中的分量，而新兴市场经济体经济实力的增长却未能在份额中得到应有的体现。

③ 高管遴选机制不合理

长期以来，布雷顿森林机构高级管理层的遴选机制不透明，缺乏规范的标准和程序。国际货币基金组织总裁和世界银行行长分别由欧洲人和美国人担任已成为惯例，这样不仅无法体现发展中国家的代表性和发言权，而且从根本上削弱了发展中国家对布雷顿森林机构管理层进行监督与问责的基础，使布雷顿森林机构成为发达国家控制国际经济秩序的重要平台。

(2) 指导思想僵化

长期以来，布雷顿森林机构政策取向片面强调市场化、自由化、私有化，贷款条件存在着严重的教条主义倾向。

以国际货币基金组织为例，在实际运作中国际货币基金组织并未对成员国一视同仁，带有明显的偏见：对于在国际金融体系中具有系统重要性的主要国际储备货币发行国的监管缺位，放任其实施过度宽松的货币和财政政策，导致全球流动性泛滥、投机盛行；而对于广大发展中国家的监管则过度推崇紧缩性宏观政策、资本账户自由化、浮动汇率等经济理念，过多纠缠于汇率政策问题，在提供救助时往往对被救助国附加不切实际的苛刻条件，反而加重了成员国的危机。这种僵化的指导思想不仅造成其在政策上偏离基金组织的宗旨，而且也导致基金组织沦为少数发达国家借以实现本国经济利益最大化的重要场所，从而在相当大的程度上导致了全球经济的严重失衡和无序状态，加剧了国际金融体系的系统性风险。

3. 国际金融监管体系的缺陷

国际金融监管缺乏协调机制，各国金融监管当局在国际金融监管方面缺乏必要的沟通和协调，从而无法及时控制并阻断金融风险在全球范围内的蔓延。而且，国际金融机构监管失职，国际货币基金组织等国际金融机构过去也没有充分履行其对国际金融市场应尽的监管职责，致使国际金融体系中的风险不断积聚，并最终引发了金融危机。

三、改革现行国际金融体系的思路

1. 国际货币体系改革

一致的观点是建立超主权的世界货币或储备货币，但在建立世界货币的路径问题上有三种不同观点。

(1) 先建立区域性统一货币，然后将区域性统一货币合为一体；

(2) 在主要国际货币之间建立稳定汇率的合作机制，然后过渡到统一的世界货币；

(3) 按照类似于 IMF 特别提款权(SDR)的方式创立超主权储备货币。

2. 国际金融组织体系改革

(1) 要求 IMF 以及世界银行组织等机构决策逐渐走向公开化、透明化，以实现更高效的监管能力。

(2) 提高 IMF 进行宏观调控的地位和权力，确保是国际金融组织而非任何发达国家或经济体，充当全球金融政策的协调者。同时应积极提升发展中国家参与国际金融组织体系的比重，授予其更多的话语权甚至规则制定权限，确保国际金融合作的真实性和实效性。

(3) 为 IMF 和世界银行等机构提出经济绩效指标，要求其活动和行为受到监督和评价，并将组织体系的公开性、透明度纳入指标考核体系，要求机构活动开展和组织任命同样遵循竞争原则和公平机制，确保国际金融决策的公正。

3. 金融监管体系改革

金融监管是防范金融危机的有效途径之一。在全球经济一体化的基础上，国际合作式的金融监管体系或许会成为对全球资本市场进行控制和管理的最佳工具。

（1）要制定各国普遍承认的金融监管规则和标准，完善国际评级机构的相关制度与准则，建立涵盖全球视野的金融预警机制和风险防范体系，结合各方面力量共同对跨国金融活动以及资本流动进行跟踪，尤其是对短期跨境资本流动进行持续的监控，从而形成运作良好的世界性国际监管网络。

（2）要积极建立国与国之间的监管协调关系，要求参与国际金融合作的每个国家金融监管部门保持与彼此以及国际金融组织之间的沟通，在跨国金融机构管理行为中规定适当监管模式，确保实施主动监管，杜绝风险盲区。

（3）要设置权威性和独立性兼具的国际监管机构，对国际大规模金融活动以及高风险资本对流进行实时监控，维护不同国家及利益群体的权益，并保持国家独立监管任务的完整和稳定。

四、国际金融体系改革的趋势

（1）改革的迫切性

世界经济力量格局发生变化，国际金融体系改革大势所趋，围绕国际金融体系改革的讨论已经进行了很多年。这次全球性的金融危机发生之后，现有国际金融体系的缺陷更加明显，各方改革要求更为迫切。鉴于以下四方面因素，国际金融体系的改革有望得到实质性推进。

① 新兴市场大国在全球经济力量格局中地位上升，其代表性和发言权需要提升已经成为普遍共识。新兴市场国家在21世纪最初几年里经济实力迅速上升，已经成为群体性崛起的世界历史现象；美国由于执行错误的对外政策和经济政策造成了经济实力的暂时受挫；欧洲扩展速度过快，内部整合尚需时日，且需消耗较多经济资源，亦难以在短期内形成统一的对外合力；日本已经多年陷于经济低迷，这次全球金融危机对其经济实力又是一次打击。新兴市场大国蓬勃发展和发达国家实力增长相对停滞甚至下降的格局使得国际金融体系的改革成为历史必然。

② 发达国家都意识到对当前国际金融体系进行改革，纳入新兴市场大国有利于其整体利益。一方面，现在如果没有新兴市场大国的参与，很多全球性经济议题单靠发达国家已经不能解决。另一方面，如果继续阻止对国际金融体系的改革，排除新兴市场大国的有效参与，则可能迫使它们建立一个独立于当前体系之外的国际和地区合作机制，从而对当前体系形成竞争，并最终导致当前体系的瓦解，这是发达国家担心的局面。

③ 发达国家之间在是否维持现有国际金融体系上出现分歧，具有不同利益需求。美国和欧洲在国际货币体系中的博弈愈发明显，在国际金融监管领域中也存有重大分歧，双方都希望用自己的模式作为建立国际金融监管规则的基准。

④ 发达国家之间利益的分化使得一些发达国家和新兴市场大国之间在改革国际金融体系上具有共同利益。在改革IMF的份额和投票权上，美国就积极支持新兴市场大国和发展中国家的要求。而在国际金融监管领域和针对主要储备货币国家的宏观经济政策进行监督方面，欧洲和新兴市场大国又有共同利益。

（2）各种因素错综复杂，国际金融体系改革难以一蹴而就尽管在国际政治经济格局出现重大变动的背景下，国际金融体系的改革获得了比较好的历史机遇及较强的动力。但是，考虑到新兴市场大国在国际经济格局中的力量和地位仍然有限，再加上国际金融体系的历史惯性、其本身覆盖范围与包含内容的复杂性以及各国利益的多样性，国际金融体系要实现全面彻底的改革尚需时日。

① 新兴市场大国的软硬力量都未达到和发达国家平起平坐的地位。金砖四国经济实力不足，在可以动用的经济资源上就存有差距，这必然表现为控制和参与国际金融体系能力的差距。另外，新兴市场国家普遍是转轨经济体，参与国际金融活动的经验较少，国内金融市场的发展也仍然须要完善，经济体制上也须要进一步改革，这是新兴市场大国参与和推进国际金融改革上所存在的软约束。

② 危机过后，改革动力与意愿可能会消减。每次遇到经济或金融危机，各个国家都会认识到国际金融体系存在很多问题，须要改革。但是一旦危机缓解或者过去，推进改革就会遭遇强大的国内政治阻力。我们已经看到，随着美国国内金融形势的稳定，美国进行大规模金融监管制度改革的政治阻力也越来越大。华尔街对试图干预其内部治理机制的政府措施都坚决反对。考虑到华尔街在美国政治中的强大势力，我们难以对美国进行彻底的金融监管体制改革，也难以在国际监管体制上进行有利于全球金融稳定的改革。美国已经把恢复全球经济平衡的重点重新转移到压迫贸易顺差国身上，要求中国对人民币进行升值，却不考虑美国作为主要储备货币发行国应该更明确地承诺在国际金融体系中应承担的责任。

③ G20 机制化前景仍然不确定，与其他国际经济治理机制的关系有待理清，在未来国际金融体系改革中应扮演的角色也未能明确。从目前的进展来看，G20 主要是讨论战略性的经济议题，然后达成政治指导原则，具体事务则交由其他国际金融机构(IMF、WB、FSB 等)负责完成。G20 匹兹堡峰会确定由 G20 取代 G7 成为世界经济议题的首要论坛，也就 G20 峰会今后每年举行一次达成协议。但是 G20 在成员、议题范围、议事方式、与其他国际经济治理机制之间究竟应该是何关系上，各国还没有达成具体协议。

(3) 各主要经济体利益分歧较大，国际经济政策协调愈加复杂

在传统的国际经济金融秩序中，国际经济政策协调仅仅是在主要发达国家之间展开的，利益相对一致。然而，此次全球金融危机的爆发和持续，为国际经济政策协调带来了新的特征和要求。这主要体现为两个方面：一是参与政策协调的经济体的范围已超越发达国家，纳入了更多的新兴市场国家，G20 取代 G7/8 在全球经济治理中的核心地位，各成员国有不同利益诉求；二是宏观经济政策协调的内容更为广泛，涉及货币政策、财政政策以及各国的经济发展模式和产业结构调整。

随着危机影响的逐步缓解，国际经济政策协调的复杂程度将上升。目前各国面临的重要问题是后金融危机时代的全球经济发展模式。由于此次全球经济失衡主要体现为发达国家与新兴市场国家之间的不平衡，所以需要进行协调的各国国内政策已经不再局限于传统的宏观货币财政政策，还包含了各国经济发展模式及产业政策调整。在这种情况下，国际经济政策协调就面临着更为复杂和艰巨的形势，需要 G20 主要成员国加强协商及合作，特别是要重视发展中国家国内经济调整的复杂性和长期性。

此外，值得关注的是新兴市场大国之间以及发展中国家之间在如何改革国际金融体系上利益也不尽一致。例如在改革国际货币体系问题上，俄罗斯和中国的利益就存在一定的差异。俄罗斯比较激进，希望能联合金砖四国对美元即刻发起挑战，但是中国因为持有大量美

元资产，在短期内仍然需要美元的稳定。

在IMF改革上，有限份额在各新兴市场国家之间如何分配也会出现争议。在G20代表性上，一些发展中小国对不能参与讨论感到失落，非洲国家就希望至少能拥有一个代表席位。

(4) 多边合作进程较慢，区域和双边金融合作动力增强

面对这次金融危机造成的巨大不利影响，各国在国内通过各种政策措施，减缓危机冲击，恢复经济增长；在国际层面上，则加强政策协调，力图推进国际金融体系改革，以防止下次危机的再次发生。但是考虑到国际金融体系改革具有长期性以及国际宏观经济政策协调的复杂性，再加上观察到欧元区和东亚地区通过金融合作明显增强了对危机的抵抗能力，各国今后推进区域与双边金融合作的动力将会增强。

历史经验显示，为了弥补现有国际金融体系的缺陷和不足，特别是对于那些在现有体系中缺乏主导权的地区和国家，一个有效的补充和替代途径就是加强地区金融合作。1997年亚洲金融危机之后，亚洲国家痛感国际金融体系弊端，加速推进亚洲金融合作，取得了一系列重大进展。这次危机期间，包括中国在内的东亚国家之间签署了一系列金融合作协议。总体来看，东亚国家在这次金融危机期间受到的影响相对较小，这固然和这些国家金融市场相对封闭有关，但是它们之间所形成的范围广泛的金融合作也是能够保持金融形势相对稳定的重要原因。

双边金融合作也有加强趋势。2008年9月到2009年4月，美联储与英国、欧洲、日本、瑞士等四家央行签署一系列货币互换协议，旨在缓解世界范围内美元流动性的紧张并为美联储提供大量外币储备通过这些双边协议，美联储和四大央行向市场表明其具有充足流动性的信誉，有利于国际金融市场的稳定。此外，危机发生后，中国中央银行也和六个国家货币当局签订了货币互换协定，总额达到6500亿元，对促进双边贸易以及区域金融稳定有重要意义。

习题精编

一、名词解释

1. 金融危机(中央财大2017年)
2. 货币危机(上海财大2019年)
3. 主权债务危机(南京大学2014年)
4. 货币替代
5. 量化宽松

二、简答题

1. 简要比较三代货币危机模型。
2. 欧债危机对我国有什么启示？(浙江工商2012年)

三、论述题

1. 分析导致国际金融危机的常见因素，并列举政府和国际组织应对危机的有效策略。(上海财大2025年)

2. 据IMP在10月公布的全球国际储备数据显示，2021年第一季度美元在各国外汇储备中的份额占比下降至25年来最低至59.4%，2000年时该比例还高达73%。新冠疫情暴发

以来，美国为刺激经济发展，在国际货币领域美联储实行“无限量宽松”，影响了各国持有美元的信心，出现了“去美元化”的趋势。请结合这一资料：（湖南大学 2022 年）

（1）分析当前国际货币体系的内容和运行特征。

（2）谈谈你对国际货币体系改革的看法。

3. 何为最优货币区理论？它所提出的建立最优通货区重要标准是什么？为什么依据最优货币区理论建立的欧元区在 2008 年发生了欧债危机？（上海财大 2018 年）

习题参考答案

一、名词解释

1. 金融危机是货币危机、信用危机、银行危机、债务危机、证券市场和金融衍生产品市场危机等的总称，一般是指一个国家金融领域中出现的剧烈动荡和混乱，对实物经济的运行产生极其不利的影响。表现为金融领域所有的或绝大部分的金融指标急剧恶化，股市暴跌，资本外逃，信用遭到破坏，银根奇紧，利率上升，银行发生挤兑，金融机构大量破产倒闭，官方储备大量减少，无力偿还到期的债务本息，货币的对内对外大幅度贬值等。

2. 货币危机泛指汇率的变动幅度超出了一国可承受的范围这一现象。货币危机是金融危机的一种，是指对货币的冲击导致该货币大幅度贬值或国际储备大幅下降的情况，它既包括对某种货币的成功冲击(即导致该货币的大幅贬值)，也包括对某种货币的未成功冲击(即只导致该国国际储备大幅下降而未导致该货币大幅贬值)。

3. 主权债务是指一国以自己的主权为担保向外国政府或组织借来的债务。如果一国的主权债务过高，超过自身的还债能力，就可能爆发主权债务危机。主权债务危机的本质是高赤字之下的主权信用危机。单个小国的主权信用危机，可通过 IMF 或其他大国的援助渡过难关。而一旦全球普遍存在主权信用风险，则就意味着全球性“惜贷现象”再次出现。

4. 货币替代是指一国居民因对本币的币值稳定失去信心，或本币资产收益率相对较低时发生的大规模货币兑换，从而外币在价值贮藏、交易媒介和计价标准等货币职能方面全部或部分地替代本币。货币替代现象在现代经济中非常普遍，世界各国几乎都不同程度地存在这种现象，譬如在该国人们可以使用外汇进行交易，持有外国金融资产等等。

5. 量化宽松主要是指中央银行在实行零利率或近似零利率政策后，通过购买国债等中长期债券，增加基础货币供给，向市场注入大量流动性资金的干预方式，以鼓励开支和借贷，也被简化地形容为间接增印钞票。量化宽松政策所涉及的政府债券，不仅金额庞大，而且周期也较长。一般来说，只有在利率等常规工具不再有效的情况下，货币当局才会采取这种极端做法。

二、简答题

1. 三代货币危机理论都是在单商品的假定下展开的，研究的侧重面各有不同。第一代着重讨论经济基本面，第二代的重点放在危机本身的性质、信息与公众的信心上，而到第三代货币危机理论，焦点则是金融体系与私人部门，特别是企业。

第一代货币危机理论认为一国货币和汇率制度的崩溃是由于政府经济政策之间的冲突造成的，这一代理论解释 70 年代末、80 年代初的“拉美”式货币危机最有说服力，对 1998 年以来俄罗斯与巴西由财政问题引发的货币波动同样适用。

第二代货币危机理论认为政府在固定汇率制上始终存在动机冲突，公众认识到政府的摇摆不定，如果公众丧失信心，金融市场并非天生有效的，存在种种缺陷；这时，市场投机以及羊群行为会使固定汇率制崩溃，政府保卫固定汇率制的代价会随着时间的延长而增大。第二代理论应用于实践的最好的例证是 1992 年英镑退出欧洲汇率机制的情况。

第三代货币危机理论认为关键在于企业、脆弱的金融体系以及亲缘政治，这是东南亚货币危机之所以发生的原因所在。在对于东南亚金融危机的解释上，理论界存在着两种看法：一种认为这并非是新的危机，已有的货币危机理论已经足以解释；另一种则认为已有危机理论无法充分解释，并导致第三代货币危机理论的发展。事实上，这两种观点之间没有本质的分歧，各自从不同的侧重点回答这次危机是否是一次新的危机。前者强调原有两代理论的思路和方法仍适用于本次危机，特别是第二代货币危机理论中既给予基本面以重要地位又承认多重均衡、自我实现式冲击的存在这一模型具有良好的解释力，与此同时他们并不否认东南亚国家危机前的特征与历史上货币危机前的特征的差异。至于后者，他们更强调本次危机发生前的新表现，认为应寻找新的危机的形成和传导机制，用主流方法建立模型，但其建模的方法和对诸如自我实现、多重均衡等核心概念的认识与应用与已有的文献仍然是一致的。

这三代货币危机理论的发展表明，货币危机理论的发展取决于有关货币危机的实证研究的发展和其他相关领域研究工具或建立模型方法的引入与融合。这三代货币危机理论虽然从不同的角度回答了货币危机的发生、传导等问题；但是，关于这方面的研究还远不是三代危机理论所能解决的。例如，这三代危机理论对各种经济基本变量在货币危机积累、传导机制中的作用，对信息、新闻、政治等短期影响投资者交易心理预期因素的研究都显得有很大的欠缺；同时，这三代货币危机理论对于资本管制下货币危机爆发的可能性、传导渠道等均未涉及，其中第三代货币危机理论认为紧急资本管制是应对货币危机的手段之一。

2. 面对欧洲债务危机，中国作为一个正在迅速崛起的发展中国家，尤其应该引起高度警惕和反思。中国的国情虽然和欧洲各国有很大差别，但其中也有许多可供借鉴和参照之处。从欧洲的困境中，至少可以得到以下几点启示：

(1) 应高度重视政府债务问题，必须未雨绸缪，将风险遏制在萌芽状态。目前，中国的主权债务规模相对来说并不太大，国债余额总量为10万亿元左右，占GDP的比重不足25%，远远低于国际公认的60%的安全标准。但值得警惕的是，中国的地方债务问题却要严重得多，根据有关数据，目前我国地方债务的总规模大约为10.7万亿，如果加上国债余额，那么中国的债务总额占GDP的比重就将翻一番，达到约50%，接近警戒线水平。因此，中国在控制主权债务规模的同时，现阶段应将主要注意力放到如何化解地方债务的风险上。

(2) 保持国内货币政策的独立性，坚持将解决本国问题置于制定货币政策的中心环节。从表面上看，中国的货币政策具有完全的独立性，但其实不然，在国际经济形势波动剧烈时期，国内的货币政策往往容易被国外的政策动向所左右。最典型的就是2008年年底出台的经济刺激计划中，过多考虑国外经济危机的程度和对本国经济的冲击，致使过于庞大的刺激计划至今后遗症难消。不仅如此，货币政策的独立性还应该尽量减少行政对央行货币政策的干预，尽快实现利率的市场化，使货币政策工具的效应能够得到正常和充分的发挥。

(3) 在改革和完善社会保障制度的同时，注意避免走福利国家的老路。目前中国正面临着日益严峻的提前到来的老龄化浪潮，再加上各项劳动法律法规的完备，社会保障的覆盖面和保障水平有了迅速的提高。与此相适应，财政收入中用于社会保障的支出快速增加，据统计，早在2006年，我国财政支出中用于社会保障的支出就首次超过10%，而且呈现逐年增加的态势。从世界范围看，保障水平和标准大多只能涨不能跌，否则容易引发社会动荡。所以社会保障的改革应秉承循序渐进的策略，注重扩大保障的覆盖面，努力消除保障水平和标准的不公平现象。

(4) 不断提高自主创新能力，发掘推动经济发展的新的增长点。经济发展是解决包括债务危机在内的各种经济问题的最佳良方。欧洲各国以及美日等国目前的债务危机，究其根源还在于增长乏力甚至停滞不前。中国经济已经保持了30多年的高速增长，寻找未来的发展动力和增长点是当前的一项紧迫任务。

三、论述题

1. (1) 常见金融危机成因

① 金融体系内在脆弱性。金融机构过度杠杆化、风险定价失灵和金融衍生品滥用，导致风险在体系内累积。例如，复杂金融工具的不透明性掩盖了信用风险，一旦基础资产违约，危机迅速扩散。

② 宏观经济失衡。长期贸易逆差与资本账户顺差的失衡、财政赤字高企或房地产泡沫等结构性问题，削弱经济抗风险能力。当外部冲击出现时，失衡状态难以持续，触发危机。

③ 国际资本流动波动。短期投机资本大规模流入新兴市场，推高资产价格；一旦市场情绪逆转，资本快速撤离导致汇率暴跌、外汇储备耗尽，引发货币危机。

④ 政策失误与监管缺位。宽松货币政策导致流动性过剩，监管规则滞后于金融创新，纵容影子银行扩张和监管套利，加剧系统性风险。

⑤ 全球经济关联性增强。国际贸易和金融市场一体化使局部危机通过资本流动、贸易渠道和信心传导扩散至全球，形成“多米诺效应”。

(2) 政府与国际组织的应对策略

① 政府层面

第一，货币政策工具。降息或量化宽松向市场注入流动性，缓解信贷紧缩；通过利率走廊稳定货币市场利率，恢复金融机构融资功能。

第二，财政刺激与救助措施。增加公共支出、减税以提振总需求；对系统性金融机构实施注资、国有化或资产剥离，防止危机蔓延。

第三，金融监管改革。强化资本充足率要求，限制高风险业务，建立宏观审慎监管框架，防范跨境风险传染。

② 国际组织层面

第一，国际货币基金组织(IMF)。提供紧急贷款援助，附加紧缩性调整条件(如财政紧缩、结构性改革)，帮助危机国稳定汇率和国际收支。

第二，国际清算银行(BIS)与巴塞尔委员会。制定全球统一的资本监管标准(如巴塞尔协议Ⅲ)，推动金融机构提高风险抵御能力，加强跨境监管合作。

第三，世界银行与区域开发银行。提供长期贷款支持实体经济复苏，资助基础设施建设和产业升级，缓解危机对就业和民生的冲击。

第四，全球政策协调。通过G20等平台协调货币政策和财政政策，避免竞争性贬值和贸易保护主义，维护全球金融稳定。

(3) 总结

国际金融危机的成因具有复杂性和系统性，需通过“微观监管+宏观调控+国际合作”多维度应对。政府需平衡短期救助与长期改革，国际组织则应强化全球金融治理，防范危机重演。

2. (1)当前国际货币体系以主权信用货币为基础，核心内容包括储备货币结构、汇率制度安排、国际收支调节机制及全球流动性管理框架。储备货币呈现“一主多元”格局，主导货币凭借历史惯性和网络效应维持核心地位，其他货币通过区域合作或经济实力提升逐步扩大影响力。汇率制度表现为浮动与固定并存的混合体系，多数经济体实行有管理的浮动汇率，通过外汇干预和政策协调维持汇率稳定。国际收支调节依赖市场机制与政策工具组合，但缺乏对称性约束，顺差国与逆差国调节责任失衡。

运行特征体现为三重矛盾：一是储备货币发行国的国内货币政策目标与全球流动性需求之间的冲突，导致周期性波动外溢；二是汇率灵活性与政策自主性的权衡，新兴经济体面临“三元悖论”困境；三是全球金融治理体系与经济格局变化的脱节，新兴市场话语权与经济权重不匹配。体系稳定性依赖主导货币国家的政策纪律，但其货币政策的内向性加剧了全球金融周期的同步震荡，暴露制度性缺陷。

(2) 国际货币体系改革需构建“多元、包容、规则导向”的新框架。短期应强化全球金融安全网，完善危机预警与救援机制，提升国际金融机构的资源动员能力和决策效率。中期推动储备货币多元化，培育非主权信用货币，发展区域货币合作机制，降低单一货币依赖风险。长期建立基于规则的汇率协调机制，通过多边协议约束竞争性贬值，构建资本流动管理的全球标准，平衡金融开放与稳定目标。

改革的关键在于重塑利益协调机制：一是重构国际金融机构治理结构，增加新兴经济体代表性；二是建立储备货币发行国的政策协调平台，强化货币政策的跨境溢出效应评估；三是推动数字货币等金融基础设施创新，探索超主权货币的技术可行性。需认识到改革的渐进性，通过区域一体化试点(如货币互换网络)积累经验，逐步实现从“以国家货币为基础”向“以规则为基础”的体系转型，最终构建更具韧性和公平性的全球货币秩序。

3.（1）最优货币区理论的概念和标准

最优货币区是指由一些彼此之间的商品、服务、劳动力和资本流动自由，经济发展水平和通货膨胀率比较接近，以及经济政策比较协调的国家组成的独立货币区。具体来说，它的建立应有以下几个标准：

① 劳动力和资本的流动性。跨国劳动力和资本的高度流动性会减少使用汇率作为恢复竞争力和消除国际收支不平衡的调整工具。如果劳动力能从高失业地区流向低失业地区，那么工资和其他成本就会趋同，资本的自由流动可减少通过汇率调整相对成本和价格的必要性。如果劳动力和资本不流动，相对价格的变化将是调整国际收支平衡的唯一手段，那么，浮动汇率比固定汇率和货币联盟更为有效。

② 经济开放程度和经济规模。一国的经济开放程度越高而且规模越小，那么固定汇率就越有效，这个国家就倾向于加入货币联盟。

③ 价格和工资的灵活性。如果价格和工资灵活，那么相对价格的调节可通过市场顺利实现，减少汇率调整的必要。

④ 产业结构相似。拥有相同生产结构的国家，并且多样性程度高，外部冲击会具有对称性。如果成员国实现了财政一体化，那么财政转移支付能够替代利率和汇率等货币政策抵消非对称冲击的影响。

（2）欧债危机对最优货币区理论的挑战

欧元区的建立是最优货币区理论的最佳实践。欧元区的建立促进了国家间的贸易往来，降低了交易成本，为要素流动、产品和服务流通、建立开放型经济体都具有重大意义。虽然欧元区是建立在最优货币区理论的基础之上，但是2008年的欧债危机并不能看成是最优货币区理论的失败。按照最优货币区的理论，最优货币区应具有前面所阐述过的几个标准，而现实情况是，欧盟的劳动力市场僵化，劳动力流动受到语言、文化、社会保障体系差异等诸多因素的限制。欧盟的财政收入只占欧盟国内生产总值的1.3%左右，财政转移支付能力十分有限。显然，欧元区并不符合最优货币区的条件，大量实证分析也显示目前的欧元区不是一个最优货币区，至少与美国相比的确如此。单一货币带来的低成本和贸易所创造的收益在很大程度上被放弃本国货币主权而产生的经济调整成本所抵消，甚至得不偿失。

第四篇 国际商务环境与运营

第 13 章 国际商务环境

本章包含国际商务环境和国际商务伦理两个知识点。其中，跨文化冲突是高频命题考点。其他知识点也会零星命题，但并非重点。

知识脉络

- 国际商务环境
  - 国际商务环境
    - 文化环境 — 运用：跨文化冲突
    - 政治环境
    - 法律环境
  - 国际商务伦理
    - 人权
    - 环境
    - 腐败
    - 社会责任

大纲解析

知识点一　文化环境

一、文化概述

1. 文化的定义

文化是一个社会全体成员或是一群人表现的、长期形成的并且世代相传的价值观、宗教、符号、信仰、思维模式等一些思维特征和行为特征的总和。文化的含义主要体现为以下几个方面：

(1) 文化是同一社会或同一群体的成员共享的一套思想，尤其是价值观和思维模式。

(2) 文化是通过符号代代传播的。

(3) 文化是由一个社会或是群体的成员过去的行为逐渐形成的，并不断变迁。

(4) 文化是需要学习的，并在逐渐学习的过程中积累、形成以及变化。

2. 文化的特征

(1) 文化是后天习得的

文化不能遗传，而是后天习得的。人类文化的习得过程和传递过程是个扬弃的过程，是认识和经验架构上的转变，是文化的抽象形式的转变。

(2) 文化具有强制性

文化强制有两种类型，一种是直接文化强制，另一种是间接文化强制。

直接文化强制即指一个社会个体的行为和思维方式必须符合某种文化所容许的类型，否则将会受到某种程度的社会干预或孤立。间接文化强制是指文化并没有对一个社会个体的某些行为和思维方式有强制规定，但除了选择特定的行为和思维方式，社会个体没有其他选择。文化强制使得一个人在知觉、判断及行为上往往与社会中大多数人保持一致，具有趋同性，这种现象被称为社会从众效应。

(3) 文化具有适应性

一种文化具有适应性指任何文化都应该适应本群体生存的自然环境和社会环境。文化的适应性主要体现在一个社会群体的习俗上，基于不同的自然环境和社会环境，会产生不同的习俗。

(4) 文化是不断变迁的

世界上不存在一成不变的文化模式，文化只有在不断变迁的过程中才能得到发展和进步，这是一个不以人的意志为转移的客观过程。文化变迁的主要原因有发现和发明、革命与社会制度变革、文化借用或传播以及文化移入等。从历史的角度来说，文化变迁是缓慢而不间断的。

二、文化的要素

文化要素主要包括语言、宗教、价值观、社会结构、社会制度、风俗、审美、教育、物质因素等方面。

1. 语言

语言作为文化的载体，反映着一定的社会文化环境，而社会文化环境同时也制约着语言的发展与完善，影响语言使用者的思维方式。

在开展国际商务活动时，不仅要使用口头语言和文字语言，同时也依赖于体态语言和其他非词汇交际方式，这在一定程度上形成了文化的差异。美国人类文化学教授爱德华·霍尔将文化划分为高语境文化和低语境文化。语言情境，是指围绕一个特定事件所传递的暗示和其他信息，即不同时间、空间、事件、协议下的各种“语言”。高语境文化中的交际很大程度上依赖于所谈话题的来龙去脉或肢体语言、特殊腔调和环境的细微差别，大部分信息不能通过语言部分直接获得，必须根据实情的前因后果以及自己的揣摩意会才能获得。相反，在低语境文化中，明确的语言文字就已经传递了大部分信息。

2. 宗教信仰

宗教是文化的重要组成部分，是一种社会意识形态，可以定义为具有神圣意义的共同信仰和仪式。

宗教对商务活动最重要的影响在于，不同的宗教所蕴含的对工作和企业家精神的看法，以及宗教伦理对一国商务活动成本的影响程度。

马克斯·韦伯在《新教伦理与资本主义精神》一书中指出，新教(基督教的两个主要分支之一）的道德观强调努力工作和创造财富的重要性以及节俭，是促进资本主义法治所需要的那种价值观。新教徒工作刻苦并且按部就班地积累财富，他们的禁欲主义信仰，使他们不是将财富消耗在纵情的世俗享乐之中，用于扩张资本主义企业的再投资。这样，刻苦工作和资本积累相结合，为西欧及美国的资本主义法治铺平了道路。

3. 文化与工作场所的价值观

文化价值观是指文化中的一些具有普遍的规范性的价值观，它使得生活在该文化中的成员用不同的价值尺度来评判周围的事物和行为。霍夫斯泰德归纳出他认为能够概括不同文化的四种维度——权力距离、个人主义与集体主义、不确定性规避、男性主义与女性主义。

（1）权力距离

权力距离指组织中缺乏权力的成员对于“权力的分配是不公平的”这种观点的认可程度。按照霍夫斯泰德的观点，人们可以发现一些高权力距离文化的国家会使这种不平等随时间转化为权力和财富的不平等，而低权力距离文化的国家则尽可能缩小这种不平等。

（2）个人主义与集体主义

此维度强调的是个人与他的伙伴之间的关系。在个人主义的社会里，个人之间的联系是松散的，个人成就和自由是高度受重视的。在集体主义的社会里，个人之间的联系是紧密的，在这种社会里，人们生来就是集体的成员，扩大到家庭也是如此，每个人都应重视其所属集体的利益。

（3）不确定性规避

此维度是用来度量不同文化中其成员对不确定情形的接受程度。高不确定性规避文化的成员将工作安全、职业类型、退休待遇等放在优先地位，他们也更需要规章和条例，经理需要发出清晰的指令，而下属的主动性则受严格的限制。低不确定性规避文化则表现出更愿意冒风险和对变革抵触情绪较少的特性。

（4）男性主义与女性主义

此维度是探寻性别与工作角色之间的关系。在男性主义文化中，性别角色明显不同，传统的“男性价值观”（诸如成就和有效地行使权力）决定文化观念。在女性主义文化中，性别角色没有很明显的区别，在同类的工作中男人与女人之间几乎没有差异。

然而，霍夫斯泰德的研究也有一些严重的缺陷：第一，霍夫斯泰德假设在文化和民族国家之间存在一一对应关系；第二，霍夫斯泰德的研究还受到其自身文化的限制；第三，为霍夫斯泰德的研究提供数据的人不仅都来自计算机行业，而且都在同一家公司（IBM）工作；第四，霍夫斯泰德的研究在今天看来也有些过时，文化并不是静止的，它们随时间而变化，尽管变化得很慢。

此后，霍夫斯泰德又将其原来的研究扩展到第五个维度，他将这一维度称为“儒家动力”（有时也被称为“长期导向”）。按霍夫斯泰德的理论，儒家动力影响了人们对时间、毅力、地位、面子、尊重传统以及接受礼物等问题的看法。尽管文化可能影响一个国家的经济成功，但只是诸多影响因素之一，既不能低估文化的重要性，也不能高估它。在解释不同的经济增长率方面，诸如经济、政治和法律等一些因素可能比文化因素更为重要。

4. 社会结构

一个社会的社会结构是指它基本的社会组织。社会结构有许多不同的方面，但在解释文化差异时有两个尺度尤为重要。第一个尺度就是社会组织的基本单位是个人还是群体。一般而言，西方社会倾向于强调个人优先，而许多其他社会则倾向于把群体看得更重要。第二个尺度是一个社会分成阶层或等级的程度。

(1) 个人和群体

① 个人

在许多西方社会，个人是社会组织的基本单位，这不仅反映在社会的政治和经济组织中，而且也反映在社会和商务活动中人们如何看待自己和他人之间的相互关系。许多西方社会的价值观体系很强调个人成就，个人的社会地位并不取决于他们为谁工作，而是取决于个人工作的绩效。个人主义还导致公司间管理人员的流动十分频繁。强调个人绩效的好处之一是在美国和其他西方社会，存在大量的创业活动。

对个人主义的强调可能导致在一个组织内执行集体任务时难以建立团队精神，导致从事商务活动的成本提高。

② 群体

群体是指两个或两个以上个人的集合体，他们分享同一种感觉，根据一套对相互行为的共同预期以有组织的方式互相影响。

群体认同价值观对群体中的个人成员为共同利益一起工作创造了一个很强的诱因。群体第一的价值观也抑制了经理和个人从一家公司向另一家公司的流动。经理和工人们积累了知识、经验和个人商务关系网，所有这些都能帮助经理更有效地开展工作和获取他人的合作。

群体也不总是有利，它相对缺乏活力和企业家精神。

(2) 社会阶层

所有社会都按某种等级分成不同的社会群体，即社会阶层。虽然所有社会都程度不等地分成某些等级，但在两个方面会显露出重要的差异：第一，社会不同阶层间的流动性；第二，社会不同阶层对商务活动的相关意义。

社会流动性是指个人能从自己所出生的那个社会阶层流动到其他阶层的可能性。各国的社会流动性有很大的差异，最严格的等级制度是种姓等级制度。种姓等级制度是一种封闭的社会等级制度。在这一制度下，人们的社会地位是由其出生的家庭所决定的，通常终其一生都不可能改变。阶级制度是一种不太严格的社会等级形式，在这种制度下，社会流动是可能的。阶级制度是一种开放的社会等级形式，其中个人出生时的地位可以通过自己的成就或机遇改变：生于社会底层的人，有可能通过工作向上升；生于社会上层的人，也可能向下滑落。

在像英国那样的国家，阶级之间的差异和阶级之间相对缺乏流动性，导致了阶级意识的产生。长期以来的相互对抗和缺乏尊重，使得许多英国公司管理层与工人之间很难形成合作，并产生较多的产业纠纷。

管理层与劳工之间的对抗关系，以及由此产生的缺乏合作和产业纠纷频繁发生的结果，往往会导致在那些阶级等级化明显的国家中从事商务活动的成本提高，从而导致这类国家的企业要建立在全球经济中的竞争优势更为困难。

5. 风俗习惯

风俗习惯是文化的一种表现，是宗教、价值观在生活上的体现。风俗习惯不是一个在短时期内形成的风尚，是经过人们历代相沿积久而成，并经过重复最终固定下来的一些行为方式。因此不同的文化环境下必然形成不同的风俗习惯。风俗习惯影响着不同文化中产品的使用方式，同时还影响着商务合作双方对同一事物的认识，来自不同文化背景的人们对于同一种事物和行为的认识往往是不同的。

6. 审美

不同文化背景下的人们对于美的定义是不同的，因而不同的民族具有不同的审美理念。人们之所以能感受到美，关键是这些事物的属性和人们的文化背景、生活习惯等相关联，得到一种感情上的认同和感官上的享受。因此来自不同背景的人对于美的定义差距如此之大就不足为奇了，因为他们有不同的生活习惯和文化特点，对于周围事物的认识必然不会保持一致。

7. 教育

教育作为一种手段，在文化传播过程中起到重要的作用。教育分为正规教育和非正规教育，两种教育方式都在青少年适应社会价值观的过程中发挥作用。非正规的教育方式对于一个人价值观的直接形成起到重要的作用，而以学校为代表的正规教育则在这个过程中起到重要的补充作用。

从国际商务的角度看，也许教育最重要的一个方面是它对国家竞争优势的决定性作用。拥有一大批有技术和受过教育的劳动力似乎是一个国家经济成功的主要决定因素。一个好的教育制度不仅是一国竞争优势的决定性因素，也是引导国际企业选择区位的重要因素。一个国家的普通教育水平也是决定在该国出售何种产品以及使用何类促销手段的有效依据。

8. 物质因素

文化中的物质因素主要是指文化环境中的基础设施，其与社会组织和社会经济活动的方式紧密相连。基础设施又分为经济基础设施和社会基础设施。一国的经济基础设施主要包括一国的交通、能源和通信系统。社会基础设施是指住房、医疗和教育体系。

在进行国际商务活动时，基础设施完善与否也成为区位选择的一个因素。选择一个基础设施相对完善，即物质因素较优越的地区开展商务活动，在商务经营过程中遇到的客观阻碍相对较小，同时节省了进行基础设施建设的支出，会给企业带来相对丰厚的利益回报。由此可见，就发展中国家而言，加强本地的基础设施建设，强化自身的物质条件，对于促进国际商务活动的开展有重要意义。

三、企业文化

1. 企业文化的概念

企业文化，又称组织文化，是在一定的条件下，企业生产经营和管理活动中所创造的具有该企业特色的精神财富和物质形态。它包括文化观念、价值观念、企业精神、道德规范、行为准则、历史传统、企业制度、文化环境、企业产品等。其中价值观是企业文化的核心。

企业文化本质，是通过企业制度的严格执行衍生而成，制度上的强制或激励最终促使群体产生某一行为自觉，这一群体的行为自觉便组成了企业文化。

2. 企业文化的要素

学者一般把企业文化整个理论系统概述为 5 个要素，即企业环境、价值观、英雄人物、文化仪式和文化网络。

① 企业环境是指企业的性质、企业的经营方向、外部环境、企业的社会形象、与外界的联系等方面。它往往决定企业的行为。

② 价值观是指企业内成员对某个事件或某种行为好与坏、善与恶、正确与错误、是否值得仿效的一致认识。价值观是企业文化的核心，统一的价值观使企业内成员在判断自己行为时具有统一的标准，并以此来决定自己的行为。

③ 英雄人物是指企业文化的核心人物或企业文化的人格化，其作用在于作为一种活的样板，给企业中其他员工提供可供学习的榜样，对企业文化的形成和强化起着极为重要的作用。

④ 文化仪式是指企业内的各种表彰、奖励活动、聚会以及文娱活动等，它可以把企业中发生的某些事情戏剧化和形象化，来生动地宣传和体现本企业的价值观，使人们通过这些生动活泼的活动来领会企业文化的内涵，使企业文化“寓教于乐”之中。

⑤ 文化网络是指非正式的信息传递渠道，主要是传播文化信息。它是由某种非正式的组织和人群所组成，它所传递出的信息往往能反映出职工的愿望和心态。

3. 企业文化的作用

(1) 导向作用。所谓导向功能就是通过它对企业的领导者和职工起引导作用。企业文化的导向功能主要体现在两个方面：①经营哲学和价值观念的指导；②企业目标的指引。

(2) 约束作用。企业文化的约束功能主要是通过完善管理制度和道德规范来实现。

(3) 激励作用。共同的价值观念使每个职工都感到自己存在和行为的价值，自我价值的实现是人的最高精神需求的一种满足，这种满足必将形成强大的激励。

(4) 调适作用。调适就是调整和适应。企业各部门之间、职工之间，由于各种原因难免会产生一些矛盾，解决这些矛盾需要各自进行自我调节；企业与环境、与顾客、与企业、与国家、与社会之间都会存在不协调、不适应之处，这也需要进行调整和适应。

(5) 辐射作用。企业文化关系到企业的公众形象、公众态度、公众舆论和品牌美誉度。企业文化不仅在企业内部发挥作用，对企业员工产生影响，它也能通过媒体传播、公共关系活动等各种渠道对社会产生影响，向社会辐射。

四、跨文化管理

1. 跨文化冲突

跨文化冲突是指不同形态的文化，或者文化要素之间相互对立或相互排斥的过程，它不仅包括跨国企业与东道国文化环境之间的冲突，同时也包括企业内部员工文化背景不同而产生的冲突。跨文化冲突产生的主要因素有以下几种。

(1) 价值观方面的不同。作为文化重要因素之一的价值观是文化对于人们最根深蒂固的影响表现。根据价值观的不同，需要采取不同的经营管理办法、奖赏机制，同时营造不同的工作氛围，以遵循不同的价值理念。

(2) 思维方式的不同。一个人的思维方式受到不同文化、个人知识背景、社会和工作环境及习惯等方面的影响而形成。思维方式简单来说就是一个人考虑问题的方式或程序。所处文化背景更加相似，知识结构更加相近，社会与工作环境更类似的人之间更倾向于拥有类似的思维方式。思维模式的不同使得针对同一问题的看法大相径庭，这是产生跨文化冲突的另一重要原因。

(3) 民族个性的差异。文化是民族文化积淀，因此文化底蕴不同的民族群体成员将会拥有不同的价值取向，并遵循不同的风俗习惯和伦理规范乃至生活方式。在跨文化的交往中，人们往往习惯于“自我参照”，即根据本民族的文化个性和价值观念去解释或判断不同文化环境下的行为和事物，这就产生了文化偏见，从而产生文化冲突。

(4) 信息理解差异和沟通方式的不同。由于不同文化背景对于同一信息的翻译理解会产生差异，因此经常会产生沟通障碍。基于对友谊、风俗习惯等的不同认识，都很容易在国际商务开展过程中产生误解，甚至演变为文化冲突。

(5) 管理风格的不同。管理风格不同产生的跨文化冲突，主要存在于企业内部。由于地区间文化的不同，各地区企业的管理方式也都不尽相同。如果只采取同一种管理方式和管理风格，可能使得东道国的员工无法接受。跨国公司的管理者不仅要具备在本土经营和管理公司的能力，同时还应该具备针对不同环境随机应变的综合管理能力。

跨文化冲突主要体现在制度文化的冲突、劳动人事方面的冲突、决策模式的冲突以及经营观念的冲突等等。

劳动人事方面的冲突，实质是不同价值观在劳动人事关系上所体现出的差异。例如中国人在处理人际关系时较看重感情，常常将人情作为交易的一种手段。而西方人则讲求实际和就事论事，不讲情面。

决策模式的冲突。低语境国家在表达个人观点时明白准确，多采用直言不讳的表达方式，使其管理决策主体多倾向于个人。决策者往往具有较强的独立自主性，勇于承担责任，决策迅速。与之相反，高语境国家更偏重于集体商讨、研究、决策，决策缓慢。

经营观念是文化在经济方面的具体体现。例如美国、德国、韩国的经营管理者，其经营观念是时刻围绕市场需求的，并根据需求的变化适时做出调整，在经营过程中就体现为重视生产，但更注重营销，在公司内部强调规范化管理，同时构建即时信息网络，加强信息交流。而中国等一些亚洲国家的企业，重视生产但忽视营销，同时趋于谨慎保守，墨守成规，缺乏创新和激情。

【知识拓展】文化适应

Redfiled(1936)定义：当不同文化群体的人们进行持续不断的直接接触时，一方或双方的原文化类型所产生的变化称为文化适应。Berry (1990)提出一个文化适应模型，将文化适应分为四个类型：同化(assimilation)、分离(separation)、融合(integration)、边缘化(marginalization)。并且在研究文化适应过程中个体所面临的问题时提出了一个双维度文化适应模型，将少数族群在文化适应过程中的问题归纳为：①是否保持和发展原文化的特征特性；②是否倾向于同主导社会进行跨族群的交流来评估和建立一个积极的关系。

2. 跨文化管理

跨文化又称为交叉文化，指具有不同文化背景的群体之间的交互作用。跨文化管理涉及对不同文化背景群体下的人、物、事的管理。处于不同文化背景下的公司可以选择不同的跨文化管理策略，主要的跨文化管理策略有以下几种：

(1) 占领支配式策略

占领支配式策略是一种比较偏激的策略，是指跨国公司在进行全球扩张时，向不同文化背景的地区子公司强行注入母公司的企业文化，子公司只保留母公司的文化，而忽视子公司当地的文化。这种方式一般适用于强弱文化对比悬殊，并且东道国的子公司、政府、人民等对于母公司的文化可以完全接受。但这种策略在实际情况中应用得非常少。

(2) 本土化策略

本土化是指把当地的文化理念融入企业经营管理中，在企业跨国经营过程中的生产、营销等环节都应该充分考虑本地的文化、理念、风俗等，本着“思维全球化和行动当地化”的原则进行跨文化管理。例如，跨国公司在海外进行投资时雇用当地员工。

(3) 文化相容策略

当投资国文化和东道国文化都是强文化时，一般会考虑文化相容策略。根据不同文化相容程度可分为两种策略：

① 文化平行相容策略。母公司的文化和子公司的文化虽然存在着巨大文化差异，但并不排斥，且相互补充。而子公司并不以母公司的文化或是东道国当地的文化作为公司的主题文化，而是使两者相容，运行于公司的操作中，充分发挥跨文化的优势。

② 隐去两者主体文化的和平相容策略。这种策略主要运用在投资国和东道国的文化都为强文化，且其存在巨大的文化差异，并且容易产生“文化摩擦”的情况下，这时，管理者在经营活动中刻意模糊投资国和东道国主体文化之间的差异，隐去容易导致冲突的主体文化，保留两者中较为平淡和微不足道的部分，使得主体文化在“摩擦”点上的强烈影响力一定程度上减弱，从而促使不同文化背景的员工可以在同一公司中和睦相处，即使发生意见分歧，也可以得到妥协和协调。

（4）文化渗透策略

文化渗透策略是指投资国凭借强大的经济实力所形成的文化优势，对于东道国公司的当地员工进行逐步的文化渗透，使投资国的文化逐渐深入人心，并将其慢慢转化为该文化的执行者和维护者。文化渗透策略是一个长期的观察和培育过程，是一种长期策略。

（5）文化规避策略

母国的文化和东道国的文化存在巨大差异，虽然子公司的文化主体是母国文化，但是在子公司的运营过程中仍旧无法忽视东道国文化的巨大影响。母公司派到子公司的管理人员对于双方文化的重大不同之处进行规避，以免在这些“敏感地带”造成文化冲突。尤其是在宗教势力强大的国家要特别注意尊重当地的信仰。

（6）借助第三方文化策略

当母公司的文化和东道国的文化之间差异巨大，并且东道国子公司无法在短时间内适应这种完全不同于母国的经营环境时，跨国公司采用与母公司文化已达成一定程度的共识的第三方文化对设在东道国的子公司进行管理，采用这种策略可以避免母国文化与东道国文化发生直接的冲突。

（7）文化创新策略

文化创新策略即将母公司的文化和东道国当地的文化进行整合，利用各种渠道促进两种文化的了解、适应和融合，从而在此基础上形成一种新型的子公司的文化，并以这种新型的文化作为子公司的主体文化。这种新型文化融合了母公司文化的特点，同时又与东道国当地的文化环境相适应，在此基础上形成子公司主体文化的特色，对子公司进行高效管理。

知识点二　政治环境

一、政治体系的定义

一国的经济体制和法律体系取决于该国的政治体系。所谓政治体系，是指一个国家的政府体制。政治体制可以用两个相关的指标加以考察，第一个是其对集体主义或个人主义的重视程度，第二个是其民主或集权的程度。

二、集体主义和个人主义

集体主义是指集体目标优先于个人目标的一种政治体制。当强调集体主义时，一个整体的社会需求通常被认为比个人自由重要得多。在此环境下，当个人行为被认为与“社会利益”和“集体利益”相悖时，其个人的权益就会被限制。

个人主义是指一个人应享有其经济和政治追求的自由。相对于集体主义来说，个人主义强调个人的利益优先于国家的利益。个人主义是建立在两个核心原则之上的。第一个原则是强调个人自由和个人表达的重要性。第二个是强调只有通过让人民追求自己的经济利益，才能实现社会福利的最大化，而不是由某个集体机构来规定什么是社会的最高利益。个人主义的核心思想就是强调个人的经济和政治自由乃是一个社会赖以存在的基础。具体地讲，个人主义可以理解为对于民主政治体制和自由市场经济的主张。

三、民主与集权

民主是指这样一种政治制度，在该制度中，政府是由人民直接选举或通过其所选代表间接选举出来的。集权是这样一种制度，在该制度中，个人或一个政党对人类生活的各个方面都拥有绝对的控制权，政治反对党派则是被限制的。民主政治的国家，其商务活动主要与该国市场需求有关。集权的政治制度的国家，商务的发展相对而言，主要与该国的对外政策、对外政治目标有关。

四、外部政治环境

国际政治形势的稳定是很重要的外部政治条件。如果世界或局部政局动荡，社会各阶层利益冲突，民族冲突，宗教问题尖锐，那么一旦发生战争，将对商务活动产生影响和破坏，很多人们就不会与该国进行贸易，从而严重影响该国的经济利益。相反，如果该国与外国交好，政局稳定，则伙伴国还会伴有争取政治友好的经济合作计划，则对该国与他国的国际商务产生正面的推动力量。

知识点三　法律环境

一、法律体系的定义

一国的法律体系或制度指的是法令或法律，它们规定了行为要合乎实施法律的程序，并且通过法律实现公正。一国的法律体系对于国际商务是极其重要的。一国的法律将制约商务实践，定义商务交易活动的方式，制定商务交易中有关各方的权利和义务。

二、法律的三大体系

世界各国所采用的法律主要有三大体系，或三种法律传统，即普通法、大陆法和宗教法。

1. 普通法体系

普通法体系以传统、先例和惯例为基础。传统是指一个国家的法律历史；先例是指法院以前所判过的案例；惯例是指具体应用法律的方式。普通法的特点就是强调判例的作用。把成文法看作是对案例的修正。主要应用于英国和原英国殖民地国家，因而也被称为英美法。实行普通法的国家和地区，判例施行后就具有法律效力，不过下级法院须受到上级法院判例的约束。换句话说，在普通法律的约束下，法官有权解释法律。随着新判例的产生，法律就可能发生变化。与大陆法相比，普通法更有灵活性。因此，有人认为，在实行普通法的国家，真正有效的，不是法律条文本身，而是通过判例解释的法律的规则。在这样的条件下，法律被认为是一门不精确的政治艺术。这就给律师提供了很大的工作空间。实行普通法的国家的律师地位和作用就比大陆法国家重要得多。

【例 1】属于普通法系的有(　　)。(对外经贸 2013 年)

A. 美国的得克萨斯州　　　　C. 英国的苏格兰

B. 美国的路易斯安那州　　　D. 加拿大的魁北克省

【解析】A。大陆法系，又称为民法法系 是指以古罗马法、特别是以 19 世纪初《法国民法典》为传统产生和发展起来的法律的总称。由于该法系的影响范围主要是在欧洲大陆国家，特别是法国和德国，所以又称为大陆法系、罗马-德意志法系；主要法律的表现形式均为法典，又称为法典法系。属于这一法系的除了欧洲大陆国家外，还有曾是法国、德国、葡萄牙、荷兰等国殖民地的国家及因其他原因受其影响的国家。例如，在非洲有埃塞俄比亚、南非、津巴布韦等；在亚洲有日本、泰国、土耳其等；此外还包括某些英美法系国家内的部分地区，例如加拿大的魁北克省，美国的路易斯安那州，英国的苏格兰等。

英美法系，又称普通法系。普通法系是指以英国中世纪的法律、特别是以普通法为基础和传统产生与发展起来的法律的总称。由于主要渊源于英国普通法，又被称为普通法系、英国法系；以判例为法的主要表现形式，又称为判例法系；由于在现代是由英国法与美国法两大分支构成，又称英美法系。这一法系的范围，除了英国(苏格兰外)以外，主要是曾为英国殖民地、附属国的许多国家和地区，如美国、加拿大、印度、新加坡、澳大利亚、新西兰以及非洲的个别国家、地区等。

2. 大陆法体系

大陆法体系是以一套十分详尽的法律条文为基础的。包括德国、法国、日本和俄罗斯在内的 80 多个国家实行大陆法。大陆法的主要渊源之一是法国大革命时期的《拿破仑法典》，该法典由于法国大革命的影响，而对欧洲大陆各国产生深远影响，因而被称为大陆法。该法律的一大特点是：强调成文法的作用。法律制度体现为一套系统化、条理化、详尽的法律条文。法官的任务就是根据这些法律条文判决案子。从全球角度讲，实行大陆法的国家占多数。由于大陆法的条文系统化、条理化，因而实行大陆法的国家在法律领域的共性强。

3. 宗教法体系

是以宗教教义为基础的一种法律制度。伊斯兰法是现在世界使用最为广泛的宗教法律制度。印度教和犹太教法律也曾被应用到 20 世纪，但这两种法律现在已经没有什么影响。伊斯兰法是以《古兰经》、伊斯兰教教规、或先知穆罕默德的言论为基础形成的。他们认为《古兰经》就是神的旨意，所以基本精神不能变更。现实中伊斯兰国家也会用一些变通的方法来处理法律和现实出现的一些不协调问题。

三、合同法

一张合同就是一份法律文件，它规定了交易发生的条件、交易双方具体的权利和义务，有些合同格式可以用于许多商业交易。

合同法是管理合同执行的法律实体，当一方感到另一方违背协议文本或原则时，合同有关方通常会通过合同法来解决。由于普通法相对来说不太明确，因而在一个普通法框架下起草的合同往往对于所有偶然事件都有详尽的描述。而在大陆法框架下，合同则趋于较短和较为笼统的描述，因为在普通法合同中所涉及的许多问题在大陆法法典里都有明文规定。可以设想，在实施普通法体系的国家起草一份合同较为昂贵，而在实施大陆法体系的国家处理合同则可能产生许多争议。

四、财产权

财产权是指使用资源以及通过使用资源可能产生任何收益的一系列相关法律权益。各国涉及财产权保护的法律制度有很大的差异，目前几乎所有国家都有保护财产权的法律条文。财产权可以通过两种方式被侵犯：私下行为和公共行为。

私下行为是指非公有的个人或集团的偷盗、盗版、敲诈等行为。在法制程度较低的国家，其犯罪程度也越严重。

侵犯财产权的公共行为是指公共官员，如政治家和政府官员，从财产所有者那里勒索钱财或资源。这种行为可以通过法律机制实现，包括向财产所有者征收过多的税收，索取高额的许可证费用，将其资产收归国有而不予补偿，或重新分配资产而不给原来的所有者以补偿等。侵犯财产权的公共行为还可以通过非法的路径或腐败行为来实施。

经济现实显示，高度腐败将在很大程度上减少一个国家的外商直接投资和国际贸易，并导致该国经济增长率的下降。

五、知识产权

知识产权属于财产权，是知识活动的产物，如电脑软件、显示屏、乐谱或新药的化学分子式等。知识产权通过专利、版权和商标可以建立所有权。

专利权是指政府有关部门向发明人授予的在一定期限内生产、销售或以其他方式使用发明的排他权利。专利分为发明、实用新型和外观设计三种。

著作权(在我国，“著作权”与“版权”为同一法律概念)是指文学、艺术、科学作品的作者依法对他的作品享有的一系列的专有权。著作权是一种特殊的民事权利。它与工业产权构成知识产权的主要内容。在广义上，它也包括法律赋予表演者、音像制作者、广播电台、电视台或出版者对其表演活动、音像制品、广播电视节目或版式设计的与著作权有关的权利。

商标是识别某商品、服务或与其相关具体个人或企业的显著标志。图形®常用来表示某个商标经过注册，并受法律保护。企业在政府有关主管部门注册登记以后，就享有使用某个品牌名称和品牌标志的专用权，这个品牌名称和品牌标志受到法律保护，其他任何企业都不得仿效使用。因此，商标实质上是一种法律名词，是指已获得专用权并受法律保护的一个品牌或一个品牌的一部分。

各国对知识产权的保护有很大差异。许多国家对知识产权有严格的法律规定，但是这些规定在执行时经常是马马虎虎的，这种情况即使在世界知识产权组织现有的183个成员国中也时有发生，这些成员国都签署了旨在保护知识产权的国际公约，包括最早的《保护工业产权巴黎公约》。执法不力怂恿了对知识产权的侵犯。

六、产品安全法

产品安全法是指对某一产品必须建立一定的安全标准。产品责任是指当一个产品引起伤害、死亡或损失时，该产品的生产企业及其主管人员应对此负责。目前世界关于产品责任的立法大概有三种：一是通过在合同法、侵权法中增加有关条款，或者对原条款扩大解释来对产品责任做出规定。采取这种方式的主要有法国、荷兰等。二是在消费者保护法或其他有关法律中对产品责任做出若干规定，采取这种方式的主要有英国、加拿大等。三是制定专门的产品责任法，采用这种方式的国家主要有德国、意大利、丹麦、挪威、日本等。

我国的有关产品责任的法律是由《民法通则》《产品质量法》《消费者权益保护法》《工业产品质量责任条例》《药品管理法》《食品卫生法》等一系列法规来规范的。另外，最高法院的有关司法解释也是产品责任法律制度的内容之一。

美国的产品责任法就其发展趋势看来是不断加强厂商责任。相对于美国的产品责任法，欧盟的规定稍显宽松一些。目前欧盟成员国与美国在产品责任法上的最大差异是，厂商只对根据目前科技水平可以预见的问题负责，而不是像美国那样实行“严格责任”规则。

【相关链接】许多企业在开展业务时会通过代理商进行，各国在代理商法律地位的立法方面也有很大差别。法律上把代理关系可以分为两大类：一类代理商是根据委托人的指令行事的，代理商不能独立与第三方签订合同，代理商可以看作是被委托人雇佣的，因此在与第三方有争执时，第三方可以向委托人起诉；另一类是独立承包商或者称为独立代理商，这类代理商是根据委托人的要求，相对独立地完成一些委托任务，法律上讲，独立代理商对所代理的事务独立负法律责任。

七、国际商务与政治、经济和法律的关系

首先，一个国家的政治体制、经济体制和法律体系会引发重要的伦理问题，这些伦理问题将对国家商务活动产生重要影响。当然，也会影响该国作为一个市场的吸引力。这个吸引力取决于这个国家市场上商务活动的成本、风险之间的差额。

其次，一个国家的政治体制、经济体制和法律体系及其环境会明显影响该国作为一个市场和投资场所的吸引力。在一个国家从事商务活动的收益、成本和风险将受到该国政治体制、经济体制和法律体系的影响。一个国家作为市场和投资场所的综合吸引力取决于在该国长期从事商务活动的收益和成本、风险之间的差额。

1. 收益

在一个国家长期从事商务活动的货币收益是由市场规模、该市场上消费者的现有财富(购买力)和未来财富决定的。有些市场用消费者人数来衡量是很庞大的市场，但较低的生活水平可能意味着其购买力有限，所以用经济收益来衡量这些市场就是相对较小的市场。第一进入者优势是指市场早期进入者所拥有的优势，迟进入者劣势是指后进入者可能遇到的障碍。一个国家的经济制度和产权制度理所当然地成为预测经济前景的有用指标。产权受到保护的自由市场经济国家通常比得不到保护的国家或计划经济的国家拥有更高的经济增长率。所以，一个国家良好的经济制度、产权制度以及市场规模预示着在该国存在着潜在的长期收益。

2. 成本

一系列的政治、经济和法律因素决定了国际企业在一个国家从事商务活动的成本。政治因素就是指在一个国家从事商务活动的成本，可能会因需要收买政治势力以便取得政府对国际商务活动的许可而有所增加。在封闭的集权国家，需要支付的贿赂大于在开放的民主国家需要支付给政治家的资助。在一个经济相对落后或不发达的国家，由于缺少基础设施，从事商务活动可能需要更高的成本。在极端的情况下，国际企业可能不得不自己提供自己所需的基础设施。在一个对产品安全、工作场所安全、环境污染等制定了严格法规标准的国家从事

商务活动可能需要更高的成本。

3. 风险

① 政治风险是指因政治力量而引起的一国商务环境的剧烈变化，从而对某特定工商企业的利润和其他目标产生负面影响的可能性。经历社会动乱和骚乱的国家，或因社会性质决定的发生社会动乱的可能性较大的国家，其政治风险也较大。社会动乱通常表现为罢工、示威、恐怖活动和犯罪冲突等。这类冲突在下述国家中较易发生：多民族国家、各种意识形态为政治控制权而纷争不断的国家，经济的不当管理导致通货膨胀居高不下的生活水平不断下降的国家，处于各种针锋相对的文化夹击下的国家等。社会动乱会导致政府及其政策的转向，或在一些情况下会加剧公众的冲突，对工商企业的利润目标产生负面影响。

② 经济风险是指因经济管理不当所引起的一国国际商务环境的剧烈变化，从而对某一特定企业的利润及其目标产生不利的影响的可能性。经济管理不当的一个很明显的指标就是通货膨胀率，和企业与政府的负债率。

③ 法律风险是指贸易伙伴违反合同或侵犯产权的可能性。当一个国家的法律风险较高时，国际企业可能不愿意与该国企业签订长期合同或合资协定。

4. 综合吸引力

一个国家作为一种潜在的市场或投资场所，其对外国企业的综合吸引力取决于在该国从事商务活动相对的收益、成本和风险的平衡。一般而言，在经济发达国家和政治稳定的民主国家从事国际商务活动的相关成本和风险较低，而在欠发达国家和政治不稳定国家的成本和风险较高。

知识点四　商业伦理

一、商业伦理的定义

商业伦理是指商人从事贸易活动中处理相互关系的行为规范和准则，或说成是商务活动各方理应遵守的一套行为规范和准则。既指商人采取什么样的态度对待贸易中各种关系，又指商人在贸易关系中如何进行道德自律。商业伦理具有调节功能、认识功能和教育功能。在国际商务中，最为常见的伦理问题是员工待遇、人权、环境污染、腐败以及跨国公司的道德义务等。

当东道国的工作条件明显低于跨国公司母国的条件时，应该执行哪个标准呢？是按母国的标准，还是东道国的标准？这都是商业伦理问题。

二、人权

在当今主流社会的宪政体制中，宪法一般都将人权明细化和法制化。但是人权作为“人因其为人而应享有的权利”，并不是宪法赋予的，宪法的作用仅仅是保障和实现人权的一种手段。在历史上，也曾有用实证法否定人权的先例，比如法西斯政权为其种族灭绝提供合法的途径。

人权只是一个抽象的框架，一个暧昧不明的理论模式。不同的时期，不同的阶级，不同的文明，不同的人，描绘出了千变万化的“人权”，并对此展开了旷日持久的争论。但这并不影响人权作为一种广为接受的标准。

国际商务中会发生人权问题。在许多国家，基本的人权依然得不到保障。在发达国家被认为是理所当然的权益，如结社自由、言论自由、集会自由、迁移自由、自由表达政治见解等，并不是世界各国都接受的。

三、环境保护

各国为保护本国环境会制定一系列环境管制措施，环境管制是指为环保目的而采取的贸易限制措施。各个国家实施环境管制的主要措施包括：第一，以保护环境为名，征收环境进口附加税。第二，采用强制性措施，限制或禁止进口，其依据是进口产品的生产制造方法不符合本国的环境要求。第三，推行国际标准，即对未达到国际组织制定的环境标准的产品禁止或限制进出口。第四，政府环境补贴。即政府以政治原因或经济原因(如因经济困难尚无力支付污染防治费用)而对厂商进行环境补贴。因此，国际组织和各个国家制定的环境法规和贸易规则构成了环境管制的法律基础和依据。随着环境贸易政策的增多，环境管制措施日趋多样化，由此引发的贸易问题也日益增多，从而对国际贸易的发展提出了挑战。

当东道国的环境保护制度不如母国时，也会发生伦理问题。许多发达国家都有完善的制度来管理污染物的扩散、有毒化学物的倾倒、工厂中有毒材料的使用等。但是发展中国家往往缺乏这些制度，结果，按批评者的说法，跨国公司的商务活动导致的污染往往会高于其在母国造成的污染。

四、腐败

腐败无处不在。它不只是公共官员滥用职权的问题，而是人们为了捞取任何不义之财而滥用职权(不一定是政府权力)的行为。另外，还体现在人们在自己的工作岗位上不尽职、不作为，有令不行、有禁不止、思想颓废、麻木不仁等，这些腐败现象常被人们忽略，其实它对社会以及对人类发展本身危害极大。

腐败的实质是一种非正式获取政治影响的过程，当某个群体感到其核心利益在正式政治体系内被忽视或被认为是非法之时，这一群体的成员就会被吸引到那些获取影响的非正式渠道中去，而这些渠道又往往以腐败的形式表现出来。

法制监督不力是导致腐败的主要原因之一。

腐败降低了商业投资的回报，导致较低的经济增长。在一个国家，如果腐败流行，工作无效率的官僚向那些想开业的企业索取额外的费用，就等于在榨取企业的利润，这势必降低企业投资的积极性，从而延缓该国的经济增长率。

五、社会责任

社会责任这个概念表达了这样一种思想，即商人在做商务决策时应考虑其经济行为可能导致的社会后果，应该尽力做到经济和社会双赢。从本质的意义上讲，对社会负责就是对自己负责，因为这是经商的正确道路。伦理困境的本质是没有一个方法看上去是完全合乎伦理的。

对于一家跨国公司的经理来说，如何才能确保其在进行国际商务决策时会将伦理因素纳入其中呢？下面集中讨论为确保其在商务决策时考虑伦理问题，国际企业和它的经理们可以做的五项工作：

(1) 聘用和晋级那些具有良好的个人道德素养的人；

(2) 建立一个高度重视伦理行为的组织文化；

(3) 保证企业领导不仅在口头上承认伦理行为准则，而且其行动与言论是一致的；
(4) 在进行商务决策时要考虑伦理问题；
(5) 鼓励道德勇气。

【知识拓展】SA 8000

SA 8000 即“社会责任标准”，是 Social Accountability 8000 的英文简称，是全球首个道德规范国际标准。其宗旨是确保供应商所供应的产品，皆符合社会责任标准的要求。SA 8000标准适用于世界各地、任何行业、不同规模的公司。其依据与 ISO 9000 质量管理体系及 ISO 14000 环境管理体系一样，皆为一套可被第三方认证机构审核之国际标准。

SA 8000 标准是全球第一个用于第三方认证的社会责任国际标准，旨在通过有道德的采购活动改善全球工人的工作条件，最终达到公平而体面地工作。其内容主要包括：童工、强迫性劳动、健康与安全、结社自由与集体谈判自由、歧视、惩戒性措施、工作时间、劳动报酬、管理体系九个要素。随着社会进步，全球越来越重视人的价值、社会和道德问题、环境问题、健康与安全问题。对于消费者来说，接受一件由剥削童工、妇女或囚犯制造出来的商品显而易见是不道德行为。企业雇主如何对待员工，如何为员工创造健康安全的环境，员工在企业中如何发挥最佳，如何激发创新和忠诚，从而为公司带来更大的利润并负起社会责任。而这些问题都不是ISO 9000和ISO 14000所能解决的。于是，SA 8000 标准应运而生。

六、商业伦理相关理论

商业伦理规范给出了企业在其经营活动中涉及内外关系时所必须遵循的行为准则和道德规范，是社会经济关系的道德体现。商业伦理规范由四大要素构成，是由目的、手段、准则和自律四者组成的一个有机系统。具体来说，伦理规范需要回答：调节的目的、目标是什么；实现该目标的手段是什么；要实现该目标，企业行为必须遵循什么准则；商业伦理对企业的自律要求是什么。这四者恰好与东方企业特有的伦理规范“和谐、义利、中庸、诚信”形成了某种对应。

企业商业伦理规范应具备以下三方面的要求：

(1) 客观性。商业伦理规范的客观性首先表现为，它是企业在一定的经营活动下所形成的各种道德关系的反映和概括。这种客观性作为一种内在的约束，制约并规范着企业的行为方式。企业要生存和发展，首先必须解决和社会融合的问题。企业可以用多种方法获取利润，但一旦采用不正当手段获取利润，就会和社会道德相冲突。此外，当企业以利润追逐为唯一宗旨而将内部成本外部化时，外部不经济性的出现就成为必然，甚至遭受法律的干预或其他利益相关者的抵制。其客观性的另一表现是，它受到社会现实生产力水平的制约和所处时代大环境的影响。比如，当社会生产力水平很低，社会物质产品极度匮乏时，“高产为善”就构成商业伦理的首要要求；反之，当社会生产力水平提高，市场供过于求时，有效配置资源，节能减排，保护环境和生态，共同应对全球气候变化，就应当更受关切并成为一种自觉和自律。

(2) 层次性。伦理作为处理人(自然人或法人)与人之间关系以及林林总总的其他关系的准则，其核心价值观在其中起着重要的作用。随着经济的发展，企业与社会关系将更为密切，社会也会对企业提出更高要求，企业的竞争将越来越依靠企业的经营理念与核心价值观。然而，如本章第一节最后一段所指出的那样，核心价值“崇高价值”和“义务价值”之分，崇高和义务就是两个不同的层次。实际上，作为理性人，当不会做“损人损己”的事，自然会做“利人利己”的事，也会做“利己但不损人”或“利人但不损己”的事；作为经济人，极有可能做“损人利己”的事；作为超越人，则会奉行利他主义的原则，在特定情形下义无反顾地做“损己利人”的事。这里，利他主义是一种崇高的伦理，要提倡、弘扬但不要求，而“不损人”作为一种义务的伦理，必须遵从、固守。商业伦理规范的层次性就是要表明企业倡导什么，推崇什么，鼓励什么；宽容什么，允许什么，可以什么；以及反对什么，抵制什么和拒绝什么。

（3）阶段性。商业伦理规范的阶段性，是指规范应适合企业自身的阶段性特征，即企业发展的生命周期。企业在发展的不同阶段或周期，商业伦理规范有不同的表现形式。在企业创立的初期，伦理规范的主要内容应为自立自强、诚实经营、遵纪守法、货真价实。随着企业业务的扩张，盈利的增加和实力的壮大，伦理规范则应侧重于照章足额纳税、扩大就业、重视安全、珍惜生命、融入当地、服务社区等内容。同时把保护环境、爱护资源、善待生态、降低能耗等作为企业伦理规范的应有之义。而当企业充分发展、在业界具有举足轻重的地位时，伦理规范应突出产业报国的担当意识和助弱济贫、共同富裕的理念；在技术创新、转变发展方式等方面身体力行；在走内涵式、可持续发展道路方面起引领作用。此外，不但要一如既往地尽经济责任，而且要更多地尽道德责任和慈善责任，在回馈社会，反哺弱势群体方面做出表率。

具体来讲，有以下理论思想：

1. 弗里德曼的稻草人假说

弗里德曼提出稻草人理论，基本观点是，在法律许可范围内，企业的社会责任就是提高利润。他认为企业在法律之外不需要负社会责任。当一个企业实现利润最大化时，就是给企业的投资者以最大的红利回报，也在实现自身利益的过程中，带来正的外部性。

他也认为，企业要以符合道德的方式经营，不能造假和欺诈。

但是在国际商务中，游戏规则很难确定，国与国的规定都各不相同，其实弗里德曼所谓“标准和法律范围”很难衡量。

2. 实用主义

实用主义者忠于事实，但没有反对神学的观点，如果神学的某些观念证明对具体的生活确有价值，就承认它是真实的。将哲学从抽象的辩论上，降格到更个性主义的地方，但仍然可以保留宗教信仰。承认达尔文，又承认宗教，也不承认是二元论的，即既唯物，又唯心，而是认为自己是多元论的。实用主义认为，信仰和观念是否真实在于它们是否能带来实际效果；理论只是对行为结果的假定总结，是一种工具，是否有价值取决于是否能使行动成功；人对现实的解释，完全取决于现实对他的利益有什么效果；强调行动优于教条，经验优于僵化的原则；主张概念的意义来自其结果，真理的意义来自印证。这种观念，使商业活动更有创新精神，但是如果没有道德标准的约束，容易走向误区。

3. 康德伦理

康德有着一个既十分艰深而又十分丰富的伦理学理论，它涉及责任、义务、道德普遍法则、善良意志、目的王国、道德与自由等诸多内容。

道德责任是康德伦理学所需要考虑的第一个问题。“责任”这一词所表达的就是对我们行为的要求，即要求我们能够做到合乎规定或合乎道德规则所要求的那样去行动。

责任与善良意志。责任具有约束性的意蕴。同时，责任作为当事人所内在承担的，也具有动机性。康德更为强调的是责任所具有的动机性。外在责任与内在责任。内在责任则指的是道德责任，是作为人应有的责任。这种责任从本性上，善良意志体现的就是责任。

道德的第一个命题是：只有出于责任的行为才具有道德价值。出于责任也就是出于善良意志，也就是动机的善。不是出于爱好(偏好)，而只是出于责任的行为，才具有道德的价值。第二个命题是：一个出于责任的行为，其道德价值不取决于它所要实现的目的，而取决于它所被规定的准则。出于责任即出于善良意志，其次，即使是出于责任，也要看这种行为所遵循的准则。第三命题是：责任就是由于尊重法则而产生的行为必要性。这一命题解释了康德的责任，即道德责任的根源所在，以及为何出于责任的行为才具有道德价值。

总之，康德强调道德情操的约束，强调责任感，这对于商业活动也是有很大的正面指导意义的。

【例2】2024年3月，比亚迪在巴西巴伊亚州投资45亿元建设工厂，因承包商金匠集团违规操作引发严重劳工权益争议。巴西劳工部调查指控，600名中国工人面临“类似奴隶制”的工作条件：31人共用一间无厕纸卫生间，食物与建筑材料混杂堆放，工人需凌晨4点排队洗漱；存在护照扣押、工资扣留60%、每天10小时无休工作等强迫劳动迹象。2025年5月，巴西劳工检察官办公室正式起诉比亚迪及其两家承包商，指控其涉嫌违反巴西《刑法》第149条(奴役劳动)及《人口贩运防治法》，索赔4500万美元。事件暴露出跨国企业供应链监管失效、法律合规缺失等伦理问题，成为国际商务伦理研究的典型案例。结合比亚迪巴西工厂事件，论述跨国企业在海外扩张中应如何构建“伦理护城河”，并分析当东道国法律标准与母国伦理实践存在冲突时的解决路径。

【解析】(1)构建伦理护城河的三维路径

① 供应链伦理穿透式管理。比亚迪事件的核心教训在于对承包商金匠集团的监管失效。跨国企业应建立“全链条穿透式”监管体系：首先，实施严格的供应商准入审核，将伦理标准纳入合同条款，设置“零容忍”违约条款；其次，建立动态监测机制，通过物联网技术实时监控劳动条件，而非依赖定期抽查；最后，赋予第三方审计机构独立监督权，确保审计结果不受企业干预。特斯拉柏林工厂的成功经验表明，主动邀请当地工会参与监督能有效预防伦理风险。

② 合规体系的双轨制建设。企业需构建“东道国法律+国际标准”的双轨合规体系。比亚迪事件中，企业仅满足巴西法律的最低要求，却忽视了国际劳工组织公约关于强迫劳动的禁止性规定。建议跨国企业：建立本土化合规团队，聘请当地劳动法专家；将国际标准(如ILO核心公约)转化为内部操作手册；设立伦理委员会，对高风险市场进行前置合规评估。当东道国法律存在灰色地带时，应自动适用更高标准的国际规范。

③ 跨文化伦理沟通机制。金匠集团以“文化差异”辩解劳工权益违规，反映出伦理沟通的缺失。有效的跨文化伦理管理应包括：开展文化敏感性培训，重点区分“可接受差异”与“不可逾越红线”；定期与当地社区、工会举行对话会，将文化适应转化为伦理优势。

(2) 法律伦理冲突的解决框架

当东道国法律标准与母国伦理实践冲突时，企业应采用“三层过滤”决策模型：第一层，绝对底线(如禁止强迫劳动)，严格遵循国际公约；第二层，利益相关者协商，通过多方对话寻找平衡点；第三层，透明化决策，公开冲突解决方案及理由。比亚迪若在事件初期主动邀请巴西劳工部参与整改设计，而非简单终止合同，可能避免法律诉讼。

(3) 启示

比亚迪巴西事件警示我们：伦理不是成本中心而是价值创造源。跨国企业需将伦理护城河建设纳入战略顶层设计，通过供应链穿透管理、双轨合规体系和跨文化沟通，将伦理优势转化为品牌资产和市场竞争力。在全球化退潮的当下，唯有坚守伦理底线的企业才能实现可持续发展。

习题精编

一、名词解释

1. 文化
2. 文化冲击
3. 商业伦理（对外经贸 2013 年）
4. 高背景文化（浙江工商 2016 年）
5. 普通法系（浙江工商 2016 年）
6. 弗里德曼学说（华南理工 2018 年）

二、简答题

1. 什么是文化？简述文化各要素对国际商务活动所产生的影响。
2. 简述造成国际商务不同于国内商务的主要原因。
3. 何为跨文化冲突？哪些因素容易导致跨文化冲突？
4. 简述企业跨国并购的文化整合模式。（南京审计 2021 年）
5. 简要说明国际商务涉及的法律环境。
6. 商务决策中考虑伦理问题，国际企业和它的经理人可以做的工作有哪些？（华南理工 2018 年）

三、论述题

1. 什么是跨文化管理？为了克服异质文化冲突，管理者需要选择哪些合适的跨文化管理策略？

2. 跨国公司在经营过程中，常常会遇到商业伦理方面的挑战。例如，全球主要巧克力生产商好时、雀巢等企业，虽然知道非洲的可可产地大量使用廉价童工生产可可，却始终没有解决供应链中的童工问题。对此类挑战，经济学家弗里德曼认为，企业只需守法即可，他们的首要目的是盈利，无须承担其他的社会责任。他的支持者还认为，在完全竞争市场机制下，消费者会淘汰罔顾道德的企业，既然市场机制会自动调节企业的行为，人们就无须要求企业遵循额外的道德准则了。你是否赞成弗里德曼和他的支持者的论点？为什么？（复旦大学 2021 年）

习题参考答案

一、名词解释

1. 文化是一个社会全体成员或是一群人表现的、长期形成的并且世代相传的价值观、宗教、符号、信仰、思维模式等一些思维特征和行为特征的总和。文化的含义主要体现为以下几个方面：

（1）文化是同一社会或同一群体的成员共享的一套思想，尤其是价值观和思维模式。

（2）文化是通过符号代代传播的。

（3）文化是由一个社会或是群体的成员过去的行为逐渐形成的，并不断变迁。

（4）文化是需要学习的，并在逐渐学习的过程中积累、形成以及变化。

2. 文化冲击又称为文化震惊、文化休克，是指一个人或者一个组织身处不同国家的文化或不一样的环境中而经受的一种困惑、焦虑的状况。

文化冲击可以是多方面的，包括气候、饮食、语言、服饰，直至行为举止、人口密度、政治经济环境等等；既有身体的因素，但更多的是精神因素。在一个崭新的文化环境中，文化冲击使得受冲击者无所适从，甚至整个的心理平衡和价值判断标准完全丧失。

3. 商业伦理是指商人从事贸易活动中处理相互关系的行为规范和准则，或者说是商务活动各方理应遵守的一套行为规范和准则。既指商人采取什么样的态度对待贸易中各种关系，又指商人在贸易关系中如何进行道德自律。商业伦理具有调节功能，认识功能和教育功能。在国际商务中，最为常见的伦理问题是员工待遇、人权、环境污染、腐败以及跨国公司的道德义务等。

4. 高背景文化是指在此种文化的语言交际过程中，交际信息的创造主要依靠语言交流的场合，即交际信息的创造不是依赖于交际语言本身，主要依赖于交际语境。高背景文化是人们在长期固定的交际环境中形成的，例如在中国、非洲、拉美等地区生活的人们，他们生活的地理区域是非常固定的，社会生活也是随着社会的发展在逐渐变化，但是这种变化的速度是缓慢的，而且幅度也很小。在这种文化下生活的人们，彼此间的交往是长期而稳定的，因此他们对生活环境有着相同的理解方式，这种相同的理解方式让他们形成了彼此认同的交际行为模式。在高背景文化中的人们彼此进行交流时，不必把交流信息完全用言语表达出来，有时可以利用表情、动作、眼神，甚至沉默的形式来传递信息，双方通过交流环境可以获得大量的信息内容。

5. 普通法系又称英美法系或海洋法系，是指英国中世纪以来的法律，特别是它以普通法为基础的、与以罗马法为基础的民法法系相比较而存在的一种法律制度。普通法系以英国普通法为基础，但并不仅指普通法，它是指在英国的三种法律，即普通法、衡平法和制定法的总称。美国法律，作为一个整体来说，属于普通法系，但它有自己的、不同于英国法的很多特征。该法系与欧陆法系并称为当今世界最主要的两大法系。普通法系，以传统、先例、惯例为基础，强调“遵循先例”原则；审判中采取当事人主义和陪审团制度，对于司法程序比较重视；法律制度和法学理论的发展往往依赖司法实务人员（尤其是高等法院法官）的推动，即法官实质上通过做出判决起到了司法的效果。

6. 弗雷德曼学说，又称稻草人假说，其基本观点是，在法律许可范围内，企业的社会责任就是提高利润。弗雷德曼认为企业在法律之外不需要负社会责任。当一个企业实现利润最大化时，就是给企业的投资者以最大的红利回报，也在实现自身利益的过程中，带来正的外部性。他也认为，企业要以符合道德的方式经营，不能造假和欺诈。但是在国际商务中，游戏规则很难确定，国与国的规定都各不相同，其实弗雷德曼所谓“标准和法律范围”很难衡量。

二、简答题

1.（1）笼统地说，文化是一种社会现象，是人们长期创造形成的产物。同时又是一种历史现象，是社会历史的积淀物。确切地说，文化是指一个国家或民族的历史、地理、风土人情、传统习俗、生活方式、文学艺术、行为规范、思维方式、价值观念等。

（2）文化差异主要包括语言、宗教、价值观、社会结构、社会制度、风俗、审美、教育、物质因素等方面的不同。它们对国际商务的影响如下：

① 语言。在开展国际商务活动时，不仅要使用口头语言和文字语言，同时也依赖于体态语言和其他非词汇交际方式，这在一定程度上形成了文化的差异。美国教授爱德华·霍尔将文化划分为高语境文化和低语境文化。所谓语言情境，是指围绕一个特定事件所传递的暗示和其他信息，即不同时间、空间、事件、协议下的各种“语言”。高语境文化中的交际很大程度上依赖于所谈话题的来龙去脉或肢体语言、特殊腔调和环境的细微差别，大部分信息不能通过语言部分直接获得，必须根据实情的前因后果以及自己的揣摩意会才能获得。

② 宗教。宗教对于商务活动的影响一方面体现为宗教的具体教义对于商务活动的直接影响，例如禁止出售某些产品或者禁止在某段时间工作；另一方面体现为由宗教而衍生出的社会伦理体系或是价值观对于

商务活动的影响。宗教对于商务活动最重要的影响在于不同的宗教所形成的对工作和企业家精神的看法，以及宗教伦理对一国商务活动成本的影响程度。

③ 价值观。所谓文化价值观，是指文化中的一些具有普遍的规范性的价值观，它使得生活在该文化中的成员用不同的价值尺度来评判周围的事物和行为。霍夫斯泰德提出了衡量不同文化间价值观差异的三个方面：个人主义/集体主义指数、权力距离指数和男性度/女性度指数。

④ 社会结构。虽然所有社会都分成等级，但对国际商务活动影响最大的是社会阶层的流动程度。社会流动性是指个人能从自己所生的社会阶层里流动出去的程度。各社会的社会流动性有着很大的不同，最严格的等级制度是种姓等级制度。

⑤ 社会制度。不同的社会阶层对于同一事物和行为的价值判断是不同的，因此在开展国际商务活动时，应该注意社会群体的划分，并根据不同的社会群体采取不同的行为方式，迎合其价值观，从而取得国际商务活动的成功。

⑥ 风俗习惯。理解风俗习惯在进行国际商务交往，尤其是进行国际商务谈判时十分重要。如果只按照自己的风俗习惯来理解某一问题可能是完全错误的，无法得到合作对方的认可，也无法达成最后的合作。

⑦ 审美。来自不同背景的人对于美的定义差距之大就不足为奇了，因为他们有不同的生活习惯和文化特点，对于周围事物的认识必然不会保持一致。

⑧ 教育。在国际商务中，教育的影响主要体现在商务区位和国际经营活动的方式上。在进行国际商务合作时，首先，对于合作对方国家的教育情况做一定程度的了解和分析是必不可少的步骤；其次，由于教育的差异，也使得进行国际经营活动中各个环节的方案都要与当地的教育水平和教育特点相适应。

⑨ 物质因素。文化中的物质因素主要是指文化环境中的基础设施，其与社会组织和社会经济活动的方式紧密相连。在进行国际商务活动时，基础设施完善与否也成为区位选择的一个因素。

2. 造成国际商务不同于国内商务的主要原因有以下几点：

(1) 国际商务面临着更加复杂多变的商务环境。由于各国政体和国体的差异而使企业面临政治制度、法律制度、税收制度以及货币汇率制度等与国内不同的政治环境；经济体制、经济政策、经济发展程度、基础设施水平等与国内不同的经济环境；语言、文化传统、价值观、消费习惯等不同的文化环境；自然环境、地理位置、资源等不同的地理环境。

(2) 国际商务面临着更大的风险。政治风险，由于政治制度不同和冲突带来的风险；法律风险，各国由于工商业法律、管理制度、贸易条规等不同带来的风险；外汇风险，两国汇率变动给企业带来的风险；税收风险，由于税收政策变化带来的风险。

(3) 国际商务决策的难度更大。国际商务决策需要考虑的因素更大更复杂。这就要求决策者需要综合考虑各种因素，包括自身和竞争者因素，国内国外因素，经济政治文化因素。

(4) 国际商务的经营模式多样化。国际货物贸易、国际服务贸易、国际间接投资、国际直接投资。

3. (1)跨文化冲突是指不同形态的文化，或者文化要素之间相互对立或相互排斥的过程，它不仅包括跨国企业与东道国文化环境之间的冲突，同时也包括企业内部员工文化背景不同而产生的冲突。

(2) 跨文化冲突产生的因素主要有价值观方面的不同、思维方式的不同、民族个性的差异、信息理解差异和沟通方式的不同以及管理风格的不同等。

① 价值观方面的不同。作为文化重要因素之一的价值观是文化对于人们最根深蒂固的影响表现。亚洲人和北美人价值观之间有巨大差异，同时也根据价值观的不同，采取不同的经营管理办法、奖赏机制，同时营造不同的工作氛围，以遵循不同的价值理念。价值观之间的差异也是造成跨文化冲突的重要原因之一。

② 思维方式的不同。一个人的思维方式受到不同文化、个人知识背景、社会和工作环境及习惯等方面的影响而形成。思维方式简单来说就是一个人考虑问题的方式或程序。所处文化背景更加相似，知识结构更加相近，社会与工作环境更类似的人之间更倾向于拥有类似的思维方式。

③ 民族个性的差异。文化是民族文化的积淀，因此文化底蕴不同的民族群体成员将会拥有不同的价值取向，并遵循不同的风俗习惯和伦理规范乃至生活方式。在跨文化的交往中，人们往往习惯于“自我参

照"，即根据本民族的文化个性和价值观念去解释或判断不同文化环境下的行为和事物，这就产生了文化偏见，从而产生文化冲突。

④ 信息理解差异和沟通方式的不同。由于不同文化背景对于同一信息的翻译理解会产生差异，因此经常会产生沟通障碍。

⑤ 管理风格的不同。管理风格不同产生的跨文化冲突，主要存在于企业内部。由于地区间文化的不同，各地区企业的管理方式也都不尽相同。如果只采取同一种管理方式和管理风格，可能使得东道国的员工无法接受。因此跨国公司的管理者不仅要具备在本土经营和管理公司的能力，同时还应该具备针对不同环境随机应变的综合管理能力。

4. 企业跨国并购的文化整合模式：

(1) 同化模式。并购企业对被并购企业实施文化同化，用自己的文化取代被并购企业的文化，并购后，在参与并购的企业内推行统一的企业文化。同化模式通常发生在弱文化受到一种强文化冲击的时候，强文化能够将弱文化彻底取而代之。这种整合模式的优点是较好地体现了并购发起方的意志，并且整合速度快，如果能尽量避免并购中可能产生的某些不良反应，就可能使双方尤其是并购发起方获得巨大的效益。所以，此模式在敌意并购中广为运用。而这种模式的最大缺点就是"文化殖民"和"文化统治"往往容易产生强烈的文化冲突，给整合带来较大的风险。

(2) 融合模式。在融合模式中，企业相互之间的文化谁也不取代谁，而是实现两种文化的相互融合，经过双向的渗透、妥协，形成包容双方文化要素的混合文化。这种模式不会使双方员工产生"文化殖民"或"文化掠夺"的不公平感，大大减小了整合过程中可能遇到的阻力，使整合目标易于实现。但是，由于两种文化都不存在"比较优势"，缺乏一种主导力量，因而整合速度可能会较慢。

(3) 隔离模式。隔离模式指在整合后的新企业中同时保留这两种优势文化，实行"一企两制"，允许它们保持自己的特色、个性以及相互的独立性，并鼓励它们在承认彼此差异和合理性的基础上，进行最广泛的交流与合作，互补有无。为了避免强烈的冲突，一些并购被动地采用这种模式。另外，当并购双方企业文化都处于高级发展阶段时，就适宜采取隔离模式。因为处于这个阶段的企业文化对任何企业来说都是一笔巨大的财富。

(4) 文化破坏模式。文化破坏模式一般是被并购企业的员工既不珍惜原来的价值观，将其抛弃，同时又不认同作为并购方的企业文化，员工之间的文化和心理纽带断裂，价值观和行为变得混乱无序，这就是混沌化的文化适应状况。文化破坏模式是参与并购双方都不愿意看到的结果。

5. 国际商务所处的法律环境中存在的法律规范主要有国际私法、国际条约、公约或协定、有关产品责任适用的公约、知识产权保护方面的公约、保护公平竞争方面的立法和调整国际间的经济贸易行为的立法。

(1) 产权与侵犯产权的行为

产权是指使用某种经济财产并从中获取收入和利益的一系列法律权益，它包括财产的所有权、占有权、支配权、使用权、收益权和处置权。腐败是指以受贿的形式滥用公众赋予的权力来谋取私利的行为。世界各国都存在腐败问题，只是程度不同而已。

(2) 知识产权的保护

知识产权属于产权，又称无形产权，是人类智力劳动产生的劳动成果所有权。知识产权广义上包括工业产权和版权。工业产权包括专利权和商标权。版权指赋予著作者特权，一个版权所有者享有的权利包括：版权复制、版权开发、版权出售和转让、版权出版和版权公开。

(3) 产品安全与产品责任

产品安全法是指对某一产品必须建立一定的安全标准。产品责任法主要是确定产品的制造者或销售者对其生产或出售的产品因有某种缺陷，致使消费者的人身或财产受到损害所应当承担的法律责任。

6. 商务决策中考虑伦理问题，国际企业和它的经理人可以做的工作有：

(1) 聘用和晋升。企业应该努力聘用那些具有很强的个人道德意识、没有不合乎伦理或不合法行为的人员。同样，也不会期望企业晋升那些其行为与公认的伦理准则相违背的人员。企业可以对潜在的雇员进行心理测试，以辨别他们是否存在伦理方面的问题，也可以从前任雇主那里了解他们的为人。不仅仅是企业在尽力寻找和聘用具有很强个人道德意识的人员，潜在的应聘者也在尽自己最大的努力发现一个组织的伦理氛围。

(2) 组织文化和领导作风。在建立一个强调道德行为的组织文化时有三件事情十分重要：第一，企业必须讲清楚它所重视的道德行为。第二，企业领导还应反复强调它们的重要性，不断给这些文字注入新的活力，并且要身体力行。最后，建立一个高度重视道德行为的组织文化需要建立相应的激励和奖励制度，包括奖惩制度，即奖励那些道德行为良好的人，制裁那些有不良行为的人。

(3) 决策过程。企业人员还必须思考在整个决策过程中伦理的含义。要做到这一点，他们需要一个道德指南。可采用五步法来思考伦理问题。第一步，企业人员应该识别出一个决策会影响哪些利益相关者以及以何种方式影响。一个企业的利益相关者是指在这个公司有一定利益、权利和股份的个人或团体，这个公司做什么以及如何做都会影响到他们的利益。他们可以分为内部利益相关者和外部利益相关者。第二步，就是根据第一步所获得的信息，判断所提出的战略决策的伦理含义。经理们需要确定提出的决定是否背离任何利益相关者的基本权利。第三步要求经理们确立一种伦理导向。这就意味着一旦发生了与利益相关者的基本权利或主要伦理原则相冲突的事情，企业必须将道德伦理放在首位。第四步要求公司管理伦理行为。第五步要求企业审核它的决策，评估这些决策是否符合伦理准则。

(4) 伦理官员。伦理官员的职责是确保所有的员工都能接受道德伦理意识培训，有关道德伦理的考虑要进入企业的决策程序，企业的道德伦理措施要落实到位。

(5) 道德勇气。道德勇气能够使经理放弃一项有经济效益但不道德的决策。道德勇气给员工带来力量，使他们能对上司强迫其执行的不道德行动的指令说“不”。道德勇气给员工带来了正义感，使其能向公众、媒体公开揭发公司老总的不道德行为。

三、论述题

1. (1)跨文化管理，即在全球化经营中，对子公司所在国的文化采取包容的管理方法，在跨文化条件下克服任何异质文化的冲突，并据以创造出企业独特的文化，从而形成卓有成效的管理过程。

(2) 为了克服异质文化冲突，管理者需要选择的跨文化管理策略主要有：

① 本土化策略，即根据“思维全球化和行动当地化”的原则来进行跨文化的管理。雇用相当一部分当地员工，与当地的消费者容易达成共识。

② 文化相容策略，分为文化的平行相容策略和隐去两者主体文化的和平相容策略。

③ 文化创新策略，即将母公司的企业文化与国外分公司当地的文化进行有效的整合，在此基础上构建一种新型的企业文化，以这种新型文化作为国外分公司的管理基础。

④ 文化规避策略，特别注意在双方文化的重大不同之处进行规避，不要在这些“敏感地带”造成彼此文化的冲突。特别在宗教势力强大的国家更要特别注意尊重当地的信仰。

⑤ 文化渗透策略，公司对当地员工进行逐步的文化渗透，使东道国员工逐渐适应了这种母国文化并慢慢地成为该文化的执行者和维护者。

⑥ 借助第三方文化策略，跨国公司可以借助比较中性的，与母国的文化已达成一定程度共识的第三方文化对设在东道国的子公司进行控制管理。

⑦ 占领式策略，全球营销企业在进行国外直接投资时，直接将母公司的企业文化强行注入国外的分公司，对国外分公司的当地文化进行消灭，国外分公司只保留母公司的企业文化。

2. 弗里德曼“企业唯利润论”在全球化伦理困境中遭遇严峻挑战。巧克力巨头好时、雀巢明知非洲可可产地存在大量童工，却长期未能根治供应链顽疾，这一现象直接暴露了市场机制自动调节论的理论缺陷。企业必须超越“守法盈利”的最低要求，主动承担伦理责任。

(1) 市场机制的伦理失灵

弗里德曼假设消费者能通过“用脚投票”淘汰不道德企业，但巧克力行业案例显示这一机制严重失效。信息不对称使消费者难以追溯可可豆来源，公平贸易认证仅覆盖10%市场份额；伦理外部性导致企业将社会责任成本转嫁给发展中国家儿童——他们失去教育机会、面临健康风险，而这些社会成本未被计入企业利润核算。当市场无法定价道德伤害时，“看不见的手”必然失灵。

（2）法律合规的道德局限

弗里德曼将“守法”作为企业行为底线，但在科特迪瓦等国家，童工法律要么不存在，要么执行率不足30%。跨国企业利用这种法律洼地进行“伦理套利”，如雀巢2019年承认其供应链中70%的农场存在童工，却以“符合当地法律”为由推卸责任。这种“底线思维”实质是将道德义务异化为法律规避技术。

（3）权力与责任的动态平衡

弗里德曼忽视了大型跨国企业的社会权力特殊性。巧克力行业三巨头控制全球多数可可贸易，却拒绝支付每公斤仅需增加0.5美元的“生活工资”，这足以让农场主摆脱对童工的依赖。这种权力与责任的失衡证明：当企业拥有改变行业生态的能力却消极不作为时，“利润最大化”就异化为权力滥用的遮羞布。

（4）伦理驱动的商业转型

破解童工困局需要企业建立伦理驱动型供应链：联合利华通过“可持续生活计划”实现20%可可豆来源认证，证明商业利益与伦理责任可以兼容。这要求企业将国际标准内化为供应链准则，投资区块链溯源技术，并与政府、NGO共建行业伦理联盟。

弗里德曼的理论难以应对全球化时代的伦理复杂性。在信息透明化的今天，企业唯有将伦理责任转化为竞争优势，才能实现可持续发展。巧克力行业的童工悲剧警示我们：当利润与道德对立时，选择后者不仅是责任，更是长期生存的智慧。

第 14 章　国际营销

本章包含国际市场细分、国际市场营销、国际营销战略三个知识点。本章的知识点都非常重要，一般会结合具体案例进行考查。

知识脉络

- 国际营销
  - 国际市场细分
    - 无差异目标市场策略
    - 差异性目标市场策略
    - 集中性目标市场策略
  - 国际市场营销
    - 分销策略
    - 价格策略
    - 产品策略
    - 促销策略
  - 国际营销战略
    - 国际战略
    - 多国战略
    - 全球战略
    - 跨国战略

大纲解析

国际营销是指企业超越本国国境进行的市场经营活动。国际市场营销与国内营销一样，需要企业文化整合、市场调研、市场分析、市场细分、市场营销组合、实行目标营销等一系列营销过程的战略确定及战术实施。在确定正确的市场定位后，制定适当的营销组合方案以满足国际市场的需要，从而实现企业的利润。国际营销既要适应国内环境，又要适应国际环境，国际市场营销比国内市场营销具有更多更大的差异性、复杂性和风险性。

知识点一　目标市场选择

一、目标市场的定义

麦卡锡提出了应当把消费者看作一个特定的群体，称为目标市场。通过市场细分，有利于明确目标市场，通过市场营销策略的应用，有利于满足目标市场的需要。即麦卡锡提出的定义是，目标市场就是通过市场细分后，企业准备以相应的产品和服务满足其需要的一个或几个子市场。

所谓目标市场的选择过程，就是指企业在市场细分之后的若干“子市场”中，所运用的企业营销活动之“矢”而瞄准的市场方向之“的”的优选过程。企业在划分好细分市场之后，可以进入既定市场中的一个或多个细分市场。目标市场选择是指估计每个细分市场的吸引力程度，并选择进入一个或多个细分市场。

二、国际市场细分

国际市场细分是市场细分概念在国际营销中的运用，指企业按照一定标准，把整个国际市场细分为若干个需要不同的产品和营销组合的子市场，其中任何一个子市场中的消费者都具有相同或相似的需求特征，企业这种划分市场的过程即为市场细分，而企业可以在这些子市场中选择一个或多个作为其国际目标市场。它是企业确定国际目标市场和制定国际市场营销策略的必要前提。

1. 市场细分的作用

细分市场不是根据产品品种、产品系列来进行的，而是从消费者（指最终消费者和工业生产者）的角度进行划分的，是根据市场细分的理论基础，即消费者的需求、动机、购买行为的多元性和差异性来划分的。通过市场细分对企业的生产、营销起着极其重要的作用。

（1）有利于选择目标市场和制定市场营销策略

市场细分后的子市场比较具体，比较容易了解消费者的需求，企业可以根据自己经营思想、方针及生产技术和营销力量，确定自己的服务对象，即目标市场。针对着较小的目标市场，便于制定特殊的营销策略。同时，在细分的市场上，信息容易被了解和反馈，一旦消费者的需求发生变化，企业可迅速改变营销策略，制定相应的对策，以适应市场需求的变化，提高企业的应变能力和竞争力。

（2）有利于发掘市场机会，开拓新市场

通过市场细分，企业可以对每一个细分市场的购买潜力、满足程度、竞争情况等进行分析对比，探索出有利于本企业的市场机会，使企业及时做出投产、异地销售决策或根据本企业的生产技术条件编制新产品开拓计划，进行必要的产品技术储备，掌握产品更新换代的主动权，开拓新市场，以更好适应市场的需要。

（3）有利于集中人力、物力投入目标市场

任何一个企业的资源、人力、物力、资金都是有限的。通过细分市场，选择了适合自己的目标市场，企业可以集中人、财、物及资源，去争取局部市场上的优势，然后再占领自己的目标市场。

（4）有利于企业提高经济效益

前面三个方面的作用都能使企业提高经济效益。除此之外，企业通过市场细分后，可以面对自己的目标市场，生产出适销对路的产品，既能满足市场需要，又可增加企业的收入；产品适销对路可以加速商品流转，加大生产批量，降低企业的生产销售成本，提高生产工人的劳动熟练程度，提高产品质量，全面提高企业的经济效益。

2. 市场细分的条件

企业进行市场细分的目的是通过对顾客需求差异予以定位，来取得较大的经济效益。众所周知，产品的差异化必然导致生产成本和推销费用的相应增长，所以，企业必须在市场细分所得收益与市场细分所增成本之间做一权衡。由此，我们得出有效的细分市场必须具备以下特征：

（1）可衡量性

可衡量性是指用来细分市场的标准和变数及细分后的市场是可以识别和衡量的，即有明显的区别，有合理的范围。如果某些细分变数或购买者的需求和特点很难衡量，细分市场后无法界定，难以描述，那么市场细分就失去了意义。一般来说，一些带有客观性的变数，如年龄、性别、收入、地理位置、民族等，都易于确定，并且有关的信息和统计数据，也比较容易获得；而一些带有主观性的变数，如心理和性格方面的变数，就比较难以确定。

（2）可进入性

可进入性是指企业能够进入所选定的市场部分，进行有效的促销和分销，实际上就是考虑营销活动的可行性。一是企业能够通过一定的广告媒体把产品的信息传递到该市场众多的消费者中去，二是产品能通过一定的销售渠道抵达该市场。

（3）可盈利性(规模性)

可盈利性是指细分市场的规模要大到能够使企业足够获利的程度，使企业值得为它设计一套营销规划方案，以便顺利地实现其营销目标，并且有可拓展的潜力，以保证按计划能获得理想的经济效益和社会服务效益。如一个普通大学的餐馆，如果专门开设一个西餐馆满足少数师生酷爱西餐的要求，可能由于这个细分市场太小而得不偿失；但如果开设一个回族饭菜供应部，虽然其市场仍然很窄，但从细微处体现了民族政策，有较大的社会效益，值得去做。

（4）差异性

差异性指细分市场在观念上能被区别并对不同的营销组合因素和方案有不同的反应。

（5）相对稳定性

相对稳定性指细分后的市场有相对应的时间稳定。细分后的市场能否在一定时间内保持相对稳定，直接关系到企业生产营销的稳定性。特别是大中型企业以及投资周期长、转产慢的企业，更容易造成经营困难，严重影响企业的经营效益。

3. 市场细分的依据

一种产品的整体市场之所以可以细分，是由于消费者或用户的需求存在差异性。引起消费者需求差异的变量很多，实际中，企业一般是组合运用有关变量来细分市场，而不是单一采用某一变量。概括起来，细分消费者市场的变量主要有四类，即地理变量、人口变量、心理变量、行为变量。以这些变量为依据来细分市场就产生出地理细分、人口细分、心理细分和行为细分四种市场细分的基本形式。

（1）按地理变量细分市场

按照消费者所处的地理位置、自然环境来细分市场，比如，根据国家、地区、城市规模、气候、人口密度、地形地貌等方面的差异将整体市场分为不同的小市场。地理变数之所以作为市场细分的依据，是因为处在不同地理环境下的消费者对于同一类产品往往有不同的需求与偏好，他们对企业采取的营销策略与措施会有不同的反应。

地理变量易于识别，是细分市场应予考虑的重要因素，但处于同一地理位置的消费者需求仍会有很大差异。比如，在我国的一些大城市，如北京、上海，流动人口逾百万，这些流动人口本身就构成一个很大的市场，很显然，这一市场有许多不同于常住人口市场的需求特点。所以，简单地以某一地理特征区分市场，不一定能真实地反映消费者的需求共性与差异，企业在选择目标市场时，还需结合其他细分变量予以综合考虑。

(2) 按人口变量细分市场

按人口统计变量，如年龄、性别、家庭规模、家庭生命周期、收入、职业、教育程度、宗教、种族、国籍等为基础细分市场。消费者需求、偏好与人口统计变量有着很密切的关系，比如，只有收入水平很高的消费者才可能成为高档服装、名贵化妆品、高级珠宝等的经常买主。人口统计变量比较容易衡量，有关数据相对容易获取，由此构成了企业经常以它作为市场细分依据的重要原因。

① 性别。由于生理上的差别，男性与女性在产品需求与偏好上有很大不同，如在服饰、发型、生活必需品等方面均有差别。像美国的一些汽车制造商，过去一直是迎合男性要求设计汽车，现在，随着越来越多的女性参加工作和拥有自己的汽车，这些汽车制造商正研究市场机会，设计具有吸引女性消费者特点的汽车。

② 年龄。不同年龄的消费者有不同的需求特点，如青年人对服饰的需求，与老年人的需求差异较大。青年人需要鲜艳、时髦的服装，老年人需要端庄素雅的服饰。

③ 收入。高收入消费者与低收入消费者在产品选择、休闲时间的安排、社会交际与交往等方面都会有所不同。比如，同是外出旅游，在交通工具以及食宿地点的选择上，高收入者与低收入者会有很大的不同。正因为收入是引起需求差别的一个直接而重要的因素，在诸如服装、化妆品、旅游服务等领域根据收入细分市场相当普遍。

④ 职业与教育。指按消费者职业的不同、所受教育的不同以及由此引起的需求差别细分市场。比如，农民购买自行车偏好载重自行车，而学生、教师则是喜欢轻型的、样式美观的自行车；又如，由于消费者所受教育水平的差异所引起的审美观具有很大的差异，诸如不同消费者对居室装修用品的品种、颜色等会有不同的偏好。

⑤ 家庭生命周期。一个家庭，按年龄、婚姻和子女状况，可划分为七个阶段。在不同阶段，家庭购买力、家庭人员对商品的兴趣与偏好会有较大差别。

单身阶段：年轻，单身，几乎没有经济负担，新消费观念的带头人，娱乐导向型购买。

新婚阶段：年轻夫妻，无子女，经济条件比最近的将来要好。购买力强，对耐用品、大件商品的欲望、要求强烈。

满巢阶段(Ⅰ)：年轻夫妻，有 6 岁以下子女，家庭用品购买的高峰期。不满足现有的经济状况，注意储蓄，购买较多的儿童用品。

满巢阶段(Ⅱ)：年轻夫妻，有 6 岁以上未成年子女。经济状况较好。购买趋向理智型，受广告及其他市场营销刺激的影响相对减少。注重档次较高的商品及子女的教育投资。

满巢阶段(Ⅲ)：年长的夫妇与尚未独立的成年子女同住。经济状况仍然较好，妻子或子女皆有工作。注重储蓄，购买冷静、理智。

空巢阶段：年长夫妇，子女离家自立。前期收入较高。购买力达到高峰期，较多购买老年人用品，如医疗保健品。娱乐及服务性消费支出增加。后期退休收入减少。

孤独阶段：单身老人独居，收入锐减。特别注重情感、关注等需要及安全保障。

除了上述方面，经常用于市场细分的人口变数还有家庭规模、国籍、种族、宗教等。实际上，大多数公司通常是采用两个或两个以上人口统计变量来细分市场。

(3) 按心理变量细分市场

根据购买者所处的社会阶层、生活方式、个性特点等心理因素细分市场就叫心理细分。

① 社会阶层。社会阶层是指在某一社会中具有相对同质性和持久性的群体。处于同一阶层的成员具有类似的价值观、兴趣爱好和行为方式，不同阶层的成员则在上述方面存在较

大的差异。很显然，识别不同社会阶层的消费者所具有的不同特点，对于很多产品的市场细分将提供重要的依据。

② 生活方式。通俗地讲，生活方式是指一个人怎样生活。人们追求的生活方式各不相同，如有的追求新潮时髦，有的追求恬静、简朴；有的追求刺激、冒险，有的追求稳定、安逸。西方的一些服装生产企业，为“简朴的妇女”“时髦的妇女”和“有男子气的妇女”分别设计不同服装；烟草公司针对“挑战型吸烟者”“随和型吸烟者”及“谨慎型吸烟者”推出不同品牌的香烟，均是依据生活方式细分市场。

③ 个性。个性是指一个人比较稳定的心理倾向与心理特征，它会导致一个人对其所处环境作出相对一致和持续不断的反应。俗语说：“人心不同，各如其面”，每个人的个性都会有所不同。通常，个性会通过自信、自主、支配、顺从、保守、适应等性格特征表现出来。因此，个性可以按这些性格特征进行分类，从而为企业细分市场提供依据。在西方国家，对诸如化妆品、香烟、啤酒、保险之类的产品，有些企业以个性特征为基础进行市场细分并取得了成功。

(4) 按消费者行为细分市场

主要是按照消费者行为方式的差异来细分市场，考虑的因素包括消费者对产品的了解程度、态度、使用频率以及反应等。

【例1】市场细分有哪些种类？

【解析】(1)地理细分：公司按客户的居住或办公的位置对其分类，然后针对每个地区的客户制订不同的营销组合。(2)人口细分：用年龄、性别、家庭人口、收入、教育程度、社会阶层、宗教信仰或种族等信息对客户细分。(3)心理细分：个性或生活方式等变量对客户细分。(4)行为细分：对消费者行为的评估，然后进行细分。

三、目标市场选择标准

1. 有一定的规模和发展潜力

企业进入某一市场是期望能够有利可图，如果市场规模狭小或者趋于萎缩状态，企业进入后难以获得发展，此时，应审慎考虑，不宜轻易进入。

2. 细分市场结构的吸引力

细分市场可能具备理想的规模和发展特征，然而从赢利的观点来看，它未必有吸引力。波特认为有五种力量决定整个市场或其中任何一个细分市场的长期的内在吸引力。这五个群体是：同行业竞争者、潜在的新参加的竞争者、替代产品、购买者和供应商。

3. 符合企业目标和能力

某些细分市场虽然有较大吸引力，但不能推动企业实现发展目标，甚至分散企业的精力，使之无法完成其主要目标，这样的市场应考虑放弃。

四、目标市场选择战略

1. 无差异性目标市场策略

该策略是把整个市场作为一个大目标开展营销，它们强调消费者的共同需要，忽视其差异性。采用这一策略的企业，一般都是实力强大进行大规模生产方式，又有广泛而可靠的分销渠道，以及统一的广告宣传方式和内容。

2. 差异性目标市场策略

该策略通常是把整体市场划分为若干细分市场作为其目标市场。针对不同目标市场的特点，分别制定出不同的营销计划，按计划生产目标市场所需要的商品，满足不同消费者的需要。

3. 集中性目标市场策略

该策略是选择一个或几个细分化的专门市场作为营销目标，集中企业的优势力量，对某细分市场采取攻势营销战略，以取得市场上的优势地位。

【例 2】比较跨国企业在选定海外目标市场后，可选择的目标市场策略的优劣。

【解析】跨国企业在确立目标市场后可以采取的市场经营模式主要有三种，分别是：

(1) 无差异市场营销策略。该策略指企业将产品的整个市场视为一个目标市场，用单一的营销策略开拓市场，即一种产品和一套营销方案吸引尽量多的购买者。该策略只考虑用户在需求上的共同点，而不关心其在需求上的差异性，可以减少生产和储运的成本，节约广告和促销活动的支出，减少企业在市场调研、产品开发、制定营销组合的投入。适用于市场同质性较大，可以大量生产和销售的产品的营销策略。但任何一种产品都不可能长期被所有消费者所接受，因而采用无差异市场策略的缺点是企业往往满足不了消费者多样化的需求。此外，一旦有几家企业在同一行业采用这一策略，极有可能引发激烈的行业竞争，导致两败俱伤。

(2) 差异化市场营销策略。该策略指将整个市场划分为若干个细分市场，针对每一个细分市场制定一套独立的营销方案。该策略的优点是小批量、多品种、生产机动灵活且针对性强，使得消费者需求更好地得到满足，从而促进产品的销售。且由于在多个市场分散经营，在一定程度上减少了经营风险。但其缺点在于：一方面，营销成本增加。由于产品品种多，管理和存货成本将会增加，且由于公司将对不同市场发展独立的营销计划，将会增加企业的市场调研、促销、渠道管理等方面的营销成本；另一方面，可能使企业的资源配置不集中，顾此失彼，甚至出现企业内部争夺资源的情形，使得拳头产品难以形成优势。

(3) 集中性市场营销策略。该策略指企业集中力量进入一个或者几个细分市场，实行专业化生产或者销售。实行该策略的企业不是追求在一个大市场角逐，而是力求在一个或者几个子市场上占较大份额。该策略适用于中小企业。由于中小企业受财力、技术等方面的制约，在整体市场可能无法与大企业抗衡，但是若集中优势在大企业尚未顾及或尚未建立绝对优势的市场进行竞争成功可能性更大。但是该策略也有一定的局限性，一方面，市场区域狭小，使得企业的发展受到限制；另一方面，潜伏着较大的经营风险，一旦目标市场发生变化，如消费者趣味发生变化，或者强大的竞争对手的进入，都可能使得企业陷入困境。

五、选择目标市场的决策

三个基本进入决策：进入哪个市场？何时进入？以何种规模进入？

1. 进入哪个市场

国际商情调研的特殊性：国际市场调研需要考虑许多新的问题，如关税、汇率、法律环境、货运、保险、单据文件处理、政治风险。很多都是管理人员原来所不熟悉的，产生许多意想不到的问题。调研成本的考虑：电话、邮寄问卷、实地调查成本高于国内。数据可靠性、可比性。统计口径与定义的不同。立法与执法的实践差距。

决策优化与分析费用之间的平衡：系统筛选分析。先确定目标市场的主要取舍标准，由易到难，由粗到细，把不合适的国家市场尽早在分析过程中剔除，找出几个重点国家，用企业有限的研究能力集中对少数重点市场作深度的分析。

国外目标市场的三大类因素：要素、环境、市场。生产要素类：基础设施、要素价格与质量；经营管理环境：劳工素质、劳资关系、企业管理水平、政府政策与法令；成品销售市场：市场容量与密度。

2. 何时进入

通过建立一个强大的品牌形象抢先阻止竞争对手和赢得需求的能力；

在东道国扩大销售量，并在经验曲线上领先于竞争对手，使先进入者对后来者具有成本优势；

先进入者创造出转换成本，从而把消费者牢牢地捆绑在它们所提供的产品和服务上的能力。先进入者的劣势有开拓成本、学习成本促销和建立产品供给的成本。开拓成本是先入者必须承担而后来者可以避免的成本；学习成本是不了解外国环境而导致经营失败的成本。促销和建立产品供给的成本是对消费者培训费用。

3. 以何种规模进入

大规模进入与战略承诺。大规模的市场进入将对市场的竞争性质产生影响。小规模进入使企业能在有限暴露情况下学习有关外国市场的知识，减少了风险。

知识点二　国际营销管理

一、国际营销管理的定义

营销管理是指为了实现企业或组织目标，建立和保持与目标市场之间的互利的交换关系，而对设计项目的分析、规划、实施和控制。营销管理和国际营销管理定义的唯一区别在于国际营销活动是在一个以上国家进行的。“在一个以上国家”，表面上看差别很小，却说明了国际营销管理的复杂性和多样性。国际营销管理的内容一般包括：国际营销的分销策略、国际营销的价格策略、国际营销的产品策略和国际营销的促销策略。

二、国际营销的分销策略

分销策略也称营销策略，就是选择使用何种方法将产品送到顾客手中。分销策略中最重要的是分销渠道的确定。这是企业面临的复杂而有挑战性的决策之一。不同的分销渠道给企业带来不同的销售和成本水平，从而影响企业销售组合的其他方面。

1. 分销渠道的类型

根据不同的分类标准可以把分销渠道分为不同的类型。

按照商品流通过程中是否经过中间商转卖可分为直接渠道和间接渠道。直接渠道是产品直接销售给最终消费者和用户，产销之间没有中间商的介入，是一种两者直接接触的产品营销渠道类型。采用这种渠道的具体形式有：工业产品的销售人员直接向消费者和用户推销产品；前店后厂销售产品；在农村集市贸易上，农副产品生产中直接销售产品等等。

间接渠道是利用中间商销售，商品生产者不直接面向消费者，而是经过中间商向消费者提供产品的分销类型。采用这种中间商介入的具体方式有：经过零售商而不经过批发商；经过零售商又经过批发商；经过零售商、批发商和代理商。在成熟的市场经济条件下，这是一个重要的分销形式。

【归纳总结】根据从产品到消费者之间的环节多少，可以将分销渠道分为长渠道和短渠道。经过两个或两个以上的流通环节，把产品销售给消费者的渠道是长渠道，一般有以下几种形式：

生产者→批发商→零售商→消费者

生产者→代理商→零售商→消费者

生产者→产地批发商→销地批发商→零售商→消费者

没有经过或只经过一个中间环节，把商品销售给消费者的分销渠道称为短渠道，有如下形式：

生产者→消费者

生产者→零售商(代理商)→消费者

根据渠道的宽度可以将分销渠道分为宽渠道和窄渠道。分销渠道的宽度，是指渠道每个层次选用的同种类型中间商数目的多少。宽度有两个或两个以上中间商的分销渠道称为宽渠道。该类型渠道的范围比较广泛，通常用于一般产品的销售，又适用于技术型产品的销售。既可以采用批发商，又可以采用零售商，也可以两者同时采用，尽可能多地销售其商品。

生产者只选用一个中间商来销售自己的产品就变成了窄渠道，它的销售范围比较狭窄，适用于一些专业技术性强，而且生产批量小的产品销售。一般选用熟练掌握这种产品技术性能的中间商独家经销。

2. 分销渠道选择的限制因素

分销渠道的总体目标是为顾客创造效用。而形成企业整体目标的国际分销渠道的过程受几个因素的限制：顾客特征、产品特征、中间商特征、环境特征。

（1）顾客特征

顾客特征对渠道设计有重要的影响。顾客数量、地理分布、收入、选购习惯和对不同的销售方法的不同反应都因国家而异。所以，这就要求企业做不同的渠道安排。总体而言，不论市场发展处于什么阶段，对中间商的需要随顾客数量的增加而增加，反之，随顾客数量的减少而减少。

（2）产品特征

某些产品特征，如标准化程度、易腐性、体积大小、需要的服务和单价等，对渠道设计和营销战略选择有重大影响。如单价高的产品通常由制造商本身的销售队伍销售。因为这一“昂贵”的销售方式的销售成本只占总售价的一小部分。另外，这些产品的高额成本通常与产品的复杂程度有关，或与必须详细解释的产品特征有关，而这些由自己的销售队伍来解释最为有效。标准化程度不同，体积大小不同，产品是否易腐，都是对分销渠道产生重要影响的因素，这里不做一一说明了。

（3）中间商特征

分销战略必须认识现有中间商的特征。中间商做生意的目的是使自己的利润最大化而不是使制造商的利润最大化，他们总是尽可能地向制造商订购好卖的产品，而避免那些需要下功夫推销的产品。这就为那些依靠新产品打入市场的制造商带来了严重阻碍。为了解决这个问题，制造商会建立一个昂贵的直接分销组织以获取一定的市场份额。当最终获得目标市场的一定份额后，他们可能会放弃直接分销系统，而采取成本更低的分销商系统。

（4）环境特征

环境的一般特征是渠道设计的一个主要考虑因素。由于国际经济、社会、政治的环境千变万化，所以有必要给驻扎各国的经营管理层或代理商很大程度的自主权。例如，在美国，高收入、大容量冰箱、私家车等因素使超市和自助一站式食品店成为基本的食品零售点。超市因其高效率，可以以低于肉食店和其他传统的全面服务性食品店的价格满足食物采购人的需求。所以在美国，数千家商店在过去几年中消失了，而这种趋势会越来越明显。

3. 分销商的选择和管理

（1）国际分销渠道选择考虑的因素

分销渠道的选择没有绝对优劣之分，公司在考虑分销渠道的选择时，不仅要考虑市场及公司自身条件的要求，也应从营销组合角度出发，使分销渠道决策与产品，定价及促销等组合因素相互配合，形成整体上的效益。选择分销渠道需考虑的因素有：

① 控制。公司对国际市场营销的控制权要求不同，其分销渠道的决策会有所不同，一般来说，渠道越长、宽度越宽，对于售价、销售量，推销方式等的控制能力就越弱。

② 资金。渠道所涉及的财务因素主要是利用某个中间商所需要的资金和现金流形式。

③ 成本。这里的成本指的是渠道完全成本。它包括支付本企业推销人员的一切费用。

④ 灵活性。一般来说，进入方式越直接、变动越难，灵活性越差。

⑤ 风险。这些风险包括商业方面的，如库存资金、应收款、外汇汇率等，也包括来自政治方面的，如国有化、政局变动等。

（2）国际分销渠道的管理

国际分销渠道的管理主要包括以下内容：

① 专门管理。企业应设立国际市场分销渠道的专门机构，至少要有专人负责这项工作，以加强对分销渠道的专门化、系统化管理。

② 健全档案。不断搜集、分析、整理有关中间商的资料信息。

③ 适当鼓励。对中间商给予适当的鼓励，目的是促使双方友好合作，互惠互利，融洽感情。

④ 定期评估。一是对分销渠道模式和分销渠道结构进行评估，这种评估的标准主要是经济效益；二是对客户的评估，主要是对客户的履约率、资信状况、销售能力、合作态度、经营效率作出鉴定，必要时可对客户进行调整。

⑤ 及时调整。国际分销渠道调整可采用增减渠道或中间商，或改变整个渠道系统。

三、国际营销的价格策略

1. 国际营销定价方法

成本导向定价法，需求导向定价法，理解价值定价法，区分需求定价法，竞争导向定价法。

（1）成本导向定价方法

成本是企业维持生存的基本尺度，主要包括固定成本和可变成本。成本导向定价是以成本作为参照系进行定价。

成本导向定价方法通常包括以下两种方式：

第一，边际成本定价法。国际企业在国外市场销售的产品主要考虑其边际成本，或增量成本，只要收入超过边际成本，则会对固定成本和利润有所贡献。

第二，成本加价定价。此法不要求每个市场都能收回成本，但就整个企业来说则必须收回。此法的定价可以按照不同市场情况略加调整。

(2) 需求导向定价方法

许多时候，尤其是对非生活必需品，消费者的需求很大程度上受到心理感受、主观价值判断的影响。其购买决策并非完全依赖客观和理性的标准。需求导向定价就是根据消费者的主观因素，将其主观需求作为参照系进行定价，是一种积极的、动态的定价方法。主要有心理定价法、意识价值定价法。

(3) 竞争导向定价法

该定价策略是以满足竞争的需要为目的。企业将价格作为应对竞争的武器，因此企业制定和调整价格主要是以竞争对手的价格为依据。在这种思想指导下，具体的定价方法有随行就市、低价竞销、高价脱俗、密封投标。

(4) 目标收益定价法

目标收益定价法与成本导向定价法的主要区别在于：第一，前者是根据预计的销售量倒推出成本；后者却不管销售量如何，先确定成本；第二，前者的收益率是企业按照需要和可能自行制定的；后者是按照行业的习惯标准制定的。目标收益定价法常用的有收支平衡定价法和投资收益定价法。

2. 国际营销定价战略

(1) 差别定价战略

差别定价指企业针对不同的市场、销售对象、采购数量、销售时机以及产品的生命周期等一种或几种因素及其变化，采用不同的定价。在实行差别定价时，必须基于两个基本的前提条件：

① 企业能够按照一定的标准将市场区分开来，细分后的子市场具有明显的特征。

② 企业能够将实行差别定价的子市场的顾客隔离开来。否则，高价格市场的客户就可能从低价市场购买同样的产品，不同地区的中间商更有可能进行串货。

实行差别定价的总体收益要高于统一定价的收益。但是因为针对不同的市场实行不同的价格，往往需要不同的营销组合进行配合，这就意味着营销费用的增加。在实行差别定价后，不能引起客户的反感和敌意，还必须考虑法律规定。

(2) 国际转移定价

国际转移定价是指国际企业的母公司和子公司之间，或者子公司与子公司之间，转移产品和劳务时采用的定价方法。当今国际贸易中很大一部分是国际企业的企业内贸易，但是由于现在国际企业一般都实行分权管理、独立核算，母公司和各个子公司是不同的利润中心，为了评估各自的经营状况，也必须为了这种内部交易制定价格，这就是国际转移价格。

许多公司都使转移价格偏离正常的市场价格，把转移定价当作实现国际企业利润最大化的一种手段，具体做法如下：

① 当产品从甲国转移到乙国时，如果乙国关税较高，并属于从价税，那么国际企业将转移价格定得很低，以减少应缴纳的税金。

② 如果某国征收的所得税很高，就把向该国转移的产品价格定得高些；在产品转移出该国时，把价格定得低一些。这就可以降低国际企业在该国的利润，以降低在该国缴纳的税收。

③ 如果某国实行外汇管制，对外国子公司的利润汇出实行严格限制或征税，则国际企业在向该国转移产品时，可将产品价格定得高些；在产品转移出该国时，把价格定得低一

些。以减少利润汇出时的麻烦，也减少税收。

国际企业人为地操纵转移价格，有利于国际企业的整体利益，却损害了某些东道国的利益，因此，许多国家的政府做出严格规定，要求国际企业在制定转移价格时，严格遵守公平交易的原则，使转移价格符合市场价格，否则就有相关制裁。

(3) 通货膨胀环境中的定价

在通货膨胀的情况下，企业成本不断上升，需要不时地调整价格，否则入不敷出，更谈不上盈利。企业应该避免价格猛涨，最好是次频量微，这样可以避免公众紧张，减少国家干预危险；价格变化最好以营销组合中其他环节的变化相伴随，推出新产品，服务更周到；同时还要注意竞争对手是否做出同样的价格调整以及市场需求弹性。

(4) 汇率贬值或升值情况下的定价

汇率贬值的国家，其产品的对外价格将较前降低，但如该国有相当的进口，则进口价将上升。此时出口产品，须评估外国市场对本国产品的需求弹性，以及出口者的市场营销地位。若需求无弹性，则国外市场售价无须减降或仅作少许减降。反之，则减降，从而从增加的销售中增加利润。

(5) 在发展中国家的定价

由于发展中国家市场具有很大的弹性，若在价格较低的条件下，通过扩大生产规模，产品适销对路，则发达国家量大的消费品也会成为发展中国家量大的消费品，国际企业的经营绩效将会大大改善。

【例 3】企业只推出单一产品，运用单一的市场营销组合，力求在一定程度上适合尽可能多的顾客的需求，这种战略是(　　)。

A. 无差异市场营销战略　　　　B. 密集市场营销战略

C. 差异市场营销战略　　　　D. 集中市场营销战略

【解析】A。可供企业选择的目标市场营销战略有：无差异市场营销战略；差异市场营销战略和集中市场营销战略。无差异市场营销战略是指，企业在整体市场中组织经营活动，但仅提供一种产品，实施一组市场策略。

【例 4】国际定价的制约因素有哪些？

【解析】国际定价的制约因素一般而言包括以下因素：

① 定价目标。面对不同的国外市场，企业的定价目标不可能完全一样。有些企业将国内市场作为主导市场，而将国外市场看作国内市场的延伸和补充，因此针对国外市场往往会采用比较保守的定价策略。另外，一些企业将国际市场看得和国内市场一样重要，甚至把国内市场当作国际市场的一部分，这类企业采取的定价策略往往是进取型的。企业针对各个国外市场设定的不同目标，对定价策略也有很大影响。在迅速发展的国外市场上，企业可能更注重市场占有率的增长而暂时降低对利润的要求，采取低价渗透策略。而在低速发展的国外市场上，企业可能更多地考虑投资的回收，而采用高价撇脂策略。与当地厂商合资的企业，在定价上除了考虑自己本身的目标外，还必须考虑合作伙伴的要求；

② 成本因素。产品销往的地域不同，其成本组成也就不同。出口产品与内销产品即使都在国内生产，其成本也不会完全一样。如果出口产品为了适应国外的度量衡制度、电力系统等其他方面而作出了改动，产品成本就可能增加。反之，如果出口产品被简化或者去掉了某些功能，生产成本就可能会降低。国际经营所遇到的风险大多数是国际性的，如通货膨胀，外汇汇率波动等，这类国际性金融风险必然影响到商品的成本，企业经营的成本从而影

响产品的定价；

③ 消费者需求与支付能力。各国的文化背景、自然环境、经济条件等因素存在着差异性，决定了各国消费者的消费偏好不尽相同。对某一产品感兴趣的消费者的数量和他们的收入水平，对确定产品的最终价格有重要意义。即使是低收入消费群体，对某产品的迫切需要也会导致这种产品能够卖出高价，但仅有需求是不够的，还需要有支付能力做后盾。所以，外国消费者的支付能力对企业出口产品定价有很大影响。

④ 市场竞争状况。产品的最低价格取决于该产品的成本费用，最高价格取决于产品的市场需求状况。在上限和下限之间，企业能把这种产品价格定多高，则取决于竞争者提供的同种产品的价格水平。与国内市场不同，企业在不同的国外市场面对着不同的竞争形势和竞争对手，竞争者的定价策略也千差万别。因此，企业不得不针对不同的竞争状况而制定相应的价格策略。竞争对企业定价自由造成了限制，企业不得不适应市场的价格。

⑤ 政府干预措施。东道国政府可以从很多方面影响企业的定价政策，比如关税、税收、汇率、利息、竞争政策以及行业发展规划等。一些国家为保护民族工业而订立的关税和其他限制政策使得进口商品成本增加很多。相比于增值税或流转税，关税是最重要的歧视税，在很大程度上会削弱外国企业产品同当地市场的竞争力。作为出口企业，不可避免地要遇到各国政府的有关价格规定的限制，比如政府对进口商品实行的最低限价和最高限价，利润汇回限制等都约束了企业的定价自由。

四、国际营销的产品策略

产品策略是市场营销组合的中心内容，涉及产品的标准化与差别化、新产品的开发、产品生命周期、产品组合、产品的包装、商标、质量保证和服务等方面的策略。

国际产品策略包括以下三个种类：

(1) 出口产品的改变策略

第一，强制性的适应性改变。为了保护本国消费者的利益和某些集团的利益，或者为了维持已有的商业习惯，各国政府会对在市场上买卖的商品制定出一些特殊的法律、规则或要求。产品若想出口到某国，就必须符合该国的这些特殊的要求，否则连海关也进不了。

第二，物理环境的适应性改变。出口到海外的产品由于受到当地的气候、地理、资源、标准等的影响，也可能要做出相应的改变。

第三，市场环境的适应性改变。出口产品的价值在于满足国际市场上消费者的需求，由于经济水平和文化背景的差异，不同国家的消费者的需求可能会大相径庭。市场条件不一样，满足这种需要的方式也不一样。

(2) 产品生命周期在国际市场的改变和运用

第一，当产品处于创新阶段，产品主要以满足国内市场为主，并出口一部分到国外市场。在这个阶段产品的制造主要是满足国内市场需求为主，产品类型比较单一。

第二，当产品处于成熟阶段，选择对其他发达国家直接投资，到国外建立子公司就地生产、就地销售，就成为扩大出口、保证经济利益的重要途径。

第三，当产品处于标准化阶段，应对各个国家、地区的市场、资源和劳动力价格进行比较，而选择生产成本最低的地区建立子公司就非常必要。

通过市场的转换，使得产品生命周期延长。当企业把其产品打到国际市场上去后，其产品生命周期通常比仅限于国内市场的要长。

【知识拓展】撇脂定价

所谓“撇脂定价法”(market-skimming pricing)又称高价法或吸脂定价(skimming prices),即在产品刚刚进入市场时将价格定位在较高水平(即使价格会限制一部分人的购买),在竞争者研制出相似的产品以前,尽快收回投资,并且取得相当的利润。然后随着时间的推移,再逐步降低价格使新产品进入弹性大的市场。一般而言,对于全新产品、受专利保护的产品、需求的价格弹性小的产品、流行产品、未来市场形势难以测定的产品等,可以采用撇脂定价策略。

(3) 国际专业化生产的策略

这就是一种产品并不是在本国发展起来之后才转移到国外生产,而是从一开始就根据世界先进的科技水平和专业分工安排国外的投资,在全球范围内配置专业化工厂网,定点生产、分工制造部件,然后集中运到有利的地点组装,定点定向销售。

适用条件:实行该策略的企业,必须在生产技术稳定,各工厂产量相近,以及各国市场的产品规则一致性的情况下,才能充分发挥其效率。同时采用这种策略,运输费用上会增加一些负担,有时也会遇到关税与非关税壁垒等限制。但是由于它能够广泛采用最新技术,充分利用当地资源,大大降低了产品成本获得规模效应,在市场竞争中占极大优势,可在短期内获得高额垄断利润。

五、国际营销的促销策略

促销策略主要是指企业以利用各种信息传播手段刺激消费者购买欲望,促进产品销售的方式来实现其营销目标,其中包括对同促销有关的广告、人员推销、营业推广、公共关系等可控因素的组合和运用。公司的沟通策略部分是由渠道的选择所定义的。

1. 国际促销的障碍

三个潜在的关键变量可能会危及企业的国际沟通的有效性,它们是文化障碍、源效应和噪声水平。

文化障碍使在不同文化之间传播信息变得很困难。由于文化的差异,在一个国家表示某一意思的宣传到了另一个国家就可能是另外一回事了。公司要想克服文化障碍最好的办法是培养跨文化的文字能力。另外,应当多使用当地的资源,如用当地的广告公司设计广告词。如果公司采取直销而非广告手段与客户沟通,那么它应该尽量发展当地的销售队伍。文化差异限制了公司在全世界使用相同广告词和促销手段的能力。

当信息的接收者根据信息发送者的身份或形象来评估信息时就产生了源效应。如果目标国的消费者对外国公司有偏见,源效应对跨国公司来说就是有害的。许多跨国公司为了消除源效应带来的负面影响而淡化其外籍身份。源效应的一个子效应被称为原产国效应,或解释为制造地点对产品估价的影响程度。在对产品估价的时候,原产国通常被用作一个暗示,尤其是在消费者对产品缺乏更多详细了解的情况下。源效应和原产国效应并不总是负面的。

噪声是指吸引潜在消费者注意力的其他信息量,而这在不同国家也是有差异的。在高度发达的国家如美国,噪声水平极高;在发展中国家,吸引潜在消费者注意力的公司数量较少,故噪声水平也较低。噪声往往会降低沟通的效果。

2. 促销策略的类型

（1）推动战略

推动战略是一种向分销渠道商施加压力让其进货并将产品推销给最终消费者的促销战略。人员推销是很有效的，但它需要高强度地使用销售队伍，故成本较高。通过商场或杂货店来销售产品的厂商经常会采取这种战略。

（2）拉动战略

拉动战略则更多依靠大众媒体广告，通过创造消费者的需求来激发分销渠道商储备本公司产品的促销战略。

3. 制定促销策略的考虑因素

制定促销策略需要考虑的因素有产品类型和消费者经验、渠道长度和媒体的可得性。

（1）产品类型和消费者经验

处于消费品行业，面对着一个很大的细分市场的公司一般喜欢采用拉策略。而销售工业品或其他复杂产品的公司就比较倾向于用推策略。这一策略在发达国家也许是不必要的，因为在那里，复杂产品在市场上已面世很久，产品的特性已经为广大客户所熟悉，消费者经验丰富，存在提供销售支持的高质量渠道。然而当消费者对产品特性不太熟悉时，消费者的受教育水平就显得重要了。

（2）渠道长度

分销渠道越长，就意味着要说服更多的中间商来经营其产品。这会导致渠道惯性，使新公司进入渠道变得很困难，使得产品通过分销渠道中多层分销商的直销手段（推）成本很高。在这种情形下，公司可以考虑用大众媒体广告（拉）创造消费需求——一旦把需求创造出来，中间商便会竞相经销其产品。

（3）媒体的可得性

在发展中国家和新兴市场采用拉动战略时，可以使用的传媒工具一般会比较少。因此，要使消费者意识到某种产品的存在从而产生需求是很困难的。此外，由于可利用的媒介资源只能将信息传递给当地而非全国的消费者，所以在这些市场上要想进行广泛的宣传也很困难。另一种情形是，在某些特定的媒体上为某些特定产品打广告是不合法的。

4. 全球性广告

（1）赞同标准化广告

支持标准化广告的理由有三：首先，它具有很大的经济优势。标准化广告通过把研发广告的固定成本分摊到多个国家而降低了价值创造的成本。其次，广告人才比较稀缺，因此集中人才做一个大的广告所产生的效果要比40个或50个小广告的效果更好。最后，许多著名的品牌是全球性的。许多跨国公司想在全球营造单一的品牌形象，以避免因广告的本土化所带来的混乱。

（2）反对标准化广告

反对全球标准化广告的主要依据有两个。首先，国家之间的文化差异会造成这样的结局，即在一个国家成功的广告在另一个国家可能会惨败。由于文化的多元性，要想设计一个在全球都有效的广告主题是极其困难的。其次，广告法规可能会阻碍标准化广告的实施。

（3）应对国别差异

公司应该一方面抓住全球标准化广告带来的好处，另一方面又不忽略国别文化和法律环境的差异。公司可以区分开那些适用于全球广告活动的特征和需要本土化的其他特征。这样做既可以节约一定的费用，树立国际化品牌形象，同时还能够针对不同的文化定制广告。

知识点三　国际营销战略

国际市场营销战略是指企业根据国内外市场环境及其内部条件所制定的具有全局性和长远性的营销目标和实现营销目标的途径。全球化背景下的战略可以分为国际战略、多国战略、全球战略和跨国战略4种模式。每种战略各有其优缺点，各种战略的适用性取决于降低成本和地区调适压力的程度大小。图13-1为这四种基本战略的对比。

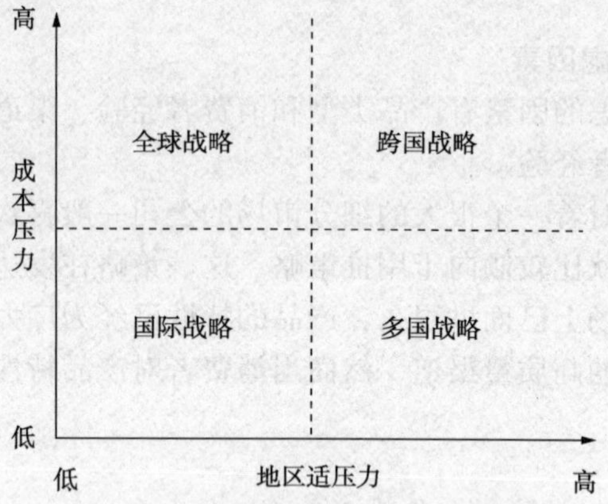

图13-1　跨国经营的四种战略

1. 国际营销战略模式

（1）国际战略

国际战略指跨国企业先为国内市场生产产品，再根据地区情况稍做改变，以将产品销往世界各地。采用这一战略的企业的目的是在世界范围内通过充分利用母公司的创新能力和开发出来的技术获得更多的利润。这一战略的核心内容是确定怎样在母公司的技术创新和开发能力上建立起强而有力的竞争优势。在资源和能力的配置上核心技能集中在母公司，其他分权给国外子公司。其适用的情形是当企业面对降低成本压力低，而其产品可以满足普遍需求且缺少强大竞争对手。追求该战略的企业往往把产品开发的职能集中于母国，母公司雄厚的创新技术是运用该战略的前提条件。

（2）多国战略

多国战略又称本土化战略，该战略把战略重点放在各东道国的差异上，通过提高东道国的经营环境和市场需求的适应能力，扩大在国外市场的占有率和销售收入。企业经营很大程度依赖于东道国子公司自身的适应能力、创新能力以及当地市场开拓能力。实行该战略的适用条件是当各国消费者对国际企业所提供的产品或者服务的兴趣差异大，而降低成本压力不高时。

（3）全球战略

全球战略，又称全球标准化战略。采用这种战略的企业，跨国经营的侧重点在于通过获得全球性经营效率、规模经济、学习效应，以及区位经济获得成本优势，提高在全球市场的占有率，以增强企业的盈利能力。其中，依靠大规模生产降低单位产品成本和提高产品质量，是获得全球性经营效率的必要条件；在资源和能力的配置上，该战略需要全球规模的集权管理。该战略实施的条件是当成本降低压力强烈，而地区调试压力较低时。

（4）跨国战略

这一战略综合了上述三种战略目标，其侧重点在于同时建立全球效率、经营灵活性和世界范围的学习能力，并且同时兼顾创新能力与效率、成本与收入；该战略的核心内容是确定如何合理配置资源及各种生产、管理和经营能力，同时在适应能力、全球经营效率、和创新能力三个方面建立竞争优势。该战略实施的条件是当企业同时面临着降低成本的压力与很高的地区调试压力时。通过区域市场解决地区差异问题以提高产品差异化能力，且通过公司全球经营网络的子公司之间实行技术流动进而实现技术扩大效应。

2. 四种战略的比较

	国际战略	多国战略	全球战略	跨国战略
战略的侧重点	通过全球范围的技术扩散和适应性调整利用母公司的知识和能力	依靠企业家的开拓能力，提高东道国子公司的自主经营灵活性，适应不同国家的差异	通过集权、全球规模的经营建立成本优势	同时建立全球效率，经营灵活性和世界范围的学习能力
资源和能力的配置	核心技能集中在母公司，其他分权给国外子公司	国外子公司分权管理，实行适当自给自足经营	全球规模的集权管理	分散的，相互依存的和专门化的能力

【例 4】以下哪个行业适宜选择全球化战略？（　　）（东华大学 2017 年）

A. 快速消费品行业　　B. 民用小汽车行业

C. 飞机制造业　　D. 服装制造业

【解析】C。全球化战略适用于产品标准化程度高、规模经济效应显著、研发投入大且全球市场需求统一的行业。飞机制造业因产品标准化、规模经济效应显著及全球需求统一，是全球化战略的典型适用行业。

习题精编

一、名词解释

1. 国际市场细分（武汉大学 2011 年）
2. 国际营销
3. 国际转移定价战略
4. 宽分销渠道
5. 撇脂定价（上海财大 2015 年）
6. 现代产品的整体概念（上海财大 2014 年）
7. 全球战略（中山大学 2014 年）
8. 三级价格歧视（上海财大 2022 年）

二、简答题

1. 国际分销渠道的选择应该考虑哪些因素？如何对国际分销渠道进行选择和控制？（复旦大学 2011 年）

2. 国际产品营销策略中，如何通过产品周期的改变增加新内容？（复旦大学 2018 年）

三、论述题

1. 日本泡泡糖市场多年来一直被“劳特牌”独占。江崎糖业公司想打入这个市场。公司经过调查分析，认为劳特产品有不足，第一，劳特把重点放在儿童市场上，成人市场未开发。第二，劳特产品主要是果味型，而其他香味型未满足。第三，劳特产品定价 110 日元，顾客购买时多掏 10 日元硬币，很不方便。第四，劳特产品一直是单调的条板式样。这为江崎提供了进入市场的缝隙，江崎公司将市场确定在成人功能性泡泡糖市场上。在这样一个成人市场上，又考虑到职业不同，开发了司机用泡泡糖(加入高浓度天然牛黄和薄荷消除司机困倦)，交际用泡泡糖(清洁口腔，祛除口臭)，体育用泡泡糖(内含叶绿素和多种维生素，有利消除疲劳和改善情绪)。学生用泡泡糖(清神醒脑)等多种式样，售价只 100 日元整的各种产品，一举占领市场，并与劳特在竞争中平分秋色。

请回答：

(1) 用市场细分理论分析，江崎公司是如何发现市场机会的。

(2) 用目标市场理论分析它是如何选择目标市场的。

(3) 除此之外，为了竞争，江崎在价格、产品因素方面采取什么措施、策略。

2. 2019 年 4 月，亚马逊宣布停止中国国内电商业务，仅保留 Kindle 电子书和跨境电商板块。这一决定标志着其 15 年中国市场征程的阶段性终结。亚马逊 2004 年以 7500 万美元收购卓越网进入中国，2013 年推出“亚马逊中国”品牌，但始终未能突破本土竞争壁垒：市场份额从 2013 年的 2.7%下滑至 2019 年的 0.7%。核心失败因素包括：坚持全球标准化策略，忽视中国消费者偏好(如缺乏社交电商功能)；物流体验落后于京东的“当日达”服务；本土化运营僵化，未能适应“双十一”等促销模式；“最后一公里”配送成本居高不下。此次退出被视为跨国公司本地化战略失误的典型案例。结合亚马逊退出中国市场案例，论述跨国公司在新兴市场实施“全球标准化”与“本地适应化”战略的动态平衡机制，并分析数字化时代国际市场营销的核心成功要素。

3. 2025 年，中国新能源汽车制造商比亚迪正式进入欧洲市场，计划在德国建立生产基地并实现年销量 10 万辆目标。然而，欧洲市场对本土品牌(如大众、宝马)忠诚度高，且欧盟出台《新电池法规》《数据安全法》等严格监管政策。结合希尔国际商务相关理论，分析比亚迪进入欧洲市场面临的文化与法规挑战，并基于全球本土化战略制定针对性的国际市场营销策略。

4. 论述 EPRG 四种模式的战略特点、资源配置、文化特征和人力资源管理倾向。(复旦大学 2019 年)

习题参考答案

一、名词解释

1. 国际市场细分是指企业按照一定的细分标准，把整个国际市场细分为若干个需求不同的产品和营销组合的子市场，其中任何一个子市场中的消费者都具有相同或相似的需求特征，企业可以在这些子市场中选择一个或多个作为其国际目标市场。国际市场细分是企业确定国际目标市场和制定国际市场营销策略的必要前提。

2. 国际营销是指对商品和劳务流入一个以上国家的消费者或用户手中的过程进行计划、定价、促销和引导，以便获取利润的活动。国内营销和国际营销定义的唯一区别在于国际营销活动是在一个以上国家进行的。“在一个以上国家”，表面上看差别很小，却说明了国际营销活动的复杂性和多样性。

3. 国际转移定价战略是指国际企业的母公司和子公司之间，或各国子公司之间转移产品和劳务时采用的定价方法。当今国际贸易中有很大一部分是国际企业的内部交易，但由于现在国际企业都实行分权管理，独立核算，母公司和各国的子公司是不同的利润中心，为了评估各自的经营状况，也必须为这种内部交易制定价格，这就是国际转移价格。

4. 分销渠道按照商品在流通过程中是否经过中间商来转卖，分为直接渠道和间接渠道。分销渠道的宽度是指每个层次中间商的多少。"宽度"有两个或两个以上中间商的分销渠道称为宽渠道。该类型的渠道范围比较广泛，通常用于一般产品的销售，又适用于技术型产品的销售；既可以采用批发商，又可以采用零售商，还可以采用代理商、经销商，可以尽可能地销售其产品。

5. "撇脂定价法"又称高价法，即将产品的价格定得较高，尽可能在产品寿命初期，在竞争者研制出相似产品以前，尽快收回投资，并且取得相当的利润。随着时间的推移，再逐步降低价格使新产品进入弹性大的市场。一般而言，对于全新产品、受专利保护的产品、需求价格弹性小的产品、流行产品、未来市场形势难以测定的产品等，可以采用撇脂定价策略。

6. 人们通常理解的产品是指具有某种特定物质形状和用途的物品，是看得见、摸得着的东西，这是一种狭义的定义。而市场营销学认为，广义的产品是指人们通过购买而获得的能够满足某种需求和欲望的物品的总和，它既包括具有物质形态的产品实体，又包括非物质形态的利益，这就是"产品的整体概念"。现代市场营销理论认为，产品整体概念包含核心产品、有形产品、附加产品和心理产品四个层次。

7. 全球战略是指跨国公司从全球观点出发，利用不同国家和地区的区位比较优势，把价值链上的各个环节和职能加以分散和配置，使它们有机地结合起来，实行综合一体化经营，努力降低生产经营成本，以期获得长期、稳定的全球竞争优势，实现最大化的全球效率。

8. 三级价格歧视指垄断者对同一商品在不同的市场上收取不同的价格，或者对不同的人收取不同的价格，但使得每一市场上出售产品的边际收益相等。实行三级价格歧视需要具备两个重要的条件：第一个条件是存在着可以分隔的市场。若市场不可分隔，市场上的套利行为将使得价格歧视消失。第二个条件是被分隔的各个市场上需求价格弹性不同。如果被分隔的各个市场需求价格弹性相同，则最佳策略是对同一产品收取相同的价格。

二、简答题

1. (1) 销售渠道也常称为分销渠道和商品流通渠道。它是指产品从生产领域进入另一个生产领域或消费领域的流通途径，它不仅是指商品实物形态的运动路线，还包括完成商品运动的交换的结构形式。

(2) 国际分销渠道通常包括两部分：

① 国际分销渠道的结构和长度。国际分销渠道的长度包括三个环节。第一个环节是本国的分销渠道，它由生产企业和批发中间商组成；第二个环节是出口国的出口商和进口国的进口商之间的分销渠道，即由本国进入进口国的分销渠道；第三个环节是进口国的分销渠道。

② 国际分销渠道的宽度，主要指分销渠道中各个层次使用中间商数目的多寡。在销售渠道的宽度上有三种选择：

第一，广泛分销。即尽可能多地使用中间商，企业对每个中间商负责的地区范围不做明确规定，对其经营能力不严格要求。该策略的目的是使国际市场上的消费者和用户能有更多的机会方便地购买其产品。

第二，选择分销。即精选少数符合要求的中间商，由外销企业把产品售给经过精选的一定区域的少数中间商，故要求每个中间商销售能力强、信誉高；

第三，独家经销。即外销企业在目标市场上或目标市场的一部分地区内仅指定一家中间商经营其产品。

(3) 对国际分销渠道选择考虑的因素：分销渠道的选择没有绝对优劣之分，公司在考虑分销渠道的选择时，不仅要考虑市场及公司自身条件的要求，也应从营销组合角度出发，使分销渠道决策与产品，定价及促销等组合因素相互配合，形成整体上的效益。选择分销渠道需考虑的因素有：

① 控制。公司对国际市场营销的控制权要求不同，其分销渠道的决策会有所不同，一般来说，渠道越长、宽度越宽，对于售价、销售量，推销方式等的控制能力就越弱。

② 资金。渠道所涉及的财务因素主要是利用某个中间商所需要的资金和现金流形式。

③ 成本。这里的成本指的是渠道完全成本。它包括支付本企业推销人员的一切费用。

④ 灵活性。一般来说，进入方式越直接、变动越难，灵活性越差。

⑤ 风险。这些风险包括商业方面的，如库存资金、应收款、外汇汇率等，也包括来自政治方面的，如国有化、政局变动等。

(4) 对国际市场分销渠道的管理，主要包括以下内容：

① 专门管理。企业应设立国际市场分销渠道的专门机构，至少要有专人负责这项工作，以加强对分销渠道的专门化、系统化管理。

② 健全档案。不断搜集、分析、整理有关中间商的资料信息。

③ 适当鼓励。对中间商给予适当鼓励，促使双方友好合作，互惠互利，融洽感情。

④ 定期评估。一是对分销渠道模式和分销渠道结构进行评估，这种评估的标准主要是经济效益；二是对客户的评估，主要是对客户的履约率、资信状况、销售能力、合作态度、经营效率作出鉴定，必要时可对客户进行调整。

⑤ 及时调整。国际分销渠道调整可采用增减渠道或中间商，或改变整个渠道系统。

2. 产品生命周期是指产品的市场寿命。一种产品进入市场后，它的销售量和利润都会随时间推移而改变，呈现一个由少到多再由多到少的过程。所谓产品生命周期，是指产品从进入市场开始，直到最终退出市场为止所经历的市场生命循环过程。一个产品要经历导入期、成长期、成熟期、衰退期。随着商品的国际化和生产国际化的发展，把产品的生命周期放到一个更广阔的市场空间里去考虑，产品生命周期仍然有效但会呈现出一些新的特点。

(1) 产品生命周期的不同阶段的营销策略的新内容

当产品处在创新阶段，由于生产该产品的企业很少，规模又较小，又是新产品，所以在市场上几乎没有竞争对手，这时以满足国内市场为主，并出口一部分到国际市场。到了产品成熟阶段，产品技术趋于完善，产品也已定型，生产企业在不断增加，规模也在不断扩大，消费者能够从不同商标型号的同类产品中进行价格和质量上的选择，对企业来说，成本和价格问题变得日益重要。这时，想以继续维护简单的贸易出口来达到最佳经济效益的路子已行不通。因此，选择对外直接投资，即到国外建立子公司就地生产，就地销售，成为扩大出口、保证经济利益的最佳途径。第三阶段是产品标准化阶段，处于这个阶段的技术和产品都已相当成熟并已标准化了，参与此类产品生产的企业一般也都积累了许多经验，因此，市场竞争更加激烈，成本和价格问题显得十分突出，在这种情况下，就应对各个国家、地区的市场、资源和劳动力进行比较，而选择生产成本最低的地区建立子公司就变得十分必要。

(2) 通过市场的转换，使产品生命周期得以延长

当企业把其产品打到国际市场上去后，其产品生命周期通常比仅局限在国内市场的要长，特别是对耐用消费品、机电产品等。这是由于各国的经济发展程度不一样，从而市场需求的发展也不一样，在 A 国已达到成熟或衰退阶段的产品可能在 B 国刚刚进入成长阶段，而在 C 国可能才被引进，因此，如 A 国的企业抓住时机将产品迅速推向 B 国和 C 国，则极有可能延长该产品的生命周期。

三、论述题

1. (1)江崎公司通过市场细分理论发现市场机会的核心路径如下：

① 识别竞争对手缺陷。系统分析行业龙头“劳特”的四大不足：仅聚焦儿童市场、产品单一(果味型)、包装陈旧、定价不便，凸显成人市场需求未被满足。

② 多维细分标准。按消费场景(驾驶/社交/运动/减压)和功能需求(提神/清洁/营养补充)双重维度切割成人市场，开发四大功能性产品线，精准匹配细分需求。

③ 差异化价值设计。通过包装创新(便携造型)、定价策略(50/100 日元规避找零)，构建与儿童市场的显性区隔，形成竞争壁垒。

(2) STP 理论应用路径：

① 市场细分(S)。突破传统糖果按年龄分类法，首创“功能需求+消费场景”双维度网格：横向划分提神/清洁/营养补充功能，纵向覆盖驾驶/社交等四大场景，构建 12 个细分单元。

② 目标市场(T)。选择成人市场中三个高潜力单元：商务场景、驾车场景、社交场景，放弃儿童红海市场，规避与劳特直接竞争。

③ 定位(P)。通过产品命名(如司机活力片)和包装设计(药盒式)强化功能属性，塑造“成人专业功能糖果”认知，实现与传统糖果的品类隔离。

(3) ①价格策略：

第一，整数定价法：设定 50/100 日元两种价格，避免 110 日元带来的找零困扰，提升支付便利性。

第二，性价比重构：通过功能附加(如维生素、牛黄等成分)支撑溢价，形成“高价值感”认知。

② 产品策略：

第一，功能创新：开发四大场景化产品线(司机/交际/体育/轻松型)，以薄荷、叶绿素等成分实现生理需求精准满足。

第二，形态革新：突破传统条板造型，采用药片式包装增强便携性与专业感，视觉上区别儿童泡泡糖。

2. (1)全球标准化与本地适应化的动态平衡

跨国公司在新兴市场的成功取决于能否建立弹性的战略平衡机制。这种平衡体现在三个核心层面：技术平台保持全球统一以确保运营效率，同时允许用户界面和功能设计融入本地消费习惯；全球供应链体系提供成本优势，而末端配送网络必须适应本地物流环境；品牌核心价值保持一致性，营销传播内容则需契合本地文化语境。

亚马逊的案例显示，过度坚持标准化会导致与市场脱节。忽视社交互动趋势、物流体验未能匹配本地期待，都是战略失衡的表现。有效的平衡需要明确统一与灵活的边界，建立基于市场反馈的动态调整机制，避免陷入极端的战略选择。

(2) 数字化时代营销的核心成功要素

数字化环境下，国际市场营销的成功依赖四项关键能力。深度理解本地消费者行为是基础，通过数字工具捕捉新兴趋势，而非依赖总部统一的研究结论。社交互动已成为市场触达的核心渠道，构建符合本地习惯的互动方式至关重要。

① 敏捷响应机制是适应市场变化的必要条件。新兴市场节奏快，决策链条过长会错失机会，区域团队需要具备策略调整的自主权，结合实时数据优化营销组合。

② 生态系统合作能够弥补外来企业的本地资源短板。与本地伙伴整合支付、物流和内容服务，创造无缝消费体验，构建互利共生的价值网络。

③ 技术赋能需贴合本地实际需求。将全球技术优势转化为本地市场的具体应用，优化供应链效率、提升服务响应速度，避免盲目移植总部数字化方案。

④ 数字化时代的跨国营销本质上是全球协同与本地灵活的有机统一。成功的关键在于以开放心态接纳差异，用敏捷机制响应变化，将技术能力转化为符合本地需求的实际价值。亚马逊的经历警示我们，唯有实现全球视野与本地智慧的动态平衡，才能在复杂市场环境中立足。

3. (1)文化与法规挑战分析

① 文化挑战：

第一，本土品牌忠诚度与认知偏差。欧洲消费者对大众、宝马等本土品牌具有深厚信任，对中国品牌存在“性价比高但技术落后”的刻板印象。霍夫斯泰德文化维度中，欧洲国家“不确定性规避”得分较高，消费者倾向于选择熟悉品牌以降低风险，这直接影响比亚迪的品牌接受度。

第二，环保价值观差异。欧洲市场将“全生命周期碳足迹”作为核心购车指标，而比亚迪初期未公开电池生产碳排放数据，与欧洲消费者的环保诉求存在差距。这种价值观差异可能导致品牌形象受损，需通过本土化沟通强化环保属性。

② 法规挑战：

第一，欧盟《新电池法规》。该法规要求 2027 年起电池生产全流程碳足迹可追溯，并建立回收体系。比亚迪需投入资源建立碳足迹管理系统，确保电池材料符合欧盟标准，否则面临市场准入限制。

第二，数据隐私与技术标准壁垒。欧盟《数据安全法》禁止车联网数据向中国传输，导致比亚迪 DiLink 智能系统在欧洲功能受限。此外，欧洲统一充电接口(CCS 标准)与比亚迪原有接口不兼容，需进行技术调整以适配本地基础设施。

(2) 全球本土化营销策略

① 产品策略：标准化技术+本地合规调整。采用全球统一的 e 平台 3.0 技术架构，确保核心技术一致性；同时针对欧洲市场优化电池材料，采用低钴配方以降低碳足迹，并申请欧盟 Eco-label 环保认证，满足本土环保要求。

② 定价策略：高端定位+价值感知。参考特斯拉定价体系，采用撇脂定价策略以塑造高端形象；同时推出"环保积分计划"，消费者购车时可凭旧车回收证明抵扣部分费用，强化绿色消费观念。

③ 渠道策略：本地合作+体验式营销。与欧洲本土经销商集团合作建立线下体验店，提升品牌触达率；同步接入欧洲充电网络 IONITY，解决充电接口兼容性问题，增强使用便利性。

④ 促销策略：文化适配+价值观共鸣。通过多语言广告强调"中国智造+欧洲标准"，邀请欧盟环保机构参与工厂碳足迹审计，发布透明的环保报告；赞助欧洲新能源汽车展会，突出技术创新，弱化"外来品牌"标签。

4. 现代跨国经营中，经营战略的选择必须同时考虑到盈利性和合法性两个指标。所谓盈利性，是指跨国投资项目带来的公司收益的增加、成本的减少或稳定性的增加；所谓合法性，是指跨国战略中对盈利性和合法性指标的侧重程度不同，有以下四种经营战略模式：

(1) 本国中心主义(Ethnocentrism)：跨国公司强调母国优越性的理念。特点是以母国和母公司的利益与文化价值标准为根本指导，由母国提供子公司的管理人员，技术、控制权高度集中于母国，集权决策，总部向子公司下达大量的命令与指示，产品开发、利润调配和人事政策等方面都体现"母国中心"。

(2) 多国中心主义(Polycentrism)：多中心主义是跨国公司强调东道国差异性的理念。特点是注重子公司适应东道国的环境，分散决策，子公司的东道国文化色彩较浓厚，以雇用、培训东道国人员为主，甚至由东道国人士担任子公司的高层管理人员。

(3) 地区中心主义(Regioncentrism)：亦称区域中心主义，指跨国公司强调地区性的理念。特点是兼顾区域内的一体化与针对各个东道国的当地回应能力，尽可能在区域利益与各东道国子公司利益之间取得妥协和平衡，在各个管理层次上反映了区域中心及区域文化的特征。

(4) 全球中心主义(Geocentrism)：全球中心主义是跨国公司强调全球性的理念。特点是注重全球范围内配置资源和沟通协调，集中管理和分散管理并存以兼顾全球一体化和东道国国民的反应。组织形式通常采用网络系统结构。是本国中心主义、多中心主义和地区中心主义的综合与提升。

取以上四种模式的英文首字母把这个模式理论称为 EPRG 模式。四种模式的比较如下表所示。

	E	P	R	G
资源配置	总部决定投资机会	子公司独立自给，互相无协助	地区配置资源	全球范围内资源配置
战略特性	全球一体化	东道国民反应	地区一体化与东道国国民反应	全球一体化与东道国国民反应
文化特征	母国文化	东道国文化	地区文化	全球性文化
人力资源管理倾向	培养母国人员，以供全世界各地关键职位，用母国人员的业绩标准	培养东道国人员，业绩标准由各东道国决定	培养地区内人员，业绩标准由区域决定	培养世界各地优秀人员普遍适用的标准并使之符合当地情况

第 15 章　国际物流与供应链管理

本章包含国际物流和供应链管理两个知识点，其中，国际物流可考查的知识点不多，供应链管理相对来说重要得多，各种题型都可能会涉及。

知识脉络

- 国际物流与供应链管理
  - 国际物流
  - 全球供应链管理
    - 全球采购与供应商管理
    - 跨国生产运营管理
    - 国际物流与配送网络
    - 全球信息系统整合
    - 风险管理与可持续发展

大纲解析

知识点一　国际物流

一、国际物流的定义

国际物流是指在全球化背景下，组织原材料、在制品、半成品及制成品在不同国家(地区)之间进行实体流动的综合性管理活动。其核心目标是通过整合运输、仓储、包装、流通加工、信息处理等环节，实现国际贸易供应链的高效协同，确保货物以最低成本、最小风险、最优时效完成跨国转移。

二、国际物流的特点

1. 跨国性与复杂性

国际物流涉及至少两个国家的物流系统，需应对不同法域的监管要求(如欧盟 REACH 法规对化学品运输的限制)、多语种单证流转(如提单需同时显示英文与目的国文字)及多元文化协作(如中东地区斋月期间的物流时效调整)。其运作环节涵盖货主、承运人、海关、检验检疫、货运代理等十余个主体，任一环节脱节可能导致全链条延误。

2. 高风险性与不确定性

自然风险（如台风导致宁波港停运）、政治风险（如中美贸易战中的关税壁垒）、经济风险（如人民币汇率波动影响结算成本）交织。据国际货运协会（FIATA）2024 年报告，跨国物流平均延误率达 12.3%，远超国内物流的 3.5%。

3. 时效性与精益化要求

现代供应链对“JIT（准时制）交付”的需求日益严苛。例如，苹果公司要求亚洲供应商在 48 小时内将零部件送达欧洲组装厂，这依赖国际空运与多式联运的高效衔接。同时，跨境电商的“72 小时达”服务标准，进一步推动国际物流向“小批量、高频次”的精益模式转型。

三、报关报检全流程

1. 前期准备与单据核验

企业需提前整理核心单证：商业发票（需注明 FOB/CIF 等贸易术语）、装箱单（详细列明货物毛重/净重）、提单（海运提单需承运人签署“清洁已装船”批注）、原产地证书（享受关税优惠需提供 FORMA 普惠制产地证）。特殊商品需额外准备许可证件，如濒危物种进口需《濒危野生动植物种国际贸易公约》（CITES）证明。

2. 电子申报与海关审核

通过“国际贸易单一窗口”系统提交报关单，海关依托 H2010 系统自动审核商品编码（HS 编码）、申报价格与归类准确性。重点核查“价格真实性”（如关联交易是否符合独立交易原则）、“数量逻辑性”（如申报数量与集装箱容积匹配度）。高风险商品（如电子产品、奢侈品）将触发人工审单，平均耗时延长 3—5 小时。

3. 查验、征税与放行

海关根据风险参数随机抽查（约 3%—5%的报关单），查验方式包括机检扫描（快速排查违禁品）或人工开箱（核对商品规格与申报一致性）。税费计算采用“从价税+附加税”模式，如进口汽车需缴纳关税（15%）+增值税（13%）+消费税（根据排量分级）。企业可通过“汇总征税”模式实现税款递延缴纳，提升资金效率。放行后，海关签发“进口货物报关单证明联”，作为企业退税与外汇核销的凭证。

四、物流风险管理体系

1. 风险识别与评估

采用“PEST-EL 框架”分类：政治风险（如俄乌冲突导致黑海航运中断）、经济风险（如美元加息引发的汇率波动）、社会风险（如港口罢工）、技术风险（如区块链单证系统故障）、环境风险（如极端天气）、法律风险（如美国《外国投资风险审查现代化法案》（FIRRMA）限制）。通过风险矩阵量化影响程度，例如将“苏伊士运河堵塞”列为“高概率-高影响”风险（发生概率 20%，单日损失超 4 亿美元）。

2. 风险应对策略

风险规避：选择替代路线（如中欧班列替代传统海运）。

风险转移：投保货运一切险（承保范围含自然灾害、意外事故及一般外来风险），附加“战争险”与“罢工险”。

风险控制：与承运人签订“滞期费封顶条款”（Laytime Ceiling Clause），将港口延误成本控制在货值的 5%以内。

应急机制：建立“双供应商+备选港口”方案，如特斯拉上海工厂在宁波港拥堵时启用厦门港作为备用港口。

3. 数字化监控与预警

运用物联网（IoT）技术实时追踪货运动态，如马士基的“远程集装箱管理系统”可监测箱内温度、湿度与地理位置。通过大数据分析历史延误数据，建立风险预警模型，例如 AI 算法可提前 72 小时预测港口拥堵概率，准确率达 85%以上。

知识点二　全球供应链管理

一、全球供应链管理简介

1. 全球供应链管理的概念

供应链管理（SCM）是指通过整合供应商、制造商、分销商至最终用户的全链条资源，实现从原材料采购到成品交付的高效协同过程。其核心目标是通过优化物流、信息流与资金流，降低整体运营成本（平均可降低 15%—20%供应链成本）、提升响应速度（如订单交付周期缩短 30%），并增强市场竞争力。

2. 全球供应链的主要特点

（1）跨国性与网络复杂性。全球供应链涉及多国家/地区协同，从原材料采购（如非洲矿产）、零部件生产（如东南亚电子元件）到成品组装（如中国制造业），形成跨洲网络。这种布局需应对不同法律体系（如欧盟 GDPR、美国关税政策）、文化差异（如沟通习惯）和物流条件（如基础设施差异），增加了协调难度。

（2）动态适应性与韧性需求。全球化环境下，供应链需快速响应市场波动（如需求突变）和外部冲击（如自然灾害、地缘冲突）。例如，2025 年印巴冲突导致原油运输路线调整，企业需通过多供应商布局、近岸外包（如墨西哥替代亚洲工厂）提升韧性，符合“供应链弹性”理论。

（3）技术驱动与数字化整合。区块链、物联网（IoT）和人工智能（AI）成为核心支撑：区块链实现跨境溯源（如食品供应链的全流程透明），IoT 实时监控物流状态（如集装箱温湿度传感器），AI 优化需求预测与库存调配。数字化降低了信息不对称，提升了全球协同效率。

（4）成本与战略平衡。企业通过离岸外包（如劳动密集型产业转移至低成本地区）降低生产成本，但需平衡“效率”与“风险”。例如，苹果将部分产能从中国转移至印度，既利用当地劳动力成本优势，又分散地缘政治风险，体现“全球本土化”战略逻辑。

（5）可持续性与合规要求。环保法规（如欧盟碳关税）和社会责任标准（如劳工权益）成为供应链准入门槛。企业需整合 ESG（环境、社会、治理）目标，如采用绿色物流（电动运输）、循环经济模式（零部件回收），以符合国际市场合规要求。

（6）客户需求导向的柔性化。消费者对定制化和快速交付的需求推动供应链向“柔性生产”转型。例如，Zara 通过全球分散式小批量生产，实现每周新品上市，依赖全球供应链的快速响应能力。

二、全球供应链管理的内容

1. 全球采购与供应商管理

全球采购与供应商管理是供应链的核心环节，聚焦于跨国界资源整合与战略合作伙伴关系构建。其核心职能包括：制定全球化采购策略、供应商寻源与评估、成本优化及风险管理。企业需建立标准化的供应商筛选体系，涵盖质量合规、交付能力、财务稳定性及 ESG（环境、社会、治理）表现。数字化工具如采购管理系统（SRM）和电子招投标平台的应用，可实现供应商全生命周期管理与实时协作。当前趋势显示，企业正从单一成本导向转向价值共创模式，通过与核心供应商联合研发、共享数据，提升供应链响应速度与创新能力。

【例 1】简述国际企业的零部件自产和外包的优缺点。

【解析】国际企业零部件生产决策需在自产（垂直整合）与外包（外部采购）间权衡，二者各有优劣，具体取决于企业战略目标、资源能力及市场环境。

（1）零部件自产的优点

① 质量与战略控制：自主生产可直接管控生产流程，确保核心技术保密。

② 供应链稳定性：减少对外部供应商的依赖，降低地缘政治和市场波动的冲击。

③ 规模经济潜力：长期自产可通过产能优化降低单位成本，适用于标准化、高产量零部件。

（2）零部件自产的缺点

① 高固定成本：厂房、设备投资占用资金，削弱财务灵活性，需求波动时易导致产能闲置。

② 管理复杂度：跨国生产需协调不同地区的人力、物流和法规，增加管理成本。

③ 技术迭代滞后：专注自产可能降低对外部技术创新的敏感度，错失专业化供应商的技术突破。

（3）零部件外包的优点

① 成本优化：利用供应商的规模效应和区位优势（如东南亚廉价劳动力）降低生产成本，符合“交易成本理论”的效率逻辑。

② 核心能力聚焦：将非核心生产外包，集中资源于研发、营销等高附加值环节（如苹果外包组装，专注芯片与系统研发）。

③ 市场响应速度：快速切换供应商以适应市场需求变化，缩短产品迭代周期（如时尚电子行业的柔性外包）。

（4）零部件外包的缺点

① 质量与依赖风险：供应商质量管控不足可能导致产品缺陷（如丰田因零部件缺陷引发大规模召回），且过度依赖单一供应商会加剧供应链脆弱性。

② 知识产权泄露：技术图纸和参数共享可能导致核心技术被模仿，尤其在专利保护薄弱的新兴市场。

③ 协调成本上升：国际外包需应对文化差异、汇率波动和物流延迟，增加沟通与合同管理成本。

2. 跨国生产运营管理

跨国生产运营管理强调全球资源优化配置与柔性生产体系的构建。企业需根据市场需求、劳动力成本、政策环境等因素，布局跨国生产网络，实现本地化生产与全球协同。核心内容包括：产能规划与调度、精益生产实施、跨境质量管理及生产技术标准化。面对地缘政治风险与供应链中断，企业正逐步采用近岸/友岸外包策略，并通过工业 4.0 技术（如物联网、数字孪生）提升生产透明度与灵活性。例如，某汽车制造商通过全球生产数据实时共享，将零部件库存周转率提升 30%，显著降低运营成本。

【例 2】名词解释：即时生产系统（JIT 系统）（上海财大 2012 年）

【解析】即时生产系统（JIT，Just-In-Time）起源于 20 世纪 50 年代日本丰田汽车公司，由大野耐一在资源匮乏背景下提出，核心目标是通过“在需要时生产所需数量的产品”消除浪费，实现“零库存”与高效流程。其核心逻辑是基于客户需求拉动生产，而非传统的推动式生产，强调“只生产必要的产品，只在必要的时间生产”。

3. 国际物流与配送网络

国际物流与配送网络是连接生产与消费的关键纽带，涉及多式联运整合、跨境清关及末端配送优化。企业需根据货物特性（如时效性、成本敏感度）选择海运、空运或铁路运输，并通过货运代理与物流服务商协作，简化报关流程与合规手续。数字化物流平台（如TMS运输管理系统）可实现运输路径优化、货物跟踪与异常预警。近年来，跨境电商的兴起推动了海外仓模式的普及，通过前置库存缩短配送时效，提升消费者体验。此外，绿色物流实践（如低碳运输、包装回收）成为企业履行社会责任的重要举措。

4. 全球信息系统整合

全球信息系统整合是供应链数字化转型的基础，旨在打破地域与部门壁垒，实现数据实时共享与智能决策支持。核心系统包括企业资源计划（ERP）、供应链执行系统（SCE）及客户关系管理（CRM），通过API接口实现数据互通。区块链技术的应用可增强供应链透明度，例如在食品行业实现全流程溯源；大数据分析与AI算法则支持需求预测、库存优化及风险预警。某零售企业通过整合全球销售数据与供应链系统，将需求预测准确率提升至92%，有效降低了库存积压与缺货率。

【例3】名词解释：长鞭效应（中南财大2024年）

【解析】长鞭效应，指供应链中需求信息传递失真导致的波动放大现象。下游微小需求变化经零售商、批发商、制造商逐级放大，形成“鞭子末端摆动幅度大于手柄”的效应。成因包括预测偏差、批量订购、价格促销等，导致库存积压、生产计划混乱、物流成本激增。可通过信息共享、协同预测、小批量订购等措施缓解。

5. 风险管理与可持续发展

风险管理与可持续发展聚焦于供应链韧性提升与长期价值创造。企业需建立风险评估模型，识别地缘政治、自然灾害、市场波动等潜在威胁，并制定应急预案（如备选供应商、安全库存）。可持续发展方面，ESG标准已成为供应链管理的核心指标，涵盖碳排放控制、劳工权益保护、循环经济实践等。例如，某科技企业通过要求供应商采用100%可再生能源生产，将产品碳足迹降低40%。此外，供应链金融创新（如绿色信贷）也为可持续项目提供资金支持，推动行业整体向低碳化转型。

三、全球供应链风险

1. 气候变化风险

气候变化已成为全球供应链的首要威胁，极端天气事件频发导致物流中断和产能波动。2024年，洪水占天气相关风险的70%，美国阿巴拉契亚地区和西班牙巴伦西亚的洪灾导致港口停运、道路中断，直接影响电子和汽车产业的零部件供应。海洋温度上升加剧了气候不稳定性，联合国粮食及农业组织报告显示，越南、印尼等咖啡主产区因干旱减产38.8%，推高全球咖啡价格。企业需建立分布式供应链网络，投资气候预警系统，例如某零售企业通过实时气象数据调整库存布局，将极端天气导致的缺货率降低40%。

2. 地缘政治冲突

地缘政治动荡通过贸易壁垒和运输通道封锁冲击供应链。2025年5月印巴冲突导致霍尔木兹海峡油轮流量下降 12%，布伦特原油价格 48 小时内上涨 7.2%，印度炼油厂被迫转向俄罗斯原油，增加运输成本和供应链复杂度。此外，俄罗斯对中欧班列实施严格审查，超 1000 个集装箱因“军民两用物资”嫌疑被滞留，涉及华为、大疆等企业价值 17 亿美元商品。企业可采用近岸外包策略，如特斯拉在墨西哥建厂以规避北美关税，同时通过多式联运分散路线风险。

3. 网络安全威胁

供应链数字化加剧了网络攻击风险，2025 年 Nx Build 系统攻击事件暴露了开源工具的脆弱性。黑客通过恶意 npm 包窃取 GitHub 令牌和云凭证，影响超 2000 个开发仓库，导致企业代码库被植入后门。攻击手段呈现 AI 武器化趋势，例如利用 Claude 等 AI 工具自动分析窃取的数据并生成攻击报告。企业需强化第三方供应商审计，采用零信任安全架构，某科技公司通过代码签名和依赖扫描，将供应链攻击检测时间从 72 小时缩短至 4 小时。

4. 稀有资源限制

稀有金属和矿物供应短缺成为制造业瓶颈。2025 年美国对半导体材料加征关税，导致全球芯片制造商原材料成本上升 25%。墨西哥政府推出“墨西哥计划”，限制中国电子零部件进口，要求政府采购中本土产品占比达 50%，直接影响海信、TCL 等企业的本地化生产。企业应构建次级供应商网络，例如宁德时代在阿根廷布局锂矿开采，减少对单一区域的依赖。

5. 劳动力与政策波动

罢工和政策变动引发短期供应链中断。2025 年美国东海岸港口工人罢工导致货物积压超 100 万标准箱，零售商被迫启用空运，物流成本激增 300%。同时，各国环保政策收紧，欧盟碳关税（CBAM）要求进口钢铁产品提交碳排放证明，中国出口企业需额外投入 15%成本用于碳足迹核算。建议企业采用灵活用工模式，与工会签订长期协议，并通过指数挂钩合同对冲政策变动风险。

习题精编

一、名词解释

1. 全面质量管理
2. 六西格玛管理
3. 柔性制造技术（上海大学 2018 年）
4. 供应链管理
5. 微笑曲线
6. 垂直专业化
7. 全球价值链（浙江工商 2019 年）
8. 离岸外包（上海财大 2021 年）

二、简答题

1. 简述国际物流的功能和发展趋势。（浙江工商 2019 年）
2. 分析牛鞭效应产生的原因及缓解措施。

三、论述题

1. 某中国新能源汽车企业计划 2025 年优化全球供应链布局，需平衡“双循环”战略要求：一方面深耕国内市场（如中西部新能源需求增长），另一方面拓展“一带一路”沿线国家业务。该企业当前面临国内核心零部件依赖进口(如芯片)、海外建厂政策壁垒(如欧盟碳排放法规)、全球物流成本上升等挑战。回答以下问题:

(1) 分析该企业在供应链布局中需考虑的成本因素、战略因素、政治因素,并说明三因素如何与“双循环”战略相适配。

(2) 基于上述分析,为该企业制定国内循环优化策略与国际循环协同策略,需体现三因素理论的应用逻辑。

2. 某全球电子制造企业近年推进数字化转型,引入物联网(IoT)监控生产设备、区块链追溯零部件、AI 算法优化库存。然而,转型中出现数据安全漏洞(如供应商数据泄露)、传统部门抵触(如采购团队依赖人工谈判)、技术投入回报周期长等问题,2025 年其供应链效率提升未达预期。结合上述案例及供应链管理理论分析数字化转型对供应链管理的三大核心影响(技术、流程、战略层面),并指出案例企业面临的转型挑战。

习题参考答案

一、名词解释

1. 全面质量管理 Total Quality Management(TQM):是指在全社会的推动下,企业中所有部门、所有组织、所有人员都以产品质量为核心,把专业技术、管理技术、数理统计技术集合在一起,建立起一套科学严密高效的质量保证体系,控制生产过程中影响质量的因素,以优质的工作和最经济的办法提供满足用户需要的产品的全部活动。

2. 六西格玛是一种能够严格、集中和高效地改善企业流程管理质量的实施原则和技术。它包含了众多管理前沿的先锋成果,以“零缺陷”的完美商业追求,带动质量成本的大幅度降低,最终实现财务成效的显著提升与企业竞争力的重大突破。

3. 柔性制造技术也称柔性集成制造技术,是现代先进制造技术的统称。柔性制造技术集自动化技术、信息技术和制作加工技术于一体,把以往工厂企业中相互孤立的工程设计、制造、经营管理等过程,在计算机及其软件和数据库的支持下,构成一个覆盖整个企业的有机系统。

4. 供应链管理(SCM),是协调从供应商到客户的全链条流程,通过整合采购、生产、物流、库存等环节,实现资源优化配置与高效流转。其关键职能包括需求预测、供应商关系管理、物流网络优化及风险控制,需平衡效率与韧性(如应对地缘冲突、自然灾害)。全球化背景下,SCM 强调跨组织协作与数字化工具(如物联网、区块链)应用,是企业提升全球竞争力的核心能力。

5. 微笑曲线是由宏碁集团创始人施振荣提出的产业价值链理论,描述产业链各环节附加值的分布特征:曲线两端(研发设计、品牌营销)附加值高,中间环节(制造组装)附加值低,形似微笑。该理论揭示了全球价值链的“低端锁定”风险:发展中国家若仅聚焦制造环节,易陷入利润压缩困境;而发达国家通过掌控核心技术与品牌渠道占据高附加值端。

6. 垂直专业化是指生产过程中国家间的内在联系日益紧密,中间产品贸易不断增加,形成了跨越许多国家的垂直性贸易链,一种商品的生产过程延伸为多个连续的生产阶段,每一个国家只在某个连续的特殊阶段进行专业化生产的现象。对“垂直专业化”概念所涵盖的范围,应包括以下三个方面的内容:①一种商品在两个或两个以上的连续阶段生产;②两个或两个以上的国家在商品生产过程中提供价值增值;③至少有一个国家必须在它的生产过程中使用进口投入品,产出的产品除了部分用于国内消费及投资外,还必须有一部分用于出口。

7. 全球价值链(GVC)是全球范围内不同国家企业分工协作的价值创造网络,涵盖研发、生产、营销全流程环节。技术进步与贸易自由化为核心驱动力,企业依比较优势嵌入特定环节,形成跨国协同与价值分布层级化特征:高附加值环节集中于技术领先国家,劳动密集型环节多分布在发展中国家。此模式促进贸易增长与技术扩散，但加剧全球经济不平等。

8. 离岸外包指外包商与其供应商来自不同国家，外包工作跨国完成。由于劳动力成本的差异，外包商通常来自劳动力成本较高的国家或地区，如美国、西欧和日本，外包供应商则来自劳动力成本较低的国家或地区，如印度、菲律宾和中国。

二、简答题

1. (1) 国际物流是跨境贸易的基础支撑，主要功能包括：

① 运输与中转：通过海运（占比 80%以上）、空运、陆运等方式实现货物跨境空间转移，多式联运（如海铁联运）提升效率。

② 仓储与库存管理：提供保税仓储、海外仓等服务，解决跨境存储与前置备货需求，缩短配送周期。

③ 报关与合规：处理进出口清关、关税缴纳、检验检疫等手续，确保符合目标国法规（如欧盟 IATA、美国 FDA 认证）。

④ 信息与可视化：通过物流管理系统（WMS/TMS）实现货物追踪、订单状态更新，保障全程透明。

(2) 发展趋势

① 数字化与智能化：区块链技术应用于跨境溯源（如马士基 TradeLens 平台），AI 优化运输路线与库存预测，无人机、自动化码头提升操作效率。

② 绿色低碳转型：采用新能源运输工具（电动集装箱船）、碳足迹核算（欧盟 ETS 碳关税）、循环包装（可折叠集装箱），降低跨境物流碳排放。

③ 区域化与近岸布局：企业倾向于“近岸物流”（如墨西哥替代亚洲供应链），通过区域分拨中心缩短配送半径，应对地缘政治风险。

④ 韧性与多式联运：发展铁路+海运（中欧班列）、卡车+空运等组合模式，建立多路径备选方案，增强供应链抗干扰能力（如红海危机后企业转向好望角航线）。

2. 牛鞭效应又称长鞭效应，是供应链中需求信息逐级放大的现象，导致上游库存波动远超下游实际需求，增加成本与风险。

(1) 产生原因

① 需求预测偏差：各节点基于历史数据独立预测，叠加安全库存策略（如零售商增加 10%缓冲库存，批发商可能增至 20%），逐级放大需求。

② 批量订货与价格波动：经济订货量（EOQ）模型导致周期性大额订单；促销折扣引发零售商提前囤货（如“双 11”前的订单激增）。

③ 信息不对称：供应链各环节缺乏数据共享，下游需求变化无法实时传递至上游，导致决策滞后。

④ 供应链结构复杂：多层级分销（如制造商→批发商→零售商）延长响应链，加剧信息失真。

(2) 缓解措施

① 信息协同：通过区块链、ERP 系统实现需求数据实时共享，消除信息孤岛。

② 供应链扁平化：减少中间环节，缩短响应链，降低波动传递效率。

③ VMI 与 JIT 模式：供应商管理库存（VMI）替代传统订货，JIT 生产减少在制品库存，降低缓冲库存叠加效应。

④ 稳定价格策略：减少短期促销，采用会员价、长期合约等方式平滑需求波动，避免零售商投机性囤货。

⑤ 联合补货机制：上下游签订协同补货协议，实现需求与库存的动态匹配。

三、论述题

1. (1) 三因素理论与双循环战略的适配性分析

① 成本因素：国内效率与国际套利平衡。国内循环聚焦要素成本优化，利用中西部劳动力、土地成本优势及完善基建（如中欧班列）降低制造与物流成本；国际循环通过“一带一路”沿线近岸布局（如东南亚组装厂），利用区域自贸协定（RCEP）降低关税与运输成本。双循环下，成本因素需实现“国内规模化降本+国际差异化套利”的协同。

② 战略因素：自主可控与全球协同并重。国内循环以技术自主为核心，突破芯片、电池等“卡脖子”环节，构建安全供应链；国际循环通过海外研发中心（如欧洲新能源技术合作）与市场布局，提升全球份额。战略因素需服务“内需主导、技术反哺”目标，避免核心环节依赖单一区域。

③ 政治因素：政策红利与风险对冲结合。国内循环依托“双碳”政策、产业补贴（如新能源汽车购置税减免）及区域发展规划（成渝双城经济圈）获取政策红利；国际循环需评估东道国政治稳定性（如欧盟《外国补贴条例》），通过双边投资协定（中德 BIT）对冲地缘风险。政治因素是双循环“安全与开放平衡”的关键保障。

（2）双循环供应链布局策略

① 国内循环优化策略

成本优化：在武汉、重庆布局新能源产业园，利用当地低成本能源与劳动力，配套建设智慧仓储中心缩短配送半径。

战略自主：联合国内供应商成立“车规级芯片攻关联盟”，通过技术入股共建研发平台，目标 2026 年实现 70%芯片国产化。

政策协同：申报“制造业单项冠军”资质，争取税收优惠与研发补贴，参与“新基建”充电桩网络建设获取场景数据。

② 国际循环协同策略

成本套利：在泰国建设电池组件厂，利用 RCEP 原产地规则规避欧盟碳关税，产品辐射东盟与南亚市场。

战略卡位：在德国设立欧洲研发中心，对接当地车企需求开发定制化电池管理系统，同步布局波兰海外仓缩短配送周期。

政治风险对冲：与匈牙利政府签订投资保障协议，明确知识产权保护条款，优先选用当地物流商以降低政策不确定性。

2.（1）数字化转型对供应链管理的三大核心影响

① 技术层面：构建智能协同基础。物联网（IoT）、区块链、人工智能（AI）等技术的应用，实现供应链全链路数据实时采集与互联。物联网设备对生产、仓储、运输环节的状态监控，打破传统信息孤岛；区块链技术确保跨境交易与溯源的可信度；AI 算法提升需求预测与资源调配的精准度。技术整合不仅优化单点效率，更推动供应链从“被动响应”向“主动预测”升级，为端到端协同奠定基础。

② 流程层面：驱动端到端重构。数字化工具重塑供应链流程逻辑：采购环节通过电子招投标平台与供应商管理系统（SRM）实现自动化对接，减少人工干预；物流环节依托运输管理系统（TMS）与全球定位技术，实现运输路径动态优化与全程可视化；库存环节通过智能仓储与需求感知算法，实现“按需补货”与库存共享。流程数字化降低了信息传递延迟，提升了跨部门、跨企业协同效率，推动供应链从“线性串联”向“网络并联”转型。

③ 战略层面：支撑韧性与价值重构。数字化转型提升供应链战略弹性：通过大数据分析与风险预警模型，增强对地缘政治、市场波动等外部冲击的感知能力；借助数字孪生技术模拟供应链中断场景，优化应急预案；基于客户行为数据的深度挖掘，推动供应链从“大规模生产”向“个性化定制”转型。同时，数字化赋能供应链向价值链高端延伸，如通过服务化转型（如远程设备运维）创造新盈利点。

（2）案例企业面临的转型挑战

① 数据安全与合规风险。多主体数据共享（如供应商、物流商、客户）扩大了数据暴露面，案例企业出现的供应商数据泄露事件，反映出数据加密、访问权限管理等基础安全体系不完善，且跨境数据流动面临不同国家法规限制（如欧盟 GDPR）。

② 组织文化与能力瓶颈。传统部门对数字化工具存在抵触情绪（如采购团队依赖人工谈判），反映出转型中忽视组织变革与人才培养。员工数字化技能不足、跨部门协同机制缺失，导致技术工具与业务流程脱节，难以释放数字化潜力。

③ 投入回报周期与资源分配矛盾。数字化转型需长期投入（如技术采购、系统集成、人才培训），而短期见效不明显。案例企业效率提升未达预期，部分源于资源过度集中于技术采购，忽视业务场景适配与持续优化，导致投入与产出失衡。

第 16 章　国际会计与税收

本章包括国际会计、国际税收和国际财务管理三个知识点，属于冷门命题章节。整章内容，除了转移价格偶尔考查，其他知识点在各大高校真题中都很少出现。

知识脉络

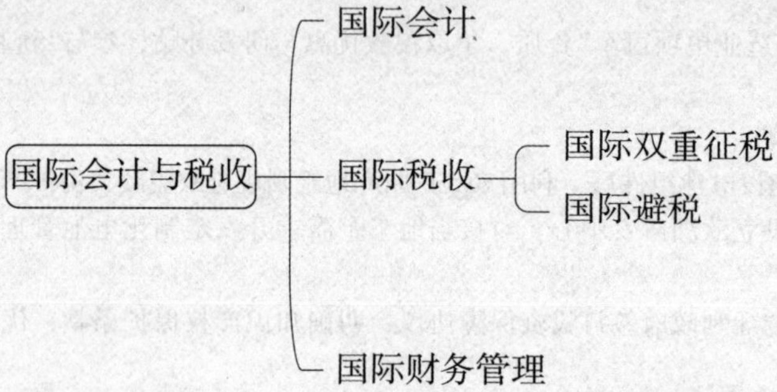

大纲解析

知识点一　跨国间主要会计差异

一、会计基本概念

1. 会计要素

会计是以会计凭证为依据，以货币为主要计量单位，运用一系列专门的技术方法，全面、连续、系统、综合地反映和监督企、事业单位的经济活动，并向相关会计信息使用者提供符合会计法律、法规和规章制度要求的会计信息的一项管理工作。

2. 会计信息

会计信息是公司与其投资者、贷款者和政府之间沟通公司财务状况的工具。它使出资者能够评估其投资价值或贷款的安全性，以便对未来资源分配做出决策。会计信息同样是公司向政府报告其利润的工具，这样政府可以评估应对公司征多少税。这也是公司用于评价其经营状况、控制其内部支出和规划未来的支出与利润的工具。

3. 会计准则

会计准则是编制财务报表的规则，它们定义什么是有用的会计信息。

4. 审计准则

审计准则详细说明了实行审计的规则，即独立人(审计师)依据什么技术过程搜集证据，以确定财务账目是否符合所要求的会计准则和是否值得信赖。

5. 国际财务报表

国际会计的主要构成与一国的会计构成基本相同，包括资产负债表、利润表、现金流量表。

(1) 资产负债表

资产负债表利用会计平衡原则，将合乎会计原则的资产、负债、股东权益交易科目分为"资产"和"负债及股东权益"两大区块，在经过分录、转账、分类账、试算、调整等会计程序后，以特定日期的静态企业情况为基准，浓缩成一张报表。其报表功用除了企业内部除错、经营方向、防止弊端外，也可让所有阅读者于最短时间了解企业经营状况。

(2) 利润表

利润表是反映企业一定会计期间(如月度、季度、半年度或年度)生产经营成果的会计报表。企业一定会计期间的经营成果既可能表现为盈利，也可能表现为亏损，因此，利润表也被称为损益表。它全面揭示了企业在某一特定时期实现的各种收入、发生的各种费用、成本或支出，以及企业实现的利润或发生的亏损情况。

(3) 现金流量表

现金流量表是一份显示于指定时期(一般为一个月、一季，主要是一年的年报)的现金流入和流出的财政报告。这份报告显示资产负债表及损益表如何影响现金和现金等价物，以及根据公司的经营，投资和融资角度做出分析。作为一个财务分析工具，现金流量表的主要作用是决定公司短期生存能力，特别是缴付账单的能力。

二、造成跨国间会计差异的原因

会计体系的国际差异源于法律、文化、经济、政治、税收及资本市场等多重因素的交互作用：

(1) 法律体系：大陆法系国家(如德国)通过法典制定会计规则，强调合规性；普通法系国家(如美国)依托民间机构制定会计准则，侧重灵活性。

(2) 文化因素：霍夫斯泰德维度中，高不确定性规避文化倾向于保守会计处理；集体主义文化更强调信息统一与政府监管。

(3) 经济环境：债权融资主导型经济(如日本)侧重债权人保护，会计稳健性要求高；股权融资主导型经济(如美国)强调信息透明度以满足投资者需求。

(4) 政治因素：政府干预较强的国家倾向于通过会计制度实现宏观调控目标；市场化程度高的国家则由市场力量推动会计变革。

(5) 税收体制：税收与会计高度关联的国家(如法国)，会计利润须与应税利润保持一致；分离模式国家(如美国)允许两者存在差异。

(6) 资本市场发展：成熟资本市场(如英国)要求高透明度和信息披露；新兴市场则侧重基础信息可靠性。

【相关链接】五大会计模式

世界上的会计制度和会计实务分为五大模式，即美国会计模式、英国会计模式、德国会计模式、法国会计模式和社会主义会计模式。这几种会计模式的区别主要在于：

美国会计模式遵循公认会计原则，主要是保护投资人，尤其是保护潜在权益投资人的利益；

英国会计模式注重真实和公正，会计制度主要是保护债券、股票持有人和债权人；

德国会计模式是以德国及北欧国家的会计实务为典型代表，以强调会计处理和财务报告规则应面向公司、保护公司利益；

法国会计模式是以法国及周边国家如西班牙、葡萄牙、意大利等国的会计实务为典型代表，以强调会计处理应服从税法税则的要求，并与其保持一致；

社会主义会计模式是以苏联和东欧国家的会计实务为典型代表，这种会计模式随着苏联的解体和东欧国家政治经济制度的变革而逐步消失。

三、一般公认会计原则与假设

一般公认会计原则是指适用于各个不同行业的企业的，包括从会计的基本概念、基本假设等基本原理到具体会计计量和编制财务报表的程序及方法的规定。通常一个国家的会计体系就是指一般通用会计。一般可以分为国际性和区域性的，如美国的叫 US GAAP 中国的就是 2006 年新颁布的会计准则，一般由专门的会计准则委员会制定。

会计师使用普遍公认的会计原则(GAAP)，以引导他们记录和报告财务信息。公认会计原则包括一套广泛的，被会计界和证券及交易委员会(SEC)制定了的原则。会计师现行使用的一套原则取决于一些基本的假设。在接下来介绍的基本假设和原则，被认为是公认会计原则而且适用于大多数的财务报表。

(1) 经济实体的假设。每个经济实体必须保持分开的财务记录。经济实体，包括企业，政府，学区，教堂，和其他社会组织。虽然来自许多不同的实体的会计信息可以因财务报告的需要合并，每一个经济活动，必须与特定的实体关联并被记录。此外，商业记录绝对不能包括业主个人的资产或负债。

(2) 货币单位假设。一个经济实体的会计记录，只包括可以量化的交易。某些影响公司的经济活动，如雇用一名新的行政长官或引进新产品，不容易量化成货币单位，因此，不会出现在该公司的会计记录里。此外，会计记录必须用稳定的货币记录。美国企业，通常使用美元作为这一用途。

(3) 充分公开的原则。财务报表通常提供有关公司过去的业绩信息。然而，进行中的诉讼官司，不完整的交易，或其他情况，可能对该公司的财务状况有迫在眉睫和重大的影响。充分公开原则要求财务报表包括披露相关资料。用脚注补充财务报表来转达这一信息，并说明该公司用于记录和报告的商业交易的政策。

(4) 时间段的假设。大多数企业存在很长一段时间，所以必须用人为的时间段来报告商业活动的结果。根据报告的类型，使用的时间段可能会是一天，一个月，一年，或其他任意确定时期。用人为的时间段导致某些交易应予如何记录的问题。举例来说，会计师应如何报告能使用五年的设备费用呢？将整个费用报告在购买的那一年，可能使该公司在今年无利润和随后几年不合理的利润，一旦已经确立时间段，会计师使用公认会计原则，以记录和报告会计期间的交易。

(5) 权责发生制原则会计。在大多数情况下，公认会计原则规定，使用权责发生制会计，而非现金基础的会计。权责发生制原则会计，坚持下面所讨论的收入确认、核对，及成本的原则，抓住了财务方面在会计期间发生时每一个经济活动，无论现金何时易手。根据现金的基础会计，当该公司收到的现金或同等价值时才被计作收入，公司只有支付出现金或等值项才计作开支。

(6) 收入确认原则。在产品交付或服务完成所赚取时被认作为收入，不考虑现金流向的具体时间。假设商店在3月从批发商订购了500张电脑光盘，在4月收到，并在5月支付。批发商在4月交货发生时确认销售收入，而不是在3月交易被敲定时，或者5月收到现金时。同样，如果一名律师从客户手中收到100美元聘金，律政司不承认这笔钱的收入，直到他(或她)事实是为客户执行该100美元的服务。

(7) 匹配的原则。营运成本在用于产生收入的同一时期被记录。比如，费用包括出售货物的成本，薪俸及所赚取的佣金，保险费，使用过的供应，估计潜在的在商品出售保修工作。考虑批发商在4月运送了500张光盘到商店。当收入被确认时，这些光盘从资产(库存)变为了开支(货品出售的成本)，这样才能确定利润。

(8) 成本的原则。资产入账为成本，等于在收购时的价值。在美国，即使资产，如土地或建筑物随着时间的推移在价值提高，他们是不会在财务报告中被重新估价的。

(9) 持续经营的原则。除非另有说明，财务报表在准备时假设该公司将继续无限期经营。因此，资产不必以清仓价出售，债务也不需要提前付清。这个原则导致资产和债务被分类为短期(目前)和长期。长期资产，预计将要占有一年以上。长期债务一年内不会到期。

(10) 相关性，可靠性和一致性。要发挥作用，财务信息必须相关，可靠，并使用前后一致编写方式。相关资料，帮助决策者了解公司过去的表现，目前的情况，以及未来的展望，使决策者可以作出及时的决定。当然，个别用户需要的信息可能有所不同，使信息需用不同的格式展现，内部用户往往比外部的用户需要更详细的资料，外部的用户只需知道公司的价值或其偿还贷款的能力。可靠的信息是可核查的和客观的。一致的信息的准备是每一会计期间用同样的方法，使同一公司不同的期间和不同的公司财务报表之间能作出有意义的比较。

(11) 谨慎性原则。在需要估算时，会计师必须使用他们的判断力记录交易。设备继续生产的年数和部分应收账款不能兑现都是需要的评算的例子。在财务数据报告，会计师遵循谨慎性原则，这就要求在同样有可能发生的两种估算中选择更加不利的那种。

(12) 重要性的原则。会计师遵守重要性的原则，国家要求，如不影响用户的财务信息时，任何会计原则可以被忽略。虽然没有明确重要性的衡量，会计师就该等事宜的判断必须健全。对于类似通用汽车这样的大公司，数千元未必算作重要，但同样的数目对一个小的家族企业来说就相当重要了。

四、在资产计价上的国际差异

(1)固定资产的计价。绝大多数以税法为主导的国家(包括美国在内)对固定资产的计价长期坚守历史成本原则。其理由有两个：① 可以正确地反映企业对固定资产的原始投资；② 可以正确地计提折旧。但在基于“真实与公允”观念的英国、荷兰、澳大利亚、新加坡、瑞典等国，却非常普遍地采用现行成本、重置成本对固定资产重新估价，并重新核定经济使用年限，且不受法律或会计准则的约束。巴西的计价方法在世界上是个特例，它对固定资产采用历史成本法加通胀指数调整法计价。

(2)存货成本的计价。① 大多数国家如美、日、法对存货都按原始成本计价，但当市价低于取得时的成本时，一般采用稳健性原则，使用成本与市价孰低法。但细究起来，其国际差异也是存在的。例如美国对其应用有一个条件限制，即存货的售价已经下跌，因此，对订有固定售价的合同尚未发售的存货，即使其重置价格低于成本，也不能使用这一方法。而北欧国家的会计惯例则没有这样的限制。② 在存货发出的计价中，北美国家比较流行后进先出法，为此企业可以获取延期纳税方面的利益。而在英联邦国家和德国、瑞典等北欧国家，占优势的惯例则是先进先出法，例如英国会计准则规定存货的成本只能按先进先出法计算，理由是这种方法能够与实物流转相一致，也比较符合配比原则。③ 在资产负债表中，存货按完全成本而不是变动成本计价，变动成本计算只应用于企业的内部决策和成本控制，这是世界范围内的通行惯例，但瑞士的不少公司则在对外财务报告中按变动成本对存货计价。

（3）商誉的计价。国际上目前主要有三种方法：① 极少数国家把它看成是一项永久性资产，并将其予以资本化列示于资产负债表中。② 在法国、荷兰、德国等国，会计惯例是把它看成一种权益抵消项目，在会计处理上直接调整控股公司股东权益的准备金账户。③ 把它看成是可摊销资产。从世界范围看，美、英、加、瑞士、瑞典以及中国采用的都是可摊销资产模式。如美国规定将合并商誉资本化，并在40年内摊销。另外，有的国家如英国，对合并商誉可以采取多样化处理，既允许企业采用一次性注销的做法，直接冲销有关准备账户，同时也允许确认商誉为一项资产予以分期摊销，这主要是为了照顾某些企业的特定需要，如避免准备账户过度冲减等。

知识点二　国际税收

一、国际税收的定义

人们通常所说的国际税收，是指在开放的经济条件下因纳税人的经济活动扩大到境外以及国与国之间税收法规存在差异或相互冲突而带来的一些税收问题和税收现象。

国际税收问题作为开放经济条件下的种种税收现象，其背后隐含着的是国与国之间的税收关系。这种国家之间的税收关系是国际税收的本质所在。

二、国家之间税收关系表现形式

1. 国与国之间的税收分配关系

涉及同一对象由哪国征税或各征多少税的税收权益划分问题。

2. 国与国之间的税收协调关系

（1）合作性协调；（2）非合作性协调。

三、避税

总的来看，人们所说的避税，是指纳税人利用现行税法中的漏洞或不明确之处，规避、减少或延迟纳税义务的一种行为。

实际上，在国外，“避税”（tax avoidance）与“税务筹划”（tax planning）或“合法节税”（legal tax savings）基本上是一个概念，它们都是指纳税人利用税法的漏洞或不明之处，规避或减少纳税义务的一种不违法的行为。

【例1】简述避税和偷税的异同

【解析】避税与偷税的共同之处：二者都是纳税人有意采取的减轻自己税收负担的行为，但它们毕竟是两个不同的概念。

避税与偷税的不同之处：

(1)偷税是指纳税人在纳税义务已经发生的情况下通过种种手段不缴纳税款；而避税则是指纳税人规避或减少纳税义务。

(2)偷税直接违反税法，是一种非法行为；而避税是钻税法的空子，并不直接违反税法，因而从形式上还是一种合法行为。

(3)偷税不仅违反税法，而且往往要借助犯罪手段，比如做假账、伪造凭证等，所以偷税行为应受到法律制裁(拘役或监禁)；而避税是一种合法行为，并不构成犯罪，所以不应受到法律的制裁。

四、国际避税

国际避税一般是指跨国纳税人利用国与国之间的税制差异以及各国涉外税收法规和国际税法中的漏洞，在从事跨越国境的活动中，通过种种合法手段，规避或减小有关国家纳税义务的行为。

跨国纳税人面对激烈竞争的国际市场，在利益机制的驱使下，不断加强生产经营管理，降低生产耗费，同时千方百计避税，精心研究有关国家的税收法规制度，利用各国税收上的种种差异减轻税负，以谋求利润最大化的途径。除上述主观原因之外，还有可使跨国纳税人国际避税成为现实的客观原因，具体表现在：

① 各国税收制度的差异。如一些国家税负重，一些国家税负轻。有些国家税制不公平，如税收管辖权的不同运用，各国征税的客观依据不一以及税率水平、税率形式的不同。

② 各国避免国际双重征税办法的差异。不同的方法会使纳税人税负失衡，像国际上常用的免税法、抵免法以及饶让抵免法等。

③ 各国征管水平及其他非税因素的差异。由于各国税务当局及其官员的征收管理水平不一，也会导致纳税人的税负不同，产生国际避税。同时，并非所有国家都认为国际避税是需要打击的行为。避税在一些国家被认为就是逃税，而在另一些国家则被认为是合法和合理的行为。有些国家正有意或无意地提供被其他国家反对的避税机会，吸引跨国纳税人前去投资经营或从事其他活动。

④ 此外，由于国际税收协定的大量存在，以及涉外税收法规等存在漏洞都为跨国纳税人的国际避税创造了必要的条件。

国际避税的基本方式就是跨国纳税人通过借用或滥用有关国家税法、国际税收协定，利用它们的差别、漏洞、特例和缺陷，规避纳税主体和纳税客体的纳税义务，不纳税或少纳税。基本方式和方法主要有以下几类：

① 转移定价避税。转移定价方式避税是指跨国纳税人人为地压低一国境内关联公司向境外关联公司销售货物、贷款、服务、租赁和转让无形资产等业务的收入或费用分配标准，或有意提高境外关联公司向一国境内关联公司销货、贷款、服务等收入或费用分配标准，使一国境内关联公司的利润减少，转移集中到低税国家(地区)的关联公司。

② 利用国际避税地避税。国际避税地，也称避税港或避税乐园，是指一国为吸引外国资本流入，繁荣该国经济，弥补自身资本不足和改善国际收支情况，或引进外国先进技术以提高该国技术水平，在该国或确定范围内，允许外国人在此投资和从事各种经济活动取得收入或拥有财产可以不必纳税或只需支付很少税收的地区。避税最常见、最一般的手法就是跨国公司在国际避税地虚设经营机构或场所转移收入，转移利润，实现避税。

③ 滥用国际税收协定避税。国际税收协定是两个或两个以上主权国家为解决国际双重

征税问题和调整国家间税收利益分配关系，本着对等原则，经由政府谈判所签订的一种书面协议。为达到消除国际双重征税目的，缔约国间都要作出相应的约束和让步，从而形成缔约国居民适用的优惠条款。然而国际避税活动是无孔不入的，一些原本无资格享受某一特定税收协定优惠的非缔约国居民，采取种种巧妙的手法，如通过直接利用双边关系设置低股权控股公司而享受税收协定待遇，从而减轻其在东道国的纳税义务。

④ 利用电子商务避税。电子商务是采用数字化电子方式进行商务数据交换和开展商务业务的活动，是在互联网与传统信息技术系统相结合的背景下产生的相互关联的动态商务活动。在实现了书写电子化、信息传递数据化、交易无纸化、支付现代化的同时，也引起了审计环境、审计线索、审计信息的储存介质、审计的技术方法、审计方式等一系列的重大变化。而这些使得国际税收中传统的居民定义、常设机构、属地管辖权等概念无法对其进行有效约束，无法准确区分销售货物、提供劳务或是转让特许权，因而电子商务的迅速发展既推动世界经济的发展，同时也给世界各国政府提出了国际反避税的新课题。

⑤ 改变居民身份。主要是指跨国纳税人通过跨境迁移，或者在一国境内避免成为该国居民，以改变相关国家的税收管辖权，从而实现规避目标的方式。

五、国际避税地

国际避税地(又称避税港)通常是指那些可以被人们借以进行所得税或财产税国际避税活动的国家和地区，它的存在是跨国纳税人得以进行国际避税活动的重要前提条件。

【相关链接】“离岸注册”的真相

离岸公司反映了跨国企业一种特殊的法律组织地位，这个地位使其能最大限度地降低税收负担。离岸公司享受诱人的税收待遇，其先决条件是公司的业务活动必须在其正式注册的管辖区以外开展。只有这样，离岸公司才能被免于管辖区域内全部或大部分税收。所谓“离岸”的概念就出自于此，其真正含义应为“在国外”。

从法律观点看，离岸公司与其他企业和公司没有实质上的区别。它是一个与其他公司享有同等权利的经营主体，可以与其他的法人实体开展平等的交易活动。公司的运转只需要某些形式上象征公司存在的要素，如业主、经理(一般不少于两人)、公司章程等文件。值得注意的是，一旦发现离岸公司在离岸管辖区内与其他公司签订商业合同，那么就将被撤销公司的离岸地位。

外国公司的离岸注册登记一般都寻求专业的咨询中介服务公司。事实上，离岸公司的注册和业务活动大部分是在这些公司的中介下进行的。离岸公司所有权的保密性也成为避税的工具。在登记注册文件上法人代表的名字不是真正的业主，而是一个挂名的其他人。离岸商业的方法和技术可以是十分多样的，它不仅包括股份公司形式的企业，也包括其他一些商业法律组织形式，如合伙企业、有限责任公司、担保公司和其他混合形式的公司。

目前，不仅可在一些传统的离岸管辖区，如维尔京群岛、欧洲的人岛、地中海的直布罗陀等地，还可在欧洲一些享有威望的国家内登记注册离岸公司。很多欧洲国家的法律允许开展离岸形式的商务活动。例如，在瑞士的某些州内允许某些组织形式的企业进行离岸业务，其税收比正常税收低几倍。而那些被认作避税地的专业离岸管辖区都在竭力向离岸投资者提供新的条件和税收优惠，相互间为了吸引外资而展开激烈竞争。

一些离岸公司争相出海的重要原因，就在于利益的驱使。根据了解到的信息，类似的离岸法区在香港、澳门和其他一些地区普遍存在。手续简单、待遇优厚成为它们的共性。一般而言，注册一家离岸公司至少能为注册公司、企业带来以下7个方面的好处：

① 顺利开展国际业务。当今世界经济日益一体化，商业越来越呈现跨国界的发展趋势，企业也经常用跨国经营来增强企业实力，扩大企业经营区域。而注册一家海外离岸公司则成为企业走向世界，开展跨国业务的捷径。

② 绕开关税非关税壁垒。一个企业向美国出口产品，需要申请配额及一系列的相关手续，这中间需要多花费一到两倍的成本。而如果该企业拥有一个海外离岸公司，由企业向离岸公司出口产品，再由离岸公司向美国等发达国家出口，就可以绕开关税壁垒获得免税待遇，并且还能够成功地绕开出口配额限制；

③ 绕开外汇管制，方便引资。一般说来，注册一家海外离岸公司，然后以该公司的名义进行海外融资和在香港或新加坡的二板上市，相对而言会比较简单便捷。而且，由于海外离岸公司的资金转移不受太多约束，公司在资金使用上也很方便，很多通过这种方式上市的企业，干脆将在海外资本市场募集的资金先放在海外的离岸公司，再根据国内企业经营的具体需要，逐次将资金汇往国内；

④ 法律环境宽松、保密性好。英属维尔京群岛、开曼、百慕大等地是部分自治的英国殖民地，其公司法以英国商业公司法为基础。公司有关股东及董事的资料均是保密的，不需要向公众透露。宽松的法律环境以及对公司业务的高度保密，使上市公司自身安全具备充分保障，极大减少了各种风险因素；

⑤ 税收上的优惠。离岸公司通常没有任何税收负担，所有离岸法区均不同程度地规定了离岸公司所取得的营业收入和利润免交当地税赋或以极低的税率(如1%)交纳，有的甚至免交遗产税等。公司只需要每年支付当地政府一项固定的费用；

⑥ 公司成立快速、注册方便。离岸公司的注册程序非常简单，有专业的注册代理机构代为完成，不需要注册人亲自到注册地进行操作。一般当地政府批准成立只需1—2天的时间。公司成立手续简单、费用低。通常海外公司要求在最少一个股东一个董事并且股东购买一个股份的条件下即可成立；

⑦ 公司管理简便灵活。离岸公司无须每年召开股东大会及董事会，即使召开，其地点也可任意选择，自由度较大。公司股东可以是个人或者公司，可以非现金方式购买公司股份。公司可以向股东发行不同等级的股份，比如优先股、可回赎股、无记名股等，不同地点成立的海外公司会有一些差异。

国际避税地的一般特征：

① 不征税或税率很低，特别是所得税和资本利得税，有效税率为零或者只有名义上的有效税率；

② 实行僵硬的银行或商务保密法，为当事人保密，不得通融；

③ 外汇开放，毫无限制，资金来去自由；

④ 拒绝与外国税务当局进行任何合作；

⑤ 一般不定税收协定或只有很少的税收协定；

⑥ 对企业没有实质性经营的要求；

⑦ 是非常便利的金融、交通和信息中心。

国际避税地类型的选择取决于该国或该地区的政治、经济、社会、资源、地理位置等因素。通常分为三种类型：

① 无税避税地。不征个人所得税、公司所得税、资本利得税和财产税，如百慕大群岛、巴哈马、瓦努阿图、开曼群岛等。

② 低税避税地。以低于一般国际水平的税率征收个人所得税、公司所得税、资本利得税财产税等税种，如列支敦士登、英属维尔京群岛、荷属安的列斯群岛、香港、澳门等。

③ 特惠避税地。在国内税法的基础上采取特别的税收优惠措施，如爱尔兰的香农、菲律宾的巴丹、新加坡的裕廊等地区。

国际避税地具有多重危害，具体包括了：

① 使跨国投资者获取不当利益。跨国投资者使用的国际避税手段，有合法与非法之分。跨国投资者通过避税地避税的方法大都建立在虚构业务往来基础之上，显然违背大多数资本输出国的意愿，对其获取的不当利益自然不予认可，相反给予打击；

② 侵蚀了相关资本输出国的税收利益。由于避税港对跨国投资者在实行减免税的基础上，还采取各种措施保护其不当利益，致使资本输出国无法获取其居民在避税港的经营情况，也难以采取有效措施加强对其居民境外所得的税收管理，其结果必然是资本输出国的税收利益受到侵蚀；

③ 扰乱了公平的税收秩序。为了吸引有限的国际资本，各国都会采取一定的优惠政策。由于避税地没有需要保护的税基，其采取大量的优惠措施，导致避税地之间以及其他一些急需发展的国家在税收优惠方面竞相攀比、恶性竞争，从而扭曲国际市场经济行为，有害于其他国家税制的公平与中性；

④ 助长了洗钱和腐败活动。松散的金融体制及严格的保密制度，使避税地成了理想的洗钱和腐败之地，已引起联合国、OECD 以及大多数国家的高度重视，对一些不合作的避税港，有关国家还采取了一定的措施进行经济制裁。

六、国际双重征税

国际双重征税又称“国际重复征税”，是指两个或两个以上的国家各自依据自己的税收管辖权就同一税种对同一纳税人的同一征税对象在同一纳税期限内同时征税。在跨国公司大量发展以后，母公司、子公司以及多层子公司独立经济实体之间的重叠征税，在一定条件下也被视为国际双重征税。

国际双重征税产生的基本原因在于国家间税收管辖权的冲突，通常有三种情况：

① 不同国家同时行使居民税收管辖权和收入来源地税收管辖权，使得具有跨国收入的纳税人，一方面作为居民纳税人向其居住国就世界范围内的收入承担纳税义务；另一方面作为非居民纳税人向收入来源地就其在该国境内取得的收入承担纳税义务，产生国际双重征税。

② 居民身份确认标准的不同，使得同一跨国纳税人在不同国家都被认定为居民，都要承担无限的纳税义务，这也产生了国际双重征税。

③ 收入来源地确认标准的不同，使得同一跨国所得同时归属于两个不同的国家，向两个国家承担纳税义务，这又产生了双重征税。

国际双重征税的减除办法包括：

① 免税法。免税法全称为“外国税收豁免”，是指居住国政府对本国居民来源于境外并

已向来源国政府缴税的所得免予征税的方法。免税法的指导原则是承认收入来源地税收管辖权的独占地位，对居住在本国的跨国纳税人来自外国并已由外国政府征税的那部分所得，完全放弃行使居民(公民)管辖权，免予课征国内所得税。这就从根本上消除了因双重税收管辖权而导致的双重课税。

② 扣除法。扣除法是居住国政府允许纳税人就境外所得向来源国缴纳的税款从国内外应税所得中扣除的一种方法。扣除法的指导原则是把居住在本国的跨国纳税人在收入来源国交纳的所得税视为一般的费用支出在计税所得中减除。与免税法对比，在扣除法下，纳税人的税收负担水平高，国外所得并没有完全消除重复征税，只是有所减轻。

③ 抵免法。抵免法的全称为外国税收抵免，是目前国际上比较通行的消除双重征税的方法。根据这一方法，居住国政府按照居民纳税人来源于国内外的全部所得计算应纳税额，但允许纳税人从应纳税额中抵免已在收入来源国缴纳的全部或部分税款。抵免法的指导原则是承认收入来源地税收管辖权的优先地位，但并不放弃行使居民(公民)税收管辖权。

④ 低税法。低税法是指对居住国居民来源于国外的所得或对来源于本国所得的非居民纳税人，采用较低的税率或减免等优惠政策，如比利时政府规定对来源于国外的所得按正常税率减征80%。

知识点三　国际财务管理(超纲)

财务管理的范畴由以下三类相关决策组成：

第一，投资决策，即决定从事何种财务活动的决策。

第二，融资决策，即决定如何为这些财务活动进行融资的决策。

第三，货币管理决策，即如何最有效地管理公司财务资源的决策。

1. 投资决策

(1) 资本预算

资本预算是对投资的收益、成本和风险进行定量分析。这使管理层可以按合理的、客观的方式对国内外不同投资方案进行比较，从而明智地选择在对公司稀缺财务资源有吸引力的地方进行投资。公司必须首先估计项目在寿命期内的现金流量。通常，由于公司将对生产设施投资，最初的现金流量将为负值。在经过一段初始投资后，必须按一个合适的贴现率将现金流量贴现求得净现值。公司的资金成本或某种要求的收益率是最常用的贴现率。如果贴现现金流量的净现值大于零，公司应实施这一项目。

(2) 风险调整

国际经营存在各种各样的风险，其中又以政治风险和经济风险为主。

政治风险是指政治力量将引起该国经营环境的急剧动荡从而损害经营企业的利润及其他目标的可能性。在极端状态下，政治变动可能导致对外国公司资产被没收。同样，政治和经济的不稳定也可能导致经济崩溃，从而使公司的资产大幅缩水。

经济风险是指经济管理失误将引起一个国家经营环境的急剧变动从而损害企业利润及其他目标的可能性。事实上，由经济管理失误导致的最大问题似乎是通货膨胀。通货膨胀表现为该国货币在外汇市场上的贬值。对于在这一国家拥有资产的外国公司来说，该公司从这些资产中所得现金流量的价值将随着该国货币在外汇市场上的贬值而减少。

在分析一个外国投资机会时，至少可以用两种方法来处理投资所在地引发的风险。第一种方法是将所有风险看作是单个问题，通过提高贴现率来反映外国项目所承受的较高的政治和经济风险。可是，提高贴现率对早期现金流量折扣打得太多而对未来现金流量却打得太少。更好的办法是降低项目未来现金流量，以反映在未来发生的不利的政治和经济变化的可能性。

2. 融资决策

在选择对外投资项目的融资方案时，国际企业必须考虑以下两个因素：第一个是如何为外国投资项目筹集资金。第二个是如何形成国外子公司的融资结构。

（1）融资来源

公司正在为项目寻找外部融资来源，它应该从可获得资本的最低成本来源中借入资金。公司正在逐渐转向全球资本市场为它们的投资筹措资金。

虽然金融服务的管制呈现宽松之势，但是在某些情况下，东道国政府的限制可能使公司利用全球资本市场进行融资这一选择无法奏效。

（2）融资结构

所谓融资结构是指一个企业所使用的负债和股东权益在筹集资金中的比重结构，不同国家的公司融资结构存在显著差异。一种解释是不同的税收体制决定了在一个国家内负债和股东权益融资具有不同的优势。另一种解释是这些国家在公司融资结构上的差异反映了各自在文化背景上的差异。

3. 国际转移资金

实施跨国战略或全球战略的公司每个价值创造活动分布在其全球最佳的地点。因此，一件产品可以在一个国家设计，某些部件在第二个国家制造，另一些部件在第三个国家制造，全部部件在第四个国家装配，然后销往全世界。

这种公司的内部交易量是非常大的。公司连续不断地在不同国家的子公司之间运输零部件和产成品。这就引出了一个非常重要的问题：一个跨国公司各子公司之间转移价格的商品和服务应如何定价？跨国公司内部转移这种商品和服务的价格就是转移价格。

转移价格的选择可能是影响两个进行商品和服务交易的子公司业绩的关键。请看以下例子：某美国跨国公司的法国制造子公司从巴西进口了主要零部件，把这一零部件加工为产成品，在法国以230美元的单价出售。产品的制造成本为200美元，其中100美元支付给提供零部件的巴西子公司，余下的100美元弥补在法国发生的成本。这样，法国子公司每件产品的利润是30美元。

如果公司总部决定将转移价格提高20%（即每件产品增加20美元），请看发生了什么变化：法国子公司的利润从每件30美元下跌到10美元，跌幅为2/3，这样，法国子公司的经营业绩取决于从巴西进口零部件的转移价格，而这一转移价格又受总部的监控。在编制预算和审核子公司业绩时，公司总部不能忽视转移价格的扭曲作用。

（1）国际转移定价

所谓转移价格，又称为划拨价格或内部价格等，是指在跨国公司里，母公司与子公司之间、或各个计算盈利的部门之间，结转中间产品或劳务所定的价格。跨国公司的国家生产体系中，中间产品是资本要素，因此，国际转移定价也可以看作是跨国公司在生产体系中进行资源配置的一种手段。这也就意味着，国际转移定价取决于跨国公司在国际范围内优化资源配置和达到利润最大化的目的。

基于转移价格的定义，不难理解跨国公司进行价格转移最根本的动机是寻求利润最大化。其具体动机有以下几点：

① 避税。大多数实行价格转移的跨国公司首先想到的就是避税。跨国公司的子公司分布在世界各国，而每个国家的企业所得税率是不同的，跨国公司就利用这一点将资金转移到低税率国家，从而缴纳较少的所得税，获得更多的利润。另外从关税的角度来看，制定低的内部转移价格会降低报关的价格，从而降低关税。

② 规避政治风险。通常，一国的政治环境对跨国公司的各种经济决策有着很大影响，所以一旦东道国国家的政治发生动荡的时候，跨国公司的生产和经营会受到严重影响。这时，这些公司就可以将大部分利润转移至子公司所在的政治环境良好的国家，避免遭受损失。

③ 规避外汇风险。目前，世界上大多数国家都是采用浮动汇率制度，导致国家间货币比价经常发生变化，跨国公司在面临政治风险的同时也要承担外汇换算的风险，通过灵活地运用内部转移价格，企业可以避免或部分降低换算风险。当东道国实行外汇管制来保护民族工业时，跨国公司的利润转出就会受到限制或需要付出较大代价，这时，子公司会降低向母公司或其他公司出售中间产品的价格，以此减少子公司的利润，从而减少因利润汇出的困难所带来的损失。

④ 争夺与控制市场。企业拥有的资源是有限的，所以如何使资源利用率最大化是每个公司面临的难题，特别是跨国公司是站在全球战略的高度上配置资源。而利用转移价格的方式可以更好地实现全球战略，如，当子公司需开辟新市场，或面临激烈的市场竞争时，母公司可通过向子公司制定较低的转入价格，降低子公司的生产成本，使其拥有价格优势，击败部分对手，从而达到迅速占领市场份额的目的。

（2）跨国公司转移价格的方式

谈到转移价格的方式，首先需要明确转移价格的原则：利润最大化原则和特殊奖励原则。跨国公司的最终目的在于利润最大化，为了达到这个目的，跨国公司利用各国所得税税率和政治环境等因素，保证母公司获得最大利润，而这不可避免地会造成个别子公司的损失，那么在年终考核时，应对这些被造成损失的子公司采用特殊奖励的办法，这样既可以保证考核的公平性，也有利于提高子公司的积极性。

跨国公司的转移价格的方式，主要有高进低出和低进高出两种。所谓高进低出，简单来讲，就是在母公司的要求下，母公司在与子公司交易时故意提高价格，而子公司在向母公司或其他子公司出售中间商品时，故意降低价格。这种方式主要适用于东道国所得税率较高，或实行外汇管制，或存在政治风险时，这样一来就可以摆脱东道国的不利因素，减少在该国的子公司的利润，转移至母公司或其他子公司。而低进高出则相反，是在东道国所得税率较低，或要增强子公司在东道国的形象时采用的，通过利用子公司所在国的有利环境，增加子公司的利润和竞争力。

跨国企业通过转移价格政策从子公司调出资金，利益有：

① 通过转移价格，可以把公司利润从所得税高的国家调到所得税低的国家，从而减少所得税义务。

② 当预期子公司所在国的货币将严重贬值时，母公司可以利用转移价格把资金从子公司调出来，从而避免货币贬值带来的风险。

③ 当东道国外汇管制时，通过转移价格可以增加资金的流出。

④ 转移价格可以降低呈报利润，以缓和东道国当局对企业由于高利润而要求降低产品价格的压力。

跨国企业采用低价卖出、高价买进的方式把资金调入子公司，利益有：

① 当一个国家正在实施从价的关税时，通过设置较低的转移价格，可以减少关税支出。

② 当东道国按照进口的总额实行配额时，低价进口可以使得进口商品获得更多的进口数量。

③ 当子公司处于起飞期时，呈报较多利润，有助于子公司在当地取得较高的借贷信誉。

(3) 转移价格对我国的危害

虽然外资企业在我国的转移定价并不完全是为了减轻我国的纳税义务，更不是为了减轻其全球转移定价的纳税义务，而是为了谋求一定的经营管理策略和利益，但转移定价给我国经济带来的问题却不容忽视。许多外商投资企业一方面连年亏损，一方面却不断追加投资，扩大经营规模，属于"常亏不倒户"。这种情况显然不符合市场经济和企业经营的常规，对我国经济发展的正常秩序造成了严重危害：

① 税收流失，侵害我国的税收管辖权。虽然，中国对外资企业实行所得税优惠政策：外商投资企业可享受从获利年度起两年免征三年减半征收企业所得税；对出口型企业，除享受两免三减所得税优惠外，只要企业年出口额占企业总销售额的70%以上，均可享受减半征收企业所得税的优惠；对外商投资企业在投资总额内采购国产设备，如该类进口设备属免税目录范围，可按规定抵免企业所得税。但是与一些避税港（如百慕大群岛）相比，这样的所得税率还是高了一些，所以许多跨国公司还是会利用内部转移价格将在华的经营利润转移至更低税率的国家或地区，从而逃避我国所得税，使我国税收收入大量流失。

② 损害中国关联企业的利益。外商投资企业中，中外合资企业占大多数，份额达到70%左右。在这些中外合资中，核心技术和资源往往是掌握在外商手中的，所以外商可以很容易通过向其子公司转移技术，原材料等，使得中外合资企业的利润减少甚至亏损。合资企业的利润减少，中方的利润无可避免地也会减少，由于利润被转移，中方不仅不能获利，很多时候还要追加投资，如果不能再出资，其公司份额就会下降，甚至逐步丧失公司所有权。所以，转移价格也成为一些外方侵吞中方股份的方式之一。

③ 破坏公平竞争的市场环境。由于跨国公司利用转移价格逃脱了大量税款，使其实际负税水平低于我国其他企业，从而获得更多的竞争优势，而我国的其他企业在市场竞争中可能会陷入劣境。而且，跨国公司又是为了占领市场，打压竞争对手，会制定较低的内部转移价格，让在我国的子公司从其国外生产基地以低于成本的价格大量购进产品，并在华销售。这种行为通常称为"低价倾销"，这给我国民族工业带来很大的影响。

④ 恶化我国国际收支。跨国公司"高进低出"的转移价格严重恶化了我国的国际收支。外商利用对企业的进口控制权，高价从国外的关联企业购入原材料、产品、劳务、技术等，同时以低价出售相关商品，高进低出的转移价格将导致我国进口增加，出口减少，恶化我国的国际收支。

⑤ 其他影响。转移价格会损害我国的外资投资环境的声誉，外商为了逃避税负，会向国外转移利润，这使得部分跨国公司出现亏损情况，在世界上给中国的外资投资环境的声誉造成不良影响。

(4) 我国应对转移价格影响的对策

面对跨国公司转移价格给我国带来的严重影响，我们有必要采取合理措施来减少这些影响，保障国内其他企业的合法权益，具体做法可以有：

① 强化税收监管。跨国公司利用内部转移价格最主要的一个目的就是避税，因此要减

少这种内部转移价格最根本的做法就是强化税收监管。首要就是健全税制立法，中国可以借鉴发达国家应对转移价格的调整方法，来对国内税法做一些补充。比如，将转移价格的事后确认调整为事先确认，也就是纳税人要在交易发生前，将与关联方的内部转移价格以及计价方式告知相关税务机构，经税务机关确认后作为征税价格，这样可以减少征纳税双方争议。其次，要加强税务队伍的建设，提高涉外税务人员的责任意识和业务素质，特别是熟悉各国税法以及国际间反避税合作能力。

② 改变对外资的态度。现在很多地方政府为提高政绩，多方引进外资，并提供更多的优惠政策，尤其是在纳税方面，这也是在华跨国公司转移价格严重的原因之一。很多地方政府意识到盲目引进外资会带来负面影响，但是因为控制价格转移会损害利用外资工作的思想根深蒂固，政府往往不会采取实际措施，其实适度的价格转移控制可以带来外资的理性反应，只要外资企业依然能盈利，就会继续在华投资。所以我认为各级政府应调整优惠政策，将投资性优惠转为产业导向型优惠，引进更多质量好的外资，而不是盲目追求数量，同时要改变对控制价格转移的态度，适度管制会促进外资工作的开展。

③ 加强国际合作。跨国公司的实体往往分布于不同的国家或地区，也就是所谓的子公司，所以要加强对跨国的监管，防范转移价格对我国造成损害，需要借助其他国家的帮助，加强双边或多边合作，共同进行调查、审计，相互交换信息，及时解决转移价格中的相关问题。

④ 强化进出口管理。目前，很大一部分中外合资企业由于中方缺乏管理经验及相应的管理人才，不熟悉国际市场，所以外方控制了进出口商品的权利，给跨国公司转移价格创造了良好条件，所以必须加强对中方管理者应对国际市场的能力，提高控制权，在进出口方面加强管理，积极参与定价过程，有效避免外方转移价格带来的损失。

习题精编

一、名词解释

1. 资产负债表
2. 会计准则
3. 税收饶让
4. 转移价格（中国海洋 2019 年）
5. 弗罗廷贷款（华南理工 2018 年）

二、简答题

1. 简述国际上通行的五大会计模式。
2. 简述国际避税内容及其原因。

三、论述题

1. 形成会计国际差异的影响因素主要有哪些？请从这些方面对我国进行描述，指出我国会计的特点。

2. 在“一带一路”经贸合作中，税收发挥基础性作用。2023 年第四届“一带一路”税收征管合作论坛上有代表共 300 余人参会。“一带一路”税收征管合作机制由中国首倡，2019 年 4 月成立，现有 36 个成员、30 个观察员，税收协定为企业消除双重征税提供法律保障。（对外经贸 2024 年）

(1) 什么是国际重复征税？导致国际重复征税的原因有哪些？

(2) 对国际税收管理和税收问题的处理，通常遵循的原则是什么？

(3) 居民所在国国内税法范畴内避免重复征税的措施有哪些？

(4) 什么是国际税收协定？国际税收协定都有哪些主要类型？

3. 简述国际企业与子公司及子公司与子公司之间实行转移定价战略的动因有哪些？(上海财大 2013 年)

习题参考答案

一、名词解释

1. 资产负债表是指反映企业在某一特定日期的财务状况的报表。资产负债表主要反映资产、负债和所有者权益三方面的内容，而且资产、负债和所有者权益所代表的借贷双方必须平衡，并满足“资产=负债+所有者权益”的平衡式。

2. 会计准则是指在一定范围内被普遍接受并具有相当权威性的，用以指导和规范企业财务会计行为的各项原则的总称。会计准则有广义和狭义之分。广义的会计准则包括会计准则的概念框架、具体会计准则、会计准则的解释性公告、实务指引等文件，而狭义的会计准则仅指具体会计准则。

3. 税收饶让又称“虚拟抵免”和“饶让抵免”，指居住国政府对其居民在国外得到减免税优惠的那一部分，视同已经缴纳，同样给予税收抵免待遇，不再按居住国税法规定的税率予以补征。税收饶让是配合抵免方法的一种特殊方式，是税收抵免内容的附加，它是抵免方法的一种特殊方式，是税收抵免内容的附加。它是在抵免方法的规定基础上，为贯彻某种经济政策而采取的优惠措施。税收饶让这种优惠措施的实行，通常需要通过签订双边税收协定的方式予以确定。目前税收饶让抵免的方式主要有差额饶让抵免和定率饶让抵免两种。

4. 转移价格是跨国公司内部关联方(如母子公司、子公司之间)交易的定价，其核心特征是价格由公司内部制定，而非完全由市场供需决定。主要目的包括：通过高价/低价交易转移利润(如高税率地区向低税率地区销售时定高价)、优化资源配置(引导资金流向高回报业务)、考核子公司业绩。由于可能被用于国际避税，成为税务机关监管重点。

5. 弗罗廷贷款(Forfaiting Loan)是跨国公司母公司通过第三方银行向海外子公司提供的融资方式，核心结构为“母公司存款→银行放贷→子公司借款”，银行仅作为中介，不承担信用风险。其目的是利用国际利率差异降低融资成本，规避东道国外汇管制，并通过利息支出税前扣除实现税务优化。

二、简答题

1. 世界上的会计制度和会计实务分为五大模式，即美国会计模式、英国会计模式、德国会计模式、法国会计模式和社会主义会计模式。这几种会计模式的区别主要在于：

美国会计模式遵循公认会计原则，主要是保护投资人，尤其是保护潜在权益投资人的利益；

英国会计模式注重真实和公正，会计制度主要是保护债券、股票持有人和债权人；

德国会计模式是以德国及北欧国家的会计实务为典型代表，以强调会计处理和财务报告规则应面向公司、保护公司利益；

法国会计模式是以法国及周边国家如西班牙、葡萄牙、意大利等国的会计实务为典型代表，以强调会计处理应服从税法税则的要求、并与其保持一致；

社会主义会计模式是以苏联和东欧国家的会计实务为典型代表，这种会计模式随着苏联的解体和东欧国家政治经济制度的变革而逐步消失。

2. 国际避税一般是指跨国纳税人利用国与国之间的税制差异以及各国涉外税收法规和国际税法中的漏洞，在从事跨越国境的活动中，通过种种合法手段，规避或减小有关国家纳税义务的行为。

从国际避税产生的原因上来讲。从主观上看，国际避税的原因在于跨国纳税人具有的减轻税收负担、实现自身经济利益最大化的强烈愿望；从客观上看，国与国之间的税制差异以及国际税收关系中的法律漏洞为跨国纳税人的国际避税活动创造了必要的条件。客观原因主要有：(1) 有关国家和地区税收管辖权的差异以及判定居民身份的标准和判定所得来源地的标准存在差异；(2) 税率的差异；(3) 国际税收协定的大量存在；(4) 涉外税收法规中的漏洞。

三、论述题

1. (1) 会计国际差异的主要影响因素

会计体系的国际差异源于法律、文化、经济、政治、税收及资本市场等多重因素的交互作用：

① 法律体系：大陆法系国家(如德国)通过法典制定会计规则，强调合规性；普通法系国家(如美国)依赖民间机构制定会计准则，侧重灵活性。

② 文化因素：霍夫斯泰德维度中，高不确定性规避文化倾向于保守会计处理；集体主义文化更强调信息统一与政府监管。

③ 经济环境：债权融资主导型经济(如日本)侧重债权人保护，会计稳健性要求高；股权融资主导型经济(如美国)强调信息透明度以满足投资者需求。

④ 政治因素：政府干预较强的国家倾向于通过会计制度实现宏观调控目标；市场化程度高的国家则由市场力量推动会计变革。

⑤ 税收体制：税收与会计高度关联的国家(如法国)，会计利润需与应税利润保持一致；分离模式国家(如美国)允许两者存在差异。

⑥ 资本市场发展：成熟资本市场(如英国)要求高透明度和信息披露；新兴市场则侧重基础信息可靠性。

(2) 我国会计体系的特点

① 法律与制度层面：政府主导的规则制定。我国属大陆法系，会计准则由财政部统一制定并强制实施，体现权威性和统一性。企业会计准则与国际财务报告准则(IFRS)实质趋同，但保留中国特色调整(如长期股权投资核算、政府补助分类)，兼顾国际协调与本土合规需求。

② 文化与经济层面：稳健性与债权人保护导向。文化上高不确定性规避特征，使会计处理强调审慎性原则(如存货跌价准备计提、固定资产加速折旧)。经济结构以国有经济为主导，融资依赖银行体系，会计信息侧重满足债权人(主要是国有银行)对资产安全性的需求，利润确认偏向保守。

③ 政治与税收层面：宏观调控与税法协同。政府通过会计准则服务于经济调控目标，如研发费用加计扣除政策鼓励创新，固定资产加速折旧支持制造业升级。税收与会计关联紧密，应税利润与会计利润差异较小，企业所得税调整事项少于西方国家，体现税法导向的会计处理特征。

④ 资本市场层面：渐进式透明化改革。随着资本市场开放(如科创板注册制、沪港通)，会计信息披露要求逐步提升，强调投资者保护与信息透明度。但相比成熟市场，仍存在国有上市公司治理特殊性、机构投资者占比低等问题，会计信息决策有用性有待进一步增强。

2. (1) 国际重复征税是指两个或两个以上国家对同一纳税人的同一课税对象在同一纳税期间征收相同或类似的税收。

(2) 原因：

① 税收管辖权冲突：居民管辖权与地域管辖权重叠(如一国按居民身份征税，另一国按所得来源地征税)。

② 居民身份认定标准差异：不同国家对居民身份的判定标准(如注册地、管理机构所在地)不同，导致同一纳税人被多国认定为居民。

③ 所得来源地认定标准差异：各国对所得来源地的判定标准(如劳务所得按提供地或支付地)不同，导致同一所得被多国认定为境内所得。

④ 税制差异：各国税种设置、征税范围、税率等不同，可能对同一经济行为重复征税。

(2) 国际税收管理的基本原则包括：

① 税收主权原则：各国有权根据本国法律行使税收管辖权，决定征税范围和税率。

② 避免双重征税原则：通过单边措施或双边协定消除或减轻国际重复征税，确保税收公平。

③ 税收中性原则：税收不应影响跨国经济活动的区位选择和投资决策，保持中性。

④ 税收公平原则：跨国纳税人应按其经济能力承担相应税负，避免税收歧视。

(3) 居民所在国(母国)通常采用以下单边措施：

① 免税法：对居民来源于国外的所得免予征税，仅对国内所得征税。

② 抵免法：允许居民用在国外已纳的税款抵免国内应纳税额(分直接抵免和间接抵免)。

③ 扣除法：将居民在国外已纳的税款作为费用从应税所得中扣除，仅对扣除后的余额征税。

④ 减免法：对居民来源于国外的所得按较低税率征税，减轻重复征税程度。

(4) 国际税收协定是两个或两个以上主权国家为协调税收关系、避免双重征税而签订的书面协议。主要类型：

① 双边税收协定：两个国家之间签订的税收协定。

② 多边税收协定：三个或三个以上国家之间签订的税收协定。

③ 综合性税收协定：涵盖各种所得类型和税收问题的全面协定(如 OECD 范本、UN 范本)。

④ 专项税收协定：针对特定税种或特定经济活动的协定(如关税协定、空运税收协定)。

3. (1)在国际企业里，母公司与外国的子公司之间或外国分支机构相互之间常有很多商品和劳务上的交易。公司内对这些交易所建立的价格称为转移价格。跨国公司的转移价格可以使用买卖调配资金的办法，如母公司要把资金调进，则可以向子公司高价出售商品和劳务，低价从子公司购买商品。跨国企业系统内的各个子公司彼此之间相互买卖，均可以通过高卖低买，或高买低卖来调拨资金。

(2) 基于转移价格的定义，不难理解跨国公司进行价格转移最根本的动机是寻求利润最大化。其具体动机有以下几点：

① 避税。大多数实行价格转移的跨国公司首先想到的就是避税。跨国公司的子公司分布在世界各国，而每个国家的企业所得税率是不同的，跨国公司就利用这一点将资金转移到低税率国家，从而缴纳较少的所得税，获得更多的利润。另外从关税的角度来看，制定低的内部转移价格会降低报关的价格，从而降低关税。

② 规避政治风险。通常，一国的政治环境对跨国公司的各种经济决策有着很大影响，所以一旦东道国国家的政治发生动荡的时候，跨国公司的生产和经营会受到严重影响。这时，这些公司就可以将大部分利润转移至子公司所在的政治环境良好的国家，避免遭受损失。

③ 规避外汇风险。目前，世界上大多数国家都是采用浮动汇率制度，导致国家间货币比价经常发生变化，跨国公司在面临政治风险的同时也要承担外汇换算的风险，通过灵活地运用内部转移价格，企业可以避免或部分降低换算风险。当东道国实行外汇管制来保护民族工业时，跨国公司的利润转出就会受到限制或需要付出较大代价，这时，子公司会降低向母公司或其他公司出售中间产品的价格，以此减少子公司的利润，从而减少因利润汇出的困难所带来的损失。

④ 争夺与控制市场。企业拥有的资源是有限的，所以如何使资源利用率最大化是每个公司面临的难题，特别是跨国公司是站在全球战略的高度上配置资源。而利用转移价格的方式可以更好地实现全球战略，如，当子公司需开辟新市场，或面临激烈的市场竞争时，母公司可通过向子公司制定较低的转入价格，降低子公司的生产成本，使其拥有价格优势，击败部分对手，从而达到迅速占领市场份额的目的。

附录　434国际商务专业基础考试大纲

一、国际贸易理论与政策部分

第一章　国际贸易理论

第一节　绝对优势与比较优势论

第二节　要素禀赋论

第三节　贸易保护理论

第四节　国际贸易新理论

第二章　国际贸易政策与壁垒

第一节　关税措施

第二节　非关税措施

第三节　国际贸易摩擦

第四节　国际贸易中的知识产权保护与环境保护政策

第三章　货物贸易与服务贸易

第一节　货物贸易及其类型

第二节　服务贸易与服务外包

第三节　技术贸易与国际劳务合作

第四节　国际贸易的创新方式

第四章　区域经济一体化与多边贸易体制

第一节　经济全球化与世界贸易组织

第二节　欧洲一体化实践

第三节　其他区域自由贸易安排

第四节　中国的区域经济合作实践

二、国际直接投资与跨国公司部分

第一章　国际直接投资与跨国公司

第一节　国际直接投资与跨国公司理论

第二节　水平与垂直型对外直接投资

第三节　跨国公司发展及其主要类型

第四节　中国式跨国公司的理论与实践

第二章　企业对外直接投资的战略决策

第一节　对外直接投资的选址决策

第二节　对外直接投资的时机决策

第三节　对外直接投资进入模式决策

第三章　对外直接投资的母国与东道国效应

第一节　对外直接投资与母国利益和代价

第二节　对外直接投资与东道国效应

第三节　对外直接投资中的政府行为
第四节　国际企业与政府的议价能力

三、国际金融部分

第一章　国际货币体系与汇率制度
第一节　金本位制度
第二节　布雷顿森林体系
第三节　浮动汇率制度
第四节　国际货币体系及其改革
第五节　人民币汇率改革
第二章　外汇市场、外汇业务与风险
第一节　外汇市场与外汇业务
第二节　汇率决定
第三节　外汇风险
第三章　国际金融市场
第一节　国际金融市场概述
第二节　货币市场
第三节　债券市场
第四节　股权市场
第四章　国际金融危机
第一节　20 世纪 90 年代以来的国际金融危机
第二节　国际金融危机背景下的商务环境
第三节　国际金融创新
第四节　国际金融体系改革

四、国际商务环境与运营部分

第一章　国际商务环境
第一节　国际商务文化环境
第二节　政治、法律和商业伦理
第二章　国际商务战略
第一节　国际商务战略的制定
第二节　国际商务战略选择
第三章国际营销
第一节　目标市场选择
第二节　营销管理
第四章　国际物流与供应链管理
第一节　国际物流定义与问题
第二节　国际物流与供应链管理
第五章　国际会计与税收
第一节　跨国间主要会计差异
第二节　国际税收

关于科兴

科兴教育位于上海杨浦区，毗邻复旦大学、上海财经大学等高校。依托周边学术资源，专注于经济金融领域的考研辅导，通过系统化的课程设计和多年积累的教学经验，为考生提供有针对性的专业课指导。自合并翔高教育后，整合优化原有教研体系，逐步形成覆盖金融、经济等专业的全科辅导方案。近五年学员中，约六成进入国内重点院校攻读金融相关专业，部分毕业生现就职于证券、银行等金融机构。